기도

팀 켈러의
기도

지은이 | 팀 켈러
옮긴이 | 최종훈
초판 발행 | 2015. 5. 19.
83쇄 발행 | 2024. 12. 2.
등록번호 | 제1988-000080호
등록된 곳 | 서울특별시 용산구 서빙고로65길 38
발행처 | 사단법인 두란노서원
영업부 | 02)2078-3333 FAX | 080-749-3705
출판부 | 02)2078-3330

책값은 뒤표지에 있습니다.
ISBN 978-89-531-2214-7 03230

독자의 의견을 기다립니다.
tpress@duranno.com   http://www.duranno.com

두란노서원은 바울 사도가 3차 전도 여행 때 에베소에서 성령 받은 제자들을 따로 세워 하나님의 말씀으로 양육
하던 장소입니다. 사도행전 19장 8-20절의 정신에 따라 첫째 목회자를 돕는 사역과 평신도를 훈련시키는 사역,
둘째 세계선교 TIM와 문서선교 단행본·잡지 사역, 셋째 예수문화 및 경배와 찬양 사역, 그리고 가정·상담 사역 등을
감당하고 있습니다. 1980년 12월 22일에 창립된 두란노서원은 주님 오실 때까지 이 사역들을 계속할 것입니다.

기도

팀 켈러 지음
최종훈 옮김

두란노

❖ 일러두기

'기도'라는 주제에 보다 쉽게 접근하고자 하는 독자분들께서는 6장, 7장, 8장에 나온 교회사의 세 스승, 성 어거스틴, 마르틴 루터, 장 칼뱅의 기도법을 먼저 읽으십시오. 본문에 인용된 성경은 모두 개역개정임을 밝힙니다.

내가 여호와께 바라는 한 가지 일
그것을 구하리니
곧 내가 내 평생에 여호와의 집에 살면서
여호와의 아름다움을 바라보며
그의 성전에서
사모하는 그것이라

(시 27:4)

《팀 켈러의 기도》는 고난 중에 태어난 책이다. 저자가 암 투병을 하는 중에 아내와 더불어 시작한 기도 탐구의 열매이기도 하다. 이 책은 읽기 쉬우면서도 깊이 있는 기도의 길잡이다. 기본에 충실한 책이면서 동시에 기도에 대해 깊이 있고 넓게 다루고 있다. 탁월한 영성가들의 기도에 관한 탐구가 함께 담겨 있는 이 책은 영성의 깊은 샘과 같다. 팀 켈러가 쓴 책들은 한 번도 실망을 준 적이 없다. 기도를 통해 하나님을 더 깊이 경험하길 원하는 분들에게 이 책을 추천한다.
강준민_ L. A. 새생명비전교회 담임목사

그리스도인의 성장에서 말씀과 기도가 주축이 된다는 사실에 동의하지 않는 목회자나 성도는 없을 것이다. 그렇지만 어떻게 말씀과 기도를 누리는지 제대로 아는 사람들은 많지 않다. 대신 주술적인 기도, 비인격적인 기도, 세속적인 기도, 응답을 얻어 내는 기도 등이 성경이 말하는 참된 기도의 자리를 차지하고 있다. 이런 이유로 우리 성도들과 교회 공동체는 허약하다. 《팀 켈러의 기도》는 그의 다른 저서들과 마찬가지로, 성경에 뿌리를 내리고, 기독교 역사 속에서 전례를 찾으면서, 현대적 상황에서 고민하며, 자신의 경험에서 녹아난 지혜를 가득 담고 있다. 기도를 배우고 싶은 사람, 제대로 누리고 싶은 사람, 그리고 제대로 가르치고 싶은 사람들에게 귀한 길라잡이가 될 것이다.
김형국_ 나들목교회 대표목사

많은 책들이 기도의 유익에 대해 설명하고 있지만, 정작 우리를 기도의 자리로 견인하는 책은 찾아보기 어렵다. 팀 켈러의 메시지를 주목하라. 그의 외침은 남다른 힘으로 작용한다. 기도에 대한 그의 설파는 우리를 머리의 이해에서 그치지 않고, 무릎 꿇고 두 손을 모으는 자리로 이끌고 간다.

김관성_ 덕은침례교회 담임목사

우리가 크리스천으로서 가장 많이 하는 말은 아마도 '기도할게'일 것이다. 그러나 '기도가 무엇인가?' 하는 물음 앞에 제대로 대답하는 경우는 많지 않다. 그래서 팀 켈러 목사님의 '기도'에 대한 책이 출간된다는 소식에 너무나 기뻤다. 이 책을 통해 하나님이 우리에게 어떻게 말을 걸어오시는지, 주께 어떻게 대답해야 하는지 뚜렷이 알고 성경이 말하는 '기도'로 나아가게 될 것을 확신한다. 기도의 모든 것을 배우게 될 것이다.

문애란_ G&M 글로벌문화재단 대표

한동안 기도에 관한 책들을 연이어 읽은 적이 있다. 수년간 기도 일지를 써 가며 기도하기도 했다. 그러나 기도 생활이 신앙 연수에 비례해서 자라지는 않았다. 기도 생활의 오르막과 내리막이 이어져 왔다. 아니 대체로는 밋밋하거나 '영적 갑갑증'에 갇힌 수준이었다고 할까. 그러던 차에 《팀 켈러의 기도》를 읽었다. 이 책은 드물게 기도에 관한 "신학적이면서 경험적인 동시에 방법론적"인 안내서이다. 자신과 아내에게 닥친 질병 가운데서 익힌 체험적인 기도 생활을 바탕으로, 신학적이고 방법론적인 접근을 두루 아우른다. 특히 "제3부, 기도를 배우다"에 나오는, 어거스틴과 마르틴 루터, 장 칼뱅의 기도 신학과 실제적인 기도 원칙들은 답답하게 막혀 있던 내 기도 생활에 숨길을 틔워 주었다. 책을 읽은 뒤부터 나도 루터의 '주기도문 변주'를 따라 기도하고 있다.

옥명호_ 〈복음과상황〉 편집장

기도 많이 하는 교회, 열심히 기도하는 교회로 알려져 있는 한국 교회에 팀 켈러는 '무엇이 바른 기도인가?' 하는 화두를 던지고 있다. 기도가 모든 문제의 답인 건 맞지만 그것은 반드시 하나님의 뜻대로 하는 바른 기도여야 할 것이다. 팀 켈러는 무엇이 바른 기도인지 가르치는 대신 자신이 인생의 위기를 겪으면서 배웠던 기도에 대해서 독자들과 나누고 있다. 그래서 그의 책은 대단히 실제적이다. 그러면서도 경험에 의존하지 않고, 성경과 믿음의 선진들의 가르침에 근거한 탄탄한 진리를 말하고 있다. 기도자들이 주님께 마음을 열고 이 책을 읽는다면 주님과 사랑의 관계 속에서 안식하는 것과 하나님 나라를 쟁취하기 위해 기도하는 것이 분리된 것이 아니라 결국은 한 기도임을 알게 될 것이다. 이 책에서 제안하는 '기도의 연합'은 한국 교회의 연합과 일치에 크게 공헌할 것이라 믿는다.

유기성_ 선한목자교회 담임목사

그리스도인이라면 누구나 저 깊은 곳에 기도에 대한 원초적 질문이 웅크리고 있다. '내면의 궁핍을 직시하고 시대의 황폐함을 절감할 때, 우리는 어떻게 기도해야 하는가?' 이 책은 팀 켈러의 고백적 기도론이다. 그는 기도를 가르치려 들지 않고, 자신의 탐구에 동반자로 초청한다. 그가 씨름한 질문과 그가 도달한 신앙적-신학적 지평으로 많은 이들이 다시 기도를 시작할 용기를 얻게 되리라 믿는다.
양희송_ 청어람아카데미 대표

기도를 시작한다면 이 책은 최상의 안내서이다. 기도의 길을 놓쳤다면 이 책은 분명한 표지판이다. 기도가 어두운 터널 속이면 이 책은 그 끝의 빛이다. 기도를 제대로 배워 제대로 하는 데 이 책은 큰 도움이 될 것이다. 《팀 켈러의 기도》는 하나님을 향한 경외감과 친밀감을 잃지 않는 길을 가르치며, 기도의 계곡을 지나 기도의 정상에 이르는 길을 가리킨다.
조정민_ 베이직교회 목사

이 책은 기도의 본질과 실재를 설득력 있게 보여 주고 있다. 쉽게 산만해지고 기도하지 못하는 현대인들이 기도에 대해 배우고 주님과 살가운 교제를 가지도록 돕는 탁월한 책이다. 기도의 기쁨과 감격을 회복시켜 주는 이 책을 조금의 주저함도 없이 강력 추천한다.
화종부_ 남서울교회 담임목사

contents

PART 5 이렇게 기도하라

왜 다시 기도를 말하는가

몇 해 전에 문득, 명색이 목사라면서 크리스천다운 기도의 실상을 배워서 그렇게 기도하고 싶어 하는 이들을 염두에 두고 책을 써 본 적이 없다는 자각이 들었다. 기도에 관한 좋은 책이 없다는 얘기를 하는 게 아니다. 이미 내가 쓰려는 이야기와는 비할 데 없이 지혜롭고 통찰력 있는 글들이 수두룩하다. 기도를 가르치는 가장 훌륭한 책은 이미 나와 있다.

하지만 그처럼 근사한 책들은 옛말로 쓰여 요즘 독자들이 쉽게 다가가기 어려운 면이 있다. 뿐만 아니라 대부분 신학적인 쪽으로 흐르거나, 예배 의식용이거나, 실천적인 면에 집중할 따름이며, 신학적이면서 경험적인 동시에 방법론적으로 접근하는 경우는 좀처럼 찾아보기 어렵다.[1] 기도의 핵심을 짚는 글이라면 그 세 가지를 모두 아울러야 마땅하지 않겠는가! 게다가 고전으로 꼽히는 기도 관련 서적들은 상당 부분을 할애해서 영적으로 별 도움이 되지 않거나 심지어 해롭기까지 한 당대 관습들을 독자들에게 주문하기 십상이다. 그런 부류의 주의사항들은 제각기 다른 시대와 세대를 사는 독자들에 맞춰 업그레이드할 필요가 있다.

기도에는 두 종류가 있다?

기도를 다루는 이 시대의 필자들은 대체로 두 가지 접근법 가운데 하나를 택한다. 하나의 접근법은 기도를 하나님의 사랑을 체험하고 그분과 하나 됨을 경험하는 수단으로 강조하는 것이다. 이 책들은 평안한 삶과 주 안에서 지속적으로 누리는 안식을 약속한다. 필자들은 자주 하나님의 임재 안에 안기는 느낌을 받았다고 간증한다. 다른 접근법은 기도의 핵심은 내적인 평안이 아니라 하나님 나라를 실현하라는 부르심에 있다고 주장한다. 기도를 통상적으로 하나님이 곁에 계심을 분명히 의식하지 못하는 상태에서 벌이는 일종의 씨름으로 간주하는 것이다. 오스틴 펠프스(Austin Phelps)가 쓴 《응답받는 기도 원리(The Still Hour)》[2]도 그 범주에 속한다. 저자는 많은 크리스천들이 하나님의 임재를 느끼지 못하는 상태에서 기도를 하며 웬만해선 주님의 실재를 경험할 수 없다는 전제를 깔고 이야기를 시작한다.

도널드 G. 블뢰쉬(Donald G. Bloesch)의 《기도의 씨름(The Struggle for Prayer)》도 같은 입장을 보인다. 저자는 이른바 '기독교 신비주의[3]'를 맹렬하게 비판한다. 기도의 궁극적인 목표가 하나님과 개인적으로 나누는 인격적인 교제라는 가르침을 배격하고 그런 발상이야말로 기도를 '속속들이 이기적인' 행위[4]로 만들 뿐이라고 지적한다. 블뢰쉬의 관점에서 볼 때, 기도의 지상 목표는 평화로운 자아 성찰이 아니라 하나님 나라가 이 세상과 저마다의 삶 가운데 실현되기를 간절히 요청하는 뜨거운 간구다. "제 존재를 묵상하는 게 아니라 하나님의 뜻에 순종하는"[5] 데 궁극적인 목적이 있다. 기도는 내면의 상태가 아니라 하나님이 세우신 목적에 따르는 걸 지향한다는 말이다.

이 두 가지 관점(편의상 '교제 중심'과 '하나님 나라 중심'으로 분류해 부르기로 하자)에서 어떤 사실을 유추할 수 있는가? 이들은 크리스천의 실질적인 경험을 반영한다. 그중에는 하나님을 향한 감정이 움직이지 않거나 단 몇 분만 지나도 잡생각이 들어서 도무지 기도에 집중하지 못하는 이들이 있는가 하면, 자주 하나님의 임재를 경험하는 이들도 있다. 이러한 사실에 비춰 보면 서로 다른 시각의 차가 생기는 까닭을 부분적으로나마 이해할 수 있다. 하지만 신학적인 차이도 중요한 역할을 한다. 블뢰쉬는 하나님 말씀에 근거해서 복음의 약속을 믿는 믿음을 통해 구원을 받는다는 프로테스탄트 신앙보다 거룩한 은총이 세례와 미사를 통해 임한다고 믿는 가톨릭 쪽이 신비적인 기도에 더 어울린다고 주장한다.[6]

어느 쪽 기도관(觀)이 더 나은가? 평화로운 경배와 적극적인 간구 가운데 어느 편이 최상의 기도 형태인가? 꼭 하나를 택해야 한다면 누구도 쉽게 답하지 못할 만한 질문이다.

기도란 만남인가 간구인가

도움을 얻으려면 먼저 영감이 넘치는 기도 책인 시편을 살펴보아야 한다. 시편은 두 가지 기도 경험을 모두 볼 수 있기 때문이다. 27편, 63편, 84편, 131편, 그리고 한결같이 "할렐루야!"로 시작하는 146-150편과 같은 시편들은 하나님을 경배하며 교제하는 기도를 보여 준다. 시편 27편 4절에서 다윗은 여호와께 바라는 일 한 가지 일을 구한다면서 "여호와의 아름다움을 바라보며 그의 성전에서 사모하는 그것이라"고 했다. 물론 다른 일들을 위해서도 기도를 드렸지만, 적어도 하나님의 임재를 아는 것보다 더 귀한 일은 없다는 사실을 분명히 밝히는 것이다. 그러기에 다윗은 이렇게 말한다.

"하나님이여 주는 나의 하나님이시라. 내가 간절히 주를 찾되 물이 없어 마르고 황폐한 땅에서 내 영혼이 주를 갈망하며 내 육체가 주를 앙모하나이다. 내가 주의 권능과 영광을 보기 위하여 이와 같이 성소에서 주를 바라보았나이다. 주의 인자하심이 생명보다 나으므로 내 입술이 주를 찬양할 것이라"(시 63:1-3).

하나님의 임재 안에서 주님을 찬양하면서 다윗은 고백한다. "기름진 것을 먹음과 같이 나의 영혼이 만족할 것이라"(시 63:5). 하나님과의 교제를 여실히 보여 주는 대목이다.

하지만 시편에는 불평하고, 도와달라고 부르짖고, 세상에 거룩한 권능을 보여 주시길 요청하는 노래도 있다. 어쩌면 이런 기도가 더 많을지도 모른다. 하나님의 부재를 경험하고 노골적으로 호소하는 시가도 있다. 여기서는 말 그대로 씨름하는 기도를 볼 수 있다. 시편 10편, 12편,

39편, 42-43편, 88편 등이 대표적인 경우이며 이는 지극히 일부에 지나지 않는다.

시편 10편은 하나님을 향한 도발적인 질문으로 시작한다. "여호와여 어찌하여 멀리 서시며 어찌하여 환난 때에 숨으시나이까?" 그러고는 돌연히 부르짖는다. "여호와여 일어나옵소서. 하나님이여 손을 드옵소서. 가난한 자들을 잊지 마옵소서"(시 10:12). 하지만 시인은 주님에게뿐 아니라 자신에게도 같은 이야기를 하는 것처럼 보인다. "주는 재앙과 원한을 감찰하시고 주의 손으로 갚으려 하시오니 … 주는 벌써부터 고아를 도우시는 이시니이다"(시 10:14).

기도는 범사에 하나님의 때와 지혜를 구하는 것으로 마무리되지만 시편 기자는 그 가운데서도 이 땅에 정의를 실현해 주시기를 주님께 강력하게 요구한다. 하나님 나라 중심 기도라는 씨름 시합의 전형적인 모습이다. 예배 의식에 쓰이는 시편 찬송은 교제를 청하는 기도와 하나님 나라를 구하는 간구를 모두 채택하고 있다.

실제로 성서에 기록된 기도를 살피는 차원을 넘어서 성경이 가르치는 기도 신학도 돌아보아야 한다. 다시 말해, 하나님과 피조물인 인간을 돌아보며 무엇이 기도를 가능케 하는지 짚어야 한다는 뜻이다. 비록 우리 자신에게는 그만한 자격이 없을지라도, 성경은 예수 그리스도가 친히 중보자가 되시므로 과감히 거룩한 보좌 앞에 나아가 필요를 채워 주시길 간구할 수 있다고 말한다(히 4:14-16; 7:25). 또한 하나님이 스스로 성령님을 통해 우리 가운데 머무시며 기도를 도우셔서(롬 8:26-27) 이 땅에 사는 동안에도 믿음으로 그리스도의 영광을 바라보며 묵상할 수 있다고 한다(고후 3:17-18). 성경은 이처럼 양쪽(교제 중심과 하나님 나라 중심) 기도를 신학적으로 뒷받침한다.

조금만 꼼꼼히 살펴보면 두 종류의 기도가 상반되지 않으며 별도의 범주도 아님을 금방 알 수 있다. 하나님을 향한 경배는 간구로 가득 차기 마련이다. 하나님을 찬양한다는 건 '이름이 거룩히 여김을 받으시길' 기도한다는 의미다. 또한 세상에 주님의 영광을 나타내 보이셔서 온 땅이 그분을 하나님으로 높이게 해 주시길 요청한다는 말이기도 하다. 경배가 간구를 포함하듯, 하나님 나라를 구하는 기도 또한 주님을 알고자 하는 간구를 아우른다. 웨스트민스터 소요리문답은 인간의 존재 이유를 "하나님을 영화롭게 하며 영원토록 그분을 즐거워하는 것"이라고 단언한다. 이 유명한 문장은 하나님 나라를 구하는 기도와 교제하는 기도를 모두 보여 준다.

하나님을 영화롭게 하며 그분을 즐거워하는 두 가지 일이 늘 동시에 벌어지는 건 아니지만, 결국 그 본질이 하나임은 틀림없다. 하나님 나라가 임하길 기도할지라도 그분의 실재가 온 삶을 통틀어 가장 큰 기쁨이 되지 못한다면 참으로 하나님을 영화롭게 하는 게 아니다.[7]

마지막으로 어거스틴이나 마르틴 루터, 장 칼뱅 같은 지난 시대의 여러 위대한 작가들이 쓴 기도 관련 서적들을 살펴보면 어느 한 쪽에 완전히 치우치는 경우가 없음을 알 수 있다.[8] 뛰어난 가톨릭 신학자인 한스 우르스 폰 발타사르(Hans Urs von Balthasar)마저도 신비적이고 관상적인 기도 전례에 균형이 필요하다고 주장했을 정도다. 기도가 지나치게 내면으로 기우는 것을 경계하면서 "관상기도는 … 자아성찰이 되어서는 안

되며 오히려 '내'가 아니라 '하나님 말씀'에 경건한 마음으로 주의를 기울이는 행위가"⁹ 되어야 한다고 했다.

의무를 지나 기쁨에 이르는 길

그렇다면 어디를 출발점으로 삼아야 할까? 주님과 개인적인 교제를 나누는 자세와 세상에 하나님 나라가 확장되기를 추구하는 마음가짐 사이의 한 지점에다 기도를 무리하게 끼워 넣는 건 바람직하지 않다. 둘이 한데 어우러진 기도라면 교제는 침묵 가운데 신비로운 깨달음을 얻는 체험에 그치지 않으며, 간구 역시 '중언부언'(마 6:7)해서 하나님의 관심을 끄는 방편으로 전락하지 않을 것이다.

이 책에서는 기도란 하나님과 나누는 대화인 동시에 만남이라는 사실에 초점을 맞추려 한다. 대화와 만남이라는 개념은 기도의 의미를 분명히 하는 동시에 기도 생활에 깊이를 더하는 수단을 제공한다.

찬양, 고백, 감사, 간구로 이어지는 전통적인 형태의 기도는 신령한 경험일 뿐 아니라 실천적인 관습이기도 하다. 하나님의 영광을 찬양하며 경외감에 사로잡히고, 거룩한 은혜 가운데 친밀한 관계를 의식하고, 씨름하며 주님의 도우심을 구해야 한다. 모두가 하나님의 임재라는 영적인 현실로 이끄는 요소들이다. 기도할 때마다 그런 일이 일어나는 것은 아니지만 모두 인생길을 마칠 때까지 드려야 할 기도의 주요소라는 점만큼은 분명하다.

J. I. 패커와 캐롤린 나이스트롬(Carolyn Nystrom)이 쓴 기도에 관한 책

에는 이 모든 내용을 멋지게 함축하는 부제가 붙어 있다. "의무를 지나 기쁨에 이르는 길 찾기." 기도란 그런 여정이다.

PRAYER

Part 1

바른 기도를
꿈꾸다

기도 말고는
달리 도리가 없었다

인생 후반부에 기도를 체험하다

기도 말고는 답이 없다!

인생 후반부에 들어서야 기도가 무엇인지 제대로 알았다. 기도 말고는 달리 도리가 없었다.

1999년 가을, 시편을 연구하는 성경 공부 모임을 이끌고 있었다. 그때는 기도에 관한 성경의 명령과 약속을 수박 겉핥기식으로 더듬는 것만 같았다. 때마침 9·11사태가 터졌고 암울한 기운이 몇 주간이나 뉴욕을 짓눌렀다. 온 도시가 마치 그러기로 약속한 것처럼 한꺼번에 임상적 우울증에 빠져들었다. 우리 집에 드리운 그림자는 유난히 짙었다. 아내 캐시(Kathy)는 크론병 증세와 씨름하느라 정신이 없었다. 끝내는 나마저도 갑상선암 진단을 받았다.

그야말로 총체적 난국에 빠져 헤매던 어느 날, 아내는 함께 해야 할 일이 있다고 말했다. 캐시는 매일 밤마다 빠지지 않고 머리를 맞대고 기도를 하자고 말했다. 가끔 한 번도 아니고 매일 그러자는 것이다. 엄두조차 낸 적이 없는 일이었다. 예화까지 들어가며 속내를 또렷이 설명했다.

"불치병에 걸렸다는 선고를 받았다고 생각해 봐요. 의사가 약을 주면서 날마다 잠자리에 들기 전에 한 알씩 먹어야 하고 거르면 몇 시간 안에 숨이 끊어진다고 경고하는 거예요. 절대로 잊으면 안 되고 그랬다가는 반드시 죽을 테니 알아서 하라는 말이지요. 깜박할 수 있을까요? 며칠씩 까먹기도 할까요? 아닐 거예요. 목숨이 달린 일이니 잊을 리가 없죠.

빼먹지도 않을 테고요. 우리 부부가 함께 하나님께 매달리지 않으면 눈앞에 닥친 일들을 어찌할 방도가 없어요. 그러니 우리는 반드시 기도해야 해요. 무심코 지나친다는 건 있을 수 없는 일이에요."

예화의 힘이거나, 우연히 타이밍이 딱 맞았거나, 성령님이 역사하셨을지 모른다. 그게 아니라면 성령님이 가장 적절한 순간에 더없이 명료한 예화를 사용하셨을 수도 있다. 아마 그쪽이 실상에 더 가까울 것이다. 아내와 나는 머릿속에 불이 반짝 켜지는 기분이었다. 사태의 심각성을 깨닫고 정말 반드시 필요한 일이라면 무엇이든 해야 하고 또 해내기 마련이라는 사실을 받아들였다. 12년 전만 하더라도 아내와 함께 드리는 기도를 빼먹는다는 건 상상 못할 일이었다. 심지어 지구 반대편에 떨어져 있을 때는 전화로라도 함께 간구했다.

그동안 올바른 기도를 드리지 못했다는 자각이 깊어지는 가운데, 정신이 번쩍 들게 만드는 아내의 도전까지 받은 터라 새로운 길을 탐색할 수밖에 없었다. 개인적인 기도 생활을 지금보다 더 높은 차원까지 끌어올리고 싶었다. 관련 서적들을 찾아 닥치는 대로 읽으면서 기도에 관한 실험을 시작했다. 주위를 돌아보니 적잖은 이들이 비슷한 노력을 기울이고 있었다.

제발 기도하는 법을 가르쳐 달라

미국 남부 출신으로 유명 작가의 반열에 오른 플래너리 오코너(Flannery O'connor)는 스물한 살 젊은 나이로 아이오와 주에서 글쓰기 수업을 하던 시절, 기도 생활의 깊이를 더하려고 애를 썼다. 그래야 할 이유가 있었기 때문이다.

1946년, 오코너는 손으로 기도 일지를 쓰기 시작했다. 거기에 위대한 작가가 되려고 몸부림치는 속내를 차곡차곡 기록했다. "하고 싶은 일을 하면서 세상에 나가 성공을 거두고 싶은 마음이 간절하다. … 써 놓은 글을 보면 말 그대로 낙심천만이다. … 스스로에게 '평범'이라는 딱지를 붙이는 건 누구나 힘든 노릇이다. 하지만 나를 보면 그 꼬리표를 달 수밖에 없다. … 아직까지는 어디다 내놓을 만한 게 없다. 나는 멍청하고 내가 우습게 보는 작자들이랑 다를 게 없다."

이런 식의 긴 탄식은 야심만만한 예술가들의 일기에서 어렵지 않게 찾을 수 있지만 그의 경우는 다른 작가들의 감정과 다소 차이가 있다. 오코너는 이를 두고 기도했다. 마음속에 꿈틀거리는 감정을 파악해서 토로하고 분출할 뿐 아니라, 하나님의 임재 가운데서 더없이 정직한 자세를 취했던 구약성경 시편 기자들의 그 옛길을 따라갔다. 오코너는 이렇게 적었다.

당신에 대해 생각하거나 늘 갈구하는 당신의 사랑으로 가슴 벅차기보다 예술적인 기교를 닦는 데 온 힘을 쏟았습니다. 사랑하는 하나님, 내가 원하는 방식으로는 주님을 사랑할 수 없습니다. 내 눈에 보이는 하나님은 가느다란 초승달입니다. 내 자아는 옹근 달을 보지 못하게 가리는 지구의 그림자와 같습니다. 사랑하는 하나님, 내 자아의 그림자가 점점 더 커져서 달의 전모를 보지 못하게 될까, 그리하여 그야말로 아무것도 아닌 그림자를 근거로 나 자신을 판단하게 될까 두렵습니다. 스스로 길을 막고 선 탓에 난 하나님 당신을 제대로 알지 못합니다.[1]

여기서 오코너는 잘 살고 못 사는 건 사랑의 우선순위를 다시 설정하는 데 달렸다는 점을 의식한다. 어거스틴이 분명히 깨닫고 자신의 기도 일지 《고백록(Confession)》에 적었던 글과 맥을 같이한다. 하나님과 이웃보다 성공을 사랑하는 마음가짐은 심령에 각질을 입혀 감정과 감각을 떨어뜨린다. 아이러니컬하게도 더 형편없는 예술가로 전락시키는 것이다. 그러기에 비범한 재주를 가진 만큼 오만하고 이기적인 작가가 될 뻔했던 오코너로서는 기도로 끊임없이 영혼의 지향점을 조절하는 노력만이 유일한 희망이었다. "오 하나님, 제발 내 생각을 투명하게 해 주세요. 정결하게 씻어 주세요. … 만물의 밑바닥으로 내려가 주님이 머무시는 곳을 깨닫게 도와주세요.[2]

일지에서 오코너는 기도에 기반한 글쓰기 훈련을 곰곰이 되짚는다. 일단 형식에는 문제가 있음을 인정했다. "글은 직접적인 기도 수단이 되기는 어렵다고 판단했다. 기도는 이처럼 사전에 어떤 의도를 가지고 기획할 수 있는 성질의 행위가 아니다. 기도는 일순에 이뤄지는 일인데 글쓰기는 너무 느려서 순간을 따라잡지 못한다."[3] 뿐만 아니라 그렇게 써 내린 글은 참다운 기도가 아니라 하소연이 될 공산이 컸다. "이것이 … 하나님을 찬양하는 무언가가 … 되길 바란다. 아마도 사고의 기저를 이루는 자아의 요소들을 가지고 … 치유하는 쪽에 가까울 것이다."[4]

28

하지만 오코너는 일지를 통해 "사춘기의 버릇과 정신적인 습관을 떨쳐 버리고 영적 삶의 새로운 국면에 접어들었다"고 믿었다. "인간이 얼마나 어리석은지 깨닫는 건 그다지 어려운 일이 아니건만, 그 사소한 결론에 이르기까지는 긴 시간이 걸린다. 나 역시 서서히 우스꽝스러운 내 모습을 알아 가고 있다."[5]

오코너는 기도란 그저 주관적인 세계를 혼자 뒤지고 다니는 탐사 활동이 아니라는 것을 배웠다. 기도는 또 다른 존재와 함께일 때만 가능하다. 그 존재는 하나님이시며 대단히 독특한 분이다. 그분께는 아무것도 감출 수 없다. 그런 인격체는 세상 어디에도 없다. 주님 앞에서는 어쩔 수 없이 자신을 새롭고도 특별한 시각으로 바라보게 된다. 그러므로 기도는 다른 길로는 결코 도달할 수 없는 차원의 자기 인식으로 우리를 이끌어 간다.

일지를 관통하는 또 다른 줄기는 진심으로 기도하는 법을 배우고자 하는 소박한 열망이다. 오코너는 기도야말로 존재와 행위 전체를 아우르는 열쇠라는 사실을 직관적으로 꿰뚫어 알았다. 평생 되풀이한 형식적이고 습관적인 신앙 행위를 답습하는 선에서 만족할 수 없었다. "여태 되뇌던 기도문의 내용을 부정한다는 뜻은 아닙니다. 하지만 입으로 읊조릴 수 있을지언정 마음으로 느낄 수는 없었습니다. 의식은 도망자처럼 사방팔방 떠돌았습니다. 매번 이런 식으로 기도했습니다. 반면에 하나님을 생각하고 그 심정을 적을 때는 사랑의 온기가 온몸을 감싸는 걸 감지했습니다. 부디 심리학자의 설명이 온화한 기운을 갑자기 식혀 버리는 등의 사태가 벌어지지 않게 해 주십시오."[6]

어느 날 일기의 끄트머리에 오코너는 짤막한 외침을 적었다. "아무라도 좋으니 기도하는 법을 가르쳐 줄 수는 없나요?"[7] 똑같은 질문을 던지는 이들이 지금도 헤아릴 수 없이 많다. 기도가 필요하다는 걸 누가 모르겠는가? 당연히 기도해야 한다. 하지만 어떻게 할 것인가?

명상센터를 찾아 헤매는 현대인들

한 세대 전에 일어난 영성과 명상, 관상 등에 대한 관심이 아직까지도 서구 사회 전반에 걸쳐 꾸준히 높아지고 있다. 비틀즈가 동양의 명상에 눈길을 주면서 순식간에 대중화의 물꼬가 트인 뒤로 제도 종교의 쇠락과 맞물려 꾸준히 확장세를 이어 가고 있다. 정기적인 예배의 통상적인 절차를 아는 이들은 갈수록 줄어들지만 영적인 갈망은 어떤 형태로든 여전히 존재한다. 현대인들은 맨해튼 인근 웨스턴 첼시 지역에 하이라인 파크를 만든 로버트 해먼드(Robert Hammond)가 석 달 동안 인디아 명상수련원에 들어간다는 〈뉴욕타임스〉 단신[8]조차 가벼이 흘려보내지 않는다. 해마다 수없이 많은 서구인들이 아시아에 있는 아쉬람(ashram, 힌두교도들이 머물며 수행하는 곳)을 비롯한 영성수련센터를 찾는다.[9]

얼마 전, 루퍼트 머독(Rupert Murdoch)은 트위터를 통해 초월 명상을 배우고 있다는 사실을 알렸다. "시작하기가 힘들어서 그렇지 일단 발을 들여놓으면 모든 면에서 좋아진다고 다들 입을 모아 권하기에!"[10]

교회 역시 이와 흐름을 같이한다. 기도에 대한 관심이 폭발적으로 커져 왔으며, 묵상이니 관상이니 하는 옛 전례로 돌아가고자 하는 강력한 움직임이 일었다. 이제는 향심기도(centering prayer), 관상기도(contemplative prayer), 듣는 기도(listening prayer), 렉시오 디비나(lectio divina)를 비롯해 온갖 '영성 훈련'을 인도하고 지도하는 기관과 조직, 네트워크, 전문가들의 소왕국이 곳곳에 차고 넘친다.[11]

하지만 이러한 관심을 하나의 물줄기로 규정해선 안 된다. 오히려 여러 갈래의 흐름이 한데 엉켜 위태롭게 일렁이며 탐구자들을 헷갈리게 만드는 거센 물결 쪽에 더 가깝다. 관상적인 영성을 강조하는 새로운 사조에 관해서 가톨릭과 프로테스탄트 교회 안에서 적잖은 비판이 제기되어 왔다.[12] 나만이 아니라 다른 이들의 기도 생활에도 두루 도움이 될 만한 자료를 찾다 보니, 눈앞에 펼쳐지는 현실이 이만저만 헷갈리고 어지러운 게 아니었다.

누구든지 기도하면서 큰 기쁨을 맛볼 수 있다

길을 제대로 찾으려면 내 영성 신학의 뿌리를 살펴야 했다. 버지니아 주에서 첫 목회를 시작한 이후 자리를 옮기면서도 내내 바울이 로마 교회에 보낸 편지를 가지고 말씀을 전했다. 로마서 8장 중간쯤, 바울은 이렇게 적었다.

너희는 다시 무서워하는 종의 영을 받지 아니하고 양자의 영을 받았으므로 우리가 아빠 아버지라고 부르짖느니라. 성령이 친히 우리의 영과 더불어 우리가 하나님의 자녀인 것을 증언하시나니(롬 8:15-16).

성령님은 하나님의 사랑을 보증해 준다. 감히 범접할 수 없을 만큼 크고 높으신 하나님을 사랑이 넘치는 아버지로 믿고 다가가 부르짖게 한다. 그러면 주님은 우리 영과 나란히 동행하면서 더 많은 증거들을 더하여 보여 주신다. 20세기 중엽에 활동했던 영국의 유명한 설교가이자 저술가인 마틴 로이드 존스(Martyn Lloyd-Jones) 목사의 메시지를 글로 읽으면서 이 본문에 사로잡혔다. 바울은 하나님의 실재를 깊이 맛보는 경험에 관해 쓰고 있다는 게 목사의 주장이었다.[13]

하나님 안에 있는 확고한 사랑을 이처럼 명료하게 확인한다는 것은 '비할 데 없이 신비로운' 일이다. 이러한 점에서 본문 말씀은 어느 신약학자의 말처럼 '말로 다 형언할 수 없는 신앙 체험'을 설명하는 것이다. 이와 관련해서는 대다수 현대성경주석가들이 견해를 같이한다는 사실을 비로소 알았다. 토머스 슈라이너(Thomas Schreiner)는 한 발 더 나아가 체험의 "정서적인 기반을 강조하지 않고 그냥 지나쳐선 안 된다"고 지적한다. "주관적이라는 이유로 이런 생각을 외면하는 이들이 있지만 일부 주관성이 남용되는 면이 있다고 해서 크리스천의 경험에서 신비적이고 정서적인 차원을 몰아낼 수는 없는 법이다."[14]

로이드 존스의 설명을 들은 뒤로 마르틴 루터나 장 칼뱅은 물론이고 17세기에 활약한 영국 신학자 존 오웬(John Owen)과 18세기 미국 사회를 움직였던 철학자이자 신학자인 조나단 에드워즈의 글을 비롯해 신학교에 다니던 시절에 읽었던 작품들도 되짚어 보았다. 진리와 성령, 교리와 체험 가운데 한쪽을 선택하길 요구하는 대목은 어디서도 찾을 수 없었다. 구시대의 탁월한 신학자로 꼽히는 존 오웬은 그 점에서 큰 도움이 되었다. 복음을 주제로 설교하면서 교리적인 토대를 다지는 데 상당히 공을 들였다. 그러나 다른 한편으로는 청중들에게 간곡하게 권유했다. "마음에서 진정으로 … 복음의 능력을 체험하십시오. 그렇지 않으면 여러분의 고백은 효력을 잃고 말 것입니다."[15] 복음의 능력을 맛보는 경험은 기도를 통해서만 일어날 수 있다. 크리스천들이 모인 집회에서 공개적으로 드리든, 개인적으로 묵상하며 간구하든 마찬가지다.

나는 한 차원 더 깊은 기도 생활을 추구하면서 의도적으로 직관에 반하는 경로를 선택했다. 최근에 출간된 기도 관련 서적들을 한사코 물리치고 읽지 않았다. 대신, 오늘의 나를 빚어낸 기독교 신학의 역사적 본문들로 돌아가서 기도와 하나님 체험에 대한 질문을 던지기 시작했다. 수십 년 전 신학대학원을 다니면서 다 읽었던 텍스트들이었지만, 당시엔 그다지 염두에 두지 않았던 물음들이었다. 완전히 놓치고 있던 수많은 사실들이 속속 눈에 들어왔다. 기도 생활을 꾸려 나가는 데 필요한 내면의 지침을 얻었다. 아울러 우리 시대의 영성에 얽힌 갖가지 주장과 운동들의 격랑과 회리바람을 넘어서는 영적 체험도 있었다. 참고한 작가가 있다면 스코틀랜드 신학자인 존 머리(John Murray) 정도였는데 여러 모로 더없이 유익한 깨달음을 주었다.

> 언제 어디에나 계신 지극히 높으신 구세주와 연합하며 교제하는 삶을 사는 신앙생활에는 … 이성적인 신비주의(intelligent mysticism)가 빠질 수 없다는 걸 알아야 한다. … 주님은 그분의 백성들과 교통하며 거룩한 백성들은 하나님을 의식적으로 사랑하며 서로 교감한다. …

참다운 신앙생활은 금속처럼 차가운 계약 관계가 아니다. 사랑하고 교통하는 열정과 온기가 느껴져야 한다. 하나님과 나누는 교감이야 말로 신앙의 정수이자 정점이기 때문이다.[16]

존 머리는 서정적인 구절들을 남긴 인물이 아니다. 그럼에도 불구하고 '신비주의'라든지, 우리를 위해 돌아가셨고 또 영원히 살아계신 분과 나누는 '교감'을 거론할 때마다, 한 가지 전제를 바닥에 깔고 이야기를 시작한다. 크리스천은 주님과 실감나는 사랑의 관계를 맺으며 인간의 이해를 뛰어넘어 개인적으로 하나님을 알고 경험할 수 있다는 전제이다. 물론 이건 기도에 관한 이야기다. 하지만 도대체 어떤 기도를 말하는 것인가?

여기 소개한 글의 또 다른 부분에서 존 머리는 베드로전서 1장 8절을 인용한다. "여러분은 그리스도를 본 일이 없으면서도 사랑하며, 지금 그를 보지 못하면서도 믿으며, 말로 다 표현할 수 없는 즐거움과 영광을 누리면서 기뻐하고 있습니다"(새번역). 개역성경은 "말할 수 없는 영광스러운 즐거움"이라고 표현했다. 어떤 이들은 이 구절을 "더할 나위 없이 영광스러운 기쁨"으로 해석한다.[17]

이 말씀을 곱씹을수록 베드로가 글을 읽을 모든 독자들에게 이렇게 단언할 수 있었다니 참으로 대단하다는 생각이 든다. 사도는 "자, 여러분 가운데 뛰어난 영성을 가진 이들은 기도하면서 큰 기쁨을 맛보는 단계에 들어섰습니다. 다른 분들도 언젠가는 그렇게 되리라는 소망을 품으십시오"라고 이야기하지 않는다. 도리어 기도하는 가운데 더러 숨이 막히도록 큰 기쁨을 경험하는 건 특별한 일이 아니라는 입장이다. 가슴이 뜨끔했다.

특히 '이성적 신비주의'라는 존 머리의 한마디가 마음을 흔들었다. 하나님과 마주한다는 건 내면의 감정과 마음의 확신을 모두 아우른다는 말이다. 주님은 크리스천들에게 진리와 교리에 기대어 살지, 아니면 영적인 권능과 체험이 차고 넘치는 생활을 할지 선택하라고 요구하지 않으신다. 그 둘은 늘 붙어 다니는 법이다. 그동안 쌓인 신학적인 토대를 뒤로하고 '한 차원 높고 깊은' 체험을 찾아 뛰쳐나가라는 게 아니다. 오히려 신학적인 진리를 삶으로 경험하게 도와주시길 성령님께 구하라는 것이다.

그러므로 기도를 배워야 한다

플래너리 오코너가 탄식하듯 간구한 것처럼, 우리는 정말 기도하는 법을 배우고 있는가?

그해 여름, 갑상선암 수술을 무사히 마치자마자 개인적인 경건 생활에 네 가지 변화를 주었다. 우선, 몇 달에 걸쳐 시편을 통독하면서 한 편 한 편을 요약하고 정리했다. 덕분에 규칙적으로 시편 말씀에 기대어 기도하는 습관이 들기 시작했고 한 해에 몇 차례씩 모든 시편을 섭렵할 수 있었다.[18] 둘째로, 성경을 읽은 다음, 기도로 넘어가기 전에 반드시 시간을 내서 묵상하는 훈련을 했다. 셋째로, 아침만이 아니라 아침저녁으로 기도하는 데 온 힘을 기울였다. 넷째로, 더 큰 기대를 품고 기도하기로 했다.

결과가 나타나기까지 다소 시간이 걸렸지만, 두 해 남짓 꾸준히 실천하자 조금씩 돌파구가 열렸다. 오르락내리락, 엎치락뒤치락하기를 거듭하며 그리스도 안에서 단맛, 쓴맛을 다 보고 나니, 살아 있는 기도의 비밀이 새로운 시각에서 한결 뚜렷이 보였다. 다시 말해, 내 마음과 이 세상에는 하나님의 사랑을 만끽하는 평온한 경험뿐 아니라 악을 밟아 이기신 주님을 바라보기 위한 힘겨운 씨름도 있게 마련이라는 것을 알았다.

프롤로그에서 이미 다룬 두 가지 기도 체험은 마치 쌍둥이 나무처럼 한 쪽이 다른 한쪽을 자극하면서 서로 얽혀 나란히 성장한다. 이제는 기도란 마땅히 그러해야 한다는 믿음이 생겼다. 영적인 생동감과 힘이 솟았다. 지금껏 목회자로 일하고 메시지를 전하면서 좀처럼 겪어 보지 못한 일이었다. 훈련 과정을 통해 배운 내용들은 앞으로 소상히 다룰 작정이다.

그럼에도 불구하고 기도는 글로 옮기기가 이만저만 어려운 주제가 아니다. 이렇다 저렇다 말하기 어려워서라기보다 십중팔구 스스로 너무 보잘것없고 무기력하다는 자각이 드는 까닭이다. 로이드 존스만 하더라도 기도를 논하기엔 자신이 터무니없이 부족한 탓에 감히 글을 써 볼 엄두를 내지 못한다고 고백했다.[19] 그러나 기도에 관해 역사적으로 손꼽히는 글을 쓴 저자들 가운데 로이드 존스보다 더 합당하다고 할 만한 이가 몇이나 되겠는가? 20세기 초에 활동한 영국의 저술가 포사이스(P. T. Forsyth)는 내 감정과 감동을 나보다 더 정확하게 설파한다.

기도에 대해 쓴다는 건 어렵고 심지어 두렵기까지 한 일이다. 마치 언약궤에 손을 대는 기분이랄까. … 하지만 영원히 살아 계셔서 중보하시는 주님은 그 노력마저도 기도하는 법을 더 잘 알게 해 달라는 기도라고 너그럽게 받아들여 주실지 모를 일이다.[20]

기도는 참다운 자기 인식으로 들어가는 유일한 통로다. 마음의 변화, 다시 말해 사랑을 다시 조율하고 조정하는 주요 도구다. 하나님이 자녀들을 위해 마련하신 상상을 초월할 만큼 놀라운 선물을 수없이 베푸시는 방편이다. 우리가 간절히 원하는 것들을 안전하게 공급하시는 파이프라인이다. 하나님을 알고 마침내 하나님을 하나님으로 섬기게 하는 길이 기도 하다. 한마디로 살아가면서 무슨 일을 해야 하고 어찌 되어야 하는지 빠짐없이 알려 주는 만능열쇠인 셈이다.

그러므로 기도를 배워야 한다. 여기엔 선택의 여지가 없다.

기도만큼
위대한 것은 없다

하나님 앞에선 어떤 문제도 하찮은 것이 된다

기도는 세상을 거스른다

이로 말미암아 주 예수 안에서 너희 믿음과 모든 성도를 향한 사랑을 나도 듣고 내가 기도할 때에 기억하며 너희로 말미암아 감사하기를 그치지 아니하고 우리 주 예수 그리스도의 하나님, 영광의 아버지께서 지혜와 계시의 영을 너희에게 주사 하나님을 알게 하시고 너희 마음의 눈을 밝히사 그의 부르심의 소망이 무엇이며 성도 안에서 그 기업의 영광의 풍성함이 무엇이며 그의 힘의 위력으로 역사하심을 따라 믿는 우리에게 베푸신 능력의 지극히 크심이 어떠한 것을 너희로 알게 하시기를 구하노라(엡 1:15-19).

에베소서 1장에 기록된 이 기도를 빌립보서 1장과 골로새서 1장, 그리고 뒤에 나오는 에베소서 3장의 간구와 나란히 놓고 비교하면, 바울이 사랑하는 이들을 위해 습관적으로 기도하는 장면을 금방 포착할 수 있다. 특히 바울이 서술하는 긴 문장 가운데 문법적으로 핵심을 이루는 부분은 기도의 위대함과 중요성과 관련하여 특별한 통찰을 준다. 바울은 17-18절에 "하나님을 알게 하시고 … 알게 하시기를 구하노라"라고 적었다.

바울이 쓴 글을 다 살펴봐도 신앙의 동지들을 위해 기도하면서 환경과 처지를 바꿔 달라고 호소하는 대목이 들어 있지 않다. 참으로 놀라운 일이다. 두말할 것도 없이 당시 크리스천들은 수많은 위험과 고초를 겪으며 살고 있었다. 언제 닥칠지 모르는 박해, 병에 걸려 죽을 위험, 막강한 권력자들의 탄압, 사랑하는 가족과 강제로 헤어져야 하는 위기 등을 일상적으로 마주하는 상황이었다. 오늘날과는 비교할 수 없을 만큼 열악한 입장이었다.

하지만 이 기도들에서는 좀 괜찮은 황제를 만나게 해 달라거나 눈에 불을 켜고 찾으러 다니는 병사들에게서 지켜 달라는 건 물론이고 다음 끼니를 책임져 달라는 간구조차 찾아볼 수 없다. 바울은 요즘 크리스천들이라면 기도 제목 리스트에 올려놓고 요청했음직한 온갖 유익한 조건들을 구하지 않았다.

그런 것들을 구하는 게 그릇된 행위란 뜻일까? 천만의 말씀이다. 예수님이 친히 '일용할 양식'과 '악에서 구해 주시길' 기도하라고 가르치셨음을 그 역시 잘 알고 있었다. 디모데전서 2장에서 바울은 독자들에게 평화를 위해, 선량한 정부를 위해, 도움이 필요한 세상 모든 이들을 위해 기도하라고 권면한다. 예수님과 달리 보편적인 기도 모델을 제시하지는 않는다. 대신에 스스로 생각하기에 하나님이 동료 크리스천들에게 주실 수 있는 더없이 소중한 한 가지를 끊임없이 구했다.

그것은 무엇일까? 바로 '주님을 더 잘 아는 것'이었다. 바울은 여기에 다채롭고 상세한 설명을 붙인다. 이는 '마음의 눈을 밝혀'(엡 1:18) 주신다는 뜻이다. 성경에서 마음은 인간의 자아 전체를 움직이는 중앙 관제소에 해당한다. 인간의 감정과 사고, 행동을 좌우하는 핵심적인 헌신과 깊고 깊은 사랑, 기본적인 소망이 한데 모인 저장 창고와도 같다. 특정한 진리로 마음의 눈을 밝힌다는 건 그 진리가 속속들이 파고들며 단단히 사로잡아서 전인격을 변화시킨다는 뜻이다. 다시 말해 하나님이 거룩하신 분임을 안다 하더라도, 마음의 눈이 밝아져서 그 진리를 깨달아야 비로소 인지적 이해를 넘어 정서적으로도 주님의 거룩하심을 경이롭고 아름답게 받아들이고 그분을 노엽게 하거나 가벼이 여기는 짓을 하지 않게 된다.

에베소서 3장 18절에서 바울은 그리스도를 믿는 이들이 받을 과거와 현재, 미래의 은혜를 파악할 힘을 성령님이 베푸시길 바란다고 했다. 크리스천이라면 머리로는 당연히 그 은혜를 알고 있겠지만 바울의 기도는 그 수준을 뛰어넘어 하나님의 임재는 물론 주님과 더불어 사는 삶의 실체를 한층 생생하게 인식하길 간구한다.

바울은 크리스천이 반드시 얻어야 할 결정적인 응답은 환경의 변화보다 하나님을 온전히 아는 지식이라고 말한다. 하나님의 실재를 강렬하게 감지하지 못한다면 좋은 환경은 지나친 자신감과 영적인 무관심으로 이어질 수 있다. 내심 '요긴한 게 다 수중에 있는데 굳이 하나님을 찾을 필요가 있을까?'라고 판단할 수 있다는 말이다. 반면에 '밝아진 마음'이 없으면 좌절과 낙담에 빠질 수도 있다. 하나님의 사랑이 마땅히 그래야 하듯 한없는 위안을 주는 게 아니라 막연하고 추상적인 개념에 머물기 때문이다. 그러므로 어떤 상황에서도 흔들림 없이 삶을 마주하기 위해서는 주님을 더 잘 아는 게 가장 중요하다.

바울은 성도들의 공적이고 사적인 기도 생활에 큰 관심을 보인다.

하나님과 연합하고 교제하는 일이야말로 무엇과도 비길 수 없는 최고의 선으로 여겼다. 풍성하고, 생기가 넘치며, 위안을 얻으며, 애써 지키는 기도 생활이야말로 온갖 선한 것들을 제대로 받아서 그 유익을 만끽하는 길이다. 그러나 기도를 단순히 하나님으로부터 선물을 받아 내는 통로로만 여기는 게 아니라 그분을 더 잘 알아 가는 수단으로 인식한다. 기도는 분발하여 "주를 붙잡는"(사 64:7) 행위다. 옛 사람들이 지체 높은 이들의 옷자락에 매달려 도움을 호소한다든지, 현대인들이 사랑을 표현하기 위해 상대를 끌어안는 것과 마찬가지다.

바울은 이런 마음가짐으로 기도하면서 하나님과 동행하는 내면생활의 우선순위를 염두에 두었다.[1] 대다수 현대인들은 겉으로 드러나는 조건이나 상황에 토대를 두고 내면생활을 가꿔 간다. 남들의 평가, 사회적 지위, 물질적인 번영, 성과 등에서 내면의 평안을 찾는다. 크리스천도 주님을 믿지 않는 이들과 별반 다르지 않다.

바울은 성도들에게 거꾸로 생각해야 한다고 가르친다. 그렇지 않으면 세상사가 돌아가는 형편에 휘둘리게 되리라는 것이다. 하나님의 한결같은 사랑을 딛고 서지 않으면 크리스천들 역시 "세상이 그렇다고 장담하는 이러저러한 요소들을 성공으로 인정하고 받아들일 수밖에 없다. 행복과 불행은 물론이고 스스로의 정체성까지 시대가 제시하는 견적에 맞출 게 틀림없다. 그러니 운명 앞에 덜덜 떨지 않고 배기겠는가?"[2]

아무도 보는 이 없을 때

외면생활에 우선순위를 두면 내면생활은 어둡고 주눅이 들게 마련이다. 혼자라는 생각에 무얼 어찌해야 할지 갈피를 잡지 못한다. 자기 검열을 거듭할수록 심기가 불편해지고 급기야는 시야가 극도로 좁아져서 반성이니 성찰이니 하는 게 도무지 불가능한 형국에 이를 것이다. 거기서 상태가 더 심각해지면 진실성이 삶에서 완전히 실종될 수도 있다. 속에는 자기 회의와 걱정, 자기 연민, 해묵은 원한 등이 그득해도 겉으로는 자신감을 내비치며 영적으로든 정서적으로든 건강하고 온전한 듯 행세한다. 하지만 어떻게 마음속의 여러 방들에 들어가 무엇이 들어찼는지 확인하고 처리할 방도를 가늠하지 못한다. 간단히 말해서, 내면생활에 우선순위를 두지 않는 한, 백이면 백 위선에 빠지고 만다. 17세기 영국 신학자 존 오웬은 대중의 인기를 얻고 성공 가도를 달리는 목회자들에게 이렇게 경고했다.

> 목회자는 교인들을 모아 예배당을 채우고, 성찬예식을 인도하고, 대중의 입을 채워 줄 수는 있을지 모르지만, 그의 진면목은 은밀한 가운데 전능하신 하나님 앞에 무릎을 꿇느냐에 달렸다. 그 이상도 이하도 아니다.[3]

참다운 자신을 찾으려면 지켜보는 눈길이 전혀 없을 때, 이러저러한 상념에 잠기도록 몰아가는 압박 요인이 전혀 없는 순간에 무얼 생각하며 시간을 보내는지 살피라. 생각이 하나님을 향해 흘러가는가? 잘난 체하지 않는 겸손한 인간으로 보이고 싶은가? 솔선해서 하나님 앞에 죄를 고백하고 있는지 자문해 보라.

긍정적이고 쾌활한 인물로 비쳐지길 바라는가? 주님이 베풀어 주신 모든 것들에 감사하고 그분의 성품을 항상 찬양하고 있는가? 예수님을 믿게 된 게 얼마나 복된 일인지, 그리고 그리스도를 얼마나 깊이 사랑하는지 하고 싶은 말이 많을지 모르지만, 삶에 기도가 빠져 있다면 과연 그걸 진심으로 볼 수 있을까? 남들의 시선이 닿지 않을 때, 하나님 앞에서 기뻐하며, 겸비하고, 신실하지 못하다면 겉으로 드러내고자 하는 모습과 실상은 서로 합치될 수 없을 것이다.

제자들에게 주기도문을 가르치기 직전, 예수님은 마태복음 6장 5-6절을 비롯해 몇 가지 사전 아이디어를 주셨다. "너희는 기도할 때에 외식하는 자와 같이 하지 말라. 그들은 사람에게 보이려고 회당과 큰 거리 어귀에 서서 기도하기를 좋아하느니라. … 너는 기도할 때에 네 골방에 들어가 문을 닫고 은밀한 중에 계신 네 아버지께 기도하라." 은밀한 데서 이뤄지는 개인적인 기도 생활이야말로 영적 상태를 족집게처럼 진단해 내는 영적 시험지다. 흔히들 문화적이거나 사회적인 기대를 충족시키기 위해, 또는 형편이 어려워져 걱정이 많을 때 기도한다.

그러나 아버지 하나님과 참으로 살아 움직이는 관계를 맺고 있는 이들은 무릎을 꿇지 않고는 견딜 수 없는 외부의 압박이 전혀 없다 하더라도 내면에서부터 기도하고자 하는 욕구가 끓어 넘치는 법이다. 사회적이거나 경험적인 보상이 전혀 없어도 영적으로 메말랐다 싶으면 당장 기도부터 시작한다.

내면생활에 우선순위를 둔다는 말이 개인주의적이거나 이기주의적인 생활을 가리키는 건 아니다. 성경이 가르치는 하나님을 더 잘 알아 가는 일은 처음부터 끝까지 혼자 힘으로 해낼 수 있는 과업이 아니다. 교회 공동체에 속해야 하고 개인으로 기도할 뿐만 아니라 공동 예배에도 참석해야 하며, 고요히 묵상하는 동시에 성경을 공부하기도 해야 한다. 이처럼 하나님을 알아 가는 다양한 방식이 있지만 그 핵심은 공사(公私) 양면에 걸친 기도다.

가까운 친구이자 목회자인 잭 밀러(Jack Miller)는 기도를 잘 들어보기만 해도 그가 하나님과 어떤 관계를 맺고 있는지 엄청나게 많은 정보를 얻을 수 있다고 했다. "정말 주님과 사이좋게 이야기를 나누는지 단박에 드러나거든." 내가 보인 일차적인 반응은 그 친구 근처에서는 절대 소리를 내서 기도하지 않도록 조심하는 것이었다. 그 뒤로는 몇 년을 두고 잭의 가설을 검증했다.

그의 말처럼 사사로운 기도 생활을 풍성하게 가꾸지 않아도 공적으로는 현란하며 신학적으로 견실하고 열성적인 기도를 드리는 게 얼마든지 가능하다. 그러나 하나님을 향해서가 아니라 그분과 더불어 대화하는 상황에서 어김없이 나타나는 특징만큼은 흉내로 만들어 낼 수 없다. 은밀히 드리는 개인적인 기도와 공적인 기도는 나란히 깊이를 더해 가게 마련이다.

기도에 하나님이 없다

위대하고 대단하면서도 쉽고 간단한 일이란 건 어디에도 없다. 사실 기도는 세상에서 가장 힘든 일에 속한다. 하지만 기도가 어렵다는 사실을 인정하는 게 도리어 힘이 될 수도 있다. 기도라는 이슈를 붙들고 치열하게 씨름 중이라면 주위를 돌아보라. 헤아릴 수 없이 많은 이들이 같은 싸움을 벌이고 있다.

기도를 다룬 19세기 미국 신학자 오스틴 펠프스의 책, 《응답받는 기도 원리》는 욥기 23장 3절을 인용하는 것으로 첫 장 '하나님이 계시지 않는 기도'를 연다. "아, 그분이 계신 곳을 알 수만 있다면!"

펠프스는 "하나님이 빠져 있다는 자각이야말로 신앙생활 전반에서 일상적으로 경험하는 일"이라는 전제에서 출발한다. "형식을 제대로 갖춘 예배일지라도 눈에 보이지는 않지만 교제할 때마다 큰 기쁨을 주는 친구로 하나님의 임재를 느끼는 경우는 띄엄띄엄, 간헐적일 뿐"[4]이라는 것이다.

펠프스는 기도하면서 그처럼 메마른 느낌이 드는 갖가지 이유를 열거하고 마치 하나님이 곁에 계시지 않는 것 같은 느낌을 견뎌 내는 방법을 잇달아 설명한다. 기도하기로 마음먹은 이들이 처음 맞닥뜨리는 건 영적인 공허감이다. 이건 대단히 중요한 깨달음이다. 현대인은 이처럼 아무것도 없이 텅 빈 상태에 너무도 익숙한 나머지 작정하고 무릎을 꿇기 전까지는 실상을 의식하지도 못한다. 성경을 읽고 기도가 얼마나 대단한 일인지, 어떤 약속이 거기에 얽혀 있는지 귀 기울여 듣고 나서야 비로소 그 사실을 실감하기 시작한다. 이내 외로움과 시장기가 밀려든다.

하나님과 깊은 교제를 나누는 중요한 첫걸음으로 대단히 중요한 과정이지만 갈피를 잡지 못하고 헤매는 단계이기도 하다.

하지만 일단 기도 생활이 풍성해지기 시작하면 놀라운 결과들이 나타난다. 더러 자기 연민에 빠지거나 내면의 원한과 분노를 합리화 한다 쳐도, 하나님 앞에 앉는 순간 방향 전환이 일어나고 애써 붙들고 씨름하던 감정이 얼마나 하찮은지가 한눈에 드러난다. 자신을 옹호하는 변명 따위는 산산조각 쪼개져서 바닥에 나뒹군다. 근심걱정에 찌들었다가도 주께 간구하노라면 겨우 그 정도 일로 뭘 그렇게 노심초사했을까 하는 의구심마저 든다. 자신이 우스워지고 하나님의 성품과 그분이 하신 일들에 감사하게 된다. 드라마틱한 일이다. 관점이 달라지고 상황이 상쾌하리만치 명확해진다.

그런 경험이 되풀이되다 보면 결국 흔한 일이 되지만 기도 생활을 시작하자마자 그 경지에 이를 수 있는 것은 아니다. 처음에는 빈곤감과 부재감이 지배적이기 쉽다. 하지만 거기서 포기하고 돌아설 게 아니라 패커와 나이스트롬의 말마따나 "의무를 지나 기쁨에 이르는 길"을 찾기까지 그런 형편을 훈련 과정으로 여기고 애써 견디며 꾸준히 간구해야 한다는 사실을 으뜸가는 지침으로 삼아야 한다.

하지만 한편으로는 상황을 그릇 판단하지 않도록 조심해야 한다. 메마르고 냉담한 시기가 찾아오는 데는 다양한 요인이 있다. 보통 그처럼 건조한 나날을 보내는 사이에는 한계를 넘어 영원한 기쁨과 특별한 느낌을 갖게 되기까지 긴 시간을 따로 떼어 기도하지 않는다. 갈등과 씨름하고 심하면 하나님이 계시지 않는 것만 같은 느낌과 싸우는 사이사이에 생각이 획기적으로 달라진다든지 어렴풋이나마 마음으로 하나님을 의식하게 되는 일이 드문드문 끼어들 따름이다. 그럼에도 불구하고 기도하면서 하나님을 추구하는 노력은 결국 열매를 맺는다. 이것이 주님이 이렇게 예배를 드리는 이들을 찾으시는 까닭이다(요 4:23). 기도는 그만큼 풍요롭고 또 경이롭다.

기도를 알려거든 성경을 펼쳐라

성경은 시종일관 하나님을 말한다. 기도와 관련한 이야기가 갈피갈피 골고루 스며들어 있는 까닭이 거기에 있다. 기도가 위대한 것은 곧 인간의 삶 가운데 미치는 하나님의 손길과 영광이 크고 넓다는 말과 다르지 않다. 성경은 일관되게 이 진리를 증언하는 길고 긴 간증이다.

창세기를 보면 아브라함과 이삭, 야곱 같은 족장들이 하나같이 친밀하고 솔직하게 하나님께 기도하는 장면을 볼 수 있다. 그중에서도 우상숭배가 판치는 소돔과 고모라에 자비를 베풀어 주시길 끈덕지게 구했던 아브라함의 기도(창 18:23)는 특별히 눈길을 끈다. 출애굽기에서 모세는 기도를 이스라엘 백성들의 이집트 탈출과 해방을 담보하는 도구로 삼았다. 기도라는 선물은 이스라엘을 위대한 백성으로 만들었다. "우리 하나님 여호와께서 우리가 그에게 기도할 때마다 우리에게 가까이 하심과 같이 그 신이 가까이 함을 얻은 큰 나라가 어디 있느냐"(신 4:7).[5]

따라서 기도하지 않는 건 단순히 종교적인 계율을 어기는 정도가 아니라 하나님을 하나님으로 대하지 않는 행위다. 주님의 영광을 거스르는 죄에 해당한다. 사무엘은 이스라엘 백성에게 말했다. "나는 너희를 위하여 기도하기를 쉬는 죄를 여호와 앞에 결단코 범하지 아니하고"(삼상 12:23).[6] 다윗이 하나님의 영감을 받아 쓴 시편 가운데는 "기도를 들으시는 주"(시 65:2)께 호소하는 노래가 수두룩하다.

다윗의 아들 솔로몬은 예루살렘에 성전을 지어 바치며 장대한 기도를 드렸다.[7] 하나님께 성전에서 백성들의 기도를 들어 달라는 요청이 성전을 위한 간구의 핵심이었다. 솔로몬이 가장 간절하게 구했던 것은 기도라는 '선물' 그 자체였던 셈이다.[8] 그는 한 걸음 더 나아가서 다른 민족들도 "주의 크신 이름과 주의 능한 손과 주의 펴신 팔의 소문을 듣고 와서 이 성전을 향하여 기도"하게 되기를 소망했다(왕상 8:42). 기도가 그저 하나님의 위대하심을 인식하고 인정하는 일임을 다시 한 번 보게 되는 대목이다.

구약성경 욥기는 주로 욥이라는 인물이 엄청난 고난과 고통 속에서 기도로 나가는 내용을 기록하고 있다. 말미에서 하나님은 냉담한 욥의 친구들을 꾸짖으시며 "욥이 너희를 용서하여 달라고"(욥 42:8, 새번역) 기도하지 않으면 징계를 거두지 않겠다고 말씀하신다.

구약 시대 선지자들의 사역에서도 기도가 두루 배어 있다.[9] 기도는 하나님 말씀이 선지자들에게 임하는 통상적인 경로였다.[10] 바빌로니아로 끌려갔던 유대 민족이 살아 돌아올 수 있었던 것도 결국 기도의 소산이었다. 포로생활은 이방 민족과 성읍을 위해 기도하라는 명령에서 출발했다(렘 29:7). 다니엘은 하루에 세 번씩 동족들의 죄를 회개하고 고국으로 돌아가길 요청하며 응답해 주시길 기도하다가 바빌로니아 권력자들의 손에 처형될 위기에 몰렸다.[11] 세월이 흘러서 예루살렘 성벽을 재건하게 되었을 때, 느헤미야는 중요한 고비마다 며칠씩 기도하면서 슬기롭게 리더십을 발휘했다.[12]

예수 그리스도는 제자들에게 기도를 가르치고, 기도로 백성들을 고쳤으며, '기도하는 집'이 되어야 할 성전이 변질되고 타락했음을 통렬히 비판하는가 하면, 오로지 기도로만 귀신을 쫓아낼 수 있다고 말씀하기도 하셨다. 주님은 시시때때로 자주 뜨겁게 부르짖으며 눈물로(히 5:7) 기도하셨으며 더러는 밤을 꼬박 새우기도 하셨다. 성령이 내리고 임한 것도(눅 3:21-22), 영광스러운 모습으로 용모가 변한 것도(눅 9:29) 모두 기도하실 때 일어난 사건들이었다. 더없이 큰 위기 앞에서도 주님은 기도하셨다. 돌아가시기 전날 밤에는 제자들과 교회를 위해 기도하셨고(요 17:1-26) 겟세마네 동산에서도 몹시 고통스러워하며 아버지께 간구하셨다. 그리고 마침내 기도하며 숨을 거두셨다.[13]

주님이 돌아가신 직후, 제자들은 한데 모여 앞날을 위해 "오로지 기도에 힘쓰더라"(행 1:14). 교회로 모이는 자리에서는 예외 없이 다들 "기도에 힘썼다"(행 2:42, 11:5, 12:5, 12:12). 이처럼 뜨겁게 기도하자 그 응답으로 성령의 권능이 초대교회 성도들 위에 임했다. 이들은 기도하며 지도자를 선발하고 임명했다. 크리스천이라면 너나할 것 없이 때를 정해 성실하고, 헌신적이며, 열성적으로 기도하는 삶을 사는 게 당연하다고 여겼다. 사도행전에 따르면, 기도는 그리스도를 믿고 성령님이 마음에 들어오셨음을 보여 주는 주요 지표 가운데 하나였다. 성령님은 하나님께 간구하고자 하는 소망과 확신을 주시며 무슨 말을 해야 할지 가늠하지 못하는 상황에서도 기도하게 하신다. 성경은 크리스천들에게 하루, 아니 평생 기도가 삶의 구석구석에 배어들게 하라고 가르친다. 끊임없이 기도하라는 것이다(살전 5:17)[14]

기도는 너무 엄청난 것이어서 성경 어디를 펴든 금방 찾아볼 수 있다. 왜 그럴까? 하나님이 계신 자리마다 어김없이 기도가 있기 때문이다. 주님은 어디나 계시고 한없이 크신 분이므로 기도 역시 삶의 모든 영역에 스며들 수밖에 없다.

기도라는 위대한 길에 들어서 보라

성경을 제외하면, 시인 조지 허버트(George Herbert)의 시 "기도 1(Prayer 1)"만큼 훌륭한 설명도 찾아보기 어려울 것이다. 이 시는 기도라는 방대한 주제와 맞붙어서 동사 하나, 산문 구조 한 토막 동원하지 않고 단 몇 단어로 추린 걸출한 작품이다. 시인은 스무 네댓 단어로 그린 그림 몇 장을 제시한다.

앞으로 몇 장에 걸쳐 기도가 무엇인지 규정하려 하는데, 거기엔 상당한 위험이 따른다. 정의를 내린다는 게 본시 여러 가지 요소를 압축해서 핵심만 간추리는 작업을 가리키기 때문이다. 허버트는 독자들을 정반대 방향으로 이끌어 가고 싶어 했다. 지극히 무한하고 광대한 기도의 풍요로움을 샅샅이 살피길 원했다. 마침내 그는 독자들의 분석력과 상상력을 압도하는 작품을 썼다.

기도는 교회의 잔치, 천사의 시대,

인간을 처음으로 돌아가게 하는 하나님의 숨결,

쉽게 풀이된 심령, 순례에 나선 마음,

하늘과 땅을 재는 다림줄.

전능하신 분께 맞서는 병기, 죄인의 요새,

거꾸로 치는 천둥, 그리스도의 옆구리를 찌르는 창,

엿새간의 세상을 한 시간 안에 바꿔 놓는 변화,

만물이 듣고 떠는 선율 같은 것.

너그러움과 평화, 기쁨, 사랑, 그리고 축복.

고귀한 만나, 더없이 큰 환희,

일상에 깃든 하늘나라, 잘 차려 입은 인물,

은하수, 파라다이스의 새.

별들 너머로 들리는 교회 종소리, 영혼의 피,

온갖 향료가 나는 나라, 몇 가지 알려진 것.

기도는 '인간을 처음으로 돌아가게 하는 하나님의 숨결'이다. 무신론자이거나 신앙을 갖지 않은 이들 가운데도 드문드문 기도를 하는 제 모습에 놀라워하는 이들이 허다하다. 허버트는 그런 현상이 벌어지는 이유를 또렷이 알려 준다. 히브리어로 '성령'이란 단어에는 '숨'이란 뜻이 있다. 그러기에 시인은 인간 내면에는 스스로 우주에 홀로 고립된 게 아니며 혼자 세상을 헤쳐 가게끔 만들어진 존재도 아님을 알려 주는 하나님의 특별한 선물이 존재한다고 말한다. 다시 말해 기도는 인간이 가진 자연스러운 본능이다.

기도는 '너그러움과 평화, 기쁨, 사랑, 그리고 축복'이다. 인간이 갈구하는 영혼의 깊은 안식이다. 기도는 힘과 생명력의 유일한 근원인 '영혼의 피'다. 예수님의 이름에 기대어 기도하고 그분이 베푸시는 구원을 믿고 기도하면, 영적으로 임금님 앞에 서기에 합당한 예복을 '잘 차려입은 인물'이 된다. '교회의 잔치'에 당당히 한 자리를 차지하고 앉을 수 있는 것이다. 잔치의 의미는 먹고 마시는 데 그치지 않으며 주인의 영접을 받고 교제를 나눌 수 있다는 상징이며 그 수단이기도 하다. 기도는 우정을 돈독하게 한다.

기도는 '선율 같은 것'이기도 하다. 기도는 마음의 현을 타서 하나님께 들려드린다. 노래는 인간의 전 존재를 끌어들인다. 가사를 통해 생각을 드러내고 곡을 통해 마음을 표현한다. 기도는 곁에 선 이들의 심금을 울리기도 한다. 마음의 곡조를 주께 들려드리며 누리는 감격과 기쁨은 가까이서 지켜보는 사람들에게 영향을 미친다. 기도하는 이는 오만하지도, 차갑지도, 초조해하지도, 지루해하지도 않는다. 욕심이 없고, 따뜻하며, 한없이 평화롭고, 하루하루가 흥미진진하다. 다른 이들도 그 사실을 눈치채게 된다. 모두가 '듣고 떠는' 것이다. 이처럼 기도는 주위를 변화시킨다.

기도는 오감이 살아나고 희한한 향취와 미각을 즐길 수 있는 '온갖 향료가 나는 나라'이자 신비와 경이가 넘치는 '은하수'가 될 수도 있다. 그런 상황에 이른 기도는 시간을 초월해 영원을 체험하는, 말 그대로 '천사의 시대'를 체험하는 사건이 된다. 하지만 역사를 통틀어 힘들이지 않고 손쉽게 '온갖 향료가 나는 나라'를 찾아낸 이가 단 한 명이라도 있었던가?

또한 기도는 '순례에 나선 마음'이다. 허버트가 살았던 시절에 순례자라면 멀고도 험하며 고단한 길을 가는 이를 가리켰다. 순례에 나섰다는 말은 아직 목적지에 이르지 못했다는 뜻이다. 그중에는 현실에서 결코 이룰 수 없는 일을 갈망하며 드리는 기도도 있게 마련이다. 간절히 기도하며 구해도 깊은 만족을 누리는 건 흔치 않은 일이다. 기도는 아직 끝나지 않은 긴 여정이다.

영적으로 침체된 시기에도 기도는 하늘나라의 '만나' 구실을 하며 잠잠한 가운데 '더없이 큰 환희'를 맛보게 해서 가던 길을 계속 가게 한다. 이스라엘 백성들이 소망을 품고 끝없이 전진하게 했던 그 옛날 광야의 만나와 매한가지다. 특별한 풍미를 가지긴 했어도 만나는 그저 소박한 식량일 뿐, 성찬이라고 보긴 어렵다. 하지만 여행자의 주린 배를 흡족하게 채우고 내면의 삶을 지탱해 주는 나그네 길 양식으로는 한 점 손색이 없다. 기도는 이렇게 삶을 견뎌 낼 힘을 준다.

이처럼 끈기를 가질 수 있는 까닭은 참다운 기도란 '파라다이스를 노니는 심령'과 다르지 않기 때문이다. 하나님은 기도 제목을 내놓을 뿐만 아니라 자신을 드리길 원하신다. 평생 동안 가야 할 기도의 험한 여정을 막 시작하는 이들은 너나없이 자신의 실체를 가늠하지 못한다. 오로지 기도를 통해서만 저마다의 실상과 마주한다. 하나님 앞에 서지 않고는 스스로의 참모습을 알 수 없는 까닭이다. 무언가를 쉽게 풀어낸다는 말은 골자를 파악해서 이해하기 쉽게 만든다는 얘기다. 기도는 주님 앞에 서서 자신의 참다운 됨됨이를 공부하고 그분께 스스로의 진수를 드리는 행위다. 하나님만이 아니라 자신을 알아 가는 일이란 얘기다.

고요와 평안, 교제만이 기도의 속성은 아니다. 기도는 '전능하신 분께 맞서는 병기'이기도 하다. 허버트가 살았던 시절, 궁수들을 가득 태우고 성을 포위 공격하는 데 쓰였던 장비를 가리킨다는 점을 감안하면 아주 놀라운 표현이다.

성경에는 탄식과 간구, 애원이 모두 포함되어 있다. 기도는 세상의 악한 현실을 거스르는 일종의 반역이므로 성경에는 숱한 탄식과 간구, 애원이 포함될 수밖에 없다. 이들은 헛된 몸짓이 아니다. '별들 너머로 들리는 교회 종소리'이며 정말 '거꾸로 치는 천둥'이다. 천둥은 하나님의 두려운 권능을 가리키는데, 기도는 그 권능을 동력원으로 삼아 우리의 간절한 요청이 하늘나라에서 귀엣말 정도가 아니라 우르릉 쿵쾅 요란한 굉음으로 들리게 한다.

다른 한편으로 허버트는 기도를 '죄인의 요새'로 풀이한다. 오만한 심령은 성을 공략하는 병기로서 기도가 갖는 능력을 제대로 활용할 수 없다. '죄인의 요새'라는 말은 기도하며 예수님의 은혜에 의지하는 마음이야말로 죄를 면할 유일한 피난처임을 의미한다. 그리스도의 용서와 의로움에 기대지 않는 한, 하나님의 임재로 나아가 그분 앞에 서지 못한다. 그런 점에서 기도는 참으로 '그리스도의 옆구리를 찌르는 창'이다. 인류를 위해 그리스도가 감당하신 희생을 발판 삼아 용서를 간구하면, 마치 창에 찔린 주님의 옆구리에서 물과 피가 쏟아지듯, 은혜와 자비가 콸콸 흘러나온다. 이처럼 기도는 죄인의 피난처다.

기도는 세상의 형편을 바꿔 놓는 집중포화지만 그에 못지않게, 아니 그 이상으로 이편의 이해와 태도를 바꿔 놓는 맹렬한 포격이기도 하다. 기도는 '엿새간의 세상'마저 달라지게 만드는 '선율 같은 것'이다. 여기서 말하는 엿새는 공식적인 예배를 드리는 안식일이 아니라 일상생활이 이뤄지는 평일이다. 하지만 '한 시간'의 기도는 그 엿새를 통째로 변화시킨다. 곡의 조와 음, 음색이 완전히 달라지는 꼴이다. 기도를 통해 하늘나라가 일상 속으로 들어오면 세상이 달리 보인다. 더없이 시시하고 하찮은 일이라 해도 마찬가지다. 이처럼 기도는 사람을 변모시킨다.

뱃전에서 늘어뜨린 줄로 수심을 측량하듯, 기도는 "하늘과 땅을 재는 다림줄"이 된다. 성령님의 권능에 힘입어 "하나님의 깊은 것까지도 통달"(고전 2:10)할 수 있다는 뜻이다. 여기에는 기도를 통해 "그리스도의 사랑을 알고 그 너비와 길이와 높이와 깊이가 어떠함을"(엡 3:18) 깨닫기에 이르는 기가 막히게 근사한 여정도 포함된다. 기도는 크리스천들을 하나님과 연합하게 한다.

언어를 물감 삼아 그린 이 눈부신 그림을 시인이 어떻게 마감하고 있는지 살펴보라. 허버트는 놀랍게도 기도는 "이미 알려진 것"이란 결론을 내린다. 위대한 노래의 결말치고는 누가 봐도 실망스러운 이 구절을 두고 수많은 학자들 사이의 갑론을박이 이어졌다. "언뜻 은유를 포기한 듯하지만 … (실상은) 더할 나위 없이 훌륭한 마무리"[15]처럼 보인다.

온갖 고결한 이미지를 섭렵하고 나서 시인은 갑자기 땅으로 내려온다. 기도를 통해 '몇 가지'를 깨닫는다(모든 걸 알게 되는 게 아니다). 기도의 열매가 시시해 보일 때도 있다. 바울은 옛 구리거울에 사물을 비쳐 보면 죄다 뒤틀려 보이듯, 이 세상을 사는 크리스천들은 "부분적으로"만 알 수 있을 뿐이라고 말한다(고전 13:12). 그러나 기도는 차츰 시야를 또렷하게 한다. 좌절의 구렁텅이에 빠진 시편 기자는 기도하는 가운데 "하나님의 성소에 들어갈 때에야 그들의 종말을 내가 깨달았나이다"(시 73:17)라고 고백한다.

기도는 경이요, 친밀감이며, 고단한 씨름이지만 본질에 맞닿은 길이기도 하다. 그만큼 중요하거나, 힘겹거나, 풍요하거나, 삶을 바꿔 놓을 만한 일은 어디에도 없다. 기도만큼 위대한 일은 결단코 없다.

PRAYER

Part 2

기도를
분별하다

03

기도라고 다 같은 것은 아니다
참된 기도는 본능을 넘어 하나님의 선물이다

기도란 무엇인가? 세상에 존재하는 오만 가지 기도가 본질적으로는 다를 게 없이 다 똑같은가? 그게 아니라면 참다운 기도란 무엇이고 어떻게 분별할 수 있는가?

절대자를 향한 인간의 본능, 기도

이슬람교, 유대교, 기독교 등 유일신을 믿는 보편적인 종교들은 어김없이 기도를 신앙의 핵심으로 꼽는다. 유대교인들은 하루에 세 차례 기도하지만 무슬림들은 매일 다섯 차례씩 기도하는 계율에 따른다. 기독교만 떼어 생각해도 교단마다 공동기도와 개인기도, 목회기도를 비롯해 다양한 전통이 홍수를 이루고 있다.

물론, 유일신을 믿는 종교에만 기도가 있는 건 아니다. 불교도들은 마니차(라마불교를 믿는 신도들이 사용하는 원통형의 회전 예배기)를 돌린다. 영적인 세계와 자연계를 하나로 묶고, 고통에서 자유로워지며, 친절을 베풀게 해 달라는 염원이 담긴 기도를 대기 속으로 날려 보내는 것이다.[1] 힌두교도들은 수많은 신들 가운데 어느 하나를 골라 도움을 청하거나 세계의 평화를 구할 것이다. 윤회의 사슬에서 벗어나 브라만, 곧 절대자와 하나가 되는 걸 최고의 목표로 삼는다.[2] 다른 문화권에서는 노래로 기도를 드리기도 한다. 캐나다 남서부에 사는 비버 인디언(Beaver Indian)이나 미국 남서부의 파파고 인디언(Papago Indian)만 해도 그렇다. 시와 음악은 영적인 영역과 물리적인 세계를 하나로 묶는 기도 구실을 한다.[3] 즉 기도는 인간의 삶에 두루 나타나는 보편적인 현상이다.

종교라면 코웃음부터 치는 이들마저도 더러 기도를 드린다. 이미 세속화된 국가들에서도 변함없이 기도가 존재함을 보여 주는 연구 결과는 한둘이 아니다. 종교적인 성향이 짙지 않은 수준을 넘어 하나님의 존재를 전혀 믿지 않는 이들마저도 기도를 드린다는 뜻이다.[4]

2004년에 나온 연구 논문에 따르면, 무신론자들 가운데 30퍼센트 정도는 '가끔' 기도한다고 인정했다.[5] 신이 없다고 확신하는 이들 가운데 17퍼센트는 '규칙적으로' 기도한다는 조사 결과도 있다.[6] 기도의 빈도는 나이에 비례해 잦아진다. 교회에 다시 출석하거나 특정한 제도 종교에 속하지 않은 이들 사이에서도 마찬가지다.[7]

이탈리아 학자 주세페 지오르단(Giuseppe Giordan)은 이렇게 정리했다. "신앙 행위를 사회적으로 연구한 결과를 보면, 날마다 기도한다고 고백하는 이들의 비율이 대단히 높음을 확연히 드러내는 사례가 거의 전부이다시피 하다. 심지어 하루에도 몇 차례씩 기도한다는 응답자도 허다하다.[8]

그렇다면 너나없이 다들 기도를 하고 있다는 뜻인가? 그렇지 않다. "참호에는 무신론자가 없다"는 말을 몹시 불쾌하게 여기는 부류도 적지 않다. 생사가 갈리는 위기 상황에서도 기도하지 않는 이들이 숱하다. 그럼에도 불구하고 기도는 '우주적'까지는 아니어도 '범세계적인' 현상이다. 어느 문화권에든 존재하며 평생 최소한 몇 차례 정도는 기도하는 이들이 다수를 차지한다.[9] 신앙이나 기도가 완전히 배제된 문화를 찾아보려 안간힘을 써 본들 백발백중 허사로 돌아갈 따름이다. 아주 외진 곳에서 고립된 생활을 하는 부족들도 예외가 아니다. "인간의 영역과 신의 영역 사이의 소통"을 추구하려는 노력은 어떤 형태로든 상존하게 마련이다.[10] 인간의 내면에 기도하고자 하는 본능이 숨어 있는 게 아닌가 싶을 정도다. 스위스의 신학자 칼 바르트는 이것을 '하나님을 향한 불치의 향수병(incurable God-sickness)'이라고 불렀다.[11]

그러나 유념할 게 있다. 기도는 보편적 현상이지만 그렇다고 모든 기도가 똑같은 건 아니다. 오히려 지켜보는 이의 눈을 어지럽힐 만큼 다양하고 다채롭다. 북미 원주민 샤먼은 의식 중에 곧잘 황홀경에 빠지고, 베네딕트 수도사들은 찬트를 음송하며, 맨해튼 사무실에서는 수행자들이 요가에 열을 올리고, 17세기 청교도 사역자들은 몇 시간씩 목회기도를 드렸으며, 오순절 계통의 교회들에게서는 방언기도를 흔히 볼 수 있고, 무슬림들은 이마와 양손, 두 무릎과 두 다리를 땅에 대고 메카 방향으로 엎드려 수주드(sujud)를 행하며, 하시딤(Hasidim)은 몸을 앞뒤로 흔들고 절하며 간구하고, 성공회 사제는 공동기도서를 낭송한다.[12] 호기심이 생길 수밖에 없다. 이처럼 가지각색인 기도의 공통점은 무엇이고 차이점은 또 무엇인가?

다채로운 기도의 유형

근현대에 들어 기도에 관심을 가졌던 초기 이론가들로는 에드워드

타일러(Edward B. Tylor), 《황금가지(The Golden Bough)》의 지은이로 널리 알려진 제임스 프레이저(James Frazer), 지그문트 프로이트 같은 이들이 있는데, 저마다 기도란 인류가 환경에 적응하고 자연의 힘을 통제하는 방편이라는 진화론적인 모델을 채택한 이론을 제시한다. 기도란 인간의 집단 이성이 어린아이나 "신경증 환자의 멘탈리티(마법 따위를 신봉하는 유치한 사고방식을 특징적으로 드러낸다)와 비슷해질 때"[13] 나오는 반응이라는 것이다.

이들은 시간의 경과와 함께 기도는 더 세련되고 명상적인 형태로 진화했다고 주장한다. 인격을 가진 하나님과 소통하려 애쓰는 대신 속을 들여다보고 의식의 변화와 내면의 평화를 추구하게 되었다. 그런 맥락에서 그리스 철학자들이 몰두했던 명상을 제우스신에게 제물을 바치며 비를 내려 풍작을 이루게 해 달라고 간청하는 차원을 넘어서는 진전으로 보았다. 그럼에도 불구하고 이들은 기도의 미래가 결코 밝지 않다고 믿었다. 기도라는 게 본시 과학이 발생하기 이전에 신앙과 마법으로 주변 세계를 통제하려 몸부림치는 와중에 비롯된 현상이므로 과학이 출현한 지금은 더 이상 인간이 환경에 적응하는 데 도움을 주지 못하리라고 판단했다. 상황이 여기에 이르면 결국 '말라비틀어질'[14] 것으로 여겼다.

20세기 초반에 활약했던 심리학자 칼 융도 눈여겨보아야 할 중요한 사상가다. 융 역시 기도라는 신앙 체험을 해석하면서 밖을 향해 손을 내미는 게 아니라 안으로 침잠해 들어가는 쪽으로 인식했다.[15] 동양의 사상가들과 마찬가지로, 인간 하나하나가 우주적인 생명력을 구성하는 인자라고 생각했다.[16] 인간은 스스로 삼라만상, 그리고 서로 얽혀 상호작용하는 세계와 하나임을 자각할 때 비로소 건강하고 온전한 상태에 이른다고 믿었다.[17] 그리고 그 과정은 선불교에서 말하는 '깨달음'과 유사하다고 했다.[18] 융의 추종자들은 자신을 벗어나 인격적인 하나님과 만나기를 추구해야 한다는 사상을 허물어뜨리기 위해 안간힘을 썼다.[19] 그보다는 의식의 전환이라든지 순수한 자각, 정신적인 명상을 통해 진리와 하나가 되는 쪽이 훨씬 낫다고 보았다.[20]

내면을 향하는가 밖을 향하는가

프로이드 학파와 융 학파 모두 종교를 평가하면서 인격적인 신에게 드리는 간구보다 명상을 더 고상하고 세련된 기도로 여긴다는 점은 반드시 기억해야 할 사실이다. 반면에 독일의 종교학자 프리드리히 하일러(Friedrich Heiler)는 전혀 다른 평가를 내놓았다. 내면에 초점을 맞춘 '신비적인' 기도와 밖을 향하는 '예언적인' 기도를 설명하면서 앞서 소개한 학자들과 달리 후자를 더 우위에 둔 것이다.

하일러는 신비적인 기도의 정수는 동양 종교들에서 찾아볼 수 있다고 지적하면서도, 크리스천들이 드리는 몇 가지 비슷한 형태의 기도들도 빼놓지 않고 분석하고 비평했다.[21] 그에 따르면, 신비주의는 신과 기도하는 인간 사이의 격차를 좁혀서 "인성이 녹아 사라지고 신격이 가진 무한한 조화 속에 흡수된"[22] 궁극적인 존재가 되게 한다. 따라서 신비적인 종교는 고요하고, 평온하며, 입을 열지 않는 명상을 으뜸가는 기도 유형으로 본다. 명상에 들어가면 신과 이야기하는 게 아니라 스스로 신의 일부가 된다. 하일러는 여기에다 "격정적인 부르짖음과 외침 … 불평과 간청"

을 말로 쏟아 내는 예언적인 종교의 씨름하듯 하는 기도를 대비시킨다.[23] 성경에 수록된 뭇 선지자와 시편 기자, 그리고 훗날 사도들과 예수님에 관한 기록에서 볼 수 있는 유형의 기도를 염두에 둔 표현이다.

하일러가 구분한 두 종류의 기도는 일단 신에 대한 개념에서부터 차이가 난다.[24] 신비적인 기도는 초월적이 아니라 내재적인 존재로서의 신을 강조한다. 인간의 내면에, 그리고 만물 가운데 머문다. 내면을 깊이 파고들어 신성한 존재와 연속성을 감지하는 게 신을 만나는 주요한 통로다. 정교회 신학자 앤터니 블룸(Anthony Bloom)은 익히 알려진 저서 《기도의 시작(Beginning to Pray)》에서 말한다. "복음서는 무엇보다도 하나님 나라가 우리 가운데 있음을 강조한다. … 내면 가장 깊은 곳에 내주하시는 하나님을 만나지 못한다면 바깥에서 그분을 만날 기회를 얻을 가능성은 몹시 희박하다. … 그러므로 눈을 돌려야 할 곳은 내면이다."[25] 예언적인 기도는 이와 달리 바깥에 계신 하나님, 초월적이며, 거룩하고, 영광스러운 '타자'로서의 하나님에 중점을 둔다.[26]

하일러는 이 둘의 또 다른 큰 차이점은 은혜에 대한 이해에 있다고 보았다. 신비적인 기도는 '공로', 그러니까 스스로 자신의 영혼을 구제하는 수단이 될 수 있다고 믿었다.[27] 신비적인 기도에는 "신이 보이는 높이까지 오르고 또 올라서 마침내 그 거룩한 존재와 하나가 되는"[28] 길고 긴 '정화' 절차를 수반하는 경우가 많다. 예배자가 순수한 사랑에 도달해서 신 앞에 나서기에 적합한 자격을 얻는 과정인 셈이다.[29] 그러나 예언자들과 시편 기자들의 경우, 기도는 자신을 정화해서 하나님 앞에 서는 방법이 아니라 "'이미 주어진' 주님의 은혜에 기대는 일이었다. 인류가 찾아내거나 이뤄 낸 업적이 아니라 하나님이 인간의 내면에서 행하시는 역사라는 뜻이다."[30]

　　예언적인 기도의 목적은 신과의 합일이 아니라 어린아이가 부모에게, 친구가 친구에게 다가서듯 하나님께 가까이 나가는 데 있다. 신비적인 기도의 정점이 고요 속에 누리는 평안이라면, 예언적인 기도의 궁극적인 표현은 입술의 찬양과 강렬한 감정 분출이다. 신비적인 기도가 자아와 신 사이의 경계를 허무는 쪽을 향한다면, 예언적인 기도는 자신과 영광스러운 하나님의 차이를 더욱 뼈저리게 실감하는 방향으로 데려간다. 죄로 가득한 스스로의 본성을 자각하는 것이다. 반면에 예언적인 기도는 그처럼 죄에 물든 인간이 은혜에 힘입어 하나님과 친밀하게 교제할 길이 열렸음을 왁자지껄 표출하기도 한다. 신비주의자들은 자고로 기도라고 하면 간구로 시작해서 고백으로 이어지고 결국은 말없이 희열을 만끽하는 명상에 들어가는 단계를 밟아야 한다고 믿는다.[31] 그러나 예언적인 신앙을 가진 이들은 어느 하나를 나머지보다 더 높은 수준으로 여기지 않는다. 묵상과 간구, 감사와 고백, 찬양이 동시에 이뤄진다고 본다. 사실, 예언적인 기도는 이들을 다 아우르며 서로 자극을 주고, 깊어지게 하며, 이편과 저편을 이어 준다.[32]

기도는 신비적이면서 동시에 예언적이다

　　어느 쪽의 기도관이 올바른가? 내면에 집중하는 신비적인 태도를 지지하는 편인가, 아니면 그게 너무 '동양적'이며 성경적으로 흠이 많다고 외면하는 부류인가?[33] 개중에는 양쪽에 다 거부반응을 보이는 이들도 있다. 필립 잘레스키 부부(Philip and Carol Zaleski)의 《기도(Prayer : A History)》는 하일러의 입장은 물론이고 그보다 앞서 나온 '진화' 논리에도 비판의 칼날을 들이댄다. 저마다 특정한 형태의 기도에 대해 지나치게 부정적이어서 "세상에 존재하는 기도의 레퍼토리 가운데 상당 부분을 배제한다"[34]는 주장이다. 도대체 누가 남들이 드리는 기도에 '불합격' 딱지를 붙여 밀어낼 수 있겠느냐는 것이다. 이들은 기도마다 더러 차이가 있다는 점을 인정하면서도 이편 기도가 저쪽보다 낫다는 식의 판단을 단호히 배격한다.[35]

잘레스키의 분석은 참고할 만하지만 기도 형태 사이의 숱한 차이점들을 명쾌하게 규명하지는 못한다. 예를 들어, 힌두교 지도자 라마크리슈나(Sri Ramakrishna)가 가르치는 무아지경을 오순절교회의 방언에 빗대는 식의 설명[36]은 설득력이 떨어진다. 라마크리슈나의 바와 사마디 (Bhava Samadhi, 황홀에 사로잡힌 의식상태)와 방언은 감정적인 면으로 큰 기쁨을 느낀다는 공통점이 있지만 전혀 상반된 목표를 추구한다. 어느 힌두 사제는 사마디를 풀이하면서 거기에 이르면 "신은 완전히 사라지고 오로지 자신만 남는다"고 했다. "정통 유대교인이나 크리스천, 무슬림의 신앙으로는 이처럼 온갖 사념이 사라진 합일에 도달하는 게 사실상 불가능하다. 이런 가르침들에서는 자아를 잃고 우주의 근원이 된다는 건 끔찍한 이단 사설에 해당하기 때문이다."[37] 기도하는 이들이 설정한 목표와 대상으로 삼는 신은 워낙 다양해서 형식이야 어찌 됐든 간구의 본질은 똑같다는 주장은 상당한 결함과 오해의 소지를 안고 있다.

개인적으로는 잘레스키보다 하일러 쪽이 기도를 정의한다든지 기본 논리를 구축하는 면에서 훨씬 더 슬기롭다고 생각한다. 하일러는 인격적인 교통이 실종된 기도보다 하나님의 성품을 염두에 두고 드리는 기도가 낫다고 평가한다.[38] 기도란 근본적으로 침묵 가운데 신비롭게 이뤄지는 만남이 아니라 말을 주고받는 일종의 대화라는 것이다. 교수의 정의 역시 어긋난 면이 적지 않다. 신비적인 기도는 평정(平靜)을 추구하는 반면, 예언적인 기도는 요란하게 부르짖으며 씨름한다고 했다. 하지만 시편 가운데는 하나님의 아름다움(시 27:4)이나 그분의 영광과 사랑(시 63:1-3)을 고요히 묵상하는 노래도 적지 않다. 다윗은 주님 안에서 깊은 만족을 누리며 고백한다. "실로 내가 내 영혼으로 고요하고 평온하게 하기를 젖 뗀 아이가 그의 어머니 품에 있음 같게 하였나니 내 영혼이 젖 뗀 아이와 같도다"(시 131:2). 그럼에도 불구하고 가톨릭 교회의 신비적인 전례기도에서보다(프로테스탄트의 '예언적인' 기도에 더 가까운) 조나단 에드워즈 같은 이들의 사례에서 보듯, 기도하면서 '비워지고 깨끗이 소멸된' 느낌에 사로잡힐 수도 있다. 영적인 체험을 수록한 일종의 신앙일기, 《개인적인 진술(Personal Narrative)》에서 에드워즈는 이렇게 밝혔다.

　　한번은 … 1737년쯤이었는데 … 하나님을 묵상하며 기도하다가 하나님과 인간의 중보이신 성자의 영광과 그분의 놀랍고도 위대하며, 온전하고 순수하며, 감미로운 은혜와 사랑, 순하고 온화한 겸손을 직접 목격하는 대단히 특별한 경험을 했다. … 그리스도의 성품이 이루다 말할 수 없을 만큼 뚜렷하게 드러났다. 얼마나 탁월한지 다른 생각과 개념들을 모조리 집어삼키고도 남을 정도였다. … 가늠컨대 한 시간 남짓 계속 그랬던 것 같았다. 눈물을 펑펑 쏟으며 큰소리로 엉엉 울기를 얼마나 오래 했는지 모른다. 비워지고 지워지고자 하는, 괴멸되고자 하는, 그리스도만으로 충만해지고자 하는, 거룩하고 순수한 사랑으로 그분을 사랑하고자 하는, 그분을 신뢰하며 의지하고자 하는, 그분께 붙어살고자 하는, 그분을 섬기며 따르고자 하는, 하나님과 하늘나라의 성결함으로 속속들이 깨끗해지고 순수해지고자 하는 열망을 느꼈다는 말 말고는 달리 표현할 길이 없다.[39]

에드워즈의 신학에 익숙한 이들이라면 여기에 소개한 글이 신과 합일을 이룬다든지, 자아와 우주의 경계가 허물어지는 범신론적 소멸을 얘기하는 게 아님을 잘 알 것이다. 하일러가 지적하듯 신비적인 기도는 명상을 통해 자기 구제를 추구한다는 것은 맞지만 이는 오직 믿음과 은혜로만 구원을 얻는다는 에드워즈의 구원관과 판이한 차이를 보인다. 그럼에도 불구하고 하나님과 더불어 교제하는 경험과 관련된 대목은 깊은 사랑과 기쁨을 체험하고 적은 신비주의 작가들의 글과 별반 다를 게 없어 보인다.

그렇다면 에드워즈는 어떻게 인격적이면서도 초월적인 하나님께 기도하는 이야기를 이처럼 신비적인 톤으로 묘사할 수 있었던 걸까? 성경의 하나님은 우리와 같지 않지만 도저히 다가갈 수 없을 만큼 무한정 멀리 계신 분도 아니기 때문이다. 그리스도를 믿는 이들은 성령님을 통해 "너희 안에 계신 그리스도시니 곧 영광의 소망"(골 1:27)을 품고 있다.

뿐만 아니라, 주님은 말씀, 곧 성경을 주셨다. 하나님은 거룩한 분이시므로 성경은 단지 정보를 담아 두는 창고가 아니라 다이내믹한 영혼의 동력이다. 에드워즈는 이렇게 적었다.

> 더러는 성경에서 그 어떤 책에서도 얻을 수 없는 큰 기쁨을 맛보았다. 말씀을 읽노라면 한마디 한마디가 심령을 어루만지는 듯했다. 마음에 간직한 것들과 그 달고도 강력한 말씀이 조화를 이루는 느낌이 들었다. 구절구절 쏟아져 나오는 엄청난 빛 덩어리를 바라본다든지 기운을 북돋우는 진수성찬을 받아드는 것만 같아서 계속 읽어 나가기 어려울 때가 한두 번이 아니었다. 자주 한 구절에 오래 머물며 그 안에 담긴 놀라운 내용을 뜯어보곤 했다. 딱히 어느 것이랄 것 없이, 거의 모든 말씀에 경이와 기적이 차고 넘치는 듯했다.[40]

이는 지극히 신비적인 동시에 더없이 예언적이다. 에드워즈는 자기 성찰을 거듭하는 방식으로 인격을 쏙 빼 버린 존재의 밑바닥을 더듬고 있는 게 아니다. 성경에 기록된 하나님 말씀을 깊이 묵상할 따름이다. 그 열매는 '침묵 속의 평안'에 그치지 않는다. 말과 이성적 사고를 넘어선 '순수한 자각'이 전부는 아니다. 사실, 에드워즈는 말씀과 그 말씀이 가리키는 본체의 어마어마한 권능에 완전히 사로잡혔다. 기도란 세상 만물과 하나님이 하나가 되는 내향적인 침잠이 아니라 초월적인 하나님의 말씀과 그 은혜에 대해 믿음으로 반응하는 작업이라고 했던 하일러의 지적은 백번 타당하다. 하일러가 말하는 '예언적인' 기도는 그동안 살펴본 다른 사상가들의 기도관보다 훨씬 성경적이지만, 신비주의를 향한 그의 경고는 중요하다. 하지만 우리는 기도가 하나님과의 개인적인 만남, 그 경이롭고, 신비하며, 외경스러운 체험으로 이어질 수 있음을 잊지 말아야 한다.[41]

기도는 하나님을 아는 지식에 대한 반응이다

지금까지 기도는 범세계적인 현상이지만 갖가지 형태 사이에는 더이상 좁힐 수 없을 만큼 근본적인 차이가 존재한다는 얘기를 했다. 자연스럽게 궁금증이 생긴다. 기도의 핵심은 무엇인가? 기도를 어떻게 규정해서 인간의 삶 구석구석에 골고루 배어들어가 있는 걸 알아보고 성실하게 성장해서 참다운 기도에 이를 것인가?

성경의 시각으로 보자면, 기도가 범우주적인 현상인 것은 조금도 새삼스러운 일이 아니다. 인간은 '하나님의 형상'대로 지음 받았다(창 1:26-27). 하나님의 형상을 가졌다는 말은 주님과 관계를 맺으며 그분을 반영하도록 설계되었다는 뜻이다. 그러기에 16세기에 활동한 종교개혁가 장 칼뱅이 모든 인간에게는 '디비니타티스 센숨(divinitatis sensum)', 즉 신적인 존재를 알아보는 지각이 있다고 주장했다. "인간의 심중에는 신성을 감지하는 천부적인 본성이 있다. (그러므로) 모든 이들의 마음 밭에 신앙의 씨앗이 뿌려진 셈이다."[42] 다른 신학자들 역시 인류에게 디비니타티스 센숨이 내장되어 기도하는 동기로 작용한다는 데 동의한다. 로마서 1장 19-20절은 인간에게는 세상을 바라보며 위대한 전능자가 있어 만물을 짓고 돌아가게 한다는 결론에 이를 능력이 있다고 말한다. 스스로 얼마나 연약하고 위태로운 존재인지 실감케 하는 사건은 이 원초적인 인식을 흔들어 깨워 기도하며 도움을 간구하게 된다는 것이다.

영국 신학자 존 오웬도 누구에게나 기도하고자 하는 태생적인 욕구, 다시 말해 '자연법칙의 근본'이며 '그 거룩한 분에 대한 당연하고, 필연적이며, 핵심적인 인식'이 누구에게나 존재한다고 본다. 따라서 기독교 외의 다른 종교와 문화를 좇는 이들도 열심히 기도하며 심지어 크리스천들을 부끄럽게 할 만큼 지극정성인 경우도 적지 않다.[43] 조나단 에드워즈는 "하나님은 간혹 믿지 않는 이들의 기도에도 흔쾌히 응답하신다"고 했다. 니느웨 사람들(요나서 3장)은 두말할 것도 없고 사악한 왕 아합(왕상 21:27-28)의 부르짖음에까지 귀를 기울이셨던 사례만 보더라도 주님께 그래야 할 무슨 의무 같은 게 있어서가 아니라 백퍼센트 그분의 '긍휼'과 '주권적인 자비'에서 비롯된 일이다.[44]

이런 점들을 종합해 보면, 기도란 '하나님을 아는 지식에 인격적으로 소통하는 반응'이라고 정의할 수 있다. 인간이라면 저마다 나름대로 하나님에 대한 지식을 가지고 있게 마련이다. 정도 차이는 있을지언정, 누구나 자신보다 훨씬 윗길이며 비할 바 없이 크고 위대한 무언가나 누군가가 반드시 필요하다는 무엇으로도 지울 수 없는 인식을 간직하고 있다는 뜻이다. 비록 허공에 대고 도와달라고 부르짖는 몸짓에 그치더라도, 기도는 바로 그 존재와 실재에 닿고 또 반응하기를 추구하는 행위다.

이것이 세상 모든 기도의 공통분모가 아닌가 싶다. 하지만 '하나님을 아는 지식에 대한 반응'으로 기도를 규정하는 한, 그 지식의 질량과 순도에 따라 기도는 변화무쌍해질 수밖에 없다. 칼뱅은 너나없이 디비니타티스 센 숨을 가졌을지라도, 성령님과 성경에 기대어 하나님을 바라보는 눈길을 정확하고 또렷하게 지키지 않는 한, 제 관심과 욕구에 맞춰 그분에 대한 인식을 다시 짜 맞출 공산이 크다고 지적한다.[45]

기도가 하나님을 아는 지식에 반응하는 행동이라는 건 분명하지만 거기엔 크게 두 가지 차원이 있다. 첫 번째 차원의 기도는 어디든 대고 도움을 구하고 싶어 하는 인간 본연의 본능으로, 지극히 개괄적이고 불분명한 하나님 의식에 토대를 둔다. 소통하고자 하는 몸부림이긴 하지만 대상이 되는 하나님을 아는 지식이 너무 어렴풋해서 진정한 대화라고 보기 어렵다. 또 다른 차원의 기도는 일종의 영적 선물이다. 크리스천은 성경 말씀과 성령님의 권능에 힘입어 하나님에 대한 이해가 또렷해진다고 믿는다. 그리스도를 믿고 성령님을 통해 거듭나는 순간(요 1:12-13, 3:5), 주님은 우리에게 그저 하나님의 피조물에 그치지 않고 자녀의 신분이 되었으며 하늘 아버지와 대화할 수 있음을 알려 주신다(갈 4:5-6).[46]

본능적으로 기도하는 데 필요한 하나님에 대한 인식은 자연에서 직관적이고 포괄적으로 얻는다(롬 1:20). 반면에 크리스천들은 구체적인 언어로 표현된 성경과 그 중심 메시지인 복음에서 하나님에 대한 지식을 공급받는다. 하나님의 생생한 말씀인 성경에서 주님의 음성을 듣고 기도로 반응(그저 '반응'이라고 불러서는 안 되기는 하지만)할 수 있다. 성경 말씀과 성령님 덕에 기도는 '하나님께 드리는 답변'이 될 수 있다. 온전한 대화가 이뤄지는 것이다.[47]

기도는 듣고 대화하고 만나는 일련의 과정

이제 인간의 삶에 기도가 얼마나 구석구석 침투해 있는지 확인하고 핵심적인 차이를 분별하는 데 기준이 될 정의가 내려졌다. 기도는 하나같이 하나님을 향한 반응을 가리킨다. 언제든 주체는 하나님이시다. 따라서 늘 무언가를 구하기보다 '듣기'가 먼저다. 하나님은 먼저 찾아오신다. 이편에서 먼저 찾아갈 방도는 없다.[48] 하지만 하나님과 관계를 맺는데 있어서 모든 기도가 비슷하거나 똑같은 효과를 갖는 건 아니다. 본능적인 기도는 하나님의 실재에 대한 보편적인 인식에 기대어 쏘아 올리는 일종의 구조 요청 신호탄이다. 반면에 선물로서의 기도는 말로 표현된 하나님의 구체적인 계시에 답하는 참되고 인격적인 대화다.

그러나 기도는 거기에 그치지 않는다. 인간의 대화는 상당 부분, 아니 대부분 피상적인 편이다. 자신을 노출하지 않은 채 정보를 주고받는 일이 얼마나 많은지 모른다. 하지만 겉꺼풀을 한 겹 벗겨 내고 더 깊은 대화를 나누노라면 양쪽 모두 정보뿐만 아니라 자신의 참모습까지 드러낸다. 대화는 인격과 인격이 부딪히는 만남으로, 더 나아가 진실한 관계로 발전한다.

C. S. 루이스의 《그 가공할 힘(That Hideous Strength)》에는 제인 스터독(Jane Studdock)이라는 인물이 의미심장한 대화를 나눈 뒤에 회심하는 과정을 설명하는 대목이 등장한다. 제인은 오래도록 '신앙'이란 "남다른 은사를 받은 심령들로부터 무슨 청이든 선뜻 받아 주는 하나님을 향해 올라가는" 향연(香煙)과도 같으며 이런저런 보상과 축복이 돌아오는 법이라고 생각해 왔다. 그런데 갑자기 전혀 다른 그림을 마음에 품게 되었다.

'위를 향해 쌓아올리는 인간의 공력'보다는 "강하고 솜씨 좋은 손을 내밀어 빚고 다듬어 가는 … 하나님의 손길" 편에 더 가깝다고 여기게 된 것이다. 새로운 깨달음을 딛고 서는 순간 특별한 감정이 찾아들었다. 스스로 "인격적인 존재의 임재 안으로 들어가는 것 같았다. 숨죽여 기대하고, 끈질기게 기다렸으며, 거역할 수 없는 무언가와 가림막이나 보호벽 하나 없이 마주하는 느낌이었다." 하나님이 만나 주시면서부터 모든 게 변했다. "언뜻 보기에 덤불 밑의 곰팡이, 산책로의 이끼, 자그마한 벽돌 경계석 등은 바뀐 게 없었다. 하지만 달라졌다. 분명히 선을 넘어섰다."[49]

거의 동시에 제인의 마음 깊은 곳에서 속삭이는 소리가 들려왔다. 처음엔 정면공격이었다. "조심해! 뒤로 물러서! 침착해! 한눈팔지 마!" 두 번째는 훨씬 은근했다. 현재의 삶을 더 잘 누리도록 도와줄 법한 풍성한 경험들 쪽으로 감정의 방향을 틀어야 한다고 했다. "네게는 신앙 체험이 있잖아! 아주 흥미진진한 경험이지. 누구나 맛볼 수 있는 건 아냐. 이제 17세기 시인들을 한결 잘 이해할 수 있게 될 거야!" 소설의 내레이터인 루이스는 한마디를 덧붙이고 글을 맺는다. "하지만 제인의 방어선은 무너지고 반격은 실패로 돌아갔다."[50]

루이스는 이 대목의 장제목으로 "참다운 삶은 만남"[51]을 달았다. 한 치 어긋남이 없는 사실이다. 특히 그리스도 안에서 누리는 삶에 관해서라면 더욱 그렇다. 하나님을 만난 시점부터 제인의 삶은 달라졌다. 성경은 하나님과 관계를 맺는 일을 알고 또 알려지는 과정으로 설명한다(갈 4:9, 고전 13:12). 관계의 목적은 생각뿐만 아니라 자신을 나누는 데 있다. 의사소통은 서로 상대방에게 인격적인 실체를 드러내게 한다. 말 그대로 다이내믹한 사건이다. J. I. 패커는 널리 알려진 저서,《하나님을 아는 지식(Knowing God)》에 이렇게 적었다.

> 하나님을 아는 일은 인격적인 교제의 문제다. … 하나님을 안다는 건
> 그분에 관해 아는 데 그치지 않는다. 그분이 자신을 열어 보이고 이편
> 을 교제의 대상을 삼아 주시는 일이다. … 친구들끼리는 말과 행동을
> 통해 서로에게 마음을 연다. … 하나님을 안다는 건 지적이고 의지적
> 일 뿐만 아니라 감정적인 관계이기도 하다. 그게 아니라면 인격적인
> 존재들 사이의 깊은 관계가 형성될 수 없다. 무슨 일이 있어도 이 점
> 을 바라보는 시선이 흔들려선 안 된다.[52]

가장 온전한 의미의 기도란 어떤 것일까? 기도란 하나님이 거룩한 말씀과 은혜로 시작하신 대화를 끊임없이 이어가서 마침내 주님과 온전히 만나는 단계에 이르는 일을 가리킨다.

기도는 하나님과의 쌍방향 소통 활동

욥은 그 이름을 달고 구약성경의 한 자리를 당당히 차지하고 있는 책에서 시종일관 하나님께 부르짖듯 고뇌에 찬 기도를 드린다. 쉴 새 없이 불평을 쏟아 내면서도 욥은 절대로 주님께 등을 돌리거나 그분의 존재를 부정하지 않는다. 기도하면서 고난과 고통을 겪어 갈 따름이다. 그러나 그런 그도 하나님이 살아 내게 하신 삶을 인정하고 받아들일 수만

은 없었다. 그런데 어느 날, 하늘에 구름이 잔뜩 끼는가 싶더니 하나님이 욥에게 "폭풍우 가운데에서"(욥 38:1) 말씀하셨다. 주님은 온 우주와 자연계를 짓고 뒷받침하는 일들을 조목조목 생생하게 설명하셨다. 하나님이 제시하시는 심오한 환상 앞에 욥은 탄식하며 바닥에 납작 엎드렸다. 그제야 눈이 열린 것이다. 마침내 욥은 회개와 찬양이 어우러진 장대한 기도를 드린다(욥 42:1-6).

욥기는 시작부터 의문투성이다. 하나님을 너무 사랑한 나머지 환경과 상관없이(욥 1:9) 철저하게 자족한다는 게 인간에게 과연 될 법한 일일까?[53] 욥기 말미에서 그 답을 볼 수 있다. 그렇다. 얼마든지 그리될 수 있지만 하지만 오로지 기도를 통해서만 가능하다.

무슨 일이 벌어졌는가? 하나님이 어떤 분이신지 더 또렷이 알아 갈수록, 불평과 하소연뿐이던 욥의 기도는 차츰 고백과 간구, 찬양으로 발전해 갔다. 종내는 난관을 딛고 일어나 어떠한 인생사와도 맞설 수 있게되었다. 이처럼 새록새록 정련되고 됨됨이의 수준이 달라진 건 계시된하나님의 말씀에 귀를 기울이고 기도로 반응하는 상호작용이 있었기 때문이다. 하나님을 아는 지식이 충실해질수록 기도는 더 풍성해졌으며 변화의 폭이 인생 전반으로 널리 확산되었다.

따라서 기도의 능력은 인간의 노력이나 열심, 또는 기교가 아니라주로 하나님을 아는 지식에 달렸음을 알 수 있다. "하지만 욥에게는 하나님이 폭풍우 가운데서 귀에 생생하게 들리는 목소리로 말씀하셨다. 내게도 그렇게 해 주시면 좋겠다"고 대꾸하고픈 독자들이 있을지 모르겠다. 그런 이들에게는 "그때와는 비교할 수 없을 만큼 하나님의 성품을 훨씬 명쾌하게 드러내는 패를 쥐었으니 그런 소리 마시라"고 얘기하고 싶다.

히브리서 기자는 말한다. "옛적에 선지자들을 통하여 여러 부분과 여러 모양으로 우리 조상들에게 말씀하신 하나님이 이 모든 날 마지막에는 아들을 통하여 우리에게 말씀하셨으니 … 이는 하나님의 영광의 광채시요 그 본체의 형상이시라"(히 1:1-3). 예수 그리스도는 하나님의 말씀이다(요 1:1-14). 하나님을 그보다 더 알아듣기 쉽고, 인격적이며, 근사하게 소통하는 통로는 없다. 인간의 눈으로는 태양을 똑바로 쳐다볼 수 없다. 그랬다가는 감당치 못할 만큼 강력한 광채에 금방 시력을 빼앗기고 말 것이다. 해를 바라보려면 필터가 필요하다. 빛을 걸러주는 장치가 있으면 엄청난 불꽃과 빛깔을 제대로 볼 수 있다. 성경에 드러난 예수 그리스도를 바라보면 인간본질의 필터를 통해 하나님의 영광을 직시할 수 있다.

크리스천들이 '예수님의 이름으로' 기도하는 데 여러 이유가 있지만, 그러한 사실이 주요한 근거 가운데 하나가 된다. 스코틀랜드 종교개혁가 존 녹스의 말처럼 그리스도로 말미암아 기도는 "하나님과 나누는 친숙하고 진심어린 대화"가 된다. 장 칼뱅은 이를 가리켜 크리스천들이 하나님과 더불어 주고받는 '친밀한 대화', 또는 '하나님과의 교제'(쌍방향 상호 소통 활동)라고 했다.[54] 에베소서 기자는 말한다. "그로 말미암아 우리 둘이 한 성령 안에서 아버지께 나아감을 얻게 하려 하심이라"(엡 2:18).

소견대로 하는 기도는
비극이다

말씀에 깊이 들어가는 것이 기도의 출발이다

지금까지 기도는 본능이자 영적인 선물이라는 사실을 살펴보았다. 기도는 하나님에 대해 태생적이지만 단편적으로 가지고 있는 지식에 반응하는 본능과 같다. 마치 병 속에 쪽지를 집어넣어 "어떤 신이 됐든 받아 보라"는 심산으로 물에 띄워 보내는 꼴이다. 반면에 성령님의 선물로서의 기도는 하나님으로부터 비롯되는 대화로 끊이지 않고 이어진다. 대화가 진전되고 무르익으면 기도는 하나님과의 만남으로 발전한다. 일상 속에 하늘나라가 이뤄지는 셈이다.

기도는 하나님께 드리는 이편의 대답이다. 지금부터는 처음에 하나님이 어떻게 말을 걸어오시는지, 그리고 주께 대답하는 법을 어떻게 배울 수 있는지 살펴보기로 하자.

기도는 초의식 상태에 빠지는 행위가 아니다

동양 종교들이 가르치듯, 하나님이 비인격적인 분이라면 사랑은 환상에 지나지 않는다. 본시 사랑이라는 게 둘, 또는 그 이상의 주체들 사이에서 일어나는 법이기 때문이다. 더 나아가, 만일 홀로 있는 한 분의 존재(삼위일체가 아닌)라면, 다른 존재들을 짓고 나서야 비로소 사랑이 드러날 것이다. 그렇다면 하나님은 근본적으로 사랑이기보다 힘에 가깝게 된다. 사랑이 힘보다 중요하지 않게 된다.

그러나 기독교의 삼위일체 교리는 한 하나님 안에 시간이 시작되기 전부터 서로 온전히 알고 깊이 사랑하는 세 위격이 계신다고 가르친다.[1] 한 분 안에 삼위가 계신다고 보면 말과 언어는 전혀 다른 양상을 갖는다. 요한복음 14-17장에서 예수님은 "창세전에 내가 아버지와 함께 가졌던 영화"(요 17:5)이나 성부로 받은 '말씀'을 언급하시면서 세상에 오시기 전, 삼위 하나님 안에서 누리셨던 삶을 드러내 보이신다. 영원 전부터 삼위 일체 하나님 안에 말씀을 통한 의사소통이 존재했음을 보여 주는 대목이 다. 성부는 성자에게, 성자는 성부에게, 성부와 성자는 성령과 이야기를 나눈다.[2] 예수님이 하늘 아버지께 드렸던 요한복음 17장의 기도를 살피면, 삼위 사이의 이런 의사소통을 얼추 가늠할 수 있다. 그야말로 하나님 사이의 담화였다.[3]

철학자들 가운데 하나님은 순전한 영이므로 그분이 말을 한다는 건 부적절한 발상이라고 주장하는 이들이 숱했다.[4] 하지만 예수님은 친히 말씀하셨다. "천지는 없어질지언정 내 말은 없어지지 아니하리라"(마 24:35). 니콜라스 월터스토프(Nicholas Wolterstorff)를 비롯한 또 다른 부류의 철학자들은 상반된 입장을 보인다. 하나님은 말씀하실 수도 없고 그런 사례도 없다는 생각을 인정하지 않는다. 월터스토프는 존 오스틴(J. L. Austin)의 화행이론 즉, 말은 말하는 데에 그치지 않으며 행동까지 이르게 한다는 논리를 내세운다. 말하기 역시 행동의 일종이므로 하나님이 살아 계시고 무언가를 행할 힘을 가지셨다면 말씀하실 수 없다고 볼 이유가 없다는 것이다. 하나님을 세 위격으로 이뤄진 공동체로 본다면 말로 의사소통을 한다고 판단하는 게 어느 모로 타당하다. 언어는 인격적인 관계의 고유한 특성이기 때문이다.

그러므로 크리스천의 기도는 무지의 심연과 침묵이 지배하는 초의식 상태에 빠져 드는 행위가 아니다. 그런 환경을 빚어내는 건 말 자체가 아니라 그 울림이다. "만트라 명상에는 사마디 상태(samadhi, 삼매경)에 이르기 위한 준비 과정으로 반복적으로 같은 소리를 내거나 특정한 대상을 주목하거나, 일정한 행동을 하는 기법을 쓰는 특징이 있다. 분석적인 사고를 잠재워 아(我)를 지각하지 못하는 직관적인 인식을 끌어내려는 것이다."5 반면에, 크리스천의 기도는 대화를 나누며 친구가 되어 주시는 인격적인 하나님과 더불어 교제하는 쪽이다. 성경이 제시하는 기도 패턴에는 "일심으로 주의 이름을 경외하게 하소서. … 주 나의 하나님이여 내가 전심으로 주를 찬송하고"(시 86:11-12)라는 고백과 함께 온 몸과 마음으로 하나님께 반응하기까지 성경 말씀을 깊이 묵상하는 과정이 어김없이 따라다닌다.

기도는 말씀을 통해 하나님을 만나는 경험

화행이론은 인간의 말이 정보를 전달할 뿐만 아니라 일이 되게 만들기도 한다는 사실을 확연히 보여 준다. 하지만 하나님의 말씀에는 인간의 말과는 비할 수 없을 만큼 강력한 힘이 있다. 《생명의 말씀(Words of Life)》을 쓴 티머시 워드(Timothy Ward)는 하나님의 말씀과 그분의 행동은 하나라고 말한다.6 "하나님이 이르시되 빛이 있으라 하시니 빛이 있었고" 는 창세기 1장 3절 말씀을 인용하면서, 하나님이 먼저 말씀을 하시고 나서 뜻한 바를 행동에 옮기셨다는 의미가 아니라고 단언한다. 말씀 자체가 빛을 불러왔다는 것이다. 하나님이 누군가의 이름을 부르면 바로 그 말씀이 그 인간을 형성한다. 주님이 '아브람'이라는 이름을 '아브라함'(뭇 민족의 아버지)으로 고쳐 부르시는 순간, 그 말씀은 노부부를 생물학적으로, 그리고 영적으로 완전히 변화시켜서 온 인류의 조상이 될 능력을 갖게 했다(창 17:5). 시편 29편은 처음부터 끝까지 하나님의 음성에 담긴 권능을 찬양하는 송가다. "여호와의 소리가 백향목을 꺾으심이여 여호와께서 레바논 백향목을 꺾어 부수시도다. … 여호와의 소리가 광야를 진동하심이여 여호와께서 가데스 광야를 진동시키시도다 "(시 29:5, 8). 하나님의 음성이 일으키는 역사가 곧 하나님이 행하는 역사라는 사실을 여기서 다시 한 번 볼 수 있다. 이사야 55장 10-11절은 그러한 신학적 원리를 더없이 강렬하게 드러낸다.

> "비와 눈이 하늘에서 내려서,
> 땅을 적셔서
> 싹이 돋아 열매를 맺게 하고,
> 씨 뿌리는 사람에게 씨앗을 주고,
> 사람에게 먹거리를 주고 나서야,
> 그 근원으로 돌아가는 것처럼,
> 나의 입에서 나가는 말도,
> 내가 뜻하는 바를 이루고 나서야,
> 내가 하라고 보낸 일을

성취하고 나서야,

나에게로 돌아올 것이다"(새번역).

사람들도 "방안에 빛이 있어라!"고 말할 수는 있지만, 스위치를 올리거나 등잔 심지에 불을 붙여야만 빛이 생긴다. 말대로 되려면 행동이 따라야 하고 움직인다 해도 목적을 달성하지 못할 수도 있다. 하지만 하나님의 말씀은 뜻을 이루지 못하고 무산되는 법이 없다. 주님께는 말과 행동이 하나기 때문이다. 성경의 하나님은 "본시부터 말씀을 통해 행하시는" 분이다.[7]

성경이 말하는 '하나님의 말씀'이란 "세상에 살아 역사하시는 하나님의 임재"를 가리킨다.[8] 다시 말해 하나님이 이러저러한 일을 하시겠다고 말씀하신다는 얘기는 곧 주님이 그 일을 하러 이미 거동하셨다는 말과 같다. 하나님의 명령이나 말씀 가운데 어느 하나를 어기는 행위는 그분과 맺은 관계를 깨트리는 처사다. "그러므로 하나님은 말씀에 자신을 담으셨다고 할 수 있다. 또는 주님은 스스로 말씀과 하나로 여기시는 뜻이 깊은 나머지, 인간이 하나님의 말씀에 대해 취하는 입장은 … 무엇이 됐든지 곧 그분 자신을 향한 자세와 매한가지로 볼 수 있다. … 하나님의 언어 행위(verbal action)는 주님의 확장판인 셈이다."[9]

하나님의 말씀을 설명하는 이 기초적인 가르침에는 엄청난 속뜻이 담겨 있다. 그 가운데는 기도와 직접 연관지을 수 있는 요소도 있다. "신비적인 성향이 더 짙은 이들은 말씀이란 하나님과 깊이 교통하는 데 지장을 줄 뿐이라는 기본 정서를 갖기 쉽지만, 꼭 그런 것만은 아니다." 하나님의 말씀이 인격적이며 살아 움직이는 주님의 임재를 가리킨다면, 그 말씀을 믿는 마음가짐은 하나님을 믿는 것이기도 하다. "그러므로 하나님이 꺼내신 말씀에 인간이 믿음으로 내놓는 대답이 만날 때, 비로소 교제가 시작된다." 물론 기도를 하다 보면 주님의 거룩한 임재 앞에 그저 침묵하는 순간들도 있다. 하지만 세상사를 기준으로 생각해 봐도, "남녀가 말없이 레스토랑에 마주앉아 서로를 지그시 바라보고 있다고 할 때, 첫 데이트고 아직 입도 떼지 않은 쪽보다 스무 해 넘게 결혼생활을 이어 오며 온갖 이야기를 주고받은 부부를 훨씬 더 진실한 관계로 판단해야 할 것이다."[10]

그렇다면, 하나님의 음성을 어떻게 들을 것인가? 성경을 통해서다. 성경은 주님이 예언자의 입에 그분의 말씀을 맡기신다고 말한다(신 18:15-20, 렘 1:9-10). 하나님의 가르침을 받은 예언자는 그 내용을 글로 옮겨서 자리를 비우거나 죽어 없어진 뒤에도 누구나 주님의 말씀을 제대로 들을 수 있게 했다. 그러므로 성경은 기록으로 남아 오늘날까지 면면히 이어져 내려온 하나님의 말씀이다.

결론은 분명하다. 하나님은 "살아 있고 활력이 있는"(히 4:12) 말씀을 통해 일하시므로 크리스천의 삶 가운데 그분이 활발히 역사하게 만드는 길 또한 성경뿐이다. 성경 말씀을 깨달아 안다는 말은 그저 하나님에 대한 정보를 얻는다는 뜻이 아니다. 믿고 의지하는 마음으로 부지런히 관심을 쏟는다면, 성경은 하나님의 말씀을 실제로 들으며 주님을 만나는 창구가 된다.

하나님 말씀에 풍덩 뛰어들라

기도를 하려면 먼저 성경을 펴고 그 간구를 들으실 분에 관해 배워야 한다. 성경을 읽으며 깨달을 때 어떻게 기도해야 할지 알게 된다. 새삼스러운 일은 아니다. 갓난아이들도 같은 원리에 따라 성장해서 어른이 되기 때문이다.

유진 피터슨(Eugene Peterson)은 "아주 어려서 말을 배우는 인간들은 어떻게 언어를 체득했는지 전혀 기억하지 못 하는 탓에" 제힘과 의지로 말문이 트였으리라고 생각한다. 하지만 그렇지 않다. "누군가 말을 걸어온다. 그렇게 말해 주는 이가 있기에 말을 배우는 것이다. 인간은 세상에 태어나는 순간 언어의 바다에 첨벙 빠진다. … 그리고 한마디 한마디, 서서히 응답하는 능력을 체득한다. 엄마, 아빠, 병, 이불, 예, 싫어. … 이들 가운데 어느 것도 첫 번째 단어가 아니다. … 인간의 말은 죄다 응답하는 말이다. 남이 하는 말을 듣고 나서야 비로소 스스로 말하는 법이다."[11] 피터슨이 이 글을 쓴 지 얼마 안 돼서부터, 갓난쟁이 시절에서 아장아장 걸어 다닐 무렵까지 어린아이들이 노출되는 단어의 개수와 어휘의 폭에 따라 이해력과 소통 능력이 크게 달라진다는 연구 결과들이 쏟아져 나왔다. 결국, 인간은 들은 만큼 말하는 셈이다.

그러므로 피터슨의 말마따나, "인간의 기도보다 하나님의 말씀이 까마득히 앞선다"[12]는 사실을 가슴깊이 새기는 게 기도 훈련에 필수적이다. 이러한 신학 원리는 실천적인 결론으로 이어진다. 기도는 성경에 깊이 침잠하는 데서 비롯되어야 한다는 얘기다. 크리스천은 '하나님이 들려주시는 말씀의 바다', 즉 성경에 풍덩 뛰어들어야 한다. 마음과 영혼이 자연스럽게 반응할 때까지 성경 말씀에 귀를 기울이고, 연구하고, 생각하고, 묵상하고, 숙고해야 한다. 부끄러움, 기쁨, 혼란, 하소연 등 하나님의 말씀에 대한 반응은 하나같이 참된 기도이며 마땅히 주께 드려져야 할 간구다.

기도의 목표가 진실하고 인격적인 교제라고 본다면, 온 마음을 다해 성경에 기록된 한 구절 한 구절에 깊이 몰입하는 게 기도하는 법을 배우는 유일한 길이다. 갓난아이가 말을 배우듯 더딜지 모르지만, 달리 방법이 없다. 그렇다고 기도할 때마다 성경부터 읽어야 한다는 얘기는 아니다. 스펀지와 비슷해서 가끔씩만 물에 적셔 줘도 얼마든지 작업이 가능하다. 주님의 말씀을 붙들고 씨름하는 시간을 꼬박꼬박 갖기만 하면 하루 종일 하나님께 부르짖기만 한들 무슨 문제가 있겠는가! 피터슨은 성경 기자와 등장인물들의 기도를 두루 살피고 나서 결론을 지었다.

> 자신을 이해하려 애쓰는 이들의 기도가 아니었다. 삶의 의미를 찾는 구도자들의 간구도 아니었다. 그건 스스로의 감정이 아니라 … 하나님이 초점임을 아는 이들이 드리는 기도였다. … 인간사가 기도를 자극할 수는 있지만 전제 조건은 아니다. … 이러한 기도가 가능하려면 하나님을 향한 믿음뿐만 아니라 … 그분에 대한 교리와 개념이 반드시 필요하다.[13]

크리스천은 성경에서 참되고도 복잡한 하나님과 마주친다. 실존하는 누군가와 인격적인 관계를 맺고 있다면 너나없이 그 상대 탓에 헷갈리거나 머리끝까지 화가 치미는 일을 가끔 겪게 마련이다. 성경에서 하나님을 만날 때도 마찬가지여서 감격하고 위안을 얻기도 하지만 당황스러운 사태 또한 심심찮게 벌어진다. 기도는 하나님 말씀을 읽는 일에 토대를 두고 있으며 서로 뗄 수 없는 관계다. 성경과 기도는 한 덩이가 되어 크리스천을 참 하나님과 멀어지지 않도록 단단히 붙들어 준다.

기도는 마술이나 주문이 아니다

신학자 도널드 블뢰쉬는 '기도와 신비주의(Prayer and Mysticism)'라는 글에서 마이스터 에크하르트와 요하네스 타울러(J. Tauler)를 비롯한 중세 신비주의자들을 다룬다. 글쓴이는 "가장 심오한 차원의 신비 체험은 이성적인 요소들을 초월하며 말과 생각을 넘어선다"[14]고 주장한다. 가톨릭 작가인 토머스 머튼은 이렇게 적었다. "신비적인 하나님 인식은 개념과 사상들보다 윗길이다. 어떤 관념도 배제된 상태에서 심령에 수동적으로 새겨지는 지식이다."[15] 신비주의자였던 머튼은 하나님에 대해 기록한 말씀이나 관련된 사상이 아니라 정확하게 하나님만 바라보고 싶어 했다. 이성은 인간의 마음과 하나님 사이를 가로막는 한계이며 장벽으로 여겼다.

반면에 바울은 크리스천들에게 기도하면서도 이성을 지키라고 당부한다. "내가 영으로 기도하고 또 마음으로 기도하며 내가 영으로 찬송하고 또 마음으로 찬송하리라"(고전 14:15). 다른 건 다 제쳐 두고, 크리스천은 말씀으로 오신 아들을 통해 아버지께 말로 기도한다(요 1:1). 마르틴 루터는 누구도 성경에 기록된 하나님의 말씀을 '넘어가선' 안 되며 그랬다간 기도를 하면서도 어떤 분과 대화를 나누는지 인식하지 못하게 된다고 못 박아 말한다. "먼저 말씀을 들어야 한다. 그러고 나면 성령님이 마음에 역사하신다. 미리 뜻하신 이들의 마음에 이미 뜻하신 방식으로 역사하시지만 말씀 없이는 결코 일하지 않으신다."[16]

현대 작가들 가운데 비슷한 논리를 펴는 작가로는 존 제퍼슨 데이비스(John Jefferson Davis)를 꼽을 수 있다.[17] 《묵상, 하나님과의 교통(Meditation and Communion with God)》이란 유익한 책을 마무리하면서, 데이비스는 단호한 어조로 이른바 '향심기도'라든지 '예수기도(Jesus Prayer)'에 장점이 없는 건 아니지만, 성경으로 정리된 하나님의 언어적 계시에 대한 반응이자 은혜에 사로잡힌 바 된 이들에게 주시는 선물로 기도를 이해하는 이들에게는 총체적으로 부적절하다고 결론짓는다. 14세기에 나온 작품,《무지의 구름(The Cloud of Unknowing)》과 마찬가지로 향심기도 역시 하나님은 순전한 영으로 모든 사상과 개념, 상징을 초월한다는 관념에 토대를 둔다.[18] 무념기도(Apophatic Prayer)의 목표는 '하나님'이나 '사랑'처럼 단순한 단어를 조용하고 관조적이며 반복적으로 사용하여 산만한 생각이나 경험에 매이지 않고 영이신 하나님께만 집중하는 데 있다.[19] 데이비스는 이들을 비판하면서 언어를 사용하는 특성은 있으면 좋고 없어도 그만인 요소가 아니라 삼위일체 하나님의 영원한 존재에 필수적인 성분이며 크리스천은 성부가 성자에게 맡기셨으며(요 17:8, 17) 성령님을 통해 전달되는 (고전 2:13) 진리의 말씀에 힘입어 거룩해지는 법이라고 단언한다.[20] 아울러 성경에 나타난 크리스천들의 기도 운동은 자기성찰과 회개가 뚜렷이 나타나기는 했지만 내향적으로 기울기보다 그리스도 안에서 갖게 된 참다운 신분을 확인하고 거기에 마음을 맞추는 상향적 성향이 짙었음을 지적한다. "그러므로 너희가 그리스도와 함께 다시 살리심을 받았으면 위의 것을 찾으라. … 위의 것을 생각하고 땅의 것을 생각하지 말라"(골 3:1-2). 그러므로 사고하고 말하기를 멈춰선 안 되지만 그 말과 생각은 하늘나라를 향해야 한다는 것이다.[21]

데이비스는 '예수기도(주 예수님, 하나님의 아들이시여, 이 죄인을 불쌍히 여기소서)'에 관해서는 상대적으로 너그러운 입장을 보이면서도 지나치게 의존해선 안 된다는 권면을 잊지 않는다. 동방정교회에서 옛날부터 이 기도를 드려 왔는데, 오랜 기간을 두고 꾸준히 되풀이하거나 하루 종일 낮은 소리로 음송하게 되어 있다. 데이비스는 비록 이 기도문이 몇 개의 낱말로 이뤄진 문장 형태이기는 해도 같은 글월을 끝없이 재탕하면서 무념무상의 경지에 이르려는 이들이 많으며, 그렇게 대화와 교류, 언어와 사고를 억압한다는 점에서는 향심기도나 동양 종교가 내세우는 다양한 형태의 명상과 다를 게 없다고 꼬집는다. 리드미컬하게 숨을 들이마시고 내쉬면서 똑같은 소리를 되풀이하다 보면 수피(이슬람 신비주의자)들의 디크르(dhikr)기도와 유사한 심리 효과를 낳기 쉽다는 것이다.[22]

데이비스는 예수기도에 그리스도를 통해 아버지께 드리는 간구가 빠져 있다는 사실에 주목하면서 예수님 자신은 그 부분을 대단히 중요하게 여기셨음을(마 6:9) 강조한다. 성부에 대해서는 일언반구 언급하지 않으며, 크리스천 역시 거룩한 사랑을 입은 자녀들이 아니라 '죄인들'로만 표현되어 있어서 이미 용서와 용납을 받고 새로이 갖게 된 신분에 관해서는 아무런 설명도 찾아볼 수 없다.[23] 예수기도는 마치 마술과 주문처럼

"말을 많이"(마 6:7) 해서 하나님의 관심을 받으려는 술수로 변질될 공산이 크다. 그래서 데이비스는 말씀하시는 하나님의 속성과 의롭다 하심을 받고 입양된 자녀들의 견고한 지위를 확실하게 파악하고 거기에 근거해 묵상하고 기도하는 방식을 개발해야 한다고 주문한다.

세상사가 다 그렇듯, 여기서도 균형이 필요하다. 패커(J. I. Packer)는 어느 한쪽에 기울지 않은 입장을 찾아냈다. 일단, "크리스천들 사이에 하나님을 인격적인 친구라기보다 비인격적인 실재로 인식하고 묵상해야 한다는 동양 종교나 영지주의, 신플라톤주의적인 성향에 뿌리를 둔 전혀 다른 성격의 신앙이 존재한다"는 사실을 인정한 뒤에 다시 말을 이어 간다. "주님에 관한 사사로운 생각들, 아니 사실상 모든 사고가 말끔히 비워진 정신세계에 머무는 비인지적인 하나님에게 다가간다는 발상은 '서양의 옷을 입은 동양의 신비주의'에 불과하다."[24]

그러나 패커는 "하나님 앞에서 실제로 침묵해야 하는 자리가 존재하는데 … 주께 고하고 난 뒤, 그분이 주시는 기쁨이 심령에 속속들이 배어드는 사이"가 바로 그 지점임을 상기시킨다. "남녀가 서로 사랑하면 굳이 입을 열 필요 없이 미소를 머금고 조용히 서로를 바라보며 친밀한 관계에서 오는 기쁨을 만끽하는 순간들이 있게 마련이므로"[25] 잠잠히 하나님을 경배하고 찬양하는 시간을 갖는 건 지극히 타당한 일이라는 것이다. 하지만 서로 깊이 사랑하는 사이라 할지라도 제각기 느끼는 감정을 드러내고 전달하기 위해 본능적으로 그 경이로움을 표현하기에 적합한 말과 감탄사를 찾게 마련이다. 그러기에 패커는 말한다. "침묵기도는 기도의 정점이 아니라 … 말로 드리는 간구 사이사이에 찍힌 쉼표와 같다."[26]

말씀에 대한 반응은 다채롭다

말로 기도를 하라지만 어떤 종류의 말을 하라는 것일까? 종류를 가릴 필요가 없다. 시편 기자는 그야말로 온갖 형태의 기도를 보여 준다. 신기하고 놀라워서 내지르는 탄성, 독하게 작정한 듯 쏟아 내는 불만, 조곤조곤 따지고 드는 논쟁, 일방적인 선언과 의견 개진, 호소와 요청, 요구와 외침, 자책하는 고백 등이 망라되어 있다. 대화 형식과 마음가짐, 감정에 이르기까지 다채롭기 이를 데 없다. 됨됨이와 문화, 타고난 기질 등을 감안할 때, 어떤 이들에게는 '죽었다 깨나도 입 밖에 낼 수 없을 법한 말'도 끼어 있다. 우울질에 해당하는 부류라면 제 힘으론 감정을 최대치까지 거침없이 분출하는 시편들을 절대로 써 낼 수 없을 것이다. 외향성이 강한 유형들은 웬만해선 가장 낮은 마음자리까지 훑는 통찰에 이르지 못한다. 하나님을 향한 불평과 회의를 노골적으로 쏟아 낸다는 건 내향적이고 순종적인 스타일들로선 엄두조차 내지 못할 일이다.

내면의 욕구와 심리 작용을 좇아 스스로 기도를 주도해 가면 성경이 제시하는 기도의 폭을 다 따라가지 못한다. 오로지 성경에 기록된 하나님의 성품과 역사에 반응하며 기도해야만 가능하다. 성경이 보여 주는 하나님은 위엄이 넘치면서도 자비롭고, 거룩하면서도 너그러이 용서를 베풀며, 사랑이 넘치는 동시에 사람의 지혜로 가늠할 수 없는 분이시다. 기도가 납작 엎드려 용납을 구하는 고백이나 승리의 개가, 또는 애처로운 하소연 가운데 어느 한쪽으로 크게 기울 수 없는 까닭이 여기에 있다. 어느 한 가지 표현으로 기도를 규정하고 제한할 수 없다는 뜻이다. 성경에는 친구와 나누는 친밀한 대화처럼 보이는 기도도 있지만 위대한 군주에게 호소하는 유형이나 마치 씨름 경기와 비슷한 형태도 있다. 어째서 그런가? 하나님의 성품과 속성에 따라 기도의 성격이 가지각색으로 결정되는 까닭이다. 하나님은 친구가 될 수도 있고 아버지, 연인, 목자, 또는 왕이 될 수도 있다. 어떤 유형의 기도가 기대하는 일이나 감정을 불러오는 데 가장 효과적일지를 토대로 기도하는 방법을 결정해선 안 된다. 기도는 하나님 자신에 대한 반응, 또는 응답으로 드려야 한다. 거룩한 자녀들에게 주신 하나님 말씀에는 이런 범주에 속하는 다양한 대화들이 실려 있다. 크리스천의 기도 생활은 오로지 주님의 말씀에 반응할 때에만 풍성하고 다채로워질 수 있다.

'제 소견에 좋은 대로' 드리는 기도의 비극

유진 피터슨은 하나님 말씀에 깊이 침잠하는 게 기도의 출발점이 되어야 한다고 잘라 말한다. 반면에 앤 라모트(Anne Lamott)가 쓴 《가벼운 삶의 기쁨(Help, Thanks, Wow : The Three Essential Prayers)》은 전혀 다른 접근방식을 보인다. 그는 기도하는 데 있어서 정말 중요한 요소는 하나님을 바라보는 관점이 아니라고 주장한다.

이를테면, 그리스인들이 '참으로 참된 분(the Really Real)'이라고 불렀던, 가치와 지위와 신념과 상처의 너울을 지나 내면 깊은 곳에 있는 존재를 향해 기도할 수 있다. 또는 안으로부터 생명이나 사랑을 향해 울부짖어도 괜찮다. 그런 힘을 가진 대상을 뭐라고 부를지는 중요치 않다. … 누구한테 기도하느냐 따위의 문제에 발목을 잡히지 말자. 기도는 마음으로부터 더 큰 신비, 또는 선 … 서슴없이 믿을 만큼 생기 넘치는 사랑의 에너지, 자신이 아니라 상상할 수 없을 만큼 큰 무언가로 이어지는 의사소통이라고만 해 두자. 그런 힘을 가진 존재를 '내가 아닌(Not-Me)'이라고 부를 수도 있고 편의상 '하나님'이라고 부를 수도 있다.[27]

모르기는 해도, 글쓴이는 아직 하나님을 믿는 마음이 단단치 않은 이들이 주님을 향해 첫발을 떼도록 돕고 싶은 심정이었을 것이다. 그렇게 보면 라모트의 책은 기도를 회의적으로 바라보는 이들의 무장을 해제시키는 장점이 있지만, 설령 효과가 있다 해도 잠시 반짝하다 마는 게 고작이다. 하나님은 어떤 분이신지, 크리스천은 어떤 주님을 섬기는지 신경 쓸 필요 없이 그저 기도만 하면 된다는 식의 권유는 지속적으로 작용하는 기도 원리가 될 수 없다. 상대의 실체와 됨됨이를 제대로 파악하지 못하면서 어떻게 관계가 발전하길 기대할 수 있겠는가!

라모트는 전통적인 기도를 세 덩어리로 나누고 제각기 '도와주세요!(간구)', '고맙습니다!(감사)', '와!(찬양)' 등 머리에 쏙쏙 들어오는 이름을 붙였다. 하지만 기도를 말할 때 가장 중요한 범주로 꼽히는 이른바 고백, 또는 회개를 빼놓은 점은 놀랍다 못해 충격적이기까지 하다.[28] 라모트의 이 얇은 책자를 어거스틴이나 루터가 쓴 비슷한 두께의 논문이라든지 주기도문과 비교해 보면 고백을 강조하는 대목이 누락되었다는 사실이 한층 확연히 눈에 들어온다.[29] 개인적으로는 글쓴이가 성경에 기록된 하나님에 대한 지식을 출발점으로 삼지 않은 탓이 아닐까 생각한다. 라모트는 누구한테 기도하느냐 등에 '발목을 잡히지' 말고 그냥 기도하라고 권한다. 그러나 하나님으로부터 출발하지 않으면 저마다 느끼는 정서적 결핍이 기도의 동력이자 유일한 초점이 될 공산이 크다.[30] 결국, 기도는 성경에 제시된 방대한 스펙트럼 가운데 지극히 좁은 영역에 갇히고 말 것이다.

에드먼드 클라우니(Edmund P. Clowney)는 "성경은 기도의 기술이 아니라 기도를 들으시는 하나님을 보여 줄 뿐"[31]이라고 했다. 스스로 원하는 감정과 경험을 토대로 어떻게 기도할지 결정해선 안 된다. 하나님을 있는 그대로 바라보려 안간힘을 쓰다 보면 기도는 자연스레 그 뒤를 따라가게 되어 있다. 하나님이 어떤 분이신지 선명하게 포착할수록 기도는 더 정확하게 틀이 잡히고 다듬어진다. 하나님 말씀에 깊이 침잠하지 않으면 기도는 제한적이고 피상적인 수준에 머물 뿐만 아니라 본질에서 벗어나 엉뚱하게 흘러갈 수도 있다. 참 하나님이 아니라 스스로 그려 낸 하나님이나 제 눈에 근사해 보이는 삶에 반응하게 될 개연성이 높다. 마음 내키는 대로 따라가노라면 마침내 실제로 존재하지 않는 하나님을 지어내는 지경에 이르기 십상이다. 서구 문화 속에서 자란 이들은 사랑이 넘치고 용서를 베푸시는 하나님은 좋아하지만 거룩하고 초월적인 하나님은 반기지 않는다. 그래서 서방국가 청장년들의 영적인 삶을 조사해 보면 회개라든지 죄를 용서받은 기쁨을 찾아보기 어려운 게 사실이다.[32] 크리스천이 드리는 기도라 할지라도, 성경이 가르치는 하나님께 응답하는 게 아니라면 결국 자신과 이야기를 나누는 꼴이 되고 말 것이다. 유진 피터슨은 그 점을 아주 신랄하게 꼬집는다.

> 마음 내키는 대로 따라가면, 끝내는 듣고 싶은 얘기를 해 주는 정체불명의 신, 또는 그럭저럭 이해할 만한 하나님의 어느 한 면모만 좇아 기도하게 될 것이다. 하지만 기도에서 결정적인 한 수는 우리에게 말씀하시는 하나님께, 그분이 말씀하시는 모든 일에 대하여 말씀드리는 데 있다. … 기도하면서 알아 가고 싶은 미지의 하나님께 기도하는 것과 이스라엘의 역사나 예수 그리스도를 통해 드러난 하나님, 인간의 언어로 말씀하시는 잘 알려진 하나님께 아뢰는 것 사이에는 또렷한 차이가 있다. 전자는 제 입맛대로 신앙적인 성취를 탐닉하지만, 후자는 순종하는 믿음을 행동에 옮긴다. 즐거움으로 치자면 전자가 한결 낫지만 중요하기는 후자가 훨씬 윗길이다. 기도의 핵심은 자기 표현법을 배우는 게 아니라 하나님께 답하는 법을 체득하는 데 있다.[33]

　누구나 하나님에 대한 인상과 감정을 더듬고 이것저것 말씀해 주시는 장면을 머릿속으로 그려 볼 수는 있겠지만, 성경에 비쳐 보지 않고서야 어떻게 그게 착각이나 오해가 아니라고 자신하겠는가? 18세기 영국 국교회 목회자였던 조지 휫필드(George Whitefield)는 서구 사회 전반에 걸쳐 기독교에 대한 관심이 크게 높아지고 교회가 눈에 띄게 성장했던 대각성 운동기를 이끈 선두주자 가운데 하나였다. 휫필드는 청중을 휘어잡는 연설가로 교회사를 통틀어 가장 위대한 설교가 중 하나로 꼽힌다.
　1743년이 저물 무렵, 휫필드와 아내 엘리자베스 사이에서 첫 번째 아기가 태어났다. 사내아이였다. 아버지는 아기가 잘 자라서 "영원한 복음을 선포하는 설교가"가 될 것이라는 인상을 강하게 받았다. 이를 하나님이 주신 감동으로 여긴 휫필드는 아들에게 존(John)이란 이름을 지어 주었다. 세례요한의 이름을 딴 작명이었다. 어머니의 이름도 똑같이 엘리자베스(엘리사벳)였다. 휫필드는 수많은 교인들 앞에서 아들에게 세례를 주면서 하나님이 장차 아기를 통해 큰일을 행하실 것이라고 설교했다. 마뜩치 않아 하는 이들은 예언적인 내용을 비아냥거렸지만 신경 쓰지 않았다.

그런데 생후 4개월에 접어든 어느 날, 아기는 갑자기 발작을 일으켜 숨을 거두고 말았다. 깊은 슬픔에 잠긴 중에서도 휫필드는 속에서 불쑥 떠오른 생각과 감정을 하나님 말씀에 버금갈 만큼 중요하게 여긴 처사가 얼마나 그릇됐는지 뼈저리게 깨달았다. 교인들까지 잘못 이끌어서 똑같은 망상에 빠지게 만들었음을 통감했다. 휫필드는 자신의 느낌을 하나님이 마음에 들려주시는 음성으로 해석했다. 그로부터 얼마 지나지 않아 그는 자신을 위해 쓰라린 기도문 한 편을 짓는다. "하나님께서 이 무지한 아비어미를 더 신중하고, 더 침착하며, 사탄의 술책을 더 잘 꿰뚫어 보게 하셔서 주님의 소유인 교회를 섬기는 데 더 요긴한 일꾼이 되게 해 주세요."[34]

여기서 얻을 수 있는 교훈은 무엇인가? 하나님은 즉흥적으로 떠오르는 생각이나 충동을 이끌어서 슬기롭게 행동하는 길을 선택하게 만드시는 경우가 전혀 없다는 얘기가 아니라, 성경을 읽지 않고는 하나님이 말씀하시는 걸 확인할 길이 없다는 뜻이다.

말씀은 기도하고자 하는 힘을 불러일으킨다

권력의 정점에 선 다윗 왕은 하나님을 위해 성전을 짓고자 했다. 하나님은 나단 선지자의 입을 빌어 전을 세우지 말라는 메시지를 전하시는 한편, 약속의 말씀을 주셨다. "여호와가 너를 위하여 집을 짓고 네 수한이 차서 네 조상들과 함께 누울 때에 내가 네 몸에서 날 네 씨를 네 뒤에 세워 그의 나라를 견고하게 하리라. 그는 내 이름을 위하여 집을 건축할 것이요 나는 그의 나라 왕위를 영원히 견고하게 하리라"(삼하 7:11-13). 왕은 하나님의 집을 짓고 싶어 했지만 주님은 말씀하신다. "아니다. 내가 네 집을 세우겠다." 일종의 말놀음이지만 대단히 강렬한 의미를 담고 있다. 다윗은 주님의 영광을 드러내 보여 주는 성전을 짓기를 원했다. 그런데 하나님은 사실상 역으로 제안을 하셨다. 다윗 왕가를 세워서 결국 더 영구적이고, 광범위한 영향을 미치며, 보편적인 방식으로 친히 그분의 영광을 드러내시겠다는 것이다.

은혜가 넘치는 약속을 받은 다윗은 고백한다. "만군의 여호와 이스라엘의 하나님이여 주의 종의 귀를 여시고 이르시기를 내가 너를 위하여 집을 세우리라 하셨으므로 주의 종이 이 기도로 주께 간구할 마음이 생겼나이다"(삼하 7:27). 기도가 작동되는 내면의 움직임을 한눈에 볼 수 있는 대목이다. 성경에는 '주께 간구할 마음이' 생겼다고 되어 있지만 히브리어 원문을 문자적으로 보면 하나님의 말씀이 다윗으로 하여금 '이러한 간구를 드릴 마음을 찾게(히브리어 leb, 렙)' 해 주었다 쯤으로 해석할 수 있다. 하나님 말씀이 다윗 내면에서 기도하고자 하는 소망과 욕구, 힘을 불러일으켰다는 의미다. 원리를 정리해 보자. 하나님은 성경을 통해 말씀하시고 우리는 기도를 통해 반응한다. 거룩한 대화, 또는 주님과의 의사소통에 들어가는 것이다.

사무엘하 7장에 기록된 다윗의 간구는 참으로 대단한 기도지만 오늘날 크리스천들은 손꼽히는 구약시대의 성인들보다 훨씬 유리한 위치에 있다. 다윗으로서는 어떻게 왕위를 '영원토록' 튼튼하게 세워 주시겠다는 말씀인지 어리둥절했을 게 틀림없다. 이건 고대왕국에서 흔히 쓰던 "전하, 만세수를 누리시옵소서!" 풍의 과장법일까? 그렇지 않다. 선지자 이사야는 "그 정사와 평강의 더함이 무궁하며 또 다윗의 왕좌와 그의 나라에 군림하여 그 나라를 굳게 세우고 지금 이후로 영원히 정의와 공의로 그것을 보존하실"(사 9:7) 이에 관한 이야기를 들려준다. 어떻게 나라를 영원히 통치하는 인간이 존재할 수 있다는 말인가? 장차 태어날 아기는 '전능하신 하나님'이 되리라는 게 이사야의 답변이다(사 9:6). 인간에게서 '태어나지만'(그러기에 인간이지만) 하나님이 되신다는 것이다. 진정한 다윗의 후손으로 오신 그분은 썩지 않는 생명을 가졌으므로(히 7:16) 왕위에 올라 영원토록 물러나지 않고 통치하신다.

그게 전부가 아니다. 그분을 믿는 이들은 스스로 하나님의 '집', 즉 '살아 있는 돌들로 지은 성령님이 머무시는 성전(벧전 2:4-5, 엡 2:20-22)'이 된다. 모세는 목숨을 잃을까 싶어 감히 마주할 수 없었던 바로 그 하나님의 영광이(출 33:20) 이제는 예수님으로 말미암아 죄를 용서받은 이들의 마음속으로 들어온 것이다(요 1:14, 벧후 1:4). 그러기에 예수님은 이전까지 존재했던 선지자 가운데 세례요한만 한 이가 없었지만 그리스도의 제자들 가운데 지극히 작은 자라도 그보다 더 크다고 말씀하신 것이다(마

11:11). 당시의 청중들은 입이 다물어지지 않았겠지만 놀랄 일이 아니었다. 능력이 넘치는 하나님의 말씀은 뭇 크리스천들의 속에 '풍성히 살아서' 기쁘고 진실한 심령으로 하나님을 찬양하고, 노래하며, 기도할 마음을 품게 한다(골 3:16). 다윗도, 세례요한도 상상조차 하지 못했던 새로운 세계다.

다윗은 왕좌에 앉히고 집을 지어 주겠다는 약속의 말씀을 받고 나서 기도할 마음을 찾았다. 하지만 크리스천들은 그보다 무한정 더 크고 위대한 약속을 이미 받아 가지고 있다. 하나님은 그저 집을 세우는 데 그치지 않고 주님을 좇는 이들 하나하나로 그분의 집을 삼겠다고 말씀하신다. 거룩한 임재와 아름다움, 영광으로 우리를 가득 채우신다. 그리스도 안에서 자신이 어떤 존재인지 기억할 때마다 크리스천의 가슴에는 그 엄청난 약속의 말씀이 사무치고 번번이 기도할 마음을 찾을 것이다.

기도는 결코 주문이 아니다

기도하면 하나님의 임재 속에 들어간다

기도는 하나님과 나누는 대화다. 하지만 대화는 인격적인 참 만남이나 관계로 이어지지 못하고 정보를 주고받는 데 그칠 수도 있다. 크리스천은 하나님에 관한 지식이 아니라 그분 자신을 알기를 원하며 주님의 얼굴과 임재를 구한다. 티머시 워드(Timothy Ward)는 선지자와 사도들에게 주셨던 말씀, 곧 성경에 기록된 하나님의 말씀이 주님을 만나는 으뜸가는 길임을 강조한다. "성경 말씀을 대하는 건 곧 살아 계신 하나님을 만나는 일이다."[1]

그러므로 신학적인 진리와 실존적인 만남이 서로 겨루게 해선 안 된다. 오히려 그 진리를 삶으로 경험해야 한다. 어떻게 그럴 수 있는가? 여기 5장에서 성경은 하나님을 경험하는 일에 관해 어떻게 이야기하는지 살펴보려고 한다. 그러려면 먼저 기도의 대상이 되는 하나님이 어떤 분이신지 알아보고 나서, 성경은 어떻게 해야 그분을 만날 수 있다고 말하는지 짚어 보아야 한다.

삼위일체 하나님과 사랑을 나누라

기도와 관련해서 가장 먼저 기억해야 할 신학적인 사실이 있다. 크리스천은 삼위일체 하나님과 대화하게 되어 있으며, 주께 무언가를 아뢸 때마다 서로 다른 위격을 가지신 하나님이 모두 역사하신다는 점이다.

삼위일체라는 하나님의 본질은 신약성경 전반에 또렷이 드러나지만,[2] 예수님이 제자들을 세상으로 보내시며 "아버지와 아들과 성령의 이름으로 세례를 주라"고 명령하시는 마태복음 28장 19절만큼 더 집약적이고 직선적으로 보여 주는 구절도 찾아보기 어렵다. 본문은 '이름들'이라고 말하지 않는다. 아버지와 아들과 성령이 모두 한 이름을 가졌다는 것이다. 현대인들은 '이름'이란 단어를 내키는 대로 붙이기도 하고 바꾸기도 할 수 있는 상표나 딱지쯤으로 여기지만 성경 시대에는 한 인간의 본성과 존재 자체를 상징했다.[3] 그런 점에 비춰 볼 때 본문은 아버지와 아들과 성령이 하나님의 본질을 공유하고 있으며 실질적으로 하나의 실재임을 의미한다. 하나님은 셋이 아니라 오직 한 분이시다. 바울은 "그 안에는 신성의 모든 충만이 육체로 거하시고"(골 2:9)라며 주님의 하나님 되심을 강조하면서도 "하나님은 한 분밖에 없는 줄 아노라"(고전 8:4)고 못 박아 말한다. 하나님은 동일한 본질과 이름, 실재를 가지신 분이라는 뜻이다.

아버지와 아들, 성령님은 모두 같은 하나님이시다. 성경학자 프랑스 (R. T. France)는 말한다.

> 제자들이 순종하고 충성해야 할 대상 가운데 '아들'은 '아버지'와 '성령' 사이에 자리 잡고 있으며 … 합법적인 경배의 대상으로서도 … 특별하다.[4]

그러므로 서로 알고 사랑하며 영원 전부터 함께 인류를 구원하는 사

역을 해 오신 한 하나님이 세 위격으로 존재하신다.[5]

삼위일체라는 하나님의 속성은 기도에도 중요한 의미를 갖는다. 우선, 하나님은 내부적으로 언제나 완벽한 친교를 나누신다. 아버지와 아들, 성령님은 서로 흠모하며, 사랑으로 찬미하며, 기쁨을 주고받는다. 사랑받고 또 사랑하는 것보다 더 기쁜 일이 또 있을까? 삼위 하나님은 인간으로서는 꿈도 꾸지 못할 전혀 다른 차원의 사랑과 기쁨을 알고 계실 것이다. 그러므로 하나님은 무한정 깊고 큰 행복을 누리신다. 온전한 기쁨이 가득하다. 관념적인 평온이 아니라 서로 사랑하는 관계가 살아 움직이는 데서 오는 뜨거운 희열이다. 이런 하나님을 안다는 말은 감정과 사고를 초월하는 게 아니라 영광스러운 사랑과 기쁨이 차고 넘치는 상태가 된다는 뜻이다.

하나님이 독자적으로 사랑과 행복을 알 수 있었다면 굳이 다른 존재들을 지으신 까닭은 무엇인가? 조나단 에드워즈는 '하나님이 세상을 지으신 목적에 대한 고찰(A Dissertation Concerning the End for Which God Created the World)'이란 논문에서 창조주께서 인간을 지으신 한 가지 이유가 있다면 관계에서 오는 우주적인 기쁨과 사랑을 얻는 게 아니라(그건 이미 만끽하고 계시므로) 나누시려는 것이라고 주장한다.[6] 에드워즈는 그러한 사실이 인간으로서는 상상조차 할 수 없는 완전함과 아름다움을 통해 서로에게 행복과 기쁨을 전달하시는 삼위일체 하나님(본질적으로 '타자 중심'이신, 오로지 상대를 영화롭게 하고자 하시는)의 속성과 얼마나 정확하게 맞아떨어지는지 설명한다.

어거스틴이 〈삼위일체론(On the Trinity)〉에 적었듯, 인간이 누군가를 사랑할 줄 아는 건 거룩한 형상대로 지음 받은 덕에 하나님의 사랑을 되비칠 능력을 가졌기 때문이다.[7] 하나님이 우리를 부르시며 서로 대화하고, 알며, 교제하자고 하시는 까닭이 어디에 있는지 짐작할 수 있는 대목이다. 스스로 만끽하고 계신 큰 기쁨을 나누고 싶으신 것이다. 기도는 하나님이 누리는 지극한 기쁨에 동참하는 길이다.

자녀로서 아버지의 사랑을 흠뻑 누리라

구약성경에서는 하나님을 아버지라고 부르는 사례가 드문드문 나타날 뿐이지만, 신약성경에서는 주님의 삼위일체적인 특성이 여실히 드러날 때마다 그분의 아버지로서의 성품도 뚜렷하고 도드라지게 보여 준다. 아버지는 아들을 보내 죄에서 인류를 구하게 하셨으며 그 덕에 하나님의 아들딸로 입양될 길이 열렸다(엡 1:3-4). 그리스도를 믿고 거듭난 이들은 누구나 하나님의 자녀가 되는 권세를 받고 그분을 아버지라고 부를 수 있게 된다(요 1:12-13). 성령님은 하나님의 살아 숨 쉬는 생명을 우리 안에 불어넣으신다. 거룩한 본성을 심으셔서 '가족 유사성'을 갖게 하시는 것이다.

"하나님이 그 아들을 보내사 여자에게서 나게 하시고 율법 아래에 나게 하신 것은 … 우리로 아들의 명분을 얻게 하려 하심이라. 너희가 아들이므로 하나님이 그 아들의 영을 우리 마음 가운데 보내사 아빠 아버지라 부르게 하셨느니라"(갈 4:4-6).

너나없이 하나님의 아들딸이 아니냐고 묻는 이들이 적지 않다. 성경에서도 간혹 하나님이 온 인류를 지으셨다는 의미에서 모든 사람들을 하나님의 자녀라고 일컫는 경우가 있다(행 17:28). 사도행전 17장에 '자녀'의 의미로 쓰인 그리스어 'genos'는 본래 '자손'이란 뜻이다. 헨리 포드를 '자동차의 아버지'라고 부르는 것과 같은 차원에서라면 과연 하나님은 모든 이들의 아버지다.

하지만 '아버지'라는 말은 사랑과 관심을 나누는 관계를 지칭하는 경우도 숱하다. 웬 젊은 친구가 나이 든 어른을 보고 "여태 아버지 노릇을 제대로 하신 적이 없잖아요!"라고 불평하는 걸 들어 봤는가? 남자는 대답할지 모른다. "그래도 넌 내 피붙이가 아니냐." 젊은이는 냉큼 대꾸할 것이다. "낳아 주기만 하면 다 아버진가요? 단 한 번도 내 곁에 있어 준 적이 없으면서!"

그렇다. 생물학적인 아버지라는 이유만으로 참다운 부자 관계가 성립되어 있다고 단정할 수는 없다. 성경의 입장도 마찬가지다. '하나님의 자녀들'이란 말에 담긴 풍성한 의미는 은혜와 믿음으로 입양되어 하나님의 새 식구가 된 이들에게만 적용한다. 입양은 법률적인 사건이지만 그이상의 속뜻을 싣고 있다. 새 식구로 입양된다는 건 하루하루 일상적인 생활방식이 혁명적으로 달라진다는 얘기다. 따라서 크리스천들은 그리스도를 통해 법적으로만이 아니라 인격적으로도 하나님으로부터 아버지의 사랑을 공급받는 관계에 들어간다.[8]

예수님은 제자들을 위해 하늘 아버지께 입이 떡 벌어질 만큼 놀라운 기도를 드리셨다. "아버지께서 나를 보내신 것과 또 나를 사랑하심 같이 그들도 사랑하신 것을 세상으로 알게 하려 함이로소이다"(요 17:23).

하나님이 자녀로 입양해 주셨다는 말은 예수님과 똑같은 일을 하기라도 한 것처럼 우리를 사랑해 주신다는 뜻이다. 어느 신학자의 말마따나 그리스도는 인류의 "죄 값을 치르셨을 뿐만 아니라, 영생을 얻기에 합당한 자격을 갖추게 하셨다. 하나님의 법에 온전히 순종하신 상급을 우리에게 돌리신 셈이다."[9]

따라서 크리스천이라면 누구나 서슴없이 아버지 품으로 달려갈 수 있다. 온 천하를 다스리는 하나님과 비할 데 없이 친밀하고 절대로 깨어지지 않는 관계를 맺은 까닭이다.

하나님의 자녀가 된다는 말은 곧 다가감을 가리킨다. 언제나 귀 기울여 들어 주고 잠시도 눈을 떼지 않으시는 하나님을 알게 된다. 대통령이 어떤 인물들을 초청해서 직접 만나는지 생각해 보라. 시간과 관심을 쏟을 가치가 있는 인사가 아니고서는 그럴 기회를 가질 수 없다. 그만한 자격을 가졌거나, 공로가 있거나, 권력 기반이 있어야 한다. 하지만 자식이라면 얘기가 달라진다. 우주의 하나님도 그처럼 우리를 "생각하시며 … 돌보아"(시 8:4) 주신다.

기도는 이처럼 친밀한 관계와 아버지의 사랑을 마음껏 느끼고 누리는 방법인 동시에 보살핌을 받고 있다는 확신을 토대로 평안하고 기운 찬 삶을 살 수 있는 길이기도 하다.

성령님이 우리로 하여금 기도하게 한다

바울은 에베소서 2장 18절에서 크리스천들은 '한 성령 안에서' 아버지께 나아가게 되었다고 말한다. 조나단 에드워즈는 '기도는 그저 … 믿음을 음성으로 표현하는 행위'일[10] 뿐이라고 했다. 참 믿음을 가진 이들은 누가 시키지 않아도 기도하고 싶어 한다. 기도란 성령을 통해 들을 수 있는 소리로 변환된 믿음을 가리키기 때문이다. 바울은 기도할 때 나타나는 이러한 성령의 역사를 더 상세하게 풀어 설명한다.

> 무릇 하나님의 영으로 인도함을 받는 사람은 곧 하나님의 아들이라. 너희는 다시 무서워하는 종의 영을 받지 아니하고 양자의 영을 받았으므로 우리가 아빠 아버지라고 부르짖느니라. 성령이 친히 우리의 영과 더불어 우리가 하나님의 자녀인 것을 증언하시나니(롬 8:14-16).

바울은 크리스천들을 한 점 의심 없이 아빠엄마를 신뢰하는 어린아이에 빗대 가며, 하나님의 애정 어린 관심을 받는 거룩한 자녀들에게 성령님은 두려움이 아니라 자신감을 채워 주신다고 힘주어 말한다. 성령님은 주님의 아들딸들로 하여금 "아빠, 아버지!"라고 '부르게' 하신다. 그리스어로는 '크라조(krazdo)'인데, 구약성경에서 열렬한 기도를 설명하는 데 자주 쓰이던 표현으로 크고 열정적인 부르짖음을 가리킨다.

성서학자 크랜필드(C. E. B. Cranfield)가 썼듯, "어린아이들이 내뱉는 원초적인 외침의 한 형태"로 '파파!'[11]처럼 쉽게 발음할 수 있는 말이다. 크랜필드에 따르면, 이 호칭은 워낙 '따뜻하고 다정해서' 유대교인들은 감히 하나님께 붙일 수 없는 호칭으로 여겼지만, 예수님은 그분의 기도 생활에 적극적으로 도입하고 적용하셨다(마 14:36). "하늘 아버지와 특별한 관계임을 의식적으로 드러내시는 한편, 제자들에게도 같은 방식으로 하나님을 부를 권한을 주셔서 성부와 성자의 교제에 한몫 끼게 하셨다고 볼 수 있다."[12]

'긴급 구조를 요청하는 조명탄'을 쏘아 올리거나 절박하고 조마조마한 심정으로 도박을 벌이는 분위기는 찾아볼 수 없다. 성령님은 하늘 아버지와의 관계가 업적이나 공로에 좌우되지 않는다는 실존적이고 내면적인 확신을 심어 주신다. 일꾼과 감독 사이하고는 딴판으로 부모의 사랑이 움직이는 관계다. 성령님은 신학적인 명제를 자신감과 기쁨으로 바꾸신다. 크리스천은 하늘 아버지의 참 아들이신 예수님께 속해 있다. 따라서 하나님은 그들이 부르짖을 때마다, 마치 아프다고 울부짖는 아들딸을 대하는 아빠엄마처럼, 뜨거운 사랑과 관심으로 응답하신다. 그리스도를 좇는 이들이라면 언제라도 따뜻한 보살핌과 애정이 넘치는 환대를 받을 수 있다는 믿음을 품고 하나님께 달려갈 수 있다. 달리 말하자면, 성령님은 흔들리지 않는 믿음을 주셔서 자연스럽게 기도하며 매달리게 하신다.

그러한 확신이야말로 마르틴 루터의 파워풀한 기도 신학과 기도 생활의 핵심이다. 하루에 적어도 두 시간씩, 더없이 솔직하고 담대하게 간구했던 걸로 유명한 루터는 크리스천이라면 기도를 시작하기 전에 주께 이렇게 아뢰길 권했다.

죄인들을 엄하게 심판해야 마땅하고 온당함에도 불구하고 … 이제 주님은 자비를 베푸셔서 하늘 아버지의 사랑으로 우리 마음에 믿음을 주셔서 평안하게 하셨으며, 기꺼운 심정으로 하나님을 아버지라 부르고, 주님을 알고 사랑하며, 어려움이 닥칠 때마다 소리쳐 찾을 수 있다는 사실을 어린아이처럼 믿는 감미롭고 상쾌한 재미를 만끽하게 하십니다.[13]

하지만 성령님이 제안하시고 이끄시는 기도 형태가 오로지 '아바(Abba)'기도 하나뿐인 건 아니다. 바울은 성령님의 '입양'만이 아니라 '중보'도 강조한다.

이와 같이 성령도 우리의 연약함을 도우시나니 우리는 마땅히 기도할 바를 알지 못하나 오직 성령이 말할 수 없는 탄식으로 우리를 위하여 친히 간구하시느니라. 마음을 살피시는 이가 성령의 생각을 아시나니 이는 성령이 하나님의 뜻대로 성도를 위하여 간구하심이니라. 우리가 알거니와 하나님을 사랑하는 자 곧 그의 뜻대로 부르심을 입은 자들에게는 모든 것이 합력하여 선을 이루느니라(롬 8:26-28).

'성령님의 탄식'이 무얼 의미하느냐를 두고 오랫동안 갑론을박이 있어 왔다.[14] 필사적인 심정으로 신음할 때 성령님이 도우신다는 뜻으로 해석하는 이들이 더러 있지만, 아무리 곱씹어 봐도 막다른 골목에 몰린 상황만을 의미하는 것 같지는 않다. 오히려 26절에 등장하는 '약함'은 그 전 구절들(18-25절, 특히 23절)에서 설명하는 연약함을 가리킨다. 절망적인 순간들은 두말할 것도 없고 충족되지 못한 갈망을 품은 채 장차 나타날 영광을 기다리는 인간의 처지 전반을 압축한 표현이다.

알다시피 하나님은 "그의 뜻대로 부르심을 입은 자들에게는 모든 것이 합력하여 선을"(28절) 이루게 하시지만, 정작 크리스천들은 무엇이 선한지 쉬 알아보지 못한다. 달리 말해서, 어떤 결과를 두고 기도해야할지 가늠하지 못하기 십상이란 얘기다.[15]

하지만 성령님은 크리스천의 내면에 하나님의 뜻을 행하고 주님의 영광을 보고자 하는 이루 말로 다 할 수 없을 만큼 깊은 갈망을 심어 주신다. 그렇게 해서 우리의 신음을 당신의 탄식으로 바꾸시며 우리의 기도 속에 주님이 친히 하늘 아버지를 향한 탄원을 담으신다. 저마다의 기도에 이런 갈망, 곧 주님의 마음을 흡족하게 하고 싶어 '탄식하는' 소망이 함께 어우러지는 것이다. 따라서 기도를 드릴 때마다 하늘 아버지는 그 속에서 우리에게 정말 유익한 것과 주님을 기쁘게 하는 일에 대한 탄원을 한꺼번에 들으시며, "모든 일이 서로 협력해서 선을 이루게 하시는 역사를 통해 성령님의 중보에 응답하신다."[16] 당장 구체적으로 무얼 구해야 할지 모르는 이들에게 성령님은 감동을 주셔서 장차 나타날 하나님의 영광과 거룩한 뜻을 갈구하게 하신다.[17]

기도는 한 사람 한 사람의 삶을 하나님이 원만하게 이끌고 계시며, 나쁜 일들도 결국은 유익한 열매를 맺으며, 좋은 선물들을 결코 거둬 가지 않으실 뿐만 아니라, 앞으로 더 멋진 미래가 찾아오리라는 점을 또렷이 확인시켜 주는 중요한 도구다.

예수님은 지금도 우리를 위해 중보하신다

성령만이 아니라 성자를 통해서도 성부 하나님 앞에 나아갈 수 있다. 그리스도의 중보하심에 힘입어 예수님의 이름으로 하늘 아버지께로 가면 하나님은 기꺼이 아버지가 되어 주신다는 건 의심의 여지가 없다.

은사이신 에드먼드 클라우니한테서 그의 스승인 존 머리를 찾아가 개인적인 이야기를 나누었던 경험을 들은 적이 있다. 존 머리는 함께 간구하자고 했고 둘이 고개를 숙이는 순간 놀라운 기도의 능력이 나타났다. 한마디 한마디에 살가운 감정과 하나님의 크고 높은 권세를 받드는 마음이 조화롭게 배어 있었다. 하나님의 임재가 단박에 드러났다. 존 머리는 주님의 초월성뿐만 아니라 친밀함도 가슴 깊이 새기고 있음이 분명했다.

비록 보조적인 차원이기는 했지만 존 머리는 '중보자' 역할을 하고 있었다. 에드를 하나님의 임재 가운데로 이끌고 기도를 도왔다. 하나님의 은혜를 믿고 의지하며 담대하게 다가서면서 제자가 하나님의 주권적인 사랑 가운데 깊이 침잠하게 뒷받침했다. 당시 에드에게는 그런 안식이 절실했다. 물론, 신학자로서 오로지 그리스도의 중보하심에 힘입어 둘이 함께 하나님의 임재 가운데로 나가고 있음을 누구보다 정확하게 인식하고 있었다. 존 머리는 로마서 주석을 썼는데, 8장 34절 말씀(이는 그리스도 예수시니 그는 하나님 우편에 계신 자요 우리를 위하여 간구하시는 자시니라)을 다루면서, 아버지의 오른편에서 우리를 위해 '중보'하시며 죄를 사하셔서 하나님의 도우심에 기대어 필요를 채울 길을 확보하신 예수님의 역사를 "부활 사건만큼이나 전설에 가까운 얘기"로 간주해선 안 된다고 강하게 주장했다.

> 주님의 거룩한 중보하심, 특히 시시때때로 우리를 위해 간구하시는
> 데서 드러나는 다정한 면모만큼 구세주가 가진 친밀감과 하나님의
> 백성을 지키려는 결코 사그라지지 않는 열성을 확실히 보여 주는 사
> 실, 우리를 향해 보내시는 한결같은 사랑을 보증해 주는 증거는 다시
> 없을 것이다.[18]

에드는 말했다. "경건한 스승이 나를 위해 하나님 앞에서 간구해 주
었던 게 참으로 큰 도움이 되었다네. 문득 한 인간의 기도가 그처럼 큰
위안을 준다면, 그리스도께서 중보하신다는 깨달음은 도대체 얼마나 엄
청난 위로가 되어야 마땅한가 하는 생각이 들더군."

그날의 경험으로 에드는 적잖이 힘을 얻었지만 죄책감도 그만큼 깊
어졌다. 머리가 하나님께 간구하는 걸 듣고 있노라니 그동안 자신이 얼
마나 뻣뻣하고, 형식적이며, 기계적인 기도를 드려왔는지가 오롯이 드러
났다. 하나님의 임재 가운데서 주님과 다정하게 이야기를 나누는 게 무
언지 아는 바가 거의 없다는 걸 알게 됐다. 기도하는 삶을 산다면서도 예
수님을 묵상한다는 말의 참뜻을 진지하게 돌아보고 받아들이지 않았다.

예수님은 우리와 하나님 사이에서 중보자가 되신다(딤전 2:5, 히 8:6,
12:24). 고대국가와 문화는 백이면 백, 사원을 갖추고 있다. 인간은 본능
적으로 자신과 신성한 존재 사이에 크게 벌어진 틈, 또는 간격이 존재한
다는 걸 알아차리기 때문이다. 하나님은 위대한 반면, 사람은 한없이 왜

소하다. 하나님은 완전하지만 우리는 흠투성이다. 사원은 벌어진 틈을 잇기 위해 몸부림치는 공간이다. 까마득하게 멀리 있는 신을 가까이 끌어들일 줄 아는 전문적인 '중개자'(제사장)들이 거기서 제물을 바치고 제사를 드리며 의식을 집전한다.

하지만 너나없이 그런 몸짓들이 죄다 불완전하고 단편적임을 안다. 어느 종교도 그 틈이 메워질 것이라고 말하지 않는다. 아리스토텔레스만 하더라도, 신을 숭배하거나 달래는 건 가능할지 모르지만 가까이 지내며 우정을 쌓는 건 불가능하다고 했다. 우정을 나누려면 서로 대등할 만큼 공통점이 많아야 한다고 보았다. 엇비슷해야 친구가 될 게 아니냐는 것이다.

그런데 하나님은 인간보다 이루 말할 수 없이 큰 분이시므로 '우정이 성립될 가능성은 전혀 없는'[19] 셈이다.

하지만 이제 크리스천들에게는 궁극적인 중보자요 지극히 높으신 대제사장이 생겼다(히 4:14-15). 커다란 간격을 없애서 주님과 친구처럼 사귈 수 있게 하신 것이다(출 33:11 비교). 아버지 "하나님의 일에 자비하고 신실한 대제사장이" 되기 위해 아들은 "범사에 형제들과 같이 되심이 마땅"했다(히 2:17). "우리에게 있는 대제사장은 우리의 연약함을 동정하지 못하실 이가" 아니며 "모든 일에 우리와 똑같이 시험을 받으신 이로되 죄는" 없으시므로 "은혜의 보좌 앞에 담대히" 나아갈 수 있다(히 4:15-16).

편지를 쓴 사도 자신도 참으로 어처구니없는 대목이라고 여겼을지 모른다. 사실, 세상의 철학자들과 종교 지도자들은 다들 그렇게 생각했다. 어떻게 하나님은 인간과 절친한 친구가 될 수 있었을까?

스스로 인간이 되셨기 때문이다. 우리와 똑같이 유한한 존재가 되셔서 고난과 죽음을 겪으셨다. 무슨 수고를 하고 어떤 공로를 세웠느냐와 상관없이 죄를 용서받고 의로워질 수 있는 길을 여시려고 그리하신 것이다. 우리가 감히 주님 곁에 가까이 다가설 수 있는 까닭이 거기에 있다.

예수님을 통해 하나님은 인간이 되셨다. 거대한 틈 건너편에 계실 뿐만 아니라 그 간격을 잇는 다리가 되셨다. 이처럼 주님은 새로운 관계의 중보자가 되셨다. 이렇게 하나님과 맺은 관계는 깨지거나 고장 나지 않는다. 인간의 성실함이 아니라 하나님의 신실하심에 토대를 두고 있기 때문이다(히 9:14-16).

> 그러므로 형제들아 우리가 예수의 피를 힘입어 성소에 들어갈 담력을 얻었나니 그 길은 우리를 위하여 휘장 가운데로 열어 놓으신 새로운 살 길이요 휘장은 곧 그의 육체니라. 또 하나님의 집 다스리는 큰 제사장이 계시매 우리가 마음에 뿌림을 받아 악한 양심으로부터 벗어나고 몸은 맑은 물로 씻음을 받았으니 참 마음과 온전한 믿음으로 하나님께 나아가자"(히 10:19-22).

십자가 덕분에 기도의 문이 열렸다

자연히 기도와 관련해 중요한 의미를 갖는 신약성경의 명령에 눈길이 갈 수밖에 없다. 예수님은 제자들에게 항상 그리스도의 이름으로 기도해야 한다고 가르치셨다(요 14:13-14, 15:16, 16:23-24). "예수님의 이름으로 기도한다는 건 … 그분만이 하나님께 다가가는 유일한 방법이며 … 창조주와 소통하는 외길임을 인정하고 간구한다는 뜻이다."[20]

이는 본질적으로 자격과 접근권의 문제다. 대학원에 다니던 시절, 강연을 마치고 나오는 유명강사에게 조마조마해하며 다가서던 기억이 난다. 수많은 학생들과 의례적인 인사를 주고받고 있었지만 정신은 딴데 가 있는 것처럼 보였다.

하지만 내게는 달랐다. 강사의 친구 한 분을 알고 있어서 그 이름을 대자 단박에 관심을 보이며 따뜻하고 자상하게 말을 받아주었다. 내 명함을 들이미는 게 아니라 둘 다 알고 있는 지인의 이름을 내세운 덕에 환대를 받을 수 있었다.

하늘 아버지께 어떻게 다가가야 하는지 어렴풋이 보여 주는 실마리가 여기에 있다. 우리가 그리스도를 알고 있기에, 다시 말해 '그리스도 안에' 있기에 기도할 때마다 하나님은 어마어마한 사랑과 관심을 쏟아 부으신다.

예수님이 주신 이런 지침의 바울 버전은 에베소서 2장 18절에 등장하는 특유의 삼위일체 공식에서 찾아볼 수 있다. "이방 사람과 유대 사람 양쪽 모두, 그리스도를 통하여 한 성령 안에서 아버지께 나아가게 되었습니다"(새번역). 본문에 '나아가다'로 번역된 히브리어 동사는 통상적으로 고대왕국의 임금이 누군가에게 알현을 허락했을 때 쓰이는 표현이다. 사정이 아무리 다급해도 닥치는 대로 막강한 권력을 가진 임금 앞에 나갈 수는 없는 법이다. 그랬다간 감방에 갇히거나 목숨을 잃을 수도 있다(에 4:9-16).

하지만 그나마도 고대 동양제국의 통치자와 평민 사이의 신분 차이에 국한된 얘기다. 거룩하신 하나님과 죄에 찌든 인간 사이의 격차는 말로 다할 수 없을 만큼 크다(삼상 6:20, 시 130:3, 나 1:6). 하나님을 두 눈으로 보고서도 살아남을 수 있는 인간은 없다(출 33:20). 따라서 '예수님을 통해' 거룩하신 하나님의 임재 앞에 담대하게 나아갈 수 있다는 바울의 주장은 그야말로 놀라운 얘기다. 크리스천에게는 늘 귀 기울여 들어 주는 분이 계신다. 예수 그리스도께서 그렇게 만드셨기 때문이다. 주님은 십자가에서 돌아가심으로써 하나님과 우리를 화해시키고 그분을 아버지로 모시게 하셨다.

하나님은 행복해지는 수단이 아니라 행복 그 자체이다

바울은 갈라디아서 4장 6-7절에서 성령님이 우리를 이끄셔서 하나님을 사랑이 넘치는 아버지로 반가이 부르게 하신다고 말한다. 이른바 '하나님을 아는' 경험이다(갈 4:9). 성령님이 기도를 인도하시고 그리스도가 거룩한 자녀들을 위해 중보하시는 근본 동기 역시 하나님을 더 깊이 알고 그분의 임재를 즐거워하게 만드는 데 있다.

우리가 통상적으로 드리는 기도와 얼마나 다른지 곱씹어 보라. 열에 아홉은 하나님께 무얼 얻기 위해 무릎을 꿇는다. 주님을 믿는다면서도 세상에서 얼마나 성공하고 좋은 관계를 맺고 있느냐 하는 것에 가장 깊은 소망과 기쁨을 두기 일쑤다. 그러니 직장생활이 곤고하거나, 주머니 사정이 어려워지거나, 관계에 문제가 생기거나, 사회적 지위에 위기가 닥치고 나서야 비로소 기도에 열을 올릴 수밖에 없다.

인생만사가 순조롭고 심중에 소중히 여기는 것들이 안전하다 싶으면 기도하고자 하는 마음이 들지 않는다. 뿐만 아니라 기도가 무미건조해지기 십상이다. 이것저것 해 달라고 간청하는 데 큰 몫의 시간을 할애하고 가물에 콩 나듯(뭔가 잘못을 저질렀다는 생각이 들 때) 죄를 고백한다. 오랜 시간 차분히 앉아서 하나님을 찬양하고 높이는 경우는 드물거나 전혀 없다. 한마디로, 내면으로부터 기도하고 싶어 하는 긍정적이고 전향적인 욕구를 찾아볼 수 없다. 형편에 쫓겨 어쩔 수 없이 머리를 조아릴 따름이다.

어째서 그런가? 하나님이 엄연히 살아 계시다는 걸 알지만 무언가를 얻어 내거나 행복해지는 수단쯤으로 여기는 탓이다. 대부분은 그분을 행복 그 자체로 삼지 않는다. 그러기에 하나님을 더 잘 알기 위해서가 아니라 무언가를 얻고 구하려고 기도하는 것이다.

제힘으로 구원에 이르려고 끊임없이 허우적거리는 자신의 상태를 빨리 파악하고 그리스도를 향해 돌아서야만 국면을 총체적으로 전환시킬 수 있다. 주님이 우리를 위해 감수하신 크고도 놀라운 희생을 깨닫고, 소망의 대상을 물질에서 그리스도로 바꾸며, 예수님께 기대어 하나님의 용서와 은혜를 구하면, 성령님의 도우심으로 그리스도 안에서 누리는 유익과 축복이 얼마나 엄청난지 감이 오기 시작한다.

그때부터는 하나님이 어떤 분이신지 속속들이 알고 깊이 사랑하고자 하는 소망이 간절하다 못해 절박해진다. 거룩한 사랑과 배려를 받는데 온통 마음이 가서 세상의 지위 따위는 빛이 바래고 의미를 잃는다. 주님 안에서 기쁨을 누리고 그분을 기쁘게 하는 일을 가장 만족스럽고 고상한 일로 여기게 된다.

주님이 완성하신 율법을 보라.
죄를 용서하시는 그분의 음성을 들으라.
노예였던 우리를 자녀로 부르시고
의무가 바뀌어 선택이 되게 하시네.
- 윌리엄 쿠퍼, 올니 찬송가

기독교 신앙 전반을 조명하는 《기독교강요》에서 장 칼뱅은 하나님에 관해 엄청난 지식을 쌓았을지라도 그분이 예수 그리스도를 통해 행하신 역사가 심령의 기본 틀을 바꿔 놓기 전까지는 참으로 주님을 안다고 말할 수 없다고 지적한다.

"하나님의 말씀이 마음 깊은 곳에 뿌리를 내리는 게 아니라 머리꼭대기를 맴돌 따름이라면 믿음으로 받아들인 게 아니므로 … 마음의 불신은 지성의 몽매보다 더 심각하다. 지성에 사상을 더하기보다 심령에 확신(하나님의 사랑에 대한)을 심는 게 훨씬 더 어렵다."[21]

마음에 복음이 뿌리를 내리면 그 증거로 "하나님 안에서 한 점 이지러짐 없는 행복을 한껏 누리는" 법이다. 그런 경험이 없는 이들은 "진실하고 성실하게 자신을 주께 드리지 못한다."[22] 하나님을 더 깊이 알고 섬기고자하는 갈망이 생기지 않는 한, 하나님을 아는 참되고 거룩한 지식을 갖지 못했다고 봐야 한다. 심중에 정말 복음을 지닌 이들은 "벌을 받지 않을까 하는 두려움에서만이 아니라 하나님을 경외하는 마음에서도 죄 짓기를 삼간다. … 설령 지옥이 존재하지 않는다 할지라도 하나님을 거스르는 걸 끔찍하게 여길 것이다."[23]

성령님의 능력에 힘입어 복음을 알게 된 크리스천이라면, 그저 보살핌을 받거나 징벌을 피하기 위해서만 하나님을 찾지는 않는다는 점을 도드라지게 강조하는 설명이다. 이미 그리스도 안에서 둘 다 보장받고 있기 때문이다. 크리스천은 자발적으로 하나님을 구하고 찾는다. 복음을 깨닫지 못한 이들은 물질을 구하러 주 앞에 나와 머리를 조아릴지 모른다. 더할 나위 없이 착하게 살아야만 이것저것 부탁할 거리를 들고 찾아갈 수 있는 두렵고 거룩한 하나님을 떠올릴지 모른다. 반면에 모든 이들을 보살피시고 무얼 원하든 다 들어주시는 '사랑의 하나님'을 그릴 수도 있다. 전자의 경우에는 하나님 앞에 나가는 게 두렵기만 하다. 후자에게는 주님께 다가서는 게 하찮은 일이 된다. 따라서 복음을 제대로 받아들여 품지 않은 한, 뜨거운 열정과 기쁨에 겨워서 하나님을 찬양하며 주님을 마주할 방도가 없다.

잘레스키 부부는 인간의 기도는 예외 없이 갖가지 형태의 제물을 통해 영향력을 행사해서 하나님, 또는 신의 마음을 움직여 응답을 끌어내려는 노력이라고 주장한다. 하지만 성경의 기도는 값없이 구원해 주신 하나님의 은혜와 아버지의 한결같은 사랑을 근거로 드리는 간구를 가리킨다. 하나님을 하늘 아버지로 모셨다면 마법이나 제물 따위는 필요치 않다.[24]

예수님이 치르신 기도의 값

어떻게 그처럼 편안한 접근과 자유로움이 가능할까? 복음서의 기록을 통틀어 예수 그리스도가 하나님께 기도하면서 그분을 아버지라고 부르지 않았던 사례는 십자가에서 "나의 하나님, 나의 하나님, 어찌하여 나를 버리셨습니까?"라고 부르짖으셨을 때 뿐이다. 주님이 하늘 아버지와의 관계를 포기한 덕분에 누구나 하나님과 부자관계를 맺을 수 있는 길이 열렸다. 예수님이 잊힌 덕에 우리가 영원토록 기억될 수 있게 되었다. 그리스도는 마땅히 우리가 받아야 할 영원한 형벌을 대신 짊어지셨다. 이것이 바로 기도의 값이다. 주님이 값을 치르셨기에 하나님은 우리의 아버지가 되실 수 있었던 것이다.

부모한테 부당한 대우를 받으며 컸다면 반감이 들지 모르겠다. 하지만 그게 기도를 가로막는 장벽이 되어서는 안 된다. 불행한 가족사를 바로잡는 데 필요한 사랑은 오로지 그리스도 안에서만 구할 수 있기 때문이다. "제대로 된 아빠엄마 밑에서 자랐더라면 얼마나 좋았을까?"라고 중얼거리는 건 부질없는 짓이다. 엄밀하게 말해서 '제대로 된' 부모란 존재하지 않기 때문이다. 시편 기자는 말한다. "내 부모는 나를 버렸으나 여호와는 나를 영접하시리이다"(시 27:10).²⁵

가정환경이 좋지 않은가? 실패했다는 생각이 드는가? 삶이 외로운가? 절망의 늪으로 점점 더 깊이 빠져들고 있는가? 지금 하나님과의 새로운 관계가 필요하다. 우리의 형제 예수가 이루 헤아릴 수 없을 만큼 큰 대가를 치른 까닭에 아버지 하나님이 붙잡아 일으키실 것이다.

하나님과 나누는 대화는 자연스레 만남으로 이어진다. 기도는 우리

를 위해 예수님이 행하신 일을 배워 알 뿐만 아니라 "날마다 하나님이 베
푸시는 혜택"[26]을 받아 누리는 길이다. 기도는 교리를 경험으로 바꿔 놓
는다. 크리스천은 기도를 통해 하나님의 임재를 실감하며 주님의 기쁨과
사랑, 평화와 확신을 공급받는다. 그리고 한 발 더 나아가 마음가짐과 행
동, 성품이 달라진다.

PRAYER

Part 3

기도를
배우다

어거스틴과 루터, 기도를 말하다

하나님의 영광을 먼저 구하라

기도란 하나님이 시작하신 대화를 계속 이어 가는 일이다. 주님이 친히 모든 인간 내면에 그분을 아는 지식을 심어 주셨을 때, 선지자들과 기록된 말씀을 통해 메시지를 전하셨을 때, 그리고 특히 심령마다 성령님을 보내 그분께로 초대하셨을 때 하나님의 이야기는 이미 시작되었다. 뿐만 아니라 기도의 신학이라고 할 만한 내용들도 살펴보았다. 기도의 성격은 어떤 대상을 향해 손을 내미느냐에 따라 결정된다. 크리스천이 바라보는 분은 삼위일체 하나님이시다. 하나님은 사랑이 넘치는 아버지시기에, 그리스도가 온 우주의 보좌에 다가서게 하는 중보자시기에, 성령님이 내면에 거하시기에 주님을 믿고 따르는 이들은 기도를 드릴 수 있다.

지금부터는 실질적인 질문들에 답하려 한다. 어떻게 이런 토대를 다질 것인가? 기도에 필요한 영적 자원들을 얻기 위해 구체적으로 무얼 어떻게 해야 하는가?

먼저 교회사를 주름잡았던 걸출한 세 스승, 성 어거스틴, 마르틴 루터, 장 칼뱅에게서 실마리를 찾아보려고 한다. 무엇보다 제각기 시대를 초월해 고전으로 꼽히는 '명품 기도 안내서'들을 내놓았다. 어거스틴과 루터는 누군가에게 어떻게 기도해야 할지 설명하는 사적인 편지를 쓴 반면, 칼뱅은 기독교 교리의 핵심을 정리하는 《기독교 강요》를 쓰면서 기도에 상당한 비중을 두었다.[1]

성숙한 기도생활을 위한 어거스틴의 편지

아니키아 펠토니어 프로바(Anicia Faltonia Proba)는 기독교 신앙을 가진 로마의 귀족 여성이었다. 교회사의 첫 번째 천 년을 대표하는 위대한 신학자와 설교가인 어거스틴과 요한 크리소스토무스(John Chrysostom)의 메시지를 듣고 이해할 만큼 분별력을 가진 인물이었다. 어거스틴은 아니키아에게 편지를 두 통 썼는데, 첫 번째 서신(Letter 130)은 처음부터 끝까지 기도라는 주제 하나만을 다루고 있다. 아니키아는 제대로 기도를 드리지 못한다는 답답함을 편지에 토로했던 터였다. 어거스틴은 답장으로 짤막하지만 실제적인 글을 써 보냈다.[2]

어거스틴은 무얼 어떻게 기도할까를 생각하기 전에 먼저 어떤 부류의 인간이 되느냐가 중요하다는 점을 첫 번째 원리로 내세운다. "이 세상에서 엄청난 복을 누리고 있더라도 스스로 자신을 외로운 존재라고 생각해야 합니다." 눈에서 비늘이 떨어져서, 이 땅에서 제아무리 대단한 영화도 그리스도 안에서 찾을 수 있는 영원한 평화와 행복, 위안을 주지는 못한다는 사실을 또렷이 볼 줄 알아야 한다. 그런 시각이 확립되지 않으면 그릇된 방향으로 기도가 흘러갈 수 있다.

여기서 기도에 적용될 수 있는 어거스틴 신학의 중심 주제 가운데 하나가 다시 등장한다. 마음을 다해 사랑하는 요소들이 엉클어져 '뒤죽박죽'이 되지 않았는지 분별해야 한다는 것이다. 세 번째나 네 번째로 사랑해야 할 것들이 으뜸가는 자리를 차지하고 있지는 않은가? 하나님께 가장 큰 사랑을 드리는 게 마땅하지만 주님을 막연히 의식하기만 할 뿐, 실질적으로는 그분의 은혜와 임재를 지상에서 누리는 번영과 성공, 지위, 애정, 또는 쾌락만큼 소중하게 여기지 않을 수도 있다. 적어도 이러한 심적인 고장을 인식하고 그게 얼마나 삶을 뒤틀어 놓는지 자각하지 못하는 한, 기도는 치유의 통로가 아니라 문제의 일부가 될 따름이다. 가령, 부의 축적을 삶에 안정감과 자신감을 주는 주요한 요인으로 본다면 재정 상태가 심각한 위기에 봉착할 때마다 하나님께 부르짖으며 도움을 청할 것이다. 그러나 그 간구는 하나님 앞에서 계속 걱정하는 것일 뿐이다. 기도를 마치고 나면 도리어 더 초조하고 불안해질 뿐, 아무런 보탬이 되지 않는다. 기도가 새로운 시야를 열어 주고, 새로운 시각을 갖도록 도와줘서 우리 마음을 치료해 주며 주님 안에서 평안히 안식하도록 이끌지 못한다.

어거스틴은 이게 제대로 자리를 잡으면, 다시 말해 마음의 특성을 정확히 파악하고 내가 그리스도와 동떨어져 황폐해진 상태임을 받아들이면 그때 비로소 기도를 시작할 수 있다고 말한다. 그렇다면 이제 무얼 위해 기도해야 하는가? 어거스틴은 누구나 구하는 제목을 두고 기도하라고 대답한다. "행복한 삶을 위해 기도하십시오." 하지만 무엇이 행복한 삶을 가져다주는가? 어거스틴이 제시하는 첫 번째 기도 원리를 받아들였다면, 세상이 주는 안락함과 보상이나 쾌락 따위는 본질적으로 일시적인 기쁨을 줄 따름이며, 거기에 마음을 둬 봐야 그 행복감은 오래 지속되지 않는다는 사실이 또렷이 눈에 들어온다. 어거스틴은 시편 27편 4절로 돌아가서 기자의 위대한 기도를 가리켜 보인다. "내가 여호와께 바라는 한 가지 일 그것을 구하리니 곧 내가 내 평생에 여호와의 집에 살면서 여호와의 아름다움을 바라보며 그의 성전에서 사모하는 그것이라."

이것이 행복을 구하는 기본적인 기도이며 성령님의 능력에 힘입어 허상을 걷어 낸 심령만이 드릴 수 있는 간구다. 어거스틴은 이렇게 적었다. "우리는 하나님을 그 존재 자체로 사랑합니다. 그리고 그분으로 인해 우리 자신과 이웃을 사랑합니다." 그러고는 곧바로 그렇다고 해서 하나님을 알고, 사랑하며, 기쁘시게 해 드리는 일 말고는 아무것도 구하면 안 된다는 뜻은 아니라는 설명을 덧붙였다. 주기도문만 보더라도 그밖에 많은 것들이 필요함을 알 수 있다. 하지만 하나님을 으뜸으로 사랑하며 그분을 알고 흡족하게 해 드리는 일을 가장 큰 기쁨으로 여긴다면, 기도하는 제목과 방법은 두루 달라질 수밖에 없다.

어거스틴은 잠언 30장 8-9절 말씀을 본보기로 내놓는다. "헛된 것과 거짓말을 내게서 멀리 하옵시며 나를 가난하게도 마옵시고 부하게도 마옵시고 오직 필요한 양식으로 나를 먹이시옵소서. 혹 내가 배불러서 하나님을 모른다 여호와가 누구냐 할까 하오며 혹 내가 가난하여 도둑질하고 내 하나님의 이름을 욕되게 할까 두려워함이니이다."

참 좋은 지표이다. "오, 주님! 직장을 주셔서 가난해지지 않게 하소서!"라고 기도한다고 생각해 보라. 하나님께 구할 만한 제목이다. 잘 뜯어보면 "오늘날 우리에게 일용할 양식을 주옵소서!" 하는 기도와 별 차이가 없다. 하지만 잠언 30장은 그런 요청의 합당한 동기를 보여 준다. 마음이 어디에 가 있는지, 그 바탕이 얼마나 엉망진창인지 인식하지 못한 채로 곧장 기도를 시작하면, 기도의 의도가 "하나님 최대한 부자가 되게 해 주세요!"에 머물 수 있다. 잠언 30편의 기도는 완전히 딴판이다. "주님, 물질적인 필요를 채워 주시고 풍요롭게 지내도록 도와주세요. 하지만 잘 관리할 만큼만 허락하셔서 하나님을 삶의 으뜸자리에 놓는 힘을 잃지 않게 해 주세요. 궁극적으로 필요한 건 안락한 생활이나 지위가 아니라 주님이기 때문입니다."

여덟 살짜리 사내아이가 장난감 트럭을 가지고 놀다가 망가뜨렸다고 생각해 보자. 몹시 낙담한 아이는 아빠 엄마에게 달려가 고쳐 달라고 떼를 쓸 것이다. 하지만 울고불고하는 아이에게 아빠가 "얘야, 먼 친척 어르신이 돌아가시면서 네게 1,000억이라는 큰돈을 남겨 주셨어" 하면 아이가 어떤 반응을 보일 것 같은가? 십중팔구 더 크게 울면서 트럭을 고쳐 내라고 아우성 칠 게 뻔하다. 아직 어려서 그런 말로는 위로가 되지 않기 때문이다. 그와 마찬가지로 크리스천들 역시 영적 용량이 부족해서 예수님 안에서 스스로 어떤 신분인지 실감하지 못할 수 있다. 그리스도가 베푸신 구원의 높이와 깊이와 너비와 길이를 파악할 영적 능력을 크리스천들에게 주시길(엡 3:16-19, 1:17-18) 바울이 하나님께 간구했던 까닭도 여기에 있다. 셰익스피어는 인간이 보편적으로 기쁨을 누리지 못하는 요인을 이렇게 꼬집었다. "여보게, 브루투스! 책임은 별들에 있는 게 아니라 우리 자신에게 있다네!"(줄리어스 시저, 1막2장). 우리는 그리스도 안에서 소유하고 누리는 것들을 알아보기보다는 제 '별'(환경과 조건)에서 행복을 찾으려는 여덟 살짜리 아이와 비슷하다. 같은 이유로 주기도문에서도 하나님의 위대하심을 기억하고 그분을 향한 사랑에 다시 불을 붙이고 난 뒤에야 비로소 일용할 양식과 필요한 것들을 구한다.

어거스틴이 내놓는 세 번째 지침은 포괄적이고도 실질적이다. 마음의 우선순위가 뒤바뀌었음을 온전히 인식하고 어디서 진정한 기쁨을 찾을 수 있는지 의식하며 기도하는 법을 깨달은 뒤에 주기도문을 연구하며 구체적인 기도 방법을 배우라는 것이다. 찬양과 간구에서 감사와 고백에 이르기까지 그 안에 담긴 모든 종류의 기도를 찬찬히 들여다보라. 간구의 순서와 형식을 살피라. 주기도문이라는 더없이 훌륭한 기도의 모범답안을 오랫동안 꼼꼼히 짚어 가며 거기에 자신의 간구를 맞추라. 어거스틴은 실례를 들어 설명한다.

> 하나님의 뜻에 합당하게 써서 사람들을 이롭게 하려는 게 아니라 그저 개인적인 욕심에서 '아무개한테 그러신 것처럼 제게도 큰돈을 주세요'라든지 '이름을 날리게 해 주세요. 힘 있는 자리에 가고 세상에서 다 알아주는 인물이 되게 해 주세요'라고 기도하는 이가 있다면, 주기도문의 어느 한 부분과도 자신의 요청들을 연관시켜서 맞출 수 없다. 그런 제목을 두고 구하는 걸 부끄럽게 여길 줄 알아야 한다.[3]

네 번째 원리는 암흑기에 드리는 기도에 관한 것이다. 어거스틴은 여태 말한 세 가지 규칙을 잘 따른다 해도 "힘겨운 시절을 만나면 무얼 기도해야 할지 모르기 십상"임을 인정한다. 대단히 경건한 크리스천들마저도 혹독하고 고통스러운 어려움에 짓눌리면 어떻게 간구하는 게 옳은지 헷갈리게 마련이라는 얘기다. "고난은 … 큰 유익을 끼칠 수 있다. … 하지만 고되고 아파서 … 시련을 거두시길 간청하게 된다." 그렇다면 여건을 바꿔 주시길 구해야 할까, 아니면 견뎌 낼 힘을 청해야 할까? 어거스틴은 솔직한 소망("이 잔을 내게서 지나가게 해 주십시오")과 하나님을 향한 순종("그러나 내 뜻대로 하지 마시고, 아버지의 뜻대로 해 주십시오")이 절묘하게 균형을 이룬 예수님의 겟세마네 기도를 가리킨다. 그러고는 곧바로 우리가 탄식하고 혼란스러워할 때 성령님이 대신 간구하시며 마음을 이끄실 뿐만 아니라, 하나님께서 불완전한 상태 그대로 그 기도를 들으신다고 약속하는 로마서 8장 26절을 들이민다. 이를 근거로 어거스틴은 마음의 소원을 쏟아 놓는 중에도 하나님의 지혜와 선하심을 기억해야 한다고 결론짓는다.

삼십 대 초반에 남편을 잃고 혼자가 된 아니키아 프로바는 로마가 약탈을 당하던 AD 410년, 손녀 데메트리아스(Demetrias)와 함께 아프리카로 피난을 갔다. 그곳에서 어거스틴을 만났다. 여인의 삶은 깊은 구덩이로 곤두박질쳤으며, 역사에 기록된 바에 따르면, 다시는 예전에 누리던 안정된 생활로 되돌아가지 못했다. 그러나 어거스틴은 그런 어려움에도 '불구하고', 더 나아가 '그 덕분에' 기도가 한결 성숙해질 수 있다고 말한다. 그는 편지를 마무리하며 이렇게 묻는다. "홀로되어서 외롭고 힘든 상황에 처해 있는 여인들에게 기도 사역이 더 적합한 이유는 무엇인가? '홀로된 상태'를 일종의 방패로 삼고 지속적이며 한없이 뜨거운 기도를 드리기 때문 아니겠는가?" 얼마나 놀라운 이야기인가! 남편을 잃고 혼자 사는 여인들에게 고난은 제힘으로 무언가를 할 수 있다는 환상과 마음을 완고하게 하는 무지에 빠지지 않도록 지켜준다. 또 풍요롭고 열정적인 기도 생활을 통해 어떤 환경 가운데서도 평안할 수 있는 길을 열어 주는 안전장치다. 어거스틴은 아니키아에게 주어진 형편을 끌어안고 기도하는 법을 배우라고 당부한다. 여러 정황으로 미루어 여인은 이 성인의 초대를

받아들였음에 틀림없다.[4]

풍성함을 안겨 줄 마르틴 루터의 명품 가이드

마르틴 루터가 기도에 관해 쓴 가장 유명한 글 또한 친구에게 보낸 편지 형식이다. 루터는 대단한 기도의 사람이었다. 친구였던 파이트 디트리히(Veit Dietrich)는 이렇게 적었다. "적어도 세 시간 이상 기도하지 않는 날이 없었다. 특히 한창 일해야 할 시간이라도 마찬가지였다. 언젠가 운 좋게도 기도를 엿들은 적이 있었다. 맙소사! 한마디 한마디가 얼마나 신실하던지! 하나님 앞에서 서서 아뢰듯 지극히 경건하게, 그리고 아버지나 친구와 대화하듯 소망을 품고 진실하게 간구했다."[5]

페터 베스켄도르프(Peter Beskendorf)는 루터의 수염을 깎고 머리를 다듬어 주던 이발사였다. 신앙을 가졌다고는 하지만 인간적으로는 흠이 많았던 페터는 식구들과 함께 밥을 먹다 술에 잔뜩 취해 사위에게 칼을 휘둘렀고 결국 숨지게 만들었다. 루터까지 중재에 나선 덕에 가까스로 처형을 모면하고 귀양살이를 하게 됐지만 죽는 날까지 고달픈 세월을 보내야 했다. 페터는 루터에게 간단하고 단순하게 기도하는 방법을 물었고, 다행스럽게도 기도라는 주제를 다룬 기독교 역사상 가장 위대한 문서 가운데 하나를 품고 유배를 떠났다. 루터는 기도에 관한 방대하고도 실질적인 가이드라인을 그의 손에 들려 보냈다.

첫머리에서 루터는 규칙적인 훈련으로 기도를 몸에 배게 하라고 조언했다. 하루에 두 번씩 하나님과 만나기를 권했다. "기도를 아침에 눈뜨자마자 해야 할 중요한 일이자 저녁에 잠들기 전에 어김없이 해야 할 마지막 일로 삼는 게 좋다. '조금만 있다가! 앞으로 한 시간 동안만 이런 저런 일들을 처리하고 나서 기도하자!'라는 그럴싸한 거짓말에 속아 넘어가지 않도록 조심하라."[6] 감상적인 여지라고는 눈곱만큼도 남기지 않은 채, 루터는 결론짓는다. "크리스천은 기도하라는 명령을 받았다. … '살인하지 말라', '도둑질하지 말라'에 못지않게 엄중하고 단호한 가르침이다."[7] 좋든 싫든 반드시 기도해야 한다는 뜻이다.

이어서 루터는 생각을 한데 모으고 기도를 향한 열정과 애정을 끌어올릴 방법을 제시한다. '의무'라는 측면과 균형을 이루는 또 다른 면모인 셈이다. 그렇다. 크리스천은 감정을 떠나 반드시 기도해야 하지만, 다른 한편으로 이는 마음을 들어 하나님께 바치는 일이므로(애 3:41) 자발적으로 기꺼이 간구하도록 최선을 다해야 한다.[8] 기도하는 자녀의 마음이 차갑고 기쁨이 없는 건 틀린 것이라고 지적하면서 루터는 주님과 대화하는 데는 준비가 필요하다고 말한다. 그리고 "십계명이나 그리스도의 말씀 같은" 성경 본문을 혼자 읊조리는 이른바 '음송'을 추천한다.[9] 이런 음송은 성경 묵상(루터식 표현으로는 '관상')의 한 형태지만 그냥 성경 공부는 아니다. 생각과 성경에서 가려 낸 구절을 깊이 파고들면서 온 마음과 감정을 하나님께 집중하는 것이다. 루터는 이런 훈련을 통해 "마음이 움직이고 이끌리며 … 기도하고자 하는 뜨거운 마음이 생기길 바란다"고 했다. 여기서 말씀 묵상은 격식을 갖춘 성경 연구에서 기도로 넘어가는 일종의 다리 구실을 한다.[10]

기도의 불을 당길 묵상의 기술

묵상을 권유하면서 루터는 구체적인 방법을 소개한다. "성경의 명령을 네 부분으로 나누고 그 네 줄기를 엮어 화환을 만든다. 첫째는 명령을 하나하나 깊이 생각하며 가르침, 즉 그 말씀을 주신 참뜻이 무엇인지 살펴 하나님이 무얼 요구하시는지 진지하게 고찰한다. 둘째는 그 깨달음을 감사로, 세 번째는 고백으로, 네 번째는 기도로 연결시킨다.""11 성경 본문이 제각기 "학습 자료에서 찬송가로, 다시 참회록이 됐다가 기도서가 되는 것이다." 어떻게 하면 그럴 수 있을까?

먼저, 본문에서 '가르침'을 찾아내야 한다. 본문을 거르고 또 걸러서 독자들에게 믿고 따르게 만들고 싶어 하는 핵심 메시지가 무언지 추출하라는 뜻이다. 성경 말씀을 해석하는 작업이다. 루터는 이를 묵상의 '교과서적인' 측면이라고 했다. 미리 본문을 공부한 적이 있어서 속뜻과 가르침을 잘 알고 있다면 금방 끝날 것이다. 그러면 간단히 정리해서 나머지 묵상에 활용하면 된다. 하지만 본문을 제대로 파악하지 못한 상태라면 제대로 묵상할 수 없다. 예를 들어, 십계명을 텍스트로 삼고 두 번째 계명을 읽는데, "하나님의 이름을 망령되이 일컫는 게" 무슨 소린지 감이 오지 않는다면 철저히 연구해서 그 뜻을 마음에 새기고 나서 요약하고 묵상에 적용해야 한다.

'가르침'을 뽑아낸(의미를 간단명료하게 간추린) 다음에는 어떻게 그 줄기를 붙잡고 하나님께 감사를 드리고 찬양하며 죄를 고백하고 뉘우칠지, 어떻게 하면 거기에 이끌려 주께 간청하며 간구할 수 있을지 물어야 한다. 가령, 주기도문의 앞머리('우리 아버지')를 붙들고 깊이 숙고한다면 어

136

떻게 해야 할까? 먼저 가르침을 찾아보자. 본문은 혼자 노력해서는 하나님을 알 수 없으며 다른 형제자매들과 공동체를 이루어야 한다는 사실을 알려 준다. 예수님은 '내 아버지'가 아니라 '우리 아버지'께 기도하라고 일러 주셨다. 이제는 영적인 여정을 함께 하며 도와주는 친구들을 주신 하나님, 공동체를 만들고 사랑으로 연합하게 하신 하나님을 찬양할 차례다. 다음에는 형제자매들을 위해 자주 기도하지 못한 점이나 한결같은 자세로 크리스천의 길을 독려하는 동료들에게 마음을 열지 못했던 걸 고백할 수 있다. 마지막으로는 믿음을 가진 친구들과 더 가까워지도록 이끌어 주시길 기도한다. 물론 본문을 해석하고, 관찰하고, 적용하는 데는 수많은 길이 있으며 여기에 적은 건 지극히 일부에 불과하다.

　　루터는 세밀하지만 풍요로운 깨달음을 어떻게 만들어 낼지, 또 그것을 어떻게 하나님 앞에 기도로 들어 올릴 수 있는지를 가르치고 있다. 이런 방식으로 묵상훈련을 하는 이들은 시간이 지날수록 그 자체 안에서 에너지가 생기는 걸 알게 된다. 생각지도 못했던 독특한 방식으로 이론적인 차원을 벗어나 묵상하는 진리가 실제로 자신의 삶의 안팎을 살아 움직이게 만든다. 어떻게 하나님을 찬양하고, 죄를 뉘우치며 마음을 새로이 하며, 세상에서 어떻게 살지 깨닫게 한다. 그렇게 얻은 진리가 너무도 놀랍고 감동적이어서 당장 기도하지 않고는 견딜 수가 없는 지경에 이른다. 이처럼 오랜 시간 묵상하는 심령의 훈련을 거듭하다 보면 일상생활도 영향을 받아서 자연스럽게 온 마음이 하나님을 향하게 마련이다. 듣고, 보고, 읽는 족족 죄를 뉘우치고 하나님을 찬양하고 주께 간구하게 된다. 삶의 장면들마다 주님을 모셔 들이고, 감정과 생각을 다스리며, 좌절에서 일어서고, 승승장구하는 상황에서 겸손하게 해 준다.

루터는 스스로 십계명의 각 조항을 어떻게 묵상했는지 간결하지만 완벽한 본보기를 제시한다. 여기서는 첫 번째 계명에 대한 묵상만 맛보기로 살펴보자.

> "나는 … 주 너희의 하나님이다. 너희는 내 앞에서 다른 신들을 섬기지 못한다." 본문을 보며 난 진정 … 부유함이나 특권, 지혜, 권력, 명예를 비롯해 그 어떤 것으로도 마음의 토대나 신뢰의 대상을 삼아서는 안 된다고 생각한다. 둘째로, 초대하거나 요청하거나 값을 드린 바도 없는데 그저 한없이 긍휼히 여기셔서 자애로운 방식으로 찾아오셔서 내 하나님이 되어 주시고, 보살피시며, 필요할 때마다 위로와 인도와 도움과 능력을 베풀어 주신 데 대해 깊은 감사를 드린다. … 셋째로, 무수히 우상숭배의 죄를 저질러 두렵게도 주님의 분노를 불러일으킨 걸 고백한다. 이를 회개하고 용서를 구한다. 넷째로, 마음을 지켜 주셔서 … 다시는 은혜를 잊어버리고 짓밟는, 그러니까 다른 신들을 좇거나 지상에서나 어떤 피조물에서 위안을 찾는 죄를 절대로 범치 않으며 온 마음을 다해 내 유일한 하나님께 진심으로 단단히 붙어 있도록 해 주시길 기도한다.[12]

루터가 본문에서 어떻게 하나님과 자신, 세상과의 관계에 영향을 미칠 진리를 추출해 내고 있는지 찬찬히 살펴보라. 그가 기록한 묵상들에는 두서없이 떠오르는 생각과 개인적인 이야기가 뒤섞여 있다. 콕 집어 성경 연구라고 볼 수도 없고 그렇다고 딱히 기도랄 만한 것도 아니다. 그저 하나님의 임재를 고찰, 즉 묵상한다. 온 신경을 다 쏟는 동시에 지극히 진지하게 성경의 말씀을 받아들여서 기도하고자 하는 마음을 불러일으키며 준비를 갖추는 것이다.

자신만의 주기도문 변주곡을 만들라

묵상한 뒤에는 곧바로 기도에 들어갈 것인가? 물론, 그래도 된다. 하지만 루터는 마음에 떠오르는 대로 자유로운 형식으로 기도하기 전에, 주기도문의 간구를 한 구절 한 구절 끌어내어 기도하기를 권한다. 주기도문에 맞춰 저마다의 필요와 관심사를 다른 말로 표현하거나 개인적으로 적용하라는 것이다.

그러고는 개인적인 기도를 본보기로 내보이며 어떻게 한 구절 한 구절을 따라가며 간구하는지 설명한다. 루터가 드리는 기도들은 음악의 반복악절, 또는 동일한 주제의 즉흥 변주곡처럼 보인다. "우리에게 일용할 양식을 주옵시고"라고 아뢰고 나서 곧바로 덧붙인다. "나의 가정과 재정, 아내와 아이들을 하나님께 들어 올립니다. 제가 모자람 없이 부양하고 가르쳐서 잘 관리하게 해 주세요."[13] 루터는 자신이 적은 말을 그대로 되풀이하면 안 된다고 단호하게 말한다. "책에 실린 말을 한 자 한 자 틀리지 않게 읽는 건 쓸데없는 잡담에 지나지 않는다." 그런 행동은 훈련의 목적을 무산시킬 뿐이다. 루터는 주기도문에 맞춰 기도한다 해도 날마다 똑같은 표현을 쓰지는 않았다. "특정한 문장이나 단어에 묶이지 않으며 그날그날 기분과 느낌에 따라 오늘은 이렇게, 내일은 저렇게 다른 말로 기도한다.'"[14] 기도하는 이들은 주기도문을 한 토막 한 토막 개인화해서 제각기 가진 필요와 영감을 저마다의 입말로 표현해야 한다는 것이다.

이 훈련은 여러 면에서 유익하다. 무엇보다 기도를 가로막는 생각들이 흐트러지고 잡념이 끼어드는 현상을 해결해 준다. 무슨 일인가를 계획하다 기도를 시작하면 하나님과 대화하는 중에도 그 일에 대한 상념에 발목을 잡히기 쉽다. 특별한 준비 없이 즉흥적으로 드리거나 정리된 기도 제목을 가지고 드리는 일상적인 기도는 직전까지 하고 있던 일에서 완전히 벗어나 주의를 정반대로 돌리기가 어렵다. 주기도문을 바탕에 깔고 기도하는 연습은 정신세계를 철저히 장악하게 해 주며 하나님께만 온 신경을 쓰는 과제를 해결하는 데 큰 도움이 된다.

아울러 주기도문으로 드리는 간구는 여러 표현과 형식을 총동원해서 기도하게 한다. 마음 가는 대로 맡기는 경우에는 그 순간에 마주하고 있는 더없이 어려운 난제들만 놓고 구하기 십상이다. 하지만 "이름이 거룩히 여김을 받으시오며"와 "나라가 임하시오며"에 기대면 공동체와 사회, 인간관계 가운데 복음이 들어가 퍼지길 기도하게 된다. "뜻이 … 이루어지이다"는 곤고한 일을 당하게 하신 하나님의 뜻을 받아들이도록 몰아간다. "우리에게 죄 지은 자를 사하여 준 것 같이"라는 고백이 누군가를 향해 원망과 유감을 품고 있지 않은지 묻게 한다면, "우리 죄를 사하여 주옵시고"는 최근에 저지른 죄와 실수를 열거한 목록에 눈길을 돌리게 이끈다. 주기도문으로 기도하는 습관은 고단하고 어려운 시절을 지내는 동안 하나님께 감사하고 찬양하게 하며, 번영과 성공을 구가하는 시기에는 회개하며 용서를 구하게 한다. 삶의 모든 국면에 하나님을 끌어들이도록 훈련시켜 주는 셈이다.

마지막으로, 성경 본문을 묵상하는 것과 달리 주기도문에 따라 간구하는 일은 그 자체로 실질적인 기도가 된다. 예수님 자신의 말씀이 갖는 권위에 기대어 하늘 아버지께 무언가를 아뢰는 행위이기 때문이다. 평안과 위안을 줄 뿐만 아니라 심령을 뜨겁게 해서 가장 긴급한 관심사들을 두고 열정적으로 기도하게 만든다.

주기도문에 기대어 간구하는 연습은 부담될 만큼 많은 시간이 드는 일이 아니다. 보통 2-3분 정도 걸리는 게 고작이지만 기도에 '불을 붙이'고 오랫동안 활활 타오르게 한다.[15]

다시 정리해 보자. 루터는 이전에 공부했던 본문을 곱씹는 걸로 시작해서 그 묵상을 좇아 찬양하고 고백한 뒤에, 주기도문에 맞춰 하나님께 기도해야 한다고 말한다. 마지막으로 전심으로 기도해야 한다. 이 모든 것을 하루에 두 차례씩 해야 한다고 루터는 덧붙인다.

성령님의 터치를 놓치지 말라

루터는 한마디 더 보탠다. 여태 소개한 원칙들과 함께 기억해야 할 또 다른 '단계'나 훈련이라기보다 언제 어디서 기도하고 묵상하든 마음 깊이 새겨야 할 기본 원리에 가깝다. 루터는 크리스천들에게 주께 간구하는 내내 성령님을 바라보는 시선을 놓치지 말라고 주문한다. "말씀을 묵상하거나 기도를 하다가 선한 생각들이 샘솟는다면 다른 제목들은 잠시 미뤄 두고 그런 생각이 마음에 깃들일 여지를 확보하라. 침묵 가운데 귀를 기울이고, 그 무엇에도 방해받지 않도록 해야 한다. 성령님이 친히 말씀을 선포하시는 순간이기 때문이다. 우리가 드리는 수천 마디의 기도보다 성령님의 설교 한마디가 더 낫다. 나로서는 방대한 독서와 연구보다 한 번 기도에서 더 많은 가르침을 얻는 경우가 허다했다."[16] 수없이 곱씹어야 할 중요한 원리다. 루터는 재차 강조한다. "성령님이 그러한 생각들을 통해 심중에 깨우침을 주는 풍성한 메시지를 주기 시작하시면 여기 적힌 다른 원칙들은 다 집어던지고 그분을 예배하라. … 성령님의 말씀을 기억하고 거기에 주목하면 주님의 법 안에 있는 놀라운 진리를 볼 것이다(시 119:18)."[17]

기도를 다룬 다른 글에서는 좀처럼 찾아볼 수 없는 탁월한 균형감이다. 루터는 보통 크리스천들은 말씀을 통해 하나님의 음성을 듣는다고 믿었다. 루터는 내면의 느낌을 하나님의 계시로 여겼던 조지 휫필드와 같은 실수를 저지르지는 않을 것이다. 하나님은 성경 말씀을 통해 뜻을 전하신다. 그렇다고 묵상이 정신수양에 지나지 않는다는 얘기는 아니다. 루터는 하나님 앞에서 성경 말씀을 깊이 새김질할 때(설령 이미 골백번 돌아보고 곱씹었던 본문이나 진리라 할지라도) 성령님이 가슴에 사무칠 뿐만 아니라 완전히 새로운 느낌이 드는 풍성한 깨달음과 아이디어로 채워 주실 때가 있는 법이라고 말한다. 루터는 '마음의 눈이 환히 밝아져서'(엡 1:18) 우리가 머리로만 아는 일들이 우리 중심에 더 확실히 뿌리를 내리게 되기를 기대하는 것이다.

물론, 루터는 하늘 아버지께 드리는 모든 기도는 참 아들이신 예수님이 중보하심에 기대어 성령님의 역사로 거룩한 가정에 입양되었기에 가능하다고 믿었다. 그렇다면 성령님이 움직이지 않으면 한마디의 기도도 불가능하다는 얘기가 된다. 하지만 그는 로마서 5장 5절이나 8장 15-16절에서 바울이 언뜻 비쳐 보이듯, 성령님이 우리 마음을 특별히 조명하고 하나님의 실재를 들어 마음에 확신을 심어 주실 수 있음을 깨달았다.

　　루터의 논문을 간단히 정리하자면, 깊이 묵상하며 연구한 성경 본문을 토대를 삼으며 주님께 드리는 기도로 그 말씀에 화답하라는 것이다. 아울러 성령님이 '설교하기' 시작하시는지 예민하게 주의를 기울이고 이때다 싶으면 통상적인 패턴에서 벗어나 온 신경을 집중해야 한다.

칼뱅,
기도의 원칙을 논하다
하나님에 대한 행복한 두려움 속에서 기도하라

사랑스럽고 행복한 두려움에 사로잡히라

기도를 설명하는 세 번째 '명품'은 칼뱅의 《기독교강요》다. 여기서 가장 뛰어난 부분을 찾는다면 '기도의 원칙'을 꼽아야 한다.

칼뱅이 내놓는 첫 번째 기도 원칙은 '경외' 또는 '하나님에 대한 두려움'이다. 칼뱅은 크리스천들에게 무엇보다 먼저 기도의 실상이 얼마나 엄중하고 광대한 일인지 의식하기를 주문한다. 기도란 우주를 다스리는 전능하신 하나님을 독대하는 것이다. 따라서 기도하면서 '경외의 실종'보다 더 끔찍한 사태도 없을 것이다. "그러므로 하나님의 위엄에 이끌려 세속적인 염려와 세상을 사랑하는 마음을 버리고" 기도에 임해야 한다. 여기서 칼뱅은 더없이 중요하면서도 가장 많은 오해를 받는 '하나님에 대한 두려움'이란 개념을 짚고 넘어간다. 무서워한다는 뜻은 분명한데 무얼, 왜 겁낸다는 말인가?

보통 하나님에 대한 두려움은 '벌을 받을까 걱정하는 것'으로 받아들인다. 하지만 요한일서 4장 18절은 "사랑 안에 두려움이 없고"라고 한 뒤에 "두려움(완전한 사랑에 내쫓기는 종류의)에는 형벌이 있음이라"고 덧붙인다. 로마서 8장 1절은 그리스도 예수 안에 있는 사람들은 정죄를 받지 않는다고 가르친다. 미루어 볼 때 크리스천이 갖는 하나님에 대한 두려움은 제대로 살지 않으면 영적으로 버림을 받을까 끊임없이 노심초사한다는 의미가 아님을 알 수 있다. 놀랍게도 시편 130편 4절은 용서 체험이 실제로 하나님에 대한 두려움을 더 깊게 한다고 말한다.

　그렇다면 크리스천은 하나님에 관해 무얼 두려워해야 한다는 말인가? 어느 날 갑자기, 평소에 한없이 존경하던 인물을 소개받는다고 상상해 보라. 무심결에 손을 내밀었는데 상대방이 덥석 마주잡았다면 어떻겠는가? 그처럼 대단한 존재를 실제로 만난 것이 실감 나지 않을 것이다. 당황해서 몸이 떨리고 진땀이 난다. 무슨 말이든 해야겠는데 숨이 막히고 혀가 움직이지 않는다. 화를 입거나 벌을 받을까 두려워하는 게 아니다. 사랑하고 존경하는 상대에게 어리석은 짓을 하거나 그 상황에 어울리지 않는 얘기를 불쑥 내뱉을까 봐 진심으로 염려하고 겁을 내는 것이다. 기꺼운 존경에는 이처럼 두려운 측면이 내재되어 있다. 경외하는 마음이 깊은 까닭에 엉망진창이 되지 않으려 조심하고 또 조심한다.

　우러러보는 사람 앞에서도 이러할진대, 하나님께 반응하는 상황에서라면 오죽하겠는가! 케네스 그레이엄(Kenneth Grahame)의 고전적인 동화 《버드나무에 부는 바람(The Wind in the Willows)》 제7장(새벽의 문 곁에서 피리 부는 이)에는 주인공인 두더지와 생쥐가 목신(牧神) 판을 만나서 피리 소리를 듣는 대목이 나온다.

> "생쥐야!" 두더지는 몸을 덜덜 떨며 숨죽여 속삭였다. "무섭지?"
> "무섭냐고?" 생쥐가 반짝이는 두 눈에 말로 다 할 수 없는 사랑을 담고 웅얼거렸다. "무섭다니! 저분이? 절대로 아니야. 암, 아니고말고. 그런데 말이야, 그렇지만 말이야 … 두더지야, 난 겁이 나!"[2]

하나님에 대한 두려움의 개념을 이만큼 정확하게 포착한 사례가 또 있을까 싶다. 징벌에 대한 두려움은 자기중심적인 두려움이라고 볼 수 있다. 자신에게 몰두하는 이들에게 찾아온다. 복음을 받아들인, 다시 말해 아무 자격 없이 영원토록 한결같은 은혜를 받는 수혜자가 되었음을 믿는 크리스천들은 역설적이게도 사랑스럽고 행복한 두려움이 갈수록 깊어지게 마련이다. 하나님 안에서 말로 다할 수 없는 사랑과 행복을 느끼지만, 다른 한편으로는 거룩한 임재 가운데 머무는 특권에 가슴이 떨리며 그분을 영화롭게 하고자 하는 갈망이 나날이 짙어진다. 주님 마음을 슬프게 하지 않을까 몹시 걱정스러워한다. 고대 명나라의 진귀하고 아름다운 화병을 손에 쥔 이처럼 조심하며 두려워한다. 꽃병에 다칠까 봐 겁내는 게 아니라 꽃병을 다치게 할까 안절부절 못할 따름이다. 물론, 인간이 하나님을 상하게 하지는 못할 것이다. 지극히 영광스럽고 우리를 위해 어마어마한 일들을 이뤄 주신 분을 슬프게 하거나 그 이름에 누를 끼치지 않을까 크게 염려하고 삼가는 것이다.

칼뱅은 이 경외감이야말로 기도의 핵심부에 해당한다고 말한다. 겸손은 기도하게 만드는 요인이자 열매이다. 하나님의 보살핌을 받고 그분의 임재 안에 거하게 되었다는 그 사실에 집중하고 그것만 생각하면 가슴이 벅차야 한다.

회개는 기도의 동기이자 열매이다

칼뱅이 제시하는 두 번째 기도 원칙은 "모자라고 부족하다는 의식은 허구를 몰아낸다"[3]는 것이다. '영적인 겸손'이라고도 할 수 있는 마음가짐을 지목하는 얘기다. 여기에는 개괄적으로 하나님께 기대고자 하는 강한 의지, 그리고 개별적으로 허물을 솔직하게 인정하고 회개하고자 하는 자발적인 마음이 모두 포함된다. 칼뱅은 기도를 가장 근사한 영혼의 옷을 꺼내 입는, 다시 말해 경건함을 내보여서 하나님의 마음을 사는 방법쯤으로 여기는 중세(현대도 마찬가지다)의 보편적인 시각을 완강하게 거부하고 경계했다. "경건한 행위로 하나님을 기쁘게 해 드릴 수 있다"거나 주님은 "경건한 행위 자체를 좋아하시기 때문에"[4] 기도를 들어주신다는 식의 발상을 단호하게 배격했다. 열매 맺는 기도를 드리려면 이와는 정반대의 마음가짐을 가져야 한다. 스스로의 허물과 연약함에 무자비하리만치 정직해야 한다. 얼굴에 가면을 뒤집어쓰는 '허구'를 무슨 수를 써서라도 피해야 한다. 하나님의 은혜와 용서만이 유일한 희망임을 알고 회의와 두려움, 허무 따위를 솔직히 인정하며 그분 앞에 나와야 한다. '거지와 같은 성향'을 가지고 주님 앞에 서야 한다.

'하나님에 대한 두려움'과 마찬가지로 현대인들에게는 이 원칙이 혹독하게 들릴 수 있겠다. 하지만 그렇게 받아들일 필요가 없다. 그저 가식을 남김없이 털어버리고 허위에서 벗어나라는 말이다. 프랜시스 스퍼포드(Francis Spufford)라는 작가는 같은 내용을 이 시대의 어법과 용어를 동원해 설명한다. 인간의 죄스러운 속성을 지적하면서 이렇게 말한다.

지금 예측불허의 상황에 휘둘리는 수동적 역할을 하며 휘청거리다 나자빠지고 어찌어찌하다 보면 엉망진창이 돼 버리는 인간의 성향을 이야기하고 있는 게 아니다. 약속, 뜻 깊은 관계, 자신과 남들의 행복을 비롯해 온갖 소중한 요소들을 망가뜨리는 능동적인 경향을 말한다. … 인간은 이해하지 못할, 도저히 어우러지지 않는 욕구들을 가진 존재다. 부조화하게 뒤섞인, 그래서 간절히 소유하길 원하면서도 동시에 진심으로 그러길 바라지 않는 식의 욕망을 내면 깊은 곳에 지녔다. 해피엔딩보다는 우스꽝스러운, 더 나아가 비극적인 결말이 기다리고 있음을 스스로도 알고 있다. … 그게 인간이고, 우리가 사는 세상이다. 그것이 통상적인 인간 경험이다.[5]

성경이 죄라고 부르는 내면의 총체적인 혼돈을 온전히 인식하기 전까지는 칼뱅이 '허구'라고 부르는 상태로 살 수밖에 없다. 진정 인간을 파멸시킬 수 있는 성격적 결함은 스스로 인정하지 않는 결함뿐이다. 그러므로 고백과 회개는 진실한 기도에 꼭 필요한 결정적인 성분이다. 다시 말하거니와, 겸손은 기도하게 만드는 요인인 동시에 열매다. 기도는 우리를 하나님의 임재 가운데로 데려간다. 인간의 결점이 여실히 드러나는 현장이다. 결함과 결핍에 대한 새로운 자각은 크리스천을 이끌어 하나님을 갈망하게 하며 주님의 용서와 도우심을 한층 더 간절히 사모하게 만든다. 칼뱅은 "온전한 마음으로 찾기만 하면 그분은 어김없이 만나 주신다(렘 29:13-14). … 그러므로 올바른 기도에는 회개가 따라야 한다"[6]고 썼다. 스스로 저지른 잘못에 책임을 지는 대신 우쭐거리며 자신의 문제를 남의 탓으로 돌린다면, 전심으로 하나님을 찾고 있는 게 아니다. 기도는 자기 합리화나 남 탓, 자기 연민, 영적인 교만 따위를 버리기를 요구하고 또 그럴 힘을 준다.

이만하면 충분하다는 '허구'를 벗어 버릴수록 기도 생활이 그만큼 풍성하고 깊어질 것이다.

믿음과 확고한 소망은 기도의 동력이다

칼뱅의 세 번째와 네 번째 기도 원칙은 짝을 이루므로 비교하며 살피는 게 좋다. 세 번째 원칙은 겸손히 하나님을 신뢰하고 의지해야 한다는 것이다. "기도하기 위해 하나님 앞에 서는 이는 누구든 … 자기 영광을 생각하는 마음을 모두 버려야 한다."[7] 크리스천은 바라는 대로 일이 흘러가지 않는 상황에서도 주님을 믿고 의지해야 한다. 이는 또한 예수님의 원칙이기도 하다. 기도하는 이는 예외 없이 "(주님의) 뜻을 이루어 주십시오"라고 간구해야 하는 까닭이다. 자신이 아니라 하나님의 지혜에 의지하게 이끄는 것도 기도의 목적 가운데 하나다. "이런 것들이 제게 필요합니다. 하지만 하나님이 최선을 알고 계십니다"라고 고백해야 한다. 기도라는 독보적인 방식으로 모든 필요와 소원을 주님의 손에 맡기는 것이다. 그때에 세상 누구도 줄 수 없는 놀라운 위로와 안식을 얻는다.

하지만 그게 전부가 아니다. 네 번째 원칙도 세 번째만큼이나 중요하며 둘 다 마음에 나란히 간직할 필요가 있다. 크리스천은 확신과 소망을 품고 기도해야 한다. 칼뱅은 "참다운 겸손함에 사로잡히고 압도되었다 할지라도 반드시 응답을 받으리라는 확고한 소망을 품고 기운을 내서 기도해야 한다"[8]고 적었다. 언뜻 서로 충돌하는 것처럼 보이지만 겉보기에만 그럴 뿐이지 실상은 다르다는 해명을 이어 간다.

하나님의 뜻은 항상 옳으며 그것에 순종하는 게 중요하다면, 열심과 확신을 품고 기도해야 할 까닭이 무엇이란 말인가? 칼뱅은 그 이유들을 열거한다. 주님은 간구하기를 우리에게 요구하시며 또 그 기도에 응답하시겠다고 약속하신다. 하나님은 선하시며 사랑이 많은 아버지시기 때문이다.[9] 또한 주님은 종종 자녀들이 기도할 때까지 기다리셨다가 은총을 베푸신다. 무슨 연유일까? 따로 구하지 않고 선한 것들을 받으면, 내심 스스로 똑똑하거나 열심히 일해서 얻은 열매로 생각하기 쉽기 때문이다. 그렇게 부지중에 하나님으로부터 받은 선물은 심령에 치명적인 해악을 끼칠 수 있다. 제힘으로 무엇이든 할 수 있다는 착각을 더해 과신을 갖게 하고 마침내는 실패에 이르게 하기 때문이다.

마지막으로 칼뱅은 서로 균형을 이루는 이 두 진리는 모순적이 아니라 보완적이라고 주장한다. 일단, "얻지 못함은 구하지 아니하기 때문"(약 4:2)임을 알아야 한다. 하나님을 예배하고 기도하며 마음의 준비를 끝낸 뒤에야 받을 수 있는 거룩한 선물은 이루 헤아릴 수 없이 많다. 그러나 다른 한편으로, 사려가 깊어서 인간의 지혜는 유한할 따름이며 하나님은 자녀들의 소원을 어김없이 채워 주시는 분임을 잘 알고 있다면 무얼 구할 것인가? 도깨비방망이, 요술 램프, 행운을 비는 주문 등의 얘기가 사방에 차고 넘치는 걸 보면, 이미 살펴본 바와 마찬가지로 인간은 욕구를 조화롭게 처리하지 못할 뿐 아니라 현명하지도 않아서 치명적인 결과를 불러올 수 있음을 짐작할 수 있다. 하지만 겁먹을 필요는 없다. 주님은 거룩한 뜻에 어긋나는 일을 허락지 않으시며, 그 뜻에는 멀리 내다봤을 때 우리에게 가장 선한 것들이 포함된다(롬 8:28). 이처럼 하늘 아버지는 자녀들의 소망을 무조건 충족시켜 주시는 게 아니므로 자신 있게 기도할 수 있다. "하나님은 인간으로서는 가늠할 수 없는 계획에 따라 일의 결과를 조절하셔서 믿음과 오류가 뒤섞인 성도들의 기도가 허사로 돌아가지 않게 하신다."[10]

칼뱅의 세 번째와 네 번째 기도 원칙을 잘 조화시키면 기도에 이만저만 힘이 되는 게 아니다. 성경은 "구하라 그리하면 너희에게 주실 것"(마 7:7)이라고 말한다. 확신과 소망을 품고 구하라. 그릇된 청을 드리게 될까 두려워할 필요 없다. 당연히 그런 경우가 생길 것이다. 하지만 하나님은 헤아릴 수 없이 큰 지혜로 그 결과를 조절하신다. 부르짖으라! 구하라! 호소하라! 풍성한 응답을 받을 것이다. 마지막으로, 응답이 없거나 기대했던 답이 아니더라도 기도로 그의 큰 뜻 안에서 평안을 갖도록 하라.

참된 기도는 은혜 속에서 이루어진다

칼뱅은 네 가지 기도 원칙을 자세히 풀어 설명한 뒤에, 장문의 종결부를 덧붙였다. 워낙 중요한 내용을 담고 있어서 독자들은 대부분 이를 다섯 번째 원칙으로 이해한다.

다섯 번째 원리는 '원리'라는 단어의 한정적인 면을 설명하고 있다. 칼뱅은 말한다. "제대로 기도하는 데 필요한 네 가지 원칙에 관해 지금까지 설명한 내용들은 하늘이 두 쪽 나도 지켜야 할 철칙이어서 완벽한 믿음과 회개가 없거나 열성이 부족하고 간구하는 내용이 올바르지 않으면 하나님이 단박에 물리쳐 버리시는, 그런 것이 아니다." 지금까지 이야기 한 내용을 모두 뒤집는 느낌이지만, 실제로 그렇지 않다. "한 점 흠 없이 올바르게 기도했던 이는 어디에도 없다. … 이러한 자비가 없다면 누구도 마음 놓고 기도할 수 없을 것이다.""[1] 다섯 번째 원칙은 은혜의 원칙이다. 칼뱅은 크리스천들에게 원칙을 잘 따르면 응답받을 만한 가치를 얻는다는 결론을 내리면 안 된다고 말한다. 어떤 말과 행동으로도 하나님께 나갈 자격을 얻을 수 없다. 오직 은혜로만 가능하다. 즉 인간의 행위가 아니라 그리스도의 구원 사역이 토대가 된다는 말이다.

그렇다면 원칙은 도대체 어떤 기능을 하는가? 모든 게 은혜로 통한다면 기도는 방법이 무슨 상관이란 말인가? 기도는 은혜로, 은혜를 좇아 빚어져야 한다. 스스로의 노력이 아니라 선물로 하나님께 나아갈 자격을 얻었기에 행복한 두려움을 누리거나 무력함에도 불구하고 확신을 가질 수 있는 것이다. 제힘으로는 원칙을 지키지 못하며 주님의 자비가 필수적임을 깨달아야만 비로소 원칙을 따르기 시작할 수 있다. 원칙은 하나님의 관심과 사랑을 얻고 보장하는 도구가 아니다. 크리스천이 드리는 기도를 하나님의 속성(값없이 은혜를 베푸시는)에 맞추어 조절하고 그리하여 주님과 점점 하나가 되게 만드는 수단이다.

이해를 도와줄 예화가 있다. 전등 스위치를 올리면 전구에 불이 들어온다. 그렇다면 스위치가 전구에 에너지를 공급한 것인가? 그렇지 않다. 빛은 전기에서 나왔다. 스위치는 에너지 자체가 아니라 전구를 동력원과 연결시켜 주는 장치일 뿐이다. 기도 역시 마찬가지다. 하늘 아버지께 나갈 자격을 주는 것이 아니다. 그것은 예수님이 하신 것이다. 하지만 은혜로우신 하나님의 뜻을 좇는 기도는 우리를 하나님과 연결시켜 준다. 겸손한 마음으로 기도하지 않거나 조급하게 이것저것 해 주시길 구하는 데 급급하다면 그분과 연결된 고리는 끊어진다. 반면에 하나님이 들어주실 거란 확신이나 소망을 품지 못하고 간구한다면 그분의 임재를 느끼는 감각이 차단된다. 어느 쪽 실수를 범하든 예수님의 이름으로 기도하는데, 다시 말해 받을 자격 없음에도 불구하고 베풀어 주신 자비에 근거해 하나님 앞에 나가는 데 실패하고 만다. 칼뱅은 오랜 세월에 걸쳐 기독교적인 기도의 기틀이 된 글에서 이렇게 밝힌다.

> 그리스도가 중재자가 되셔서 두려운 영광의 보좌를 은혜의 보좌로 바꿔 주시기 전까지는, 하나님의 가공할 위엄을 의식하자마자 덜덜 떨며 스스로 무가치하다는 생각에 멀리 달아날 수밖에 없다. … 그분은 말씀하신다. "지금까지는 너희가 내 이름으로 아무것도 구하지 아니하였으나 구하라 그리하면 받으리니"(요 16:24). … 바울의 말마따나 "하나님의 약속은 얼마든지 그리스도 안에서 예가"(고후 1:20) 된다. 다시 말해, 약속들이 어김없이 확인되고 성취된다는 것이다.[12]

이처럼 예수님의 이름으로 기도하는 건 요술 주문 같은 게 아니다. "예수님의 이름으로"라는 말을 또박또박 입 밖에 내야 응답을 받는다는 뜻으로 이해하면 안 된다. 하나님은 누구의 기도든, 심지어 예수님을 믿지 않는 이들의 간구도 듣고 응답하실 수 있다. 짓눌려 사는 가난한 이들의 외침에 귀를 기울이고 반응하시는 경우도 흔하다. 칼뱅은 뒷받침이 되는 성경 본문을 가리키면서, 설령 그들이 엉뚱한 신을 찾으며 부르짖는다 하더라도 마찬가지라고 주장한다. 무엇보다 그분은 자비로운 하나님이시기 때문이다.[13] 그러므로 "예수님의 이름으로 기도합니다"란 말은 주술적인 글귀가 아니다.

"예수님의 이름으로"라는 말은 기도하는 가운데 자기 능력이나 경력에 의존하지 않고 구원을 베푸시고 용납해 주신 그리스도를 의식적으로 신뢰하며 하나님께 나가는 것을 말한다. 본질적으로 그리스도의 구원 사역을 배경으로 하나님과의 관계를 다시 놓는 작업이다. 아울러 내면의 상태와 상관없이 여전히 하나님의 자녀라는 신분을 인식한다는 뜻이다. 좋은 아버지라면 다 그러하듯, 하나님 아버지 역시 자녀들의 행복을 위해 온 마음을 다하신다.

기도의 청구권은 오직 예수님께 있다

늘 예수님의 이름으로 기도해야 하는 까닭은 무엇인가? 오스트레일리아 신학자 그레엄 골즈워디(Graeme Goldsworthy)는 첫 인간인 아담이 거룩한 가정에서 쫓겨난 뒤로 하나님은 우리를 다시 그분의 자녀로 만들어 주겠다고 약속하셨음을 상기시킨다. 주님은 이스라엘 백성들을 "내 장자"(출 4:22-23)라고 부르시고 "내 아들을 애굽에서 불러냈거늘"(호 11:1)이라고 말씀하신다. 기름을 부어 왕으로 세우신 이스라엘의 두 임금(다윗과 솔로몬)도 아들이라고 부르셨다. 그럼에도 불구하고, 이스라엘 백성과 왕들의 역사는 주님을 신뢰하고 순종하며 진정한 아들이 되는 데 번번이 실패했다고 해도 지나치지 않다. 그러나 예수님이 세례를 받으실 때 하나님은 하늘에서 말씀하셨다. "너는 내 사랑하는 아들이라 내가 너를 기뻐하노라"(눅 3:22). 마침내 하늘 아버지를 완전히 믿고 순종하며 기쁘시게 해 드리는 참 아들이 모습을 드러냈기 때문이다.[14]

그러므로 지상의 모든 인류 가운데 오로지 예수님만 하늘 아버지께 기도하고 다가가는 특권을 가지게 되었다. 오직 그리스도만이 하나님을 바라보며 담대하게 말씀드릴 수 있다. "아버지여 내 말을 들으신 것을 감사하나이다. 항상 내 말을 들으시는 줄을 내가 알았나이다"(요 11:41-42). 크리스천은 '그분 안에' 있다고 사도바울이 반복해서 지적하듯 예수님을 믿을 때 우리는 하나가 된다. 이 말은 주님께 해당하는 것은 우리에게도 똑같이 해당된다는 말이다. 주님이 아버지께 순종하는 아이처럼 하나님께 한 점 의구심 없이 당당히 나아가므로 이제 우리도 그럴 수 있다. "성부가 늘 성자의 이야기를 들어주신다면 당연히 그리스도 안에서 거룩한 자녀들이 된 이들의 목소리에도 늘 귀를 기울여 주실 것이다."[15] 따라서 예수님의 이름으로 기도하는 크리스천들은 한없는 믿음을 품고, 값없이 베풀어 주신 주님의 은혜에 겸손히 기대어 간구해야 마땅하다.

미국의 설교가 토리(R. A. Torrey)는 오스트레일리아 멜버른에서 말씀을 선포하다 만난 어느 크리스천의 이야기를 들려주었다. 하루는 그가 강단에 올라 설교할 준비를 하는데 누가 보냈는지 알 수 없는 쪽지 한 장을 받았다. 기도에 응답받지 못하는 문제에 대해 설교 시간에 다뤄 주길 부탁한다는 내용이었다.

존경하는 토리 목사님, 틀림없이 하나님의 뜻이라고 믿는 제목을 두고 오랫동안 기도해 왔지만, 답을 얻지 못했습니다. 지난 30년 동안 장로교회에 다니면서 기복 없는 신앙생활을 하려고 꾸준히 노력했습니다. 25년째 주일학교 교장을 맡고 있고 장로가 된 지도 20년이 넘었습니다. 그런데도 하나님은 제 기도를 들어주시지 않습니다. 납득이 가지 않습니다. 어찌 된 셈인지 설명해 주시면 좋겠습니다.

토리는 쪽지를 보낸 이의 속내를 가늠하고 정공법을 쓰기로 작정했다. 강단으로 걸어 나가 쪽지를 읽고 그것을 구심점으로 말씀을 전하기 시작했다. 문제를 파악하기는 어렵지 않다고 운을 뗀 뒤에 말했다. "이분은 30년 동안 성실한 교인으로 살아왔고, 25년씩이나 주일학교 교장으로 성실하게 섬겼으며, 20년 가까이 장로로 일했습니다. 하나님은 마땅히 그의 기도에 응답하셔야 한다고 생각하고 있습니다. 그러나 사실 자신의 이름으로 기도하고 있는 셈입니다." 두말할 것도 없이, 그도 기도를 마칠 때마다 늘 "예수님의 이름으로"를 읊조렸겠지만, 원칙을 철저하게 지켜서 주님의 사랑을 입으려는 자기주도형 프로젝트의 일부였을 따름이다. 토리는 말한다. "우리가 하나님께 무언가를 요구할 권리가 있다는 발상을 버려야 합니다. … 그러나 예수 그리스도에게는 엄청난 권한이 있습니다. 크리스천은 자신의 선한 행실에 기댈 게 아니라 주님의 청구권에 의지해 기도하며 하나님께 나가야 합니다." 모임이 끝난 뒤, 한 남성이 토리에게 다가와 자신이 쪽지를 보낸 사람이라며 고백했다. "정곡을 찌르시더군요."[16]

08

기도 중의 기도,
주기도문을 말하다

주기도문, 익숙한 데서 벗어나라

어거스틴과 루터, 칼뱅처럼 기도를 가르친 위대한 스승들은 그 누구도 자신의 경험을 토대로 기도의 논리를 전개하지 않았다. 그들은 모두 산상수훈의 골간을 이루는 주기도문(마 6:9-13)을 최고의 본보기로 삼아 거기서 무얼 믿고 훈련할지 뽑아냈다. 루터의 고전적인 편지들도 그렇지만 칼뱅의《기독교강요》역시 예수님이 본보기로 가르쳐 주신 기도를 한 줄 한 줄 연구하고 분석하는 데 관련된 지면(제20장)이 대부분을 차지한다. 그들은 하나같이 성경적인 주석과 해석학적인 저작들뿐 아니라, 목회적이고 신학적인 글에 이르기까지 장르를 가리지 않고 적어도 한 군데씩은 적잖은 분량을 배정해 주기도문에 대해 설명했다.[1]

지금부터 이 위대한 스승들의 사상을 통해 주기도문을 살피면서 기도라는 주제에 관한 그들의 지혜를 온전히 끌어내고 주님이 가르치신 기도의 깊이를 더듬어 보려고 한다.

주기도문 속에 길이 있다

인류 역사상 주기도문만큼 자주 되풀이되며 입에 오르는 성경 구절이 또 있을까? 예수 그리스도는 풍요로운 기도의 곳간을 여는 열쇠로 이 주기도문을 주셨다. 그런데 그 엄청난 자원이 방치되다시피 하는 데는 지극히 익숙하다는 사실도 한몫하는 듯하다.

당신이 난생처음 철길 옆에 사는 지인을 찾아갔다고 생각해 보자. 한가하게 앉아서 대화를 나누는데 갑자기 기차가 굉음을 내며 쏜살같이 달려온다. 앉은 자리를 고작 몇 미터 상관으로 스치듯 지나가는 바람에 기겁을 하고 일어나며 소리친다. "저게 도대체 뭐지?" 하지만 집주인인 친구는 되묻는다. "뭐가 뭐야?" 다급하게 대꾸한다. "저 소리 말일세! 난 뭐가 벽을 뚫고 들어오는 줄 알았어!" 친구는 그제야 태평스럽게 설명한다. "아, 저거? 그냥 기차야. 난 이제 익숙해져서 가는지 오는지 신경도 안 써." 상대는 말문이 막힌다. "아니, 어떻게 그럴 수가 있지?" 얼마든지 그럴 수 있다.

주기도문도 마찬가지다. 온 세상은 신령한 체험을 갈구한다. 예수님은 몇 마디 말을 주셔서 그 도구를 삼게 하신다. 이를테면 주님은 이렇게 말씀하시는 셈이다. "온 우주를 다스리는 하늘 아버지와 날마다 마주 앉아 그분 앞에 마음을 다 쏟아 놓고 그분이 귀 기울여 듣고 사랑해 주시는 경험을 하고 싶은가?" 우리로서는 두말할 것도 없이 환영이다. "예!"예수님은 대답하신다. "주기도문 속에 모두 들어 있단다." 우리는 듣도 보도 못한 소리라는 듯 반문한다. "어디 … 들어 있다고요?" 너무나 익숙해서 거기엔 신경도 쓰지 않기 때문이다. 하지만 크리스천에게 필요한 게 예수님이 가르치신 기도문 안에 다 있다. 어떻게 하면 '익숙함'이라는 치명적인 위험을 피할 수 있을까? 오랜 세월 성찰하고 훈련하면서 주기도문의 깊이를 가늠해 왔던 이 위대한 세 스승의 말을 유념하는 것도 좋은 방법이다. 주님이 가르치신 기도를 어떻게 드려야 한다고 그들은 생각했을까?

"하늘에 계신 우리 아버지"

이는 부르는 말이고, 사실상 간구는 아니다. 칼뱅은 하나님을 '아버지'라고 부르는 행위는 '예수님의 이름으로' 기도하는 것과 다름없다고 설명한다. "그리스도 안에서 은혜의 자녀로 입양되지 않는 한, 누가 감히 하나님 아들의 영광을 주장할 수 있겠는가?"[2] 루터도 이 구절은 곧장 하나님과 이야기를 나누려는 의도가 아니라 기도로 진행하기 전에 우선 스스로의 처지를 되새기고 그리스도 안에서 갖게 된 위치를 자각하려는 부름말이라고 보았다. "하나님은 엄중한 심판을 받아 마땅한 우리에게 … 그분을 아버지로 여기고 또 그렇게 부르라고 가르쳐 주셨습니다"[3]라고 고백하는 셈이다. 그러므로 "아버지 하나님의 사랑을 의지하고 평안해하는 믿음을 마음에 심어 주시길" 구하는 것으로 기도를 시작해야 한다. 칼뱅 역시 "주님은 한없이 다정한 '아버지'라는 이름으로 우리를 모든 불신에서 벗어나게 해 준다"[4]고 말했다.

"이름이 거룩히 여김을 받으시오며"

현대인들로서는 첫 번째 간구를 이해하기 어려울지 모른다. '거룩히 여김을 받다'라는 동사가 요즘 흔히 쓰이는 말이 아니며 세속화된 사회에서 '거룩'이란 개념 자체가 낯설기 때문이다. 루터가 지적했듯 논리적인 문제도 발목을 잡는다. "하나님의 이름이 거룩하게 되기를 구한다는 건 도대체 무얼 기도한다는 얘긴가? 주님의 이름이야 이미 거룩하지 않은가?" 루터는 곧바로 그분의 이름이 거룩하다는 데는 재론의 여지가 없지만 "그분의 이름을 사용하는 우리의 마음가짐이 항상 거룩한 건 아니다"[5]라는 답을 달았다. 그리고 세례를 받은 크리스천이라면 누구나 하나님의 이름을 지녔다는 사실을 지적한다. 존귀한 이름을 품은 존재로서 선하고 거룩하신 하나님을 대표하므로, 부름을 받은 그 호칭에 누를 끼치지 않도록, 우리 스스로 선하고 거룩해질 힘을 주시도록 꾸준히 기도해야 한다는 것이다. 하지만 하나님이 "우리 가운데 영광을 받으신 것처럼 열방 가운데서 영화롭게 되시기를"[6] 소원하는 어거스틴 기도에 깊이 공감하면서 루터는 또 다른 의미로 바라보았다. 하나님을 향한 믿음이 온 세상 방방곡곡에 두루 퍼지며 크리스천들이 그리스도를 닮은, 한마디로 거룩한 삶을 살아서 주님을 드높여 드리고 더 많은 이들이 하나님께 영광을 돌리며 그분의 이름을 부르게 되길 요청하는 의미로 받아들였다.

칼뱅은 전반적인 기조를 같이하면서 내면 깊숙이 새기고 있던 생각 하나를 덧붙였다. "은혜를 짓밟는 행위로 조금이나마 하나님의 영광을 가로막는다면, 그만큼 가당찮은 짓이 어디에 있겠는가?" 다시 말해서 주께 배은망덕하고 냉담한 태도를 가지면 그분의 이름을 영예롭게 할 수 없다. 하나님의 이름을 거룩하게 한다는 것은 그저 착하게 사는 차원을 넘어 늘 기꺼이 감사하는 마음을 가지며, 더 나아가 그 아름다움에 경이감을 품는다는 뜻이다. "주님을 바라보며 탄복하는 마음에 사로잡히지 않는 한,"[7] 그분의 이름을 드높이며 경배할 리가 없다.

"나라가 임하시오며"

어거스틴은 한사코 눈을 뜨지 않으려는 이에게는 사방이 암흑 천지인 것처럼, 지금도 하나님은 변함없이 세상을 통치하시지만 그분의 법을 받아들이지 않는 이들에게는 적용될 수 없다고 말한다.[8] 사실, 모든 인간고(人間苦)의 원인이 여기에 있다. 인간은 창조주를 섬기도록 지음을 받았으므로 마땅히 주님이 계셔야 할 자리에 다른 것들을 두고 섬기면 영적, 심리적, 문화적, 심지어 물질적인 문제들이 줄을 잇게 마련이다. 그러므로 하나님 나라가 '임해야' 한다.

칼뱅은 하나님 나라가 임하는 데는 두 가지 경로가 있다고 보았다. 하나는 "정욕을 바로잡아 주시는 성령님"이고 다른 하나는 "우리의 생각들을 빚어 주는 하나님의 말씀"이다.[9] 이것은 '주권'과 관련한 간구다. 왕이신 하나님이 감정과 욕구, 사상과 헌신을 비롯한 삶의 모든 영역에 왕권을 펼쳐 주시길 구하는 것이다. 이는 토머스 크랜머(Thomas Cranmer)의 기도를 떠올리게 한다. "주님이 약속하신 것을 얻게 하시고, 명령하신 것들을 사랑하게 하소서." 하나님이 온전히 다스려 주셔서 온 마음을 다해 기쁨으로 순종하고자 하는 생각이 가득하길 구하는 것이다.

루터는 여기에 외면적이고 미래적인 관점을 덧댔다. 이 세상에서는 하나님의 통치가 부분적으로 드러날 뿐이지만, 장차 다가올 하나님 나라에서는 지금은 상상조차 할 수 없을 만큼 완전하게 실현될 것이다. 온갖 고통과 상처, 가난과 죽음은 사라진다. 그러므로 "나라가 임하시오며"라는 기도는 "정의와 평화가 흘러넘치는 미래의 삶을 갈망하는" 간구다. "앞으로 나타날 하나님의 나라는 주님이 우리 가운데서 시작하신 나라의

완결과 완성"을 구하는 것이다.[10]

"뜻이 이루어지이다"

루터는 세 번째 간구의 의미를 더없이 생생하고 솔직하게 설명한다. 그는 이 구절을 이렇게 풀이했다. "우리에게 은혜를 부어 주셔서 온갖 질병과 가난, 수치와 고통, 역경을 기꺼이 견디며 주님의 거룩한 뜻이 그 가운데서 우리의 뜻을 십자가에 못 박고 있음을 알게 해 주소서."[11] 이처럼 담대하게 말하기엔 입술이 잘 떨어지지 않을지도 모른다. 하지만 적어도 주기도문 첫 구절이 갖는 중요성만큼은 또렷이 분별할 수 있을 것이다. 하나님이 우리 아버지이심을 가슴 깊이 확신하지 않는다면, 감히 "뜻이 이루어지이다"라고 기도할 수 없다. 어린아이들에게 아버지는 속을 알 수 없는 존재이기 십상이다. 네 살배기 아이는 이것도 하지 말고 저것도 해선 안 된다는 아버지의 갖가지 금지 명령을 납득하지 못한다. 그저 믿고 따를 뿐이다. 하나님을 아버지로 신뢰하고 의지할 때만 인내하고 감사하며 어려움을 견딜 은혜를 구할 수 있다.

더러 하나님이 정말 믿을 만한 분인지 어떻게 아느냐고 묻는 이들이 있다. 하지만 예수님 자신이 겟세마네 동산에서 세상 누구도 마주한 적이 없는 지독히 참담한 처지에 몰렸을 때 주기도문의 이 부분을 고백하셨다는 사실이 답이 될 수 있겠다. 주님은 스스로의 욕구를 좇는 대신 아버지의 뜻에 따랐고 결국 우리를 구원하셨다. 이것이 그분을 신뢰할 수 있는 이유다. 예수님은 그가 해 주신 일보다 더 힘든 일을 하라고 물어보시지 않는다. 아무리 힘들고 우리가 이해하기 어려운 상황이더라도 말이다.

어거스틴의 뒤를 이은 루터는 이런 믿음이 없으면 하나님의 자리를 대신 꿰차고 앉아서 자신에게 해를 입힌 상대에게 복수하려 들게 된다고 했다.[12] 주님께 자신을 드리는 법을 배우고 나서야 비로소 "인신공격과 중상모략, 뒤에서 몰래 하는 험담 … 다른 이들에게 퍼붓는 저주 따위를"[13] 피할 수 있다. 마음 깊은 곳에서부터 우러나서 "뜻이 이루어지이다"라고 고백하지 못한다면 한줌의 평화조차도 느낄 수 없다. 인간을 지배하고, 환경을 조작하며, 스스로 옳다고 믿는 방식으로 일을 몰아가고 싶은 마음을 주체할 수 없을 것이다. 하지만 이렇게 삶을 통제하는 건 인간의 능력 밖의 일이어서 결국 자멸의 길을 걷게 된다. 그러기에 칼뱅은 "뜻이 이루어지이다"라고 기도한다는 건 어떤 환경이 닥치든 낙담하거나, 쓰라린 아픔에 시달리거나, 냉담하지 않도록 제 의지뿐 아니라 감정까지도 하나님 뜻에 복종시키는 것을 말한다고 했다.[14]

지금까지 주기도문 앞쪽 세 구절에 담긴 간구를 살펴보았다. 어거스틴과 루터, 칼뱅은 하나같이 위치, 즉 이 세 가지 기원이 초반에 배치된 사실이 갖는 중요성에 주목했다. 기도의 도입부는 모두 하나님에 초점을 맞추고 있다. 스스로의 필요나 문젯거리가 기도를 지배하게 두면 안 된다. 도리어 하나님을 찬양하고 높이며, 주님의 위대하심을 깨닫고 그분의 영광이 온 천지에 드러나는 광경을 목격하게 되길 갈망하며, 온전히 사랑하며 순종하기를 염원하는 걸 으뜸으로 삼아야 한다. 조지 허버트

(George Herbert)는 이러한 진리를 함축해서 아름답게 표현했다.

> 내 마음의 소원이
> 주님의 뜻을 향해 굽어지니,
> 완전히 들어맞게 되기를
> 열망합니다.[15]

찬양과 감사(하나님 중심)가 우선이다. 시선이 자신을 향하여 시야를 왜곡하는 자기중심적인 마음가짐을 치유하기 때문이다. 이쯤 되면 기도는 절반을 넘긴 셈이고 시각도 하나님의 위대하심을 바라보는 쪽으로 바로잡히고 명쾌해졌으니, 이제 우리와 세상의 필요를 향해 흐름을 바꿔도 좋겠다.

"오늘 우리에게 일용할 양식을 주시옵고"

어거스틴이 여기서 말하는 '일용할 양식'은 사치품이 아니라 생필품을 상징하는 표현이다. 예수님은 초반에 하나님을 참다운 양식이요, 재산이요, 행복으로 인정하는 것으로 세 가지 간구를 드렸다. 이제 필요를 채워 주시길 구하는 '기도 제목'을 새로 짜인 마음의 틀에 맞춰 정리하신다.

이미 얘기한 것처럼 어거스틴은 온전한 기도란 너무 가난해서 하나님의 이름을 욕되게 하지도 말고, 너무 부유해서 주님을 잊어버리지도

않게 "오직 필요한 양식으로 나를 먹이시옵소서"라는 잠언 30장 8절처럼 되어야 한다고 주장한다.[16]

칼뱅은 일용할 양식에 관해 언급하며 "하나님의 영광을 떠나는 게 아니라 … 오직 하나님의 영광을 위한 방편이 되는 것들을 구하라"[17]고 강조하며 어거스틴과 같은 입장을 취했다. 크리스천들은 긍정적인 응답을 기대하며 필요를 들고 하나님 앞에 나오지만, 먼저 주님 한 분만으로 만족하며 그분만을 신뢰하는 마음가짐이 전제되어야 한다.

루터는 이 기도에 사회적인 차원을 더했다. 누구나 빠짐없이 일용할 양식을 얻으려면 경제가 활성화되어야 하고, 취업률이 높아져야 하며, 정의로운 사회가 구현되어야 한다고 보았다. 그러므로 "우리(이 땅에 사는 모든 이들)에게 일용한 양식을 주시옵고"는 사업과 거래, 노동 시장에서 '가난한 이들을 짓밟고 하루하루 끼닛거리를 앗아 가는 악의적인 착취'에 대적하는 기도다. 루터는 불의한 짓을 하는 이들을 향해 여기에 내재된 능력을 역설하며 음울한 경고를 보낸다. "교회가 중보하고 있음을 똑똑히 알려 주고 … 주기도문의 이 기도에서 배제당하지 않도록 조심시켜야 한다."[18] 루터에게는 일용할 양식을 위한 기도가 번영과 공정한 사회 질서를 갈구하는 간구였던 것이다.

"우리에게 죄 지은 자를 사하여 준 것 같이…"

다섯 번째 간구는 하나님, 그리고 다른 사람과의 관계를 모두 아우른다. 오랜 세월에 걸쳐 개인적으로 죄와 용서의 문제를 두고 치열한 씨름을 벌인 루터는 날마다 기도하며 하나님의 용서를 구하라고 목소리를 높인다.

> 누구든 스스로 의롭다고 여기고 남들을 멸시하는 이가 있으면 … 이 간구와 마주서서 자신을 살피게 하라. 자신이 남보다 나을 게 없으며, 누구라도 하나님의 임재 안에서 머리를 조아릴 수밖에 없고 겸손이 라는 높이 낮은 문을 지나 용서의 기쁨 가운데로 들어가야 함을 깨달 을 것이다.[19]

아울러 루터는 이 간구를 교만에 대한 도전일 뿐만 아니라, 영적인 실상에 대한 검증으로 규정했다. 회개나 고백하는 것이 하찮게 여겨진다 면, "마음이 하나님 앞에 바로 서 있지 않으며 … 복음에서 확신을 끌어 내지 못하고 있다는 뜻이다." 꼬박꼬박 죄를 뉘우치고 고백하는데도 삶 가운데 확신과 기쁨이 점점 커지지 않는다면, 은혜로 구원을 받는다는 신앙의 본질을 제대로 이해하지 못한 까닭이다.

예수님은 하나님과의 관계를 다른 이들과의 관계에 직결시켜 판단 하신다. 이는 두 방향으로 작용한다. 스스로의 죄를 깨닫지 못하고 하나 님께 용서를 구하지 않는다는 것은 누군가에게서 부당한 대우를 받았을 때 상대를 용서하거나 편들어 줄 수 없다는 것이다. 따라서 해소되지 않 고 남아 있는 쓰라린 상처는 하나님과의 관계가 정상적으로 작동되지 않 고 있다는 신호다. 뿐만 아니라, 원한을 그대로 품고 있다면 스스로는 용 서하지 않으면서 자신의 죄만큼은 하나님께 용서받기를 구하는 위선과 마주칠 따름이다. 칼뱅은 그런 현실을 생생하게 묘사했다.

> 마음에 미워하는 감정을 계속 붙들고 있다면, 앙갚음할 궁리를 하거나 어떻게든 해코지할 기회를 골똘히 찾고 있다면, 더 나아가 원수처럼 여기는 상대가 보여 준 호의에 보답해서 거기에 어울리는 온갖 배려를 하려 애쓰지 않는다면, 이 기도를 드려 봐야 하나님께 우리 죄를 용서하지 말아 달라고 간청하는 꼴이 될 따름이다.[20]

"우리를 시험에 들지 말게 하시옵고"

어거스틴은 이 간구를 두고 중요한 구분을 지었다. "이는 시험을 받지 말아야 한다는 게 아니라 시험에 끌려들어가선 안 된다는 기도다."[21] 실험하고 검증한다는 의미의 시험은 불가피할 뿐만 아니라 바람직하기까지 하다. 성경은 고난과 환난을 심령의 숱한 불순물들을 '태워 없애서' 더 건강한 자기 인식과 겸손, 참을성과 믿음, 사랑을 갖게 하는 도가니로 풀이한다. 하지만 예수님이 말씀하신 "시험에 들지 않게"(마 26:41)는 죄에 굴복할 가능성이란 개념을 염두에 둔 표현이다.

칼뱅은 '오른편'과 '왼편', 두 범주로 나누어 시험을 열거한다. 오른편에서 오는 시험은 '부, 권력, 명예' 따위로 하나님이 필요 없다고 생각하는 죄에 빠지게 몰아가는 유혹이다. 왼편에서 오는 시험은 '가난, 수치, 멸시, 고통'처럼 절망하게 하고, 소망을 완전히 잃어버리게 하고, 분노에 차서 하나님에게서 등을 돌리게 만드는 시험이다.[22] 번영과 역경이 모두 쓰라린 시험이 될 수 있으며 제각기 주님을 향한 신뢰를 버리고 자기 자신이나 다른 무언가를 소유하고자 하는 '과도한 욕구'에 집중하며 살도록 유혹하는 요소들을 가지고 있다.[23]

"악에서 구하시옵소서"

칼뱅은 이 구절을 "우리를 시험에 들지 말게 하시옵고"와 한데 묶어 여섯 번째이자 마지막 간구로 취급했다. 그러나 어거스틴과 루터는 "악에서 구하시옵소서"를 별도로 보고 일곱 번째 기도로 여겼다. 원문은 "악마(사탄)에게서 구하시옵소서"로도 번역할 수 있다. 루터는 이를 두고 "악한 나라에서 뿜어 나오는 구체적인 폐해 ⋯ 가난, 수치, 죽음 ⋯ 한마디로 우리를 위협하는 모든 것들에 맞서는 기도"라고 썼다.[24] 어거스틴은 내면에 잔존하는 악에서 구해 주시길 간청하는 게 여섯 번째 간구라면, 일곱째는 외부의 악, 곧 세상의 사악한 세력, 특히 호시탐탐 해칠 기회를 노리는 적들로부터 보호해 주시길 구하는 기도라고 해석했다.[25]

"나라와, 권세와, 영광이 영원히 있사옵나이다"

마지막으로 마무리 찬양에 해당하는 구절이 남았다. "나라와, 권세와, 영광이 영원히 있사옵나이다, 아멘!" 어거스틴은 이 부분을 언급조차 않는다. 초기 성경 문서나 라틴어로 번역된 불가타성경에선 찾아볼 수 없는 구절이기 때문이다. 루터는 구체적으로 다루지 않고 지나간다. 반면에 칼뱅은 "라틴어 판에 없는" 문절임을 알면서도 "여기에 두는 게 지극히 타당하므로 제외시키지 말아야 한다"고 믿었다. 크리스천은 결핍과 역경, 한계 따위에 깊이 들어갔었지만 마침내 하나님이 온전히 채워 주신다는 진리로 되돌아오게 마련이다. 세상의 그 무엇도 나라와, 권세와, 영광을 사랑이 많으신 하늘 아버지의 손에서 낚아챌 수 없음을 기억하고 '평온한 안식'으로 수렴하게 되는 것이다.[26]

"베풀어 주시고 용서하시고 구원하소서, 우리를!"

칼뱅이 주기도문 해설을 마무리하며 내린 결론은 참으로 유익하다. 루터가 《단순한 기도방법(A Simple Way to Prayer)》에서 그랬던 것처럼, 칼뱅 역시 주기도문을 대하는 크리스천은 어구의 특정한 형식에 매일 것이 아니라 내용과 기본적인 틀에 초점을 맞춰야 한다고 주장한다. 누가만 하더라도 예수님이 가르쳐 주신 기도를 판박이처럼 똑같은 단어를 동원해 기록하지 않았다. 주기도문은 기도의 강조점과 주제, 목적과 정신을 규정하는 본질적인 지침을 제공하는 요약판이라고 볼 수 있다. 따라서 기도에 사용되는 "용어는 전혀 다를지라도 뜻이 변해서는 안 된다."[27] 어떠한 기도를 드리든 끝없이 갈고 다듬어 그 안에 주기도문을 새겨 넣어야 한다. 자유롭게 간구하는 기도로 가기 전에, 루터가 했던 것처럼 하루에 두 번씩, 주기도문을 자기 식으로 바꿔 기도하는 연습은 더없이 유용한 도구다.

주님이 이 기도문을 복수형으로 주셨다는 점도 잊지 말아야 할 중요한 포인트다. 크리스천들은 '우리의' 필요를 채워 주시도록 기도해야 하며, 될 수 있는 대로 "공개적이어서 … 같은 믿음을 고백하는 이들 사이의 교제가 깊어지게 해야 한다."[28] 미국의 신학자 마이클 호튼(Michael S. Horton)은 "공적인 사역이 개인의 경건을 빚어 갈 뿐, 그 역은 성립하지 않는다"[29]는 칼뱅의 지적을 부각시킨다. 칼뱅은 기독교회의 공동 예배가 개인적으로 드리는 기도의 틀을 단단히 잡아 주길 바랐으므로 공중기도와 성례전을 규정하는 데 무척 공을 들였다.

그러므로 기도는 오롯이 개인적인 일이 아니다. 함께 모여 예배든 비공식적인 자리든, 힘닿는 데까지 다른 이들과 더불어 기도하는 게 바람직하다. 어째서 그런가? 하나님이 시작하신 대화를 이어가는 데 기도의 본질이 있고 하나님을 더 잘 아는 게 그 목적이라면 공동체 안에서 여럿이 어울려 간구하는 형태가 가장 효과적일 수밖에 없다.

C. S. 루이스는 개인을 알기 위해서는 다수가 모여 이룬 공동체를 통하는 게 필요하다고 주장한다. 스스로의 교우 관계를 되짚어 보면, 한 친구가 가진 인성의 일부 면모는 다른 벗과의 상호 작용을 통해서만 드러나더라는 것이다. 두 번째 친구가 나타나지 않으면 그렇지 않았더라면 잘 알 수 있었을 첫 번째 친구의 일면을 놓쳐 버린다. "혼자 힘으로 한 인간을 총체적으로 확인할 수 있을 만큼 나는 대단한 존재가 아니다. 그의 전모를 드러내려면 나 외에 또 다른 빛들이 필요하다."[30] 평범한 한 인간을 알아 가는 데도 공동체가 필요하다면, 수많은 이웃들은 물론 예수님을 알아 가는 데는 더 말해 무엇하겠는가? 동료들과 더불어 기도하면, 예전엔 알지 못했던 예수님의 다양한 풍모를 보고 들을 수 있다.

루이스는 이사야 6장에서 천사들이 서로 "거룩하시다, 거룩하시다, 거룩하시다!"라고 외쳤던 까닭이 거기에 있다고 본다. 천사들은 하나님의 영광을 제각기 한 면씩 목격하고 동료들과 공유했다는 것이다. 주님을 아는 게 집단적이고 누적 가중되는 일이라면, 기도와 찬양 역시 공동 작업이 되어야 한다. "하늘의 양식은 나누면 나눌수록 더 온전하게 되기 때문이다."[31]

기도의
시금석을 따르라

기도는 연약함을 인정하고 하나님을 의지하는 행위다

제3부에서는 교회사를 통틀어 손꼽히는 몇몇 스승들의 주요한 사상들을 살피면서 기도의 이론부터 실천 방법까지 훑어보았다. 그렇다면 이들이 제시하는 원칙과 규칙들을 한데 모으고 요약해서 몇 가지 핵심 원리를 추출할 수 있을까? 불가능하기도 하고 가능하기도 하다.

저마다의 견해를 통합하려 할 때 부딪히는 첫 번째 문제는 같은 사안을 다른 관점에서 설명하는 경우가 허다하다는 점이다. 칼뱅은 하나님, 죄, 그리스도, 복음에 관한 교리의 이면에 깔린 의미를 끌어내며 훨씬 신학적으로 기도를 추적해 들어간다. 기도에 대한 루터의 가르침은 대단히 실제적이다. 구체적이고 실제적인 방법을 묻는 단순한 남자가 편지의 수신인이었기 때문이다. 어거스틴은 마음의 동기에 초점을 집중시키면서 가장 실존적인 관점에서 기도에 접근한다. 세 사상가가 제시하는 원리들은 이처럼 서로 엇갈린다. 아울러 너무 엄격한 규칙에 얽매여선 안 된다는 칼뱅의 규칙도 기억해야 한다. 요즘 나오는 기도 관련 서적들 가운데는 독자들에게 무슨 '만능열쇠'를 주거나 "앗, 기도에 이런 비밀이!"란 탄성이 터져 나오게 하려 안간힘을 쓰는 게 아닌지 걱정스러운 책들이 수두룩하다. 기도의 단순한 비결 따위는 어디에도 존재하지 않다.

이와 반대쪽 끝에는 본래 기도란 몇 가지 원리로 압축할 수 없으며 열심히, 그리고 꾸준히 하라는 것 말고는 달리 할 얘기도 없다는 논리가 도사린다. 하지만 기도가 정말 설명할 수 없는 일이라면, 제자들이 "우리에게도(기도하는 방법을) 가르쳐 주옵소서"(눅 11:1)라고 청했을 때, 예수님은 "안 된다. 말로 정의할 수 있는 게 아니다"라고 대답하셨을 것이다. 주님은 "기도란 한 손으로 손뼉 치는 소리 같은 것"이라고 말씀하시는 대신 몇 마디 문장들로 구성된 주기도문을 일러 주셨다.

그렇다면 여태 돌아본 세 거장의 견해를 줄이고 또 줄여서 반드시 유념해야 할 내용을 뽑아낼 수 있을까? 개인적으로는 그 결과를 '시금석'이라 부르려 한다. 시금석이란 금이나 은에 문질러 진위와 순도를 시험하는 데 쓰는 이산화규소를 함유한 돌맹이를 가리킨다. 이미 얘기한 바 있지만, 어떤 기도에든 얼마간 불순물이 들어 있게 마련이다. 처음부터 끝까지 순수한 동기를 마음에 품기도 어렵고 합당한 말만 정확하게 골라 아뢰기도 힘들다. 그런 기도를 하나님이 들으시고 응답하신다는 건 철저히 은혜일 수밖에 없다. 하지만 성경 말씀은 구절구절, 올바르게 기도하려고 열심히 노력해야 한다고 가르친다. 예수님(요 16:24-26)과 믿음(약 1:6)에 기대어 구하지 않고, 이기적인 동기(약 4:3)를 가지고 간구한다면 삶의 어느 영역에서든 의도적으로 하나님께 불순종하는 가운데 부르짖는다면(시 66:18) 기도는 '큰 효력을' 내지 못할 것이다(약 5:16).

지금부터 소개하려는 내용은 마술적인 또는 기계적인 방법으로 하나님의 응답을 받거나 자극하는 일련의 원칙들이 아니다. 하나님을 높이고 친밀한 관계를 맺는 데 있어서 우리가 드리는 기도는 상대적으로 어떤 강점과 약점을 가지고 있는지 판단하는 열두 개의 시금석이라고 표현하는 편이 더 좋을 것이다.

기도란 무엇인가?

기도는 의무이자 훈련이다

기도는 좋든 싫든 적어도 하루에 한 번은 규칙적으로, 꾸준히, 작심하고, 끈덕지게 드려야 한다. 피터 포사이스(Peter T. Forsyth)는 이렇게 적었다. "기도하지 않는 것이야말로 가장 끔찍한 죄다. … 크리스천들 사이에서 깜짝 놀랄 만큼 공공연한 죄 … 그렇다면 기도하고 싶어 하지 않는 심리는 죄의 이면에 감춰진 또 다른 죄라고 봐야 한다."[1] 설령 아무것도 얻지 못한다 해도 기도를 멈춰선 안 된다.

누군가와 방을 함께 쓰는데 룸메이트가 하루 종일 한마디도 안 한다고 생각해 보자. 기껏해야 쪽지를 남기는 게 고작이다. 참다못해 한마디 하자 상대가 대꾸한다. "그냥, 너랑 얘기해 봐야 얻는 게 없어서…. 대화라고 해 봐야 지루하기 짝이 없고 내내 온갖 잡념이 다 들더라고. 그래서 그냥 입을 다물고 있는 거야." 어떤 생각이 들겠는가? 상대가 얼마나 재기발랄한 말재주를 가졌느냐와 상관없이, 그가 대화를 끊어 버린 건 무례한 행동이 분명하다. 룸메이트라면 얼굴을 맞대고 교감하는 게 기본 태도이다. 물론 숨 한 번 내쉬는 것까지 책임져 주시는 창조주요, 삶을 유지시켜 주는 주인이시고, 죄에서 건져 주신 구세주와 대화하길 거부하는 행동에 붙이기엔 '무례'란 말도 아깝다.

기도는 끈질겨야 한다. 바울은 로마의 크리스천들에게 당부했다. "너희를 권하노니 너희 기도에 나와 힘을 같이하여 나를 위하여 하나님께 빌어"(롬 15:30). 애쓰고 힘쓰며 기도해야 한다. 요동치는 감정에 흔들

177

리지 말고 한사코 매달려야 한다는 뜻이다. 포사이스는 이렇게 적었다. "'지금은 성령 충만하지 않아서 기도할 수 없다'고 말하지 말라. 성령으로 충만해질 때까지 기도하라."[2] 기도에도 누적 효과가 있다는 뜻이다.

오스틴 펠프스는 드레스덴 로열 갤러리에 걸린 걸작 앞에 몇 시간씩 앉아 있던 관람객 이야기를 적었다. "라파엘의 작품 한 점을 뜯어보고 연구하는 데 해마다 몇 주씩 쏟아 붓는다. 마니아들은 몇 번이고 시간을 연장하며 거장의 독보적인 솜씨를 뇌리에 담기 전까지는 작품을 제대로 즐겼다고 생각지 않는다." 펠프스는 한 애호가와 나눈 대화를 소개한다. 혀가 닳도록 칭찬을 아끼지 않던 그는 몇 년 동안이나 그 그림을 지켜보았지만 볼 때마다 "새로운 아름다움과 새로운 기쁨을 찾을 수 있다"고 했다. 그렇다면 기도에는 얼마나 더 끈질기게 관심을 쏟아야 하는 걸까? 펠프스는 묻는다. "기도의 축복을 제대로 알기 위해 위대하신 하나님만큼 마음에 생생하게 품어야 할 걸작이 또 어디에 있겠는가?"[3]

기도는 언제나 고된 노동이며 종종 고통스럽기까지 하다. 더러 기도하기 위해 한바탕 씨름을 벌여야 하는 경우도 있다. "그날그날 하나님과 더불어 기도 시간을 가져야 할 순간이 오면, 마치 작당이라도 한 듯, 온갖 것들이 길을 막아서기 일쑤다." 일단 기도를 시작한 뒤에도 좀처럼 집중이 되지 않아 진땀을 쏟을 때가 한두 번이 아니다. "생각은 하나님과 아직 처리하지 못하고 남아 있는 갖가지 부담스러운 일들 사이를 이리저리 헤매고 돌아다닌다."[4] 하나님은 평안하고 평온한 시간을 허락하실 수 있고 또 그렇게 하시지만, 참고 씨름하며 기도하는 수준을 벗어났노라고 장담할 수 있는 크리스천은 세상 어디에도 없다.

기도는 하나님과 나누는 대화다

에덴동산에서 하나님은 사람과 더불어 거니셨다(창 3:8). 성경에서 누군가와 '거닌다'는 건 우정을 나눈다는 뜻이다. 함께 걷노라면 서로 이야기를 나누게 마련인 까닭이다. 예수님의 이름과 성령님의 능력으로 드리는 기도는 태초에 하나님과 나누었던 더없이 소중한 경험, 즉 거리낌 없는 대화를 되살리는 일이다.

기도를 대화로 이해하는 데는 두 가지 방식이 있다. 우선, 마음속에 주관적으로 들리는 하나님의 음성에 반응하는 것을 기도로 보는 방식이다. 이런 관점을 따르면 단순히 심리적인 현상이 아니라 내면에 들려주시는 하나님의 음성이란 판단이 드는 직감이나 인상, 느낌 따위가 찾아오길 가만히 앉아서 기다려야 한다.

반면에 하나님이 주로 성경을 통해 말씀하신다고 보는 또 다른 방식도 있다. 마르틴 루터의 경우에서 보듯, 성경을 읽을 때마다 확신과 깨달음이 드는데 거기서 주님의 음성을 듣는 것이다. 크리스천이 따라야 할 바른 방향은 후자 쪽이라는 얘기는 이 책 초반부에서 이미 나누었다.

사실 이 문제는 기독교적인 경건과 영성의 역사에 수없이 오르내려온 가장 근본적인 이슈 가운데 하나다. 특히 17세기 영국 청교도와 초기 퀘이커 교도들 사이에 벌어졌던 논쟁은 주요한 발화점이 되었다. 청교도들에게 성령님의 음성은 곧 성경 말씀을 의미했다. 다시 말해 성령님이 성경을 통해 말씀하신다는 논리다. 그러나 퀘이커교도들은 생각이 달랐다. 성경이 하나님의 영감으로 기록되었다는 데는 이견이 없지만, 성령님을 통해 주시는 새롭고 현재적인 내면의 계시를 구해야 한다고 주장했다.[5] 성경은 대화의 필수 요건이 아니며 마음속에서 주님과 더불어 이리 저리 노니며 교제하는 데는 아무 지장이 없다는 뜻이다. 앞에서 지적한 것처럼 이런 접근 방식은 신뢰하기가 어렵다. J. I. 패커는 기도를 대화로 여긴다면 반드시 규칙적으로 깊이 있게 성경을 묵상하는 작업으로 이어 져야 한다고 말한다. 묵상은 성경 해석과 연구와 자유로운 기도 사이를 연결하는 다리 구실을 하기 때문이다. 패커는 습관적으로 "기도에 들어 가기 전에 성경을 읽고, 본문이 하나님에 대해 무얼 알려 주는지 깊이 생 각하며 거기서 얻은 깨달음을 찬양으로 이어 간다"면서 '하나님을 아는' 일에 이만큼 중요한 도구도 없을 것이라고 덧붙였다.[6]

기도는 찬양과 고백과 간구가 어우러진 상호작용

주기도문은 찬양과 경배로 시작해서(하늘에 계신 우리 아버지여 이름이 거 룩히 여김을 받으시오며, 나라가 임하시오며, 뜻이 이루어지이다), 필요를 채워 주시 길 요청하고(일용할 양식을 주시옵고 …악에서 구하시옵소서), 죄를 고백하고 내 면의 변화를 간구한 뒤에(우리에게 죄 지은 자를 사하여 준 것 같이 우리 죄를 사하 여 주시옵고), 베풀어 주신 은총(나라와 권세와 영광)은 물론이고 역경에 대해 서까지 감사하는(뜻이 이루어지이다) 쪽으로 넘어간다. 주기도문과 시편 찬 송, 성경의 기도서 등을 보면 이런 기도 '문법', 또는 차원들이 하나같이 중요한 쓰임새를 가졌음을 알 수 있다.

하지만 하나의 어느 기도 형식이 나머지보다 더 나은 건 아니다. 이 편은 수준이 낮아서 한 차원 높은 기도로 올라가는 준비 단계에 불과하 다는 식으로 생각하면 안 된다. 오히려 이러한 기도 형식들은 서로가 서로에게 꼭 필요하다. 서로 영향을 미치고 자극을 준다. 하나님의 위대함에 눈을 뜨면 자신의 죄스러움을 새로이 실감하게 되는 법이다. 죄를 더 깊이 인식하고 회개하면 하나님의 은혜에 놀라고 감사하는 마음이 절로 솟는다. "더 많이 용서받은 이가 더 많이 사랑하게 되어 있다"(눅 7:47과 비교). 하나님의 능력을 더 선명하게 인식할수록 더 깊이 그분께 의지하며 필요를 채우시길 기도할 것이다. 주께 간구할 때마다 이런 기도 방식들이 빠짐없이 드러나고 서로 어울리며 균형을 이루어야 한다.

기도에는 어떤 요소들이 필요한가?

반드시 '예수님의 이름으로' 드려야 한다

'결정적'이리만치 중요한 이 시금석에 관해서는 이전에 다룬 적이 있다. 기도는 아버지 하나님께 나갈 수 있는 참 아들이신 예수님이 헤아릴 수 없이 큰 희생을 치르셨고, 성령님이 거룩한 자녀의 신분을 내면에서 규정하신 덕분에 우리에게 거저 주어진 선물임을 가슴 깊이 인식하고 감사하는 행위가 되어야 한다. 예수님의 이름으로 기도한다는 말은 특정한 말을 해서 하나님의 능력을 끌어내거나 초자연적인 힘을 동원하는 마술적인 주문을 가리키는 게 아니다. 예수님의 이름은 주님의 거룩한 인격과 구원사역을 압축해 놓은 일종의 속기록이다.

자신이 아니라 예수님의 이름으로 하늘 아버지 앞에 나아가는 행위는 더없이 고귀한 은혜를 입은 신분이 되었고 부르짖음에 주님이 귀 기울여 주심을 온전히 의식함을 상징한다. 마땅히 따라야 할 지침과 법규를 다 따를 수 없음에도 하나님이 우리 기도를 들어주시는 까닭은 단 하나, 이러한 기도 원리가 작동되기 때문이다.

예수님의 이름으로 하나님께 기도한다는 얘기를 들으면 궁금증이 생긴다. 성자나 성령님은 안 되고 오로지 성부 하나님께만 기도를 드려야 하는가? 예수님은 제자들에게 그분의 이름으로 기도하라고 말씀하셨다(요 14:13-14, 마 11:28). 그렇지만 주기도문에서는 아버지께 간구하라고 가르치셨다. 주기도문의 한마디 한마디에 집착할 마음은 없지만, 주님이 첫머리에 설정하신 방침은 진지하게 받아들일 필요가 있다. 그리스도가 하늘로 올라가신 뒤에(신약 성경의 나머지 부분에서) 그분께 직접 기도를 드린 사례는 단 세 번뿐이다. 수없이 많은 기도가 등장하지만 번번이 아버지 하나님께 간구했다. 예수님이나 성령님께 구하는 게 부적절하다는 얘기는 전혀 아니지만, 통상적으로 기도는 아들에게 감사하고 성령님께 의지하는 마음으로 하늘 아버지께 드린다.[7] 패커는 재미있는 경험칙을 사용한다. "성자의 중보와 성령님의 능력 주심에 기대어 성부께 기도한다. 적절한 기회, 그러니까 성경이 성자나 성령님의 직접적인 관심사라고 구체적으로 지목하는 일들을 두고 기도할 때는 성자와 성령님께도 기도할 수 있다."[8]

기도는 애정과 경외감이 공존하는 마음가짐

두말하면 잔소리지만 기도할 때는 온 마음을 다해야 한다. 몇 마디 말을 웅얼대는 게 전부가 아니다. 성경은 "이 백성이 입술로는 나를 공경하되 마음은 내게서 멀도다"(마 15:8)고 꼬집는다. 하나님의 위대하심과 기도의 특권 앞에서 갖는 경외감은 온 마음을 다해 몰입하고 있음을 보여 주는 중요한 표지 가운데 하나다. 웨스트민스터 대요리문답에 따르면 기도는 사랑에 깊이 빠져서, 하나님의 권세와, 위엄과, 은혜를 "제대로 이해하고" 드려야 한다.[9]

요즘은 아무도 주님께 나가는 걸 죽을 만큼 충격적이고 두려운 일로 여기지 않는다. 그러나 하나님은 주님의 영광을 가까이서 보게 해 달라는 모세의 요청을 "나를 보고 살 자가 없음이니라"고 거절하셨다(출 33:18-23). 손으로 모세를 가려 목숨을 잃지 않게 지키시고 '등', 또는 '지극히 일부분'을 보게 하셨을 따름이다. 하나님이 친히 자신으로부터 모세를 보호하신 것이다. 그것이 바로 복음이다. 하지만 요한복음 1장 18절에 이르면 그리스도 안에서 하나님의 영광을 보게 되었음을 알 수 있다. 어떻게 그게 가능할까? 그리스도 안에서 죄가 가려졌기 때문이다. 크리스천은 하나님의 손, 다시 말해 예수님이라는 바위틈에 안전하게 감춰져 있다(골 3:1-3). 그렇다고 거룩한 '보좌'에 다가갈 특권을 가벼이 얻었다는 뜻은 아니다. 그럴 수 있다는 건 가늠할 수 없이 큰 대가를 치른 끝에 얻은 어마어마한 특전이다. 예수님의 이름으로 기도한다는 것은 그 특권을 사용한다는 의미다. 하나님께 간구할 때마다 어떤 일이 벌어지는지 스스로 되새길 필요가 있다. 짜릿한 전율이 올 때까지 두고두고 이 진리를 묵상해야 한다.

"애정 어린 경외감"이란 표현에는 감상적이고 경박한 친밀감이나 부자연스럽고 형식적인 거리감이 아닌 특별한 감정을 품고 하나님께 나가야 한다는 생각이 담겨 있다. 여태까지 나온 기도와 관련한 훌륭한 서적들 가운데는 기도와 묵상을 시작하기 전에 마음을 가다듬고 지금 얼마나 엄청난 일이 벌어지고 있는지 짚어 보라고 권하는 경우가 많다. 스스로에게 이런 이야기를 들려주라는 제안도 있다.

> 하나님이 이곳에, 사방 벽 안에, 내 앞에, 내 뒤에, 오른편에, 왼편에 계신다. 끝없이 광대하신 분이 여기 있는 내게로 내려오셨다. 이제 주님 발 앞에 엎드려 그분과 말씀을 나누려 한다. … 마음의 소원을 하나님 앞에 쏟아 놓을 테지만 단 한 음절도 빠짐없이 주님 귀에 들어갈 것이다. 서로 죽고 못 사는 친구에게 이야기하듯, 그분과 대화할 수도 있다.[10]

기도의 여러 신학적인 측면들을 간략하게 더듬으면서 '마음을 가다듬'을 수도 있다. 예를 들어, 하나님께 입양되어 사랑받는 자녀가 되었음을 되새기라. 거룩한 대제사장이 하나님 우편에 서서 변호해 주시므로 담대하게 그 보좌 앞에 나갈 수 있음을 기억하라. 기도하게 이끄시고 도우시는 성령님을 중심에 모시고 있음을 상기하라. 이러한 사실들은 마음을 준비시켜 기도하게 한다.

기도는 연약함을 인정하고 기대는 행위

노르웨이의 저술가 오 할레스비(Ole Hallesby)는 《기도(Prayer)》라는 짤막한 책을 쓰면서 기도를 '무력함이 도드라지게 나타나는 마음과 정신의 상태'로 정의한다. "개인적으로는 기도란 무력한 인간에게 주어진 특권이라고 생각한다. … 기도와 무력함은 떼어놓을 수 없다. 오로지 무력한 이만이 진심으로 기도할 수 있다.""[1] 그런 기도는 복음적인 신앙이 겉으로 드러난 결과다. 영적으로 완전히 파산 상태임을 고백하지 않고는 그리스도가 베푸시는 구원을 받을 수 없기 때문이다. 어거스틴은 "세상에 의지할 이가 없으며 절망뿐"이라고 고백하기 전에는 진정으로 기도할 수 없다고 했다.

'무력함'이라는 시금석은 예수님의 이름으로 기도하는 일과 밀접한 관련이 있지만, 대단히 중요하고 실질적인 원리인 까닭에 이렇게 따로 떼어 정리해도 무리가 없을 것이다. 너무나 궁핍하고 무력해서 기도할 엄두조차 내지 못하는 상황에 몰리는 이들이 얼마나 많은지 모른다. 하지만 기도는 달리 손 내밀 데가 없는 막다른 골목에 몰린 이들을 위해 마련된 길이다. 어떤 면에서 기도는 그저 철저하게 무기력하고, 금방이라도 부서질 것처럼 연약하며, 백퍼센트 의존적인 인간과 예수님 사이를 연결하는 통로일 뿐이다. 너무나도 무력해서 무얼 기도해야 좋을지도 모를 때 성령님이 도우신다는 바울의 가르침은 이를 강력히 뒷받침한다. "이와 같이 성령도 우리의 연약함을 도우시나니 우리는 마땅히 기도할 바를 알지 못하나 오직 성령이 말할 수 없는 탄식으로 우리를 위하여 친히 간구하시느니라"(롬 8:26). 언뜻 보면 우리의 무력함이 성령님의 도우심을 끌어내는 것처럼 보일 정도다. 기도를 드린다는 건 자신의 참담한 실상이 앞으로도 변할 여지가 없어서 무얼 하든 온전히 하나님을 의지할 수밖에 없음을 받아들인다는 말이다.

사실 무력함은 담대함의 원천이기도 하다. 주님은 라오디게아교회를 향해, "볼지어다 내가 문 밖에 서서 두드리노니 누구든지 내 음성을 듣고 문을 열면 내가 그에게로 들어가 그와 더불어 먹고 그는 나와 더불어 먹으리라"(계 3:20)고 말씀하셨다. 일반적으로는 이 유명한 본문은 주로 믿음이 없는 이들에게 그리스도를 믿으라고 초청하는 의미로 사용한다. 그러나 당시에 누군가를 밥상머리에 초대한다는 건 곧 친구가 되자는 제안과 매한가지였다. 예수님은 크리스천들을 친밀한 교제를 나누자고 부르신다. 곧 기도의 자리에 초청하고 계신 것이다. 이런 이미지를 바닥에 깔고 보면 기도는 예수님의 노크에 반응하는 행위를 가리킨다. 주님이 찾아오지 않았더라면 우리는 마음의 문을 열지 않았을 것이다. 제 힘으로 하나님을 찾는 인간은 어디에도 없기 때문이다(롬 3:11). 하늘 아버지께서 이끌어 주시지 않으면 아무도 주께 갈 수 없다(요 6:44). 하나님이 성령님을 통해 일깨우고 인도해 주실 때까지는 기도할 마음마저 먹지 못한다.

간단히 말해 일단 기도하고 싶은 마음이 들었다면, 하나님이 과연 내 기도를 들어주실까 노심초사할 필요가 없다. 주님이 곁에서 무력함을 절감하게 하시고 기도하고 싶은 마음을 주시지 않는 한, 스스로 이루 말할 수 없이 무능력함을 느끼며 하나님이 절실하게 필요하다는 생각이 들지 않을 것이다. 극도의 무력감을 느낄수록 주님이 함께하시며 기도에 귀 기울여 주신다는 사실을 더 분명히 인식해야 할 것이다.

하나님 쪽으로 눈길을 돌리게 한다

기도는 형식과 관계없이(찬양, 고백, 감사, 간구 등) 세상 만물과 만사를 바라보는 시선과 시각을 다시 설정하게 만든다. 기도는 새로운 시각을 열어 준다. 어떤 그림을 그리든 배경에 하나님을 두게 이끌기 때문이다. 그저 입을 열어서 필요와 두려움, 바라는 일과 관심사, 회의와 당혹감, 죄에 관해 속내를 털어놓자마자 그런 요인들을 쳐다보는 눈길이 달라진다.

먼 길을 걸어가다 높다란 언덕에 오르는 경우를 상상해 보면 기도가 불러오는 시선 전환이 무얼 말하는지 금방 이해할 수 있다. 아래쪽으로 여태 지나온 지역이 한눈에 들어오면 '예상보다 멀리 왔군!'이라든지 '한참 온 줄 알았는데 아직도 여기야?' 같은 판단이 설 것이다. 기도하는 가운데 생각보다 더 큰 사랑과 관심을 받고 있음을 알게 되고 두려움도 눈 녹듯 사라진다. 또는 그러려니 했던 것보다 훨씬 더 어리석고 자기중심적임을 깨닫고 분노와 자기 연민을 없애주길 간청할 수도 있다.

시편 73편 17-20절에서도 기도가 시선을 바꾸는 실례를 만날 수 있다. 기자의 마음에는 남들을 학대하고 착취하면서도 아무런 대가를 치르지 않는 것처럼 보이는 이들을 향한 질시와 원망이 가득하다. 자신은 온갖 어려움에 시달리며 사는데 저들은 날로 번성하는 듯하다. 그렇다면 하나님을 섬기는 게 무슨 유익이란 말인가? "내가 내 마음을 깨끗하게 하며 내 손을 씻어 무죄하다 한 것이 실로 헛되도다. 나는 종일 재난을 당하며 아침마다 징벌을 받았도다"(시 73:13-14).

하지만 기자는 거기서 멈추지 않는다. "하나님의 성소에 들어갈 때에야 그들의 종말을 내가 깨달았나이다." 여기에서 하나님의 성소에 들어간다는 말을 '기도한다'로 해석해도 무방할 것이다. 이어서 하나님의 임재 가운데 머무는 시간을 가지면서 주님이 인간의 삶과 역사를 송두리째 휘어잡고 움직여 가신다는 사실을 되새기게 되는 과정을 보여 준다. 결국 죄악은 이 세상에서도 실체가 여실히 드러나게 마련일 뿐 아니라 마지막 심판을 피해 갈 수도 없다. 이 대목에서 기도하는 가운데 시각이 달라지는 현상을 설명하는 새로운 이미지가 등장한다. 기자는 이를 꿈에서 깨어나 현실을 직시하는 상황에 빗대며 말한다. "주여 사람이 깬 후에는 꿈을 무시함 같이 주께서 깨신 후에는 그들의 형상을 멸시하시리이다"(시 73:20). 여기서 기도는 나쁜 꿈에서 깨어나 현실로 돌아오는 것과 비슷하다. 꿈속에서 그토록 심하게 여겼던 일들도 한낱 웃음거리로 바뀐다. 만사가 잘 돌아가고 있으며 실제로는 아무 탈도 없음을 알게 된다. 물론 기도에는 정반대의 효과도 있다. 허상을 무너뜨리고 영적인 상태가 생각보다 더 위태로움을 일깨운다. 달콤한 꿈에서 깨어나 험악한 현실을 바라보게 만든다는 뜻이다. 이처럼 기도는 자아를 요란하게 흔들며 소리친다. "하나님이 함께 계시면 털끝 하나 다치지 않을 텐데 왜 이렇게 겁을 집어 먹는 거야!" 아니면 이렇게 다그칠 수도 있다. "어떻게 이 지경까지 올 수 있지? 어떻게 이게 괜찮다고 생각한 거지?" 기도는 시선을 교정하고, 큰 그림을 보게 하며, 이리저리 흔들리는 갈대 신세에서 벗어나 자신의 실상을 제대로 보게 한다.

하나님과의 영적인 연합이다.

J. I. 패커는 "기도는 에너지를 얻는 수단"이라고 말한다. "무얼 두고 기도하든 마음을 다해 기도하면 어김없이 영적인 각성과 기력, 자신감이 쉴 새 없이 공급된다. 청교도들은 기도를 심령의 바퀴에 기름을 칠하는 일이라고 불렀다."[12] P. T. 포사이스는 이렇게 적었다.

> 음식이 그러하듯, 기도도 새 힘이 붙고 한결 건강해지는 느낌을 가져다준다. … 모든 유기체의 삶은 더 높은 에너지가 끊임없이 양분을 빨아들이면서 상대적으로 낮고 초보적인 힘을 지배하는 구조를 가지고 있다. 기도는 거룩하신 하나님의 도덕적인 힘에 흡수되는 걸 가리킨다. 우리는 애써 일해서 이러한 삶을 살아내야 한다. 영혼을 먹이기 위해서는 기도의 수고를 아끼지 말아야 한다. … 기도는 능력, 즉 하나님의 능력을 끌어다 쓰는 효과적인 방법이다. 그러므로 기도는 창의적일 수밖에 없다.[13]

크리스천이 되는 걸 흔히 "그리스도와 연합한다"[14] 고 표현한다. 여기에는 여러 가지 해석이 있을 수 있겠지만, 기본적으로 포도나무에 접붙인 가지와 같다는 뜻이다. 줄기를 이루는 그리스도의 생명이 갈수록 분명하게 드러나길(요 15:1) 기대하는 것이다. 기도 역시 그런 결과를 얻는 방법 가운데 하나다.

바울은 에베소교회에 보낸 편지 말미에서 "끝으로 너희가 주 안에서와 그 힘의 능력으로 강건하여지고"(엡 6:10)라고 당부한다. 추상적인 지침을 주는 게 아니다. 사도는 크리스천이라면 반드시 영적인 '갑옷'을 입어야 한다고 말한다. 진리의 허리띠를 띠고, 의로움의 가슴막이로 가슴을 가리며, 복음에서 비롯된 평안으로 신발, 또는 군화를 삼아야 한다. 믿음의 방패와 구원의 투구로 공격을 막아 내야 한다. 갑옷의 비유와 거기에 딸린 이미지들은 오랜 세월 수많은 성도들에게 사도의 메시지를 효과적으로 전달하는 기능을 해 왔다. 그리스도의 구원에 뒤따르는 모든 객관적인 유익(용서, 평안, 하나님의 사랑)을 개인적으로 일상생활 속에서 날마다 누려야 한다는 게 기본 개념이다. 하나님이 보장하시는 사랑, 성령님이 약속하신 내주하심, 용서를 받았다는 인식, 주님의 임재 앞에 나가는 특권, 죄스러운 습관을 이겨 내는 능력 등은 마음으로 받아서 실생활에 활용하지 않는다면, 이들은 하나같이 추상적인 개념에 그치고 만다. 이러한 요소들이 마음을 사로잡을 뿐만 아니라 성령님의 역사에 힘입어 삶을 빚어 가게 해야 한다.

어떻게 하면 전쟁 같은 삶에 제대로 대비할 수 있을까? 어떻게 하면 주님 안에서 강건해질 수 있을까? 어떻게 하면 영적으로 민감해져서 상황이 제아무리 복잡해도 그 맥락을 정확하게 짚어 낼 수 있을까? 어떻게 하면 하나님의 지혜와 사랑, 그리고 능력을 단단히 부여잡고 주님을 돌아보며 그 안에서 안식할 수 있을까? 바울은 본문의 마지막 단락에서 비유를 마무리 지으며 말한다. "모든 기도와 간구를 하되 항상 성령 안에서 기도하고 이를 위하여 깨어 구하기를 항상 힘쓰며 여러 성도를 위하여 구하라"(엡 6:18). 진리, 정의, 평화, 믿음, 하나님 말씀과 더불어 기도를 갑옷에 포함시키려 애쓰는 주석가들이 적지 않다. 하지만 앞에 열거한

덕목 하나하나가 투구, 검, 흉배 같은 아이템들과 연결된다는 점을 감안하면 부질없는 수고일 뿐이다. 편지 끄트머리에서 바울은 기도하고, 기도하고, 또 기도하라고 부탁한다. 성령 안에서 기도하고, 깨어 기도하며, 온갖 간구를 다하고, 늘 기도하라는 것이다.

이보다 더 기초적이지만 중요한 개념이 또 있을까? 기도란 그리스도가 이루셨으며 크리스천이 믿고 있는 모든 사실들을 우리의 능력으로 만들 수 있는 유일한 통로다. 진리가 마음에 작용해서 새로운 본성과 반응, 기질을 만들어 내는 외길이기도 하다.

하나님의 임재를 의식하려는 노력이다

에드먼드 클라우니는 이렇게 썼다. "하나님은 그저 '내가 여기 있노라'고 말씀하시지 않는다. … 기도에는 특별한 의식, 다시 말해 하나님의 임재를 경외하는 의식이 속속들이 배어 있다."[15] 하나님에 대한 추상적인 지식은 기도를 통해 경험적이고 실제적인 이슈가 된다. 하나님의 영광을 믿는 데 그치지 않고 주님의 위대하심을 감각적으로 감지한다. 하나님이 우리를 사랑하신다고 믿는 게 아니라 마음에 거룩한 사랑이 흘러넘치는 걸 느끼게 된다.

웨스트민스터 대요리문답은 성령님께서 우리 마음을 움직이셔서 그 의무(기도)에 걸맞는 이해와 애정, 은혜를 가장 알맞게 맞춰 주시는 일을 하신다라고 설명한다.[16] 놀라우리만치 균형 잡힌 선언이다. 기도는 의무다. 형편이 어떠하든지 따라야 한다. 하지만 '제대로' 기도하자면 '애정(두려움과 놀라움, 사랑이 뒤엉킨 마음)'이 필수적이다. 그래야 기도가 천 갈래만 갈래 갈라지거나 냉랭해지지 않는다. 산만하고 건조한 기도는 하나님을 예배한 최상의 방법이 될 수 없다.

그럼에도 불구하고 웬만해선 제 마음을 뜻대로 좌우하기 어렵다. 성령님조차도 모든 이들에게, 항상, 같은 정도로 역사하시지 않는다. 18세기에 활동한 목회자이며 찬송가 작사가인 존 뉴턴(John Newton)은 '하나님의 뚜렷한 임재'를 인간이 원하는 대로 할 수 없는 그분의 선물이라고 평가한다. "더러 주님이 감각적으로 인지할 수 있는 차원의 역사를 멈추실 때가 있다. 그러고 나면 인내심이 바닥나서 파리가 윙윙거리는 소리조차 참지 못할 지경에 이른다. 반면에 주님이 크리스천의 내면에서, 거룩한 자녀들을 위해 하시는 일을 분명히 보여 주시는 경우도 있다."[17]

하지만 웨스트민스터 대요리문답은 그렇다고 이에 관해 소극적이 되어서는 안 된다고 조언한다. 성찬에 임하는 크리스천의 자세를 이야기하면서 "주님의 죽음과 고난을 애정 어린 마음으로 묵상하며, 그로 말미암아 스스로 분발하여 그 은혜가 뜨겁게 나타나게"[18] 하라고 말한다. 마음에 애정이 생겨서 하나님을 섬기고자 하는 마음이 들 때까지 그 진리를 묵상해야 한다는 뜻이다. 기도하는 가운데 마주하게 되는 하나님의 임재와 실상은 어떤 모습일까? 물론 성령님은 늘 같은 방식으로 도우시는 게 아님을 잊지 말아야 하지만 17세기 작가 윌리엄 거스리(William Guthrie)가 쓴 기독교 영성의 고전 《크리스천의 커다란 관심(The Christian's Great Interest)》이란 책에서 그 실체를 어렴풋이나마 그려볼 수 있는 몇 가지 빼어난 본보기들을 볼 수 있다.

그건 하나님의 거룩한 영광이 주님의 사랑을 마음 구석구석까지 두루 퍼트리며 심령에 임하는 역사다. 말로 설명하기보다 체감하는 편이 더 낫다. 귀에 들리는 음성이 아니라 생명이요, 빛이요, 사랑이요, 자유이신 하나님으로 영혼을 가득 채우는 영화로운 광선으로 "너는 크게 은총을 입은 자라"(단 9:23)는 메시지를 전하신다. … 주님이 이름을 부르는 순간(예수께서 "마리아야!" 하고 부르셨다), 그리스도로부터 여인에게 전해진 바로 그것이다. … "마리아야!"라는 주님의 한마디와 함께 하나님의 경이로운 뜻과 형상이 여인의 마음에 선명히 드러났다. 더없이 충만해진 마리아의 심령에는 그리스도냐 아니냐를 두고 벌이는 왈가왈부 따위가 깃들일 여지가 없었다.[19]

거스리는 하나님의 임재란 귀로 듣고 눈으로 볼 수 있는 무언가가 아니라고 말한다. 오감이 아니라 오로지 마음으로 감지할 수 있는 부류의 음성이고 광경이라는 것이다. 크리스천은 기도를 통해 그런 하나님의 임재 가운데로 들어간다.

기도는 우리를 어디로 데려가는가?

정직한 자기 인식
겸손한 마음 없이는 기도는 엄두도 낼 수 없다는 사실은 이미 살펴보았다. 기도는 단순히 부족하다는 느낌을 넘어 자신과 극도로 솔직하게 마주서는 단계까지 이끌어 가야 한다. 모든 것을 아시는 하나님 앞에서 아무것도 숨기지 말아야 한다. 두말하면 잔소리 같은데도 주님께 자신의 깊은 두려움과 상처, 흠과 죄를 고스란히 노출하는데 시간과 노력을 투자하지 않는 이들이 얼마나 많은지 모른다. "기도, 참 기도는 우리가 스스로를 속이지 못하게 한다. 신경을 곤두세우고 자신을 부풀리려 하지 않는다. 올바르게 기도하면 영적인 시야가 투명해진다. … 바리새인 같은 위선을 서서히 무너뜨린다. … 기도하면서 참다운 자아를 받아들이게 되는 것이다."[20]

　　명명백백한 악과 허물을 고백할 뿐만 아니라 크고 작은 죄를 저지르게 만드는 내면의 자세와 태도, 그릇된 시각과 과도한 욕구도 끄집어 내놔야 한다.[21] 극도의 아름다움이나 지혜, 순수함에 가까이 다가갈수록 저열한 시각, 아둔함, 더러움 따위가 더 도드라지는 법이다. 칼뱅은 "인간이 가진 거의 모든 지혜, 그러니까 참되고 심오한 두 부분, 곧 지혜는 하나님을 아는 지식과 자신을 아는 지식으로 구성된다"[22]는 명문으로 《기독교강요》의 첫머리를 열었다. 다시 말해서 하나님을 더 잘 아는 동시에 스스로에 대해서도 한층 분명하게 인식하게 된다. 거꾸로 자신을 더 확실히 파악하면 하나님에 관해서도 한결 명확한 깨달음이 생긴다. 자신의 죄와 연약함을 부정한다면 필연적으로 주님의 위대하심과 영광을 단 한 톨도 느끼거나 보지 못한다. 이사야는 이런 사실을 한눈에 보여 준다. 환상 가운데 하나님의 거룩하심으로 가득한 성전을 보자마자 선지자의 입에서는 탄식에 가까운 탄성이 쏟아져 나왔다. "화로다 나여 망하게 되었도다 나는 입술이 부정한 사람이요 나는 입술이 부정한 백성 중에 거주

하면서 만군의 여호와이신 왕을 뵈었음이로다"(사 6:5). 이런 반응을 보였던 건 새로운 시각으로 왕의 왕을 바라보는 순간, 바로 그 시선으로 자신을 보았기 때문이다. 이 둘은 늘 붙어 다닌다. 눈이 뜨이지 않아 스스로 얼마나 작고 죄에 물든 존재인지 인식하지 못하는 이는 주님의 위대하고 거룩한 속성을 감지해 낼 도리가 없다.

에드먼드 클라우니는 어떠한 관계든 필연적으로 관련자들의 인성 가운데 일부분만 개입되게 마련인데, 기도에는 인간들 사이에선 찾아볼 수 없을 만큼 투명한 정직성이 포함된다고 주장한다. 배우자를 맞을 때와 비즈니스 파트너나 길거리에서 우연히 마주친 아는 사람을 대할 때는 태도가 다르게 마련이다. 상대방과의 관계에서 맡고 있는 사회적 역할에 따라 됨됨이의 일부를 노출할 따름이다. 부부 사이라 할지라도 배우자의 전모를 속속들이 파악하지 못한다. 그러나 하나님과의 관계에서는 "하나도 그 앞에 나타나지 않음이 없고 우리의 결산을 받으실 이의 눈앞에 만물이 벌거벗은 것 같이"(히 4:13) 드러날 수밖에 없다. 가면은 벗겨지고 '척'도 통하지 않는다. 부분적이 아니라 종합적인 관계가 형성되는 것이다. 창조주와 중보자 앞에 섰으니 더 말해 무엇 하겠는가?"[23]

철저하게 신뢰하는 마음가짐

기도는 경외감과 친밀감이 한데 어울린 복합체다. 뿐만 아니라 '순종'과 '끈기'가 합쳐진 화합물이다. 어떤 기도를 드리든 무한히 지혜로우신 하나님이 손수 보내 주시는 선물을 따지거나 가리지 않고 감사하는 마음으로 받도록 도와주시길 구하는 간구로 마무리되어야 한다. 본능이

의지를 거스르기 십상인 어린아이들조차 마음 깊은 데서는 아빠엄마만 아는 세상의 또 다른 면모가 있다는 걸 감지해 낼 줄 안다. 이와 마찬가지로 "무엇이 최선인지는 하늘 아버지만이 알고 계신다. 자녀가 구하는 대로 무조건 들어주는 것은 파멸을 피할 수 없음을 꿰뚫어 보신다는 뜻이다."[24]

반면에 주님은 크리스천들에게 믿음을 가지고 구체적으로, 집중해서, 되풀이해 가며 기도하면 반드시 들으시겠다고 약속하신다. 노르웨이의 저술가 오 할레스비는 고전이 되다시피 한 그의 책에서 기도를 '노동'과 '씨름'으로 표현한다.[25] 기도의 마무리는 늘 "그럴지라도 주님의 뜻이 이루어지이다"이어야 하지만, 언제나 주님을 붙들고 벌이는 한바탕 씨름으로 시작해야 한다. 루터는 이처럼 무모하리만치 끈덕지게 조르며 기도하는 걸 일컬어 '하나님 공략'[26]이라고 했다. 기도는 수동적이고, 차분하며, 조용한 행위가 아니다.

이처럼 상반돼 보이는 두 갈래 필수적인 마음가짐(철저하게 신뢰하며 믿음으로 소망하는) 사이에 균형을 이루는 건 이루 말할 수 없을 만큼 중요하다. 찰스 호지는 조직신학 책을 집필하면서 '기도의 필수 요건'을 설명하는 대목에서 '순종'과 '끈기'를 동전의 양면처럼 떼려야 뗄 수 없는 관계라고 지적한다. 순종에 강세를 두면 지나치게 수동적이 된다. 소돔과 고모라를 구해 달라며 하나님을 잡고 늘어졌던 아브라함(창 18:16-33), 이스라엘 백성과 자신에게 자비를 베풀어 달라고 간청했던 모세(출 33:12-22), 또는 역사를 주무르시는 하나님의 손길에 의문을 제기했던 하박국 선지자와 욥처럼 젖 먹던 힘까지 다해 매달리거나 논쟁을 벌이는 식의 기도는 죽었다 깨나도 드리지 못한다. 반면에 하나님의 지혜와 주권을 인정하는 자세에 토대를 두지 않고 그저 '끈기'와 강청하는 기도만 강조하면, 원하는 응답을 받아내지 못할 때마다 불같이 화를 낼 것이다. 양쪽 다 저마다 가진 필요와 관심사를 위해 꾸준하고, 오래 견디며, 한결같으면서도 히스테릭하지 않은 기도를 드리지 못할 것이다.

20세기 초, 노르웨이에서 광산을 자주 대했던 할레스비는 기도를 채굴에 빗대 풀이했다. 갱도를 내려면 기본적으로 두 가지 작업을 해야 했다. 우선 오랜 시간 공을 들여 "단단한 암반에 깊은 구멍을 뚫어야 한다." 거대한 바윗덩이를 가장 효과적으로 제거할 수 있는 전략적인 포인트에 깊숙한 홈을 파는 일에는 끈질기고 줄기찬 노력과 엄청난 기술이 필요했다. 그렇게 구멍을 뚫고 나면, 폭약을 밀어 넣고 도화선을 연결한다. "거기에 불을 댕겨 화약을 폭발시키는 과정은 큰 힘이 들지 않을 뿐만 아니라 흥미진진, 스릴 만점이다. … 열매가 한눈에 보인다. … 요란한 소리가 나고 파편이 사방으로 날아다닌다." 이처럼 수고로운 일에는 기교와 끈질긴 근성이 필수적이지만, "심지에 불을 붙이는 일쯤은 누구나 할 수 있다."[27] 참으로 유익한 예화다. 할레스비는 크리스천들에게 "심지에 불씨를 가져다 대는" 수준의 기도를 드려선 안 된다고 경고한다. 당장 눈앞에서 결과를 확인하지 못하면 금방 포기해 버리는 간구에 머물지 말라는 것이다. 기도의 능력과 하나님의 지혜 가운데 어느 한 면이 아니라 양면을 다 믿는 이들은 암반에 '구멍을 뚫듯' 끈질기게 기도하게 마련이다. 성숙한 크리스천들일수록 끝이 보이지 않는 지긋지긋한 상황을 견뎌내는 게 풍성한 생활에 대단히 중요하다는 점을 잘 알고 있다.

그러므로 하나님께 맡겨 놓고 구체적인 것들을 구하지 않는다든지 주님의 뜻을 조작해서 뜻대로 바꿀 수 있다고 믿는 극단적인 사고를 버려야 한다. "하나님과 씨름하면서" 집요하게 구하는 끈기와 주님의 거룩한 뜻이 어디에 있든 그 지혜로운 판단을 기꺼이 인정하는 순종이 기도 안에 조화를 이루게 해야 한다.

온 삶을 하나님 사랑에 굴복시키는 마음가짐

시편 기자는 "내가 나의 마음에 죄악을 품었더라면 주께서 듣지 아니하시리라"(시 66:18)고 고백한다. 언뜻 보면 도덕적으로 한 점 부끄러움 없이 순결하게 살았으니 기도하는 대로 하나님의 응답을 받을 자격을 갖췄다는 뜻처럼 느껴진다. 보이는 그대로라면 예수님의 이름으로 하늘 아버지께 기도한다는 지금까지 살펴본 성경의 신학적 입장과 정면으로 충돌한다. 그렇다면 이는 무엇을 가리키는가? 야고보는 기도에 응답이 없는 까닭은 "정욕으로 쓰려고 잘못 구하기 때문"(약 4:3)이라고 지적한다.

본문은 이와 같은 개념이다. 그리스도를 믿는 믿음 자체가 구원을 이루거나 그럴 자격을 주는 게 아니다. 반드시 마음에 받아들여야 한다. 그러므로 하나님을 으뜸자리에 두고 사랑하며 만사 제쳐두고 그 뜻을 따르면서 해악이 될 일들을 제하시고 기도를 허락하시길 기다려야 한다. 주님께 온전히 충성하는 삶을 살지 않고 있는 상태라면, 그저 기도를 이미 삶을 망가뜨리고 있는 요소들을 더 얻어 내기 위해 동원하는 이기적인 방편으로 사용할 공산이 크다.

바로 이런 진리가 "오직 믿음으로 구하고 조금도 의심하지 말라. 의

심하는 자는 마치 바람에 밀려 요동하는 바다 물결 같으니 이런 사람은 무엇이든지 주께 얻기를 생각하지 말라. 두 마음을 품어 모든 일에 정함이 없는 자로다"(약 1:6-8)라는 말씀 이면에 깔린 진리다. 적잖은 독자들이 이 대목에서 커다란 불안감을 느낀다. 마치 야고보가 하나님께 간구할 때는 반드시 심리적으로 절대적인 확신을 품어야 한다고 강조하는 인상을 주기 때문이다. 하지만 실제로는 그런 얘기가 아니다. 야고보는 8절에서 의심을 '두 마음(dipsychosis, 또는 문자 그대로 두 개의 정신)'으로 규정한다. J. I. 패커와 캐롤린 나이스트롬은 쇠렌 키르케고르의 고전적인 작품, 《마음의 순결함은 한 가지만 바라는 것(Purity of Heart Is to Will One Thing)》의 한 대목을 인용해 이 말의 속뜻을 설명한다. 이는 완전해져야 한다거나, 도덕적으로 티 없이 순수해야 한다거나, 미심쩍어하는 구석이 전혀 없어야 한다는 게 아니다. 하나님을 스스로의 하나님으로 모시기로 결단하고 그분의 자리를 노리고 덤벼드는 온갖 관심사들을 그때그때 분별해 버린다는 의미다. "하늘에서는 주 외에 누가 내게 있으리요 땅에서는 주 밖에 내가 사모할 이 없나이다"라는 시편 73편 25절 말씀을 단단히 붙잡는 것이다. 패커는 덧붙였다. "하나님 곁에 딱 붙어 있기 위해서라면 내주지 못할 게 없다는 마음가짐이다. 핵심은 세상에서 갖고 싶어 하고 소중히 여기는 그 어떤 것보다 하나님과의 교제를 더욱 소망하고 애지중지하는 자세에 있다."[28]

야고보서 본문의 마지막 단락을 얼핏 본 독자는 물을지 모른다. "그렇다면 도대체 누가 기도를 할 수 있단 말인가?" 정답을 찾는다면 "거듭난 크리스천이라면 누구나 예외 없이"[29]가 될 것이다. 하나님을 사랑하는 마음이 터무니없이 부족함을 통감하지만 그럼에도 불구하고 주님을 지극히 사랑하고자 하는 진짜 크리스천이라면, "원하는 선한 일은 하지 않고, 도리어 원하지 않는 악한 일을 합니다. 속사람으로는 하나님의 법을 즐거워하나, 아직도 갖가지 충동이 남아 있어서 뒷덜미를 잡아 멀리 떼어놓습니다"[30]라고 부르짖을 수밖에 없다. 로마서 7장을 비롯한 몇몇 본문들은 크리스천이라 할지라도 언제든 죄에 빠지거나 의심에 시달릴 가능성이 있지만, 순종과 충성의 우선순위에는 이미 근본적인 변화가 일어났다고 가르친다. 이런 근본적인 변화야말로 피상적이고 이기적인 기도를 피하는 데 없어서는 안 될 필수 요소다.

여기서 어거스틴이 아니키아에게 보낸 편지를 되새겨 볼 필요가 있다. 글쓴이는 한마디로, 하나님 안에 내게 필요한 모든 것이 있다는 것을 깨닫기 전에는 이것저것을 요구하는 기도를 시작해선 안 된다고 가르친다. 다시 말해, 내게 꼭 필요한 건 하나님뿐임을 절감하지 못한다면 온갖 간구와 간청은 그저 또 다른 형태의 걱정과 욕심으로 변질될 수 있다. 기도를 간절히 바라는 것을 손에 넣기 위해 애쓰는 갖가지 방편 가운데 하나로 여길 것이다. 그런 기도는 하나님의 귀에 들어가지 않을 뿐만 아니라(자기가 쾌락을 누리는 데에 쓰려고 잘못 구하기 때문, 약 4:3), 그릇된 시각을 바로잡아 주고 자기 연민이라는 우울한 짐에서 벗어나게 하는 효과도 기대할 수 없다.

장 칼뱅이 들려주는 기도에 관한 가르침 가운데 가장 놀랍고 감동적인 대목은 그리스도 안에서 하나님이 거룩한 자녀들을 위해 예비해 두신 모든 것들을 공급받는 주요한 통로가 기도라는 사실이다. "기도하면서 주님 안에 있음을 알게 된 것들을 구하는 건 우리들에게 남겨진 몫이다."[31] 기도를 통하지 않고는 그리스도를 받아들이고 그분의 이름을 믿을 길이 없다(요 1:12-13). 마르틴 루터는 "평생이 회개거리"라면서 한편으로는 그게 은혜 가운데 성장하는 비결이라고 썼다. 하지만 그 역시 기도다. 웨스트민스터 소요리문답은 인간의 '궁극적 목적'은 "하나님께 영광을 돌리고 그분을 영원토록 기쁘시게 해드리는 것"이라고 말한다. 뼈대만 추려서 간단히 정리하자면 이 또한 기도다.

마지막 때가 오면 역사는 막을 내리고 성대한 잔치가 열릴 것이다(계 19:9). 하지만 앞에서 살펴본 바와 같이 크리스천은 지금도 예수님과 함께 먹고 마실 수 있다. 어떻게 그럴 수가 있는가? 기도를 통해서다. 주석가들은 "누구든지 내 음성을 듣고 문을 열면 내가 그에게로 들어가 그와 더불어 먹고 그는 나와 더불어 먹으리라"(계 3:20)는 예수님의 초대를 기도하면서 주님과 교제하고 나누는 일로 해석한다. 메마르고 심지어 괴롭기까지 하지만 장기적으로 볼 때 기도는 인간에게 주어진 가장 큰 힘의 원천이다.

PRAYER

Part 4

기도의
깊이를 더하다

말씀을
묵상하라

곱씹으라, 마음을 쏟으라, 반응하라 그리고 기도하라

묵상, 기도로 들어가는 문턱

앞서 살펴본 대로 하나님 말씀을 깊이 신뢰하고 반응할 때 기도는 주님과 나누는 대화가 된다. 수많은 전문가들이 지적하듯, 행동과다와 주의력결핍장애에 빠진 현대사회는 속도가 떨어지는 성찰과 묵상을 실종된 기술쯤으로 만들어 버렸다. 그러나 기도가 참으로 하나님과 나누는 대화가 되려면 규칙적으로 성경을 깊이 묵상하고 그분의 거룩한 음성을 듣는 과정이 필수적이다.

> 복 있는 사람은 악인들의 꾀를 따르지 아니하며 죄인들의 길에 서지 아니하며 오만한 자들의 자리에 앉지 아니하고 오직 여호와의 율법을 즐거워하여 그의 율법을 주야로 묵상하는도다. 그는 시냇가에 심은 나무가 철을 따라 열매를 맺으며 그 잎사귀가 마르지 아니함 같으니 그가 하는 모든 일이 다 형통하리로다. 악인들은 그렇지 아니함이여 오직 바람에 나는 겨와 같도다. 그러므로 악인들은 심판을 견디지 못하며 죄인들이 의인들의 모임에 들지 못하리로다. 무릇 의인들의 길은 여호와께서 인정하시나 악인들의 길은 망하리로다(시 1:1-6).

시편은 기도를 담은 책이지만 놀랍게도 1편은 간구가 아니라 묵상 그 자체다. 묵상에 대한 묵상이라고 해도 지나치지 않다. 이 노래의 주

무대는 옛날 고릿적이 아니다. 유진 피터슨은 시편은 편집된 문서이며 그중 1편은 시편에 수록된 모든 노래의 도입부인 셈이라고 설명한다. "독자들에게 기도를 가르치는 이 책(시편)은 기도로 시작하지 않는다. 우리는 아직 그럴 준비를 갖추지 못했다. 자아의 틀 안에 겹겹이 둘러싸여 있다. 세파에 시달려 기진한 상태다." 시편 1편은 "채비를 갖추게 하는 일종의 준비 기도다."[1]

대단히 중요한 깨달음이다. 적잖은 크리스천들이 학구적인 자세로 성경을 공부한 뒤에 곧바로 기도에 뛰어드는 패턴으로 경건 생활을 꾸려간다. 하지만 성경 연구와 기도 사이에는 '중간 지대', 다시 말해 둘 사이를 연결하는 가교 같은 지점이 존재한다. 하나님의 임재와 권능을 깊이 체험하는 길은 이루 헤아릴 수 없이 다양하지만, 영적으로 더 깊이 기도의 세계로 들어가는 통상적인 경로는 바로 말씀 묵상이다. 에드먼드 클라우니는 "묵상이 없는 기도는 하나님과의 교제가 빈약하고 차가워지게 만든다"[2]고 주장한다.

시편 1편을 찬찬히 짚어 보면, 적어도 묵상의 세 가지 유익을 약속한다는 걸 알 수 있다. 첫째로, 안정이다. 묵상하는 이는 뿌리 깊은 나무 같아서 사나운 바람도 휩쓸어 갈 수 없다. 나무가 물가에 심겼음에 주목하라. 냇가의 나무는 가문 날에도 청청하다.

이런 나무의 이미지는 고단하고 메마른 시기를 꿋꿋이 견디는 크리스천의 면모를 보여 준다. 그처럼 곤고한 날에는 심령의 뿌리를 하나님 안에 깊숙이 드리워야 하는데, 그러기에는 묵상만 한 묘수가 없다. 시냇물은 '주님의 법', 즉 하나님 말씀을 가리키고, 물가에 뿌리를 내렸다는 말은 묵상을 빗댄 표현이다.[3] 묵상은 곤고하고, 적대적이며, 급변하는 시절을 지내는 크리스천에게 안정과 평안, 용기를 준다. 기쁨, 소망, 활기 등의 샘이 다 말라붙는다 하더라도 거룩한 시냇물에 뿌리를 적시게 한다. 반면에 쭉정이(씨앗이나 곡식을 덮고 있는 겉껍질)는 가볍기가 그지없어서 입김만 살짝 불어도 순식간에 날아가 버린다. 무엇으로 부채질을 하든지 다 날릴 수 있다. 쭉정이가 아니라 나무처럼 되는 길은 하나님 말씀을 묵상하는 것뿐이다.

본문의 설명은 극사실주의에 가깝다. 시냇가에 심은 나무는 제철에만 열매를 맺지만 잎사귀는 항상 있다. 묵상은 안정을 부른다. 상록수처럼 계절을 거슬러 푸르고 푸르다. 그렇다고 해서 고난과 가뭄을 완전히 면제받은 건 아니다. 묵상이 사시장철 변함없이 기쁨과 사랑을 누리는 경험만 안겨 주리라고 기대하면 안 된다. 가슴 벅찬 환희의 시기가 있고 지혜와 성숙의 계절이 있다. 하지만 여전히 하나님의 진리에 뿌리를 단단히 박고 있음에도 불구하고 주님이 가까이 계시지 않는 것만 같은 영적인 겨울도 닥쳐오게 마련이다.

둘째로, 묵상은 속사람 또는 성품의 변화를 약속한다. 쭉정이는 열매를 맺지 못하지만 나무에는 과실이 열린다. 이렇게 차이가 나는 까닭은 어디에 있을까? 나무는 성장하지만 쭉정이는 그렇지 않기 때문이다. 묵상하는 크리스천은 일의 앞뒤를 골똘히 생각하여 깊은 확신에 이르는 성품을 갖는다. 어려운 개념을 쉽고 간단한 말로 설명할 줄 알며, 무슨 일을 하든 이면에는 그 이유가 있다. 그러나 많은 이들이 묵상할 줄 모른다. 만사를 건성으로 살피며, 그때그때 내키는 대로 고르고 선택하며 살

뿐 아니라, 왜 그래야 하는지 생각하지 않고 일단 움직인다. 기분을 좇아 행동하다 보니 피상적인 삶을 살 수밖에 없다. 묵상하는 이들은 압력을 받아 내고 견딜 줄 알지만, 그렇지 않은 이들은 쭉정이처럼 남들이 몰려가는 대로 이리저리 떠돌 뿐이다.

묵상은 열매를 맺는다. 성경이 말하는 열매란 사랑, 기쁨, 화평, 인내, 온유, 절제 같은 성격적인 특성으로(갈 5:22), 하나님 곁에 있다는 느낌을 주는 데 그치지 않고 삶 전체를 바꿔 놓는다. 구약학자 데렉 키드너(Derek Kidner)는 이렇게 말한다. "나무는 한곳에서 또 다른 지점으로 물을 빨아들여 그 상태 그대로 이동시키는 통로가 아니라 물기를 흡수해서 시절에 맞춰 종류와 시기에 합당한 새롭고 근사한 무언가를 생산해 내는 생명을 지닌 유기체다."[4]

셋째로 묵상은 복을 부른다. 이는 다각적인 평화와 안녕, 그리고 속사람의 성장과 안정, 기쁨을 뜻한다(시 1:2). 주님의 법, 곧 말씀 묵상은 의무를 지나 기쁨에 이르게 한다. 묵상과 관련한 성경의 약속은 이루 헤아릴 수 없을 만큼 많다.

묵상은 적극적으로 성경을 곱씹는 것

시편 1편에서 기자가 묵상을 주문할 때 쓰인 단어의 문자적인 의미는 "중얼거리다"에 가깝다. 옛날에는 성경을 외워서 큰 소리로 낭송하는 게 보편적이었음을 알게 하는 대목이다. 한 구절 한 구절 묵상하면서 다양한 면모를 두루 살피고, 함축된 속뜻과 풍부한 의미를 끌어내는 데는 암송 이상이 없다. 시편에서 '묵상' 대신 쓰인 다른 표현으로는 '생각하다'와 '깊이 되새기다'를 꼽을 수 있다(시 77:3, 6, 12).

묵상한다는 말은 스스로 진리에 관해 묻는 걸 가리킨다. "지금 진리의 빛 가운데 살고 있는 걸까? 진리는 어떤 변화를 일으키는 거지? 말씀을 진지하게 받아들이고 있나? 진심으로 믿고 단단히 붙잡으면 어떤 일들이 일어날까? 진리의 말씀을 잊어버리면 나와 내가 맺고 있는 관계들에 어떤 파장이 미칠까?" 묵상에는 고도의 정신 집중이 필요하다. 여기에는 예외가 없다.[5]

성경 어느 본문을 묵상한다는 말에는 미리 치열한 연구와 해석을 거쳐 그 뜻을 파악한 상태라는 전제가 깔려 있다. 무슨 얘긴지도 모르는 말씀을 곱씹거나 누릴 수는 없는 법이다. 특정한 본문을 이해한다는 건 곧 두 가지 기본적인 질문에 답할 수 있음을 가리킨다.

첫째는 "저자가 본문을 통해 전달하고자 하는 메시지는 무엇인가?" 하는 것이다. 둘째는 "성경 전체를 놓고 볼 때, 본문은 어떤 역할을 하는가? 복음의 메시지와 그리스도를 정점으로 크게 돌아가는 성경의 내러티브에 어떻게 이바지하고 있는가?" 하는 문제다.

이 두 질문은 다분히 '해석학적'이어서, 이에 대한 답변은 본문의 의미를 풀어내는 데 도움을 줄 뿐만 아니라, 깊은 속뜻을 기반으로 더 깊은 묵상에 들어가며 그 진리를 삶에 적용하도록 이끌어 간다.

성경을 읽으며 우선 이 질문들에 답하려고 노력하지 않으면, 하나님이 실제로 말씀하시는 바에 토대를 두고 묵상할 길이 없다. 특별히 어떤 대목이나 구절에 '꽂힐' 수도 있다. 하지만 그런 경우, 저자가 성령님의 감동을 받아 이야기하려고 했던 내용과 전혀 다른 의미로 해석하고 거기에 마음이 사로잡힐 가능성도 적지 않다. 그렇게 되면 성경에 기록된 하나님의 음성이 아니라 스스로의 심정이나 현재 속해 있는 문화의 영이 들려주는 목소리에 귀를 기울게 되는 셈이다. 오늘날 '거룩한 성경 읽기'를 권하면서 그 뜻을 "지식에 기대지 않고 하나님이 개인적으로 들려주시는 말씀을 듣는 것"으로 규정하는 책들이 사방에 넘쳐난다.

하지만 이는 올바른 대조가 아니다. 묵상이 말씀을 객관화하는 작업인 건 분명하지만 본문이 저마다에게 의미하는 바를 숙고하기 전에, 우선 저자가 그 구절을 기록하면서 독자들에게 무슨 메시지를 전하려 했는지 알아봐야 한다. 마르틴 루터는 성경 본문을 '가르침', 곧 참다운 지식으로 충분히 파악한 뒤에야 그 말씀을 찬양으로 연결할 수 있었노라고 고백했다.[6] 한마디로 말해서, 성경적인 묵상은 성경을 깊이 있게 해석하고 공부한 결과를 토대로 해야 한다는 뜻이다.

성경이 말하는 묵상은 이성적인 사고를 버리고 마음을 비우는 작업을 가리키는 게 아니다. 초월명상(transcendental meditation, 이하 TM)의 한 갈래로 요즘 대중적인 인기를 얻고 있는 '만트라명상'과 비교해 살펴보자. TM에 참여하는 이들은 한 낱말이나 구절을 끊임없이 되풀이하면서 온갖 사념(思念)들을 깨끗이 지워 간다. 최근에 나온 연구 보고는 만트라명상을 "동일 어구를 반복해 음송함으로써 무위의 경지, 무념무상의 상태에 이르게 하는 과정"[7]으로 정의한다. 그렇게 닦고 또 닦으면 마침내 말이나 생각, 이미지나 개념 따위를 벗어나 의식 그 자체에 대한 의식만 남게 된다는 것이다. 그리고 그 너머에는 물아일체의 존재감을 갖도록 안내하는 또 다른 형태의 의식이 존재한다.

어느 기독교 신학자의 말처럼 이는 크리스천의 묵상이 추구하는 목표와는 완전히 다르다. "하나님을 아는 게 아니라 … 스스로 신이 되는"[8] 경험이기 때문이다.

하지만 크리스천의 묵상은 대단히 이성적이고 논쟁적이다. 다윗은 시편 42편에서 "내 영혼아 네가 어찌하여 낙심하며 어찌하여 내 속에서 불안해 하는가?"라고 자문한다. 말 그대로 자기 마음을 붙들고 한판 씨름을 벌이는 것이다. 하지만 만트라명상은 분석적인 정신 활동을 애써 누른다. 하지만 크리스천의 묵상은 분석과 성찰을 부추기고 그 초점을 하나님의 영광과 은혜에 맞춘다.

묵상은 성경을 마음 밑바닥까지 끌어들이는 것

말씀 묵상은 깊이 생각하는 차원을 훨씬 넘어선다. 성경은 무궁무진한 지식을 담고 있지만 그게 전부는 아니다. 하나님 말씀은 그 자체로 살아 움직이는 존재다(히 4:12). 성경의 메시지인 복음은 단순한 말이 아니라 능력이다(롬 1:16, 살전 1:5). 그리스도의 말씀이 여러분 가운데 "풍성히 살아 있게" 하라던 바울의 당부는(골 3:16) 그저 지적으로 동의하는 수준을 가리키는 게 아님에 틀림없다. 바울은 복음 메시지가 영과 육의 변화를 이끌어 내는 능력으로 작용하도록 "중심 깊숙이 골고루 배어들어 가는 묵상"을 이야기하고 있다.[9]

시편 1편의 비유는 이러한 사실들을 모두 아우른다. 땅에 뿌리를 박고 물기를 빨아들이는 나무에 빗대어 묵상을 설명한다. 진리를 알 뿐 아니라 안으로 힘차게 빨아들여 자신의 일부가 되게 해야 한다는 뜻이다.

묵상은 영적으로 성경을 '맛보는' 일이다. 말씀 가운데서 기쁨을 누리고, 달디 단 가르침을 맛보고, 인간의 됨됨이를 깨닫고 믿으며, 펼쳐 보여 주시는 하나님의 성품과 역사에 감사하며 찬양하게 한다.

묵상은 또한 영적으로 성경을 '소화'하는 작업이다. 삶에 적용하고, 한 구절 한 구절이 어떤 영향을 미쳤으며, 현재 상태와 앞길을 구체적으로 진단하고 어떻게 이끄는지 숙고하게 한다. 성경을 통해 힘을 얻고, 소망을 품게 하며, 스스로 얼마나 큰 사랑을 받고 있는지 기억하게 한다.

달리 비유하자면, 묵상이란 진리를 마음속 깊은 데까지 끌어들여 불을 댕기고 하나님과 자신, 세상을 향한 태도를 녹였다가 다시 빚는 활동이다.

시편 103편 1-2절은 묵상의 전형적인 본보기를 보여 준다. "내 영혼아 여호와를 송축하라. 내 속에 있는 것들아 다 그의 거룩한 이름을 송축하라. 내 영혼아 여호와를 송축하며 그의 모든 은택을 잊지 말지어다."

여기 눈여겨 볼 대목이 있다. 다윗은 거룩한 임재 가운데 있음을 알면서도 직접 하나님을 향해 입을 열지 않는다. 도리어 자신의 영혼을 대화의 상대로 삼는다. 하나님의 눈앞에서 마음의 가장 밑바닥까지 진리를 힘차게 끌어들이는 묵상을 한다.

다윗은 구원의 유익함을 줄줄이 열거한다. 죄를 용서받고, 은혜를 입으며, 조건 없이 베풀어 주시는 하나님의 무한한 사랑을 받을 수 있다고 설명한다(시 103:3, 8-12). 이런 성경의 진리들을 가슴에 단단히 품고 그

것이 삶에 영향을 미치고, 기쁨을 주며, 변화를 가져오도록 마음을 내맡
긴다. 시인이 택한 방법은 선물로 받은 구원을 '잊어버린' 게 아니냐고 마
음을 다그치는 쪽이다. 믿음의 사람이라는 정체성을 잊었다는 얘기가 아
니라, 마음속에 도사린 본능적인 반응과 충동, 감정과 태도 따위가 스스
로 고백하는 진리와 동떨어져 있음을 기억하지 못하기 일쑤라는 뜻이다.
누군가 비슷한 방식으로 이 말씀을 묵상한다면 이런 내용이 되지 않을까
싶다.

> 오직 믿음으로 의롭게 되었다는 진리를 잊어버린다면, 지난날에 대
> 한 죄책감과 회한이 중심에 가득할 것이다. 남들보다 나은 인간이란
> 느낌을 좇아 권력과 돈이라는 우상에 사로잡혀 지낼 게 틀림없다. 성
> 령님의 임재에 힘입어 거룩하게 되었음을 망각하면 자신에게 굴복해
> 서 달라지려는 노력을 멈추게 된다. 장차 부활하리라는 소망을 간직
> 하고 기억하지 못하면 나이 먹어 세상을 떠나는 게 마냥 두렵기만 할
> 것이다. 하나님의 가정에 입양되었음을 까먹으면 두려움에서 벗어나
> 지 못한다. 솔직하고 담대하게 기도하지 못한다. 자신감을 잃어버린
> 다. 하나님께, 그리고 자신에게조차 흠을 숨길 것이다.

묵상 1, 생각의 초점잡기

성경 본문을 묵상하는 갖가지 구체적인 방법들이 있지만, 영국의 신
학자 존 오웬은 세 가지 기본적인 단계가 있다고 보았다.[10] 일단 성경 공

부와 기도, 그리고 묵상을 구별하는 데서 출발한다.

> 묵상은 진리를 공부하거나 다른 이들에게 선포하는 것을 주 목적으
> 로 삼는 말씀 공부와 다르다. 또한 하나님 자신을 직접적인 대상으로
> 상정하는 기도와도 차이가 있다. 하지만 … 묵상은 … 사랑과 기쁨,
> 그리고 겸손으로 우리의 마음과 생각에 영향을 미친다.[11]

첫 번째 단계는 성경의 진리를 바라보는 명료한 시각을 선택하고 확
보하는 이른바 '생각의 초점'을 잡는 과정이다.

> 엄정하고 확고하게 정립된 묵상을 통해, (일단) 특정한 주제에 관한 여
> 러 사상과 상념들을 바로잡고, 누르고, 질서를 세워서 신령하고 거룩
> 하게 정돈하려는 데 그 뜻이 있다. … 영적이고 하늘에 속한 일들에
> 대한 생각과 묵상, 소망을 가다듬는 실질적인 정신 훈련이다. … 생각
> 과 묵상들의 초점을 맞춰서 진리 자체에 집중하게 한다.

이처럼 본문의 핵심을 정확하게 꿰뚫어 보는 여러 가지 전통적인 방
법들이 있다. 성경을 천천히 읽으면서 다음 질문들의 답을 찾아보는 방
식도 그 가운데 하나다.

이 말씀은 하나님과 그 거룩한 성품에 관해 어떤 가르침을 주는가?
인간의 본성과 자질, 행동에 대해서는 어떠한가? 그리스도와 그분이 베
푸신 구원, 교회, 하나님의 백성들 사이에서 살아가는 삶과 관련해서는

어떻게 가르치는가? 예수님이 돈 바꾸는 장사치들을 성전에서 몰아내시는 장면을 기록한 요한복음 2장 13-22절을 읽어 보자.

> 유대인의 유월절이 가까운지라. 예수께서 예루살렘으로 올라가셨더니 성전 안에서 소와 양과 비둘기 파는 사람들과 돈 바꾸는 사람들이 앉아 있는 것을 보시고 노끈으로 채찍을 만드사 양이나 소를 다 성전에서 내쫓으시고 돈 바꾸는 사람들의 돈을 쏟으시며 상을 엎으시고 비둘기 파는 사람들에게 이르시되 이것을 여기서 가져가라 내 아버지의 집으로 장사하는 집을 만들지 말라 하시니 제자들이 성경 말씀에 주의 전을 사모하는 열심이 나를 삼키리라 한 것을 기억하더라. 이에 유대인들이 대답하여 예수께 말하기를 네가 이런 일을 행하니 무슨 표적을 우리에게 보이겠느냐. 예수께서 대답하여 이르시되 너희가 이 성전을 헐라 내가 사흘 동안에 일으키리라. 유대인들이 이르되 이 성전은 사십육 년 동안에 지었거늘 네가 삼 일 동안에 일으키겠느냐 하더라. 그러나 예수는 성전된 자기 육체를 가리켜 말씀하신 것이라. 죽은 자 가운데서 살아나신 후에야 제자들이 이 말씀하신 것을 기억하고 성경과 예수께서 하신 말씀을 믿었더라.

본문에서 하나님의 어떤 면모를 볼 수 있는가? 그분은 너무도 거룩하셔서 무슨 일이 있어도 가벼이 여김을 받을 수 없는 분이라는 사실이 먼저 눈에 들어온다. '하나님의 집', 다시 말해 주님의 임재 가운데 머물며 어떻게 살아가느냐는 그만큼 막중한 과제다.

스스로의 됨됨이와 생활방식에 관해서는 무얼 알 수 있는가? 예배하는 동안 다른 일에 한눈팔지 않고 주께 집중하는 자세가 반드시 필요함을 느낄 수 있다. 아울러 삶의 여러 영역에서 하나님께 깊이 헌신한다는 것, 다시 말해 비할 데 없이 뜨거운 '열정'을 품는다는 게 무슨 의미인지 생각해 볼 수도 있다.

그리스도와 그분이 베푸신 구원에 관해서는 어떤 교훈을 얻을 수 있는가? 본문에서 주님은 부활을 예언하실 뿐만 아니라 친히 최고의 성전, 즉 도저히 다가갈 수 없을 만큼 크게 벌어진 하나님과 인류 사이의 간격을 연결하는 다리임을 선포하신다.

하나님의 백성이 되는 일에 관해서는 어떠한가? 성경 말씀을 공부하는 게 참을성을 가지고 시간을 들여야 비로소 내용을 이해하고 가르침을 얻으며 기쁨을 누릴 수 있다 하더라도 얼마나 중요한지 알 수 있다.

적용 질문을 던지는 접근 역시 풍성한 열매를 얻을 수 있는 길이다. 말씀을 꼼꼼히 살피면서 스스로의 삶에 비출 때 따르거나 피해야 할 점, 반드시 순종해야 할 명령, 당당하게 주장할 수 있는 약속, 삼가고 조심해야 할 경고가 있는지 구체적인 사례들을 찾아보는 방식이다. 요한복음의 다른 본문(1:29-42)에 이런 질문들을 적용해 보자.

이튿날 요한이 예수께서 자기에게 나아오심을 보고 이르되 보라 세상 죄를 지고 가는 하나님의 어린양이로다. 내가 전에 말하기를 내 뒤에 오는 사람이 있는데 나보다 앞선 것은 그가 나보다 먼저 계심이라 한 것이 이 사람을 가리킴이라. 나도 그를 알지 못하였으나 내가 와서 물로 세례를 베푸는 것은 그를 이스라엘에 나타내려 함이라 하니라. 요한이 또 증언하여 이르되 내가 보매 성령이 비둘기 같이 하늘로부터 내려와서 그의 위에 머물렀더라. 나도 그를 알지 못하였으나 나를 보내어 물로 세례를 베풀라 하신 그이가 나에게 말씀하시되 성령이 내려서 누구 위에든지 머무는 것을 보거든 그가 곧 성령으로 세례를 베푸는 이인 줄 알라 하셨기에 내가 보고 그가 하나님의 아들이심을 증언하였노라 하니라. 또 이튿날 요한이 자기 제자 중 두 사람과 함께 섰다가 예수께서 거니심을 보고 말하되 보라 하나님의 어린양이로다. 두 제자가 그의 말을 듣고 예수를 따르거늘 예수께서 돌이켜 그 따르는 것을 보시고 물어 이르시되 무엇을 구하느냐 이르되 랍비여 어디 계시오니이까 하니(랍비는 번역하면 선생이라). 예수께서 이르시되 와서 보라 그러므로 그들이 가서 계신 데를 보고 그날 함께 거하니 때가 열 시쯤 되었더라. 요한의 말을 듣고 예수를 따르는 두 사람 중의 하나는 시몬 베드로의 형제 안드레라. 그가 먼저 자기의 형제 시몬을 찾아 말하되 우리가 메시야를 만났다 하고(메시야는 번역하면 그리스도라) 데리고 예수께로 오니 예수께서 보시고 이르시되 네가 요한의 아들 시몬이니 장차 게바라 하리라 하시니라(게바는 번역하면 베드로라).

세례 요한을 본받고 따라야 할 점이 있다. 그는 당대의 스승으로 수많은 이들로부터 열렬한 추앙을 받았지만 인간이 가장 큰 충성을 바쳐야 할 대상은 예수님뿐임을 잊지 않고 제자들을 떠나보내고자 했으며 실제로 행동에 옮겼다.

우리도 그리스도와의 관계가 다른 누구와의 관계보다 훨씬 더 중요하다는 사실을 명심해야 한다. 아울러 "보시오!"라며 예수님을 하나님의 어린양으로 믿고 받아들여야 한다는 명령도 볼 수 있다. 따라서 크리스천이라면 예수님은 곧 속죄제물이요 유월절 양이며 그분을 통해 죄를 용서받을 수 있음을 믿어야 한다.

뿐만 아니라 "와서 보아라!"고 하신 약속도 있다. 그리스도의 약속은 일련의 과정이다. 주님은 우리가 원하는 걸 당장 주시지 않는다. 지금 예수님께 나가 마음을 다 드리면 시간이 갈수록 점점 더 놀라운 일들을 "보고" 배울 수 있게 된다. 더 나아가 여기에는 부드러운 경고도 실려 있다. 예수님께 와서 헌신하고 그의 제자가 되면 '보게' 되겠지만, 다른 한편으로는 여태까지 살아온 방식이 흐트러지고 변화가 일어날 것이다. 예수님이 시몬을 제자로 부르시면서 새 이름을 주신 것처럼 말이다.

성경을 묵상하는 또 다른 길은 핵심적인 구절을 찾아내서 한 마디 한 마디 곱씹으며 깊이 생각하는 방식인데, 특히 짤막한 말씀을 다루는 데 적합하다. 낱말 하나하나가 어떻게 독특하게 기능하며 본문에 의미를 주고 있는지, 단어 하나를 들어내면 어떤 뜻이 사라지게 되는지 스스로 묻고 답하라. 마가복음 1장 17절을 한 단어 한 단어를 철저하게 살피며 묵상해 보자.

- "나를 따라오너라. 내가 너희를 사람을 낚는 어부가 되게 하겠다." 여기에는 단순히 지식을 빨아들이는 학생이 아니라 삶 전체를 그리스도에 맞추어야 하는 제자가 되어야 한다는 뜻이 담겨 있다.

• "나를 따라오너라. 내가 너희를 사람을 낚는 어부가 되게 하겠다."
예수님은 그저 "순종하라"고 하신 게 아니라 "순종하고 따라오라"고
말씀하신다. 그리스도께 복종해야 한다는 건 두말할 필요가 없지만,
기독교 신앙의 목표는 그분과 인격적이고 친밀한 관계를 맺는 데 있
다. 거기에는 윤리적인 동의와 순종뿐만 아니라 주님과 나누는 따뜻
한 사귐이 있어야 한다.

• "나를 따라오너라. 내가 너희를 사람을 낚는 어부가 되게 하겠다."
이 말씀은 친히 우리를 변화시켜 주시겠다는 약속이자 보장이다.

• "나를 따라오너라. 내가 너희를 사람을 낚는 어부가 되게 하겠다."
하지만 이는 과정이다. 조급하게 서둘러서는 안 된다.

낱말들 하나하나가 어떻게 가르침의 각기 다른 면모들을 드러내고
있는지 살펴보라. 그런 표현들을 개별적으로 뜯어보며 묵상하지 않으면
어떤 교훈을 놓치게 되겠는가?

본문을 자신의 말로 다시 옮겨 보는 작업도 본문에 담긴 진리에 생
각의 초점을 맞추는 기법이 될 수 있다. 말씀을 읽고 나서 성경을 덮은 다
음 다시 말해 보라. 그러고 나서 다시 말씀을 읽으면 얼마나 많은 내용을
놓치고 있는지 알게 될 것이다. 이만하면 됐다 싶을 때까지 같은 과정을
반복하라. 이런 묵상 방식은 그 어느 기법보다도 본문을 깊이 되새김질하
게 해 준다. 특정한 단어나 개념이 쉽게 이해되지 않는다는 판단이 들면
시간을 두고 차근차근 공부해서 깨우치라. 자신의 말로 다시 옮기는 작업
을 거치면 그 말씀이 한결 쉽게, 내면 깊숙이 터를 잡는다.

앞에서도 이야기한 바 있지만, 말씀을 묵상하는 으뜸가는 방법은 암송이다. 송두리째 외워 버리는 식의 공부는 대단히 유서 깊은 학습법임에도 불구하고 요즘에는 과거보다 활용도가 훨씬 떨어져 아쉽기 짝이 없다. 암송이 가져다주는 유익은 한두 가지가 아니며 다른 묵상 방법과도 얼마든지 함께 쓸 수 있다. 마디마디 정확하게 외우려 노력하다 보면, 무심히 지나쳤을 법한 특별한 뜻이 충격적이리만치 생생하게 다가오고, 생각지도 않았던 대목에서 수없이 많은 깨달음들이 쏟아져 나오는 경험을 한다.

그뿐 아니다. 일상생활을 하면서 성경의 가르침을 눈앞에 벌어진 이러저러한 상황에 어떻게 적용할지 고민할 때 암송했던 말씀이 툭 튀어나오기도 한다. 암송을 괜히 '마음으로 하는 공부'라고 부르는 게 아니다. 그건 엄연한 사실이며 자연스럽게 묵상의 두 번째 단계로 이끌어 간다.

묵상 2, 말씀에 소망을 두고 마음 기울이기

오웬은 생각을 가다듬었으면 이제 묵상의 두 번째 단계인 '마음 쏟기'로 넘어가라고 말한다. 생각을 정리해서 하나님과 그리스도, 구원과 영원, 인간의 상태 따위에 관해 말씀이 가르치는 바를 정확히 바라보는 시각을 갖게 되었다면 더욱 온전하게 거기에 소망을 두고 만족을 얻을 수 있을 때까지 마음을 기울여야 한다.

오웬은 이를 '온갖 … 정서를 아우르는 경향, 성향, 또는 틀'로서 마음이 "영적인 것들을 붙들고 늘어지며 … 그 안에서 … 사랑과 기쁨을 찾으며 … 거기에 온 관심을 쏟는"[12] 일로 풀이한다. 비슷한 시기에 활동했던 리처드 백스터(Richard Baxter)는 오웬의 설명을 압축해 '독백(soliloquy)'이라고 불렀다. 하나님 말씀이 스스로의 됨됨이와 삶, 그리고 갖가지 관계에 어떻게 작용하며 영향을 미치는지 살핀 뒤에, 제 마음에 호소하고 설파해서 그 진리가 스며들게 하며 마침내는 거짓 소망을 버리고 태도와 감정, 헌신의 방향을 전면수정하게 만드는 일을 가리킨다.

백스터는 독백을 통해 "쓸모없는 흙덩이에서 불꽃으로, 건망증 심하고 세상과 사랑에 빠진 죄인에서 하나님을 뜨겁게 사랑하는 연인으로, 툭하면 두려워 떠는 겁쟁이에서 흔들림 없는 크리스천으로, 허망한 슬픔에 사로잡혀 사는 인생에서 기쁨에 겨워하는 삶으로 변화되길 간구하라"고 말한다. "한마디로 마음이 지상에서 천국으로 옮겨 가길 구해야 한다"[13]는 것이다.

구체적으로 무얼 어떻게 해야 하는가? 마르틴 루터의 본보기를 좇는 것도 한 방법이다. 루터는 마음에 떠오르는 진리를 붙들어 가르침으로 받아들이고 나면 곧바로 그 말씀 가운데 드러난 하나님의 성품 가운데 찬양할 만한 면모, 스스로 회개해야 할 허물, 간구해야 할 일들은 무엇인지 골똘히 궁리했다. 매번 진리를 하나님과 자신, 그리고 세상에 들이댔던 것이다.

루터는 성경의 진리를 추상화하지 않았다. 삶과 동떨어진 개념으로 여기기는커녕, 그 가르침이 자신을 어떻게 바꾸어 가는지 살피면서 말씀에 깊이 침잠하고 적극적으로 심령을 조명했다. "지혜란 일단 손에 넣으면 버리지 않고 그 안에 머물게 되는 지식"이란 옛말이 있다. 추상적인 지식과 참다운 지혜의 차이를 꼬집는 격언이다. 지혜는 관계 하나하나에 진리를 적용하는 걸 가리킨다. "이 진리는 하나님과 나 자신, 이 사람 저 사람, 이 모임과 저 모임, 이런저런 행동과 습관, 친구들, 문화에 어떤 의미를 갖는가?"라고 묻는 것이다.

내면을 더 깊이 들여다보는 마음가짐 또한 진리가 어떻게 삶을 변화시키는지 분간하는 좋은 방법이다. 진리의 말씀을 잊고 살 때, 어떤 그릇된 생각들이 자리 잡게 되는지 스스로 묻고 답하라. 온전히 믿고 받아들이지 않을 때, 나타나는 과도하고 주체할 수 없는 정서들을 꼽아 보라. 진리를 바라보는 시선이 흔들리고 무너질 때, 어떻게 하나님만이 주실 수 있는 선물을 스스로 어찌해 보고자 하는 지나친 욕심에 눈멀게 되는지 짚어 보라. 진리를 단단히 붙들고 곱씹지 않은 탓에 빠지게 되는 실천적인 죄와 허물들을 찬찬히 살펴보라. 대충 뭉뚱그리거나 얼렁뚱땅 넘어가지 말라. 진리에 기대어 그만두어야 할 행동이 있는가? 새로 시작해야 할 일이 있는가?

어떻게 성경의 진리에 기대어 삶을 바꿔 가야 할지 가늠할 수 있는 마지막 방법은 깨달음을 주시는 시점을 헤아리는 노력이다. 하나님이 하필 오늘 그 말씀을 보여 주신 까닭은 무엇일까? 지금 생활 중에 벌어지고 있는 일 가운데 그 진리가 의미를 가질 만한 상황이 있는가?

이런 질문들에게는 면밀한 탐색이 따른다. 답을 찾아가는 과정에서 큰 감동을 받는 경우가 많지만 항상 유쾌하고 즐겁기만 한 건 아니다. 진리를 깊이 파고들다 보면 허물을 지적받고, 낮아지며, 곤란한 처지에 몰리거나, 평안과 위로를 찾는다든지 가슴이 터져나갈 것만 같은 감격과 기쁨을 맛본다. 묵상은 이 지점, 이런 마음자리를 목표로 한다. 오웬은 단호하게 말한다.

> 그리스도에 대한 묵상과 정신적인 개념을 교리적으로 받아들이는 데 만족한다면, 그를 통해 전달되는 변화의 능력이나 효능을 눈곱만큼 도 맛볼 수 없다. 하지만 신령한 빛이 이끄는 대로 흠 없는 마음의 목 적을 가지고 줄기차게 예수님께 애정을 쏟는다면, 그분을 생각하고 기뻐하는 감정이 내면을 가득 채울 것이다. 그렇게 되면 그리스도로 부터 비롯된 덕(성품의 변화)이 우리를 깨끗하게 하며, 거룩함을 키우 고, 은혜를 더하며, 때로는 이루 말할 수 없는 기쁨과 충만한 영광이 엄습하게 된다.[14]

오웬은 예수님에 대한 교리에 사상적으로 동의하는 데 안주하는 행 위는 그분을 찬양하는 게 아니므로 올바른 처사가 아니라고 지적한다. "예수를 … 사랑하는도다. 이제도 보지 못하나 믿고 말할 수 없는 영광스 러운 즐거움으로 기뻐하니."[15] 그러자면 말씀을 공부하고 묵상해서 즐거 워할 뿐만 아니라(시 1:2) 가슴 깊이 사랑하고 만끽하며 그를 통해 삶이 달 라지는 역사를 경험하는 수준에 이르러야 한다. 오웬은 이를 "영적인 건 강 상태를 보여 주는 적정한(또는 적절한) 온도"라고 불렀다. 바로 여기가 "그리스도를 통해 하나님의 영광을 아는 지식"의 양이 마음에 품은 애정 의 깊이와 딱 들어맞는 지점이다.[16]

다시 말해서 크리스천이 신학적으로 파악한 지식의 총량에 따라 그 심중에 형성된 기쁨과 평안, 견실함과 인내, 온유 따위의 부피도 얼추 비슷하게 커져야 한다는 뜻이다.

묵상 3, 즐거워하거나 부르짖으라

존 오웬은 일단 말씀을 깊이 묵상했다면(진리를 깨닫고 삶에 적용했다면) 그 결과는 다채로울 수 있다고 덧붙인다. 진리를 알고 누리는 마음의 경험은 "깊이가 천차만별이어서 누군가는 더하기도 하고 더러는 덜하기도 하다."

그렇다면 묵상의 세 번째 단계는 무엇인가? 양쪽 끄트머리 사이의 스펙트럼(다양한 정도) 가운데 어느 자리를 지나고 있느냐에 따라 얘기가 달라진다.

오웬은 하나님의 임재와 주님이 베푸신 구원의 실상을 알고 감격하고 있다면 그 자리에 머물며 마음껏 누리라고 권한다. '풍미'란 다소 예스러운 어휘를 동원해가며 영으로 맛보는 감미로움과 만족감을 설명한다.

> 영적 삶이 주는 감미로움과 만족은 이런 풍미와 향취에서 찾을 수 있다. 외롭고, 메마르고, 찌들고, 황량해지면 영적인 것들을 사변적으로 헤아리게 된다. 그처럼 고상한 풍미에 젖은 이들은 경험적으로 자애로우신 하나님, 포도주보다 더 달콤한 그리스도의 사랑, 그밖에 무엇이 됐든 짜릿하게 미각을 자극하는 더없이 상쾌한 향취를 맛볼 수 있다. 이것이야말로 크리스천이 "말할 수 없는 영광스러운 즐거움으로

기뻐"(벧전 1:8)하는 타당한 근거가 된다."[17]

다윗이 "내가 여호와께 바라는 한 가지 일 그것을 구하리니 곧 내가 내 평생에 여호와의 집에 살면서 여호와의 아름다움을 바라보며 그의 성전에서 사모하는 그것이라"(시 27:4)고 고백하는가 하면, "내가 간절히 주를 찾되 … 내가 주의 권능과 영광을 보기 위하여 이와 같이 성소에서 주를 바라보았나이다. 주의 인자하심이 생명보다 나으므로 내 입술이 주를 찬양할 것이라. … 이러므로 나의 평생에 주를 송축하며 주의 이름으로 말미암아 나의 손을 들리이다. 골수와 기름진 것을 먹음과 같이 나의 영혼이 만족할 것이라 나의 입이 기쁜 입술로 주를 찬송하되"(시 63:1-5)라고 노래한 까닭도 여기에 있다.

마르틴 루터는 직접 대놓고 말씀하시듯 성령님이 '메시지를 선포하시는' 경우도 있지만 그렇지 않을 때도 있음을 잘 알았다. 오웬 역시 지극히 현실적이어서 가끔은 아무리 안간힘을 써도 도무지 집중할 수가 없다든지, 생각이 크고 깊게 확장될 낌새가 보이지 않고 지루하고, 고단하고, 산만하기만 한 순간이 온다는 사실을 순순히 인정한다. 그럴 때는 하나님께 눈을 돌리고 간단하지만 간절하게 도우심을 구하라고 당부한다. 그래 봐야 남은 시간을 채우는 게 고작일 수도 있겠지만, 붙잡아 주시길 간구하는 바로 그 부르짖음이 생각을 모으고 마음을 누그러뜨려 주는 일도 드물지 않다는 것이다.

오웬은 이렇게 적었다. "준비를 다 갖춘 뒤에도 여전히 당혹스럽고 옴짝달싹할 수 없으며, 영적인 생각들에 자연스럽게 초점을 맞추고 마음을 잡기 어렵다면 하나님께 탄식하고 부르짖으며 도우심과 위로를 간청하라."[18] 묵상을 할수록 "스스로의 연약함과 부족함을 절감하는 겸허한 자각"만 돌아온다손 치더라도 결코 시간 낭비가 아니다. 그런 경험은 영적인 실상과 마주할 수 있는 더 큰 기회로 이끌어 간다. 오웬은 하나님의 부재를 느끼고 한탄하며 슬퍼한다는 사실 자체가 그분을 향한 사랑의 표현이며 주님은 절대로 그 아우성을 못 들은 척 흘려버리지 않으신다고 단언한다.[19]

아울러 그날은 그만 자리를 털고 다음날 다시 기도하라고 조언한다. "꾸준히 의무에 충실하면 넉넉히 감당할 힘이 생긴다. 흔들리지 않고 꼬박꼬박 그 과정을 따라가는 이들은 점점 더 밝고, 지혜로우며, 경험이 풍부해져서 마침내 형편이 어떠하든지 꽤 요리할 수 있다."[20]

시편 1편은 이 주제에도 큰 도움이 될 수 있을지 모른다. 묵상하는 사람은 나무와 같다. 나무는 하룻밤 새에 자라지 않는다. 오랜 세월을 두고 물기가 있는 쪽으로 뿌리를 뻗어 간다. 묵상도 이와 같이 긴 시간에 걸쳐 진행되는 지속적인 과정이다. 성과는 야금야금 쌓여 간다. 그러므로 끈질기게 붙들고 늘어져야 한다. '밤낮으로', 다시 말해 규칙적으로 꾸준히 묵상해야 한다.

오웬에 따르자면, 묵상은 정신으로 진리를 분석하고 그 결과를 감정과 태도, 마음을 쏟는 자리 등 삶의 온갖 영역에 반영하며, 성령님이 주시는 깨달음과 영적인 현실을 좇아 반응하는 걸 가리킨다. 그러므로 기도를 위한 묵상은 생각하고, 마음을 돌리며, 하나님의 임재를 기뻐하거나 주님의 부재를 인정하고 거룩한 자비와 도우심을 구하는 세 가지 요소로 이뤄진다고 말할 수 있다. 결국 묵상은 진리를 깊이 숙고해 찾아내고, 그 개념이 '크고 감미로워지며' 감동과 영향력을 갖게 되기까지, 그리고 하나님의 실상을 마음으로 감지해 낼 수 있기까지 마음에 끌어안고 곱씹는 작업이다.[21]

육신을 입은 말씀을 묵상하는 일

시편 1편은 '주님의 율법을 묵상하는' 경건한 이들의 이야기를 들려준다. '주님의 율법'이란 성경 전체를 이르는 말로 그 규범적인 특성에 초점을 맞춘 표현이다. 성경은 크리스천의 '믿음과 행위를 규정한 법'으로 한 사람 한 사람의 삶을 향한 하나님의 뜻을 보여 준다. 그런데 여기서 지극히 중요한 실천적인 이슈가 등장한다. 하나님 말씀을 토대로 주님의 뜻을 마음을 다해 묵상하는 이들이 어떻게 기쁨과 행복을 맛볼 수 있는가 하는 문제다.

산상설교에 나타난 예수님의 십계명 묵상을 살펴보자. 그리스도는 "간음하지 말라"는 계명의 의미를 샅샅이 살핀 뒤에, 배우자가 아닌 상대에게 욕정을 품는 것만으로도 죄가 된다는 결론을 내렸다(마 5:27-30). 또 "살인하지 말라"는 계명을 묵상하시고는 이웃에게 원한조차 품어서는 안된다는 속뜻을 끌어내셨다(마 5:21-22). 하지만 그처럼 철저하게 주님의 법을 파고든다면 낙심하지 않고 배겨 낼 이가 몇이나 되겠는가?

성경의 중심인물이자 요한복음이 "말씀이 육신이 되어 우리 가운데 계신다"(요 1:14)고 설명하는 분, 즉 하나님의 궁극적인 표현이자 의사 전달 통로인 그리스도를 바라보라는 게 답변이 될 것이다. 예수님 자신은 성경을 어떻게 대하셨는지 알아보자.

예수님은 묵상의 대가였다. 하나님의 뜻을 따르는 일을 무엇보다 기뻐했다. 히브리서 10장 7절은 시편 40편 8절을 인용해서 예수님의 말씀으로 소개한다. "보시옵소서. 두루마리 책에 나를 가리켜 기록된 것과 같이 하나님의 뜻을 행하러 왔나이다."

주님은 밤낮으로 기도하셨다. 누가복음 5장 16절은 "예수는 물러가사 한적한 곳에서 기도하시니라"고 했고, 6장 12절은 "기도하시러 산으로 가사 밤이 새도록 하나님께 기도하시고"라고 전한다. 그밖에도 9장 18절과 28절, 11장 1절, 22장 39-40절을 보면 주님께 기도는 '일상'이었음을 알 수 있다.

예수님은 하나님을 바라볼 때마다 큰 기쁨을 경험하셨다. 누가복음 3장 21-22절에 따르면 "예수도 세례를 받으시고 기도하실 때에 … 하늘로부터 소리가 나기를 '너는 내 사랑하는 아들이라. 내가 너를 기뻐하노라' 하시니라."

성경을 한없이 심원하게 묵상해서 말 그대로 '살과 피'가 되게 하셨으며 세상에 살면서 절체절명의 순간에 직면할 때마다 본능적으로 그 내용을 인용하셨다. 사탄이 요모조모 공격해 올 때마다 "기록되었으되"로 시작되는 말씀을 내세워 싸우셨다(마 4:1-11). 심지어 숨이 멎는 상황에서도 시편 22편 1절 말씀을 끌어다 쓰셨다. "나의 하나님, 나의 하나님, 어찌하여 나를 버리셨나이까?"(마 27:46).

이런 사례들은 예수님의 입장이 얼마나 확고했는지 단적으로 보여 준다. 십자가에서 극심한 고난을 견디실 때조차 하나님의 말씀을 활용하셨을 정도니, 나무로 치면 그야말로 '상록수'였던 셈이다. 혹독한 어려움을 견뎌 낼 능력을 갖고 싶은가? 주님이 그러셨던 것처럼 말씀에 뿌리를 내리라.

하지만 예수님은 단순히 훌륭한 본보기에 그치지 않는다. 그분이 보여 주신 모습이 전부라면 주님의 삶은 우리 같은 죄인된 인생을 죄책감에 짓눌리게 만들 뿐이다. 아무도 그분처럼 말씀을 묵상할 수 없기 때문이다.

감사하게도 그리스도는 그보다 무한정 더 큰 분이시다. 그저 성경에 기록된 모범 수준이 아니라 기록된 하나님의 모든 말씀이 바라보는 지향점이다. '예수님을 통해 은혜로 베풀어 주시는 구원'(눅 24:27, 44)이야말로 성경의 핵심 메시지인 까닭이다. 성경은 처음부터 끝까지 그리스도에 관한 책이다. 모세도 예수님에 관한 글을 썼고 아브라함 역시 주님의 날을 보고 크게 기뻐했다(요 5:46, 8:56).

육신을 입은 말씀이 우리를 위해 세상에 오고 돌아가서 하나님의 법에 어긋나는 죄와 허물을 용서받을 길을 여셨음을 감안하면, 기록된 말씀과 그 법은 온 인류에게 기쁨이 될 수밖에 없다. 예수님의 사명을 온전히 이해하지 못하고는 율법을 즐거워할 수가 없다. 그리스도가 빠지면 그 법은 저주요, 사형선고이고, 이편의 잘못을 증언하는 증인에 지나지 않는다(갈 3:10-11). 주님이 우리를 위해 율법을 온전히 지키고 완성하신 덕분에 하나님의 법은 끝없는 좌절과 절망이 아니라 기쁨인 것이다(고후 5:21).

예수님은 으뜸가는 우리의 묵상 대상이기도 하다. 그분 자체가 하나님에 대한 묵상이기 때문이다. 그리스도는 '현실적'이고, '구체적'이며, '현장에 적용된 하나님의 진리'다. 마지막 심판 자리에 당당히 설 수 있게 하시는 분이며, 성령의 열매(갈 5:22)를 주시는 분이시다. 크리스천은 주님을 묵상하는 동시에 그분과 더불어 묵상해야 한다. 그렇게 되면 시편 1편이 새로운 방식으로 우리 삶 가운데 실현될 뿐만 아니라 예수님이 그러셨듯이 흔들리지 않는 나무로 살아갈 것이다. 리처드 러브레이스(Richard Lovelace)는 이렇게 적었다.

> 이건 스스로 하나님의 자녀임을 믿느냐의 문제다. 우리의 내면에는 그걸 부정하는 허다한 경험들이 쌓여 있다. 하지만 엉뚱한 데서 사랑과 자기 용납이란 선물을 훔쳐 내려 안간힘을 쓰는 대신, 온갖 증거들을 물리치고 하나님의 사랑이 타오르는 불가에 앉아 몸을 녹일 수 있다는 믿음을 붙드는 결단은 실제로 거룩한 삶의 근간이 된다. … 크리스천은 스스로 행한 사랑이 아니라 믿고 의지하는 사랑으로 구원을 받는다.[22]

러브레이스는 생명을 버려 희생 제물이 되신 그리스도를 통해 의롭게 되었다는 사실을 묵상하는 것을 "하나님의 사랑이 타오르는 불가에 앉아 몸을 녹인다"고 표현했다. 확신으로 마음이 뜨거워질 때까지 그 진리를 묵상하지 않는다면, 세속적인 성공과 아름다움, 또는 지위에서 "사랑과 자기 용납이란 선물을 훔쳐 내려 안간힘을" 쓰게 될 게 뻔하다.

예수님을 묵상하라. 그분은 스스로 하나님에 대한 묵상이 되신다. 사랑을 베풀어 주시는 주님을 바라보라. 우리를 보며 노래하시는 주님을 주목하라(습 3:17). 거기서 눈길을 떼지 않으면 하나님은 친히 기쁨이 되어 주시며 그분의 법 또한 기쁨이 된다. 우리는 물가에 심은 나무처럼 청청해진다. 시절을 좇아 열매를 맺고 삶의 가뭄을 만나더라도 잎이 마르지 않을 것이다.

11

하나님의 얼굴을
구하라

하나님과 연합하고 영광을 즐거워하라

기도는 하나님과 나누는 대화이며 그분과 마주하는 자리로 이끌어 간다. 웨스트민스터 대요리문답이 말하듯 이런 역사가 크리스천의 "마음에서 생겨나고 또 불일 듯 타오르는 건" 사실이지만, "누구에게나, 항상, 똑같은 방식"으로 일어나는 건 아니다.[1] 그래도 거기가 목표 지점이라는 데는 변함이 없다. 존 오웬은 묵상에 관한 논문에서 하나님의 임재와 실재를 통해 됨됨이의 틀이 잡혀 가는 경험을 세 번째 단계로 꼽는다.

장 칼뱅에 따르면, 예수님은 거룩한 백성들에게 엄청난 선물을 주시지만 그 선물을 모두 누리는 이들은 흔치 않다. '누림'은 "그리스도와 하나가 되고 … 온갖 거룩한 유익을 만끽하게 하시는 성령님의 신비로운 능력"에 힘입을 때만 가능하다.[2] 나중에 칼뱅은 이렇게 덧붙였다. "머리 꼭대기에서 빙빙 떠돌아다니듯 하는 게 아니라 마음 깊은 곳에 뿌리를 내릴 때 비로소 하나님 말씀을 믿음으로 받아들인 것이다."[3] 마음을 다해 뛰어드는 대신 지적으로 아는 데 안주해선 안 된다.

이쯤 되면 자연스레 궁금해진다. 어떤 경험을 기대하고 또 어떻게 추구해야 하는 것일까?

부자인데 가난에 시달리는 크리스천
그리스도 안에서 은총을 받았지만 제대로 누리지 못하고 있다는 칼뱅의 주장은 에베소서에 나오는 바울의 위대한 기도와도 일맥상통한다.

> 이러므로 내가 하늘과 땅에 있는 각 족속에게 이름을 주신 아버지 앞
> 에 무릎을 꿇고 비노니 ⋯ 그의 영광의 풍성함을 따라 그의 성령으로
> 말미암아 너희 속사람을 능력으로 강건하게 하시오며 믿음으로 말미
> 암아 그리스도께서 너희 마음에 계시게 하시옵고 너희가 사랑 가운
> 데서 뿌리가 박히고 터가 굳어져서 능히 모든 성도와 함께 지식에 넘
> 치는 그리스도의 사랑을 알고 그 너비와 길이와 높이와 깊이가 어떠
> 함을 깨달아 하나님의 모든 충만하신 것으로 너희에게 충만하게 하
> 시기를 구하노라(엡 3:14-19).

바울은 편지를 읽는 독자들을 위해 간구하면서 아버지께서 "믿음으
로 말미암아 그리스도께서 너희 마음에 계시게 하옵시고" "그리스도의
사랑을 알게" 해 달라고 빌었다. 그리고 마지막으로 "하나님의 모든 충만
하신 것으로" 충만하게 하시길 기도했다. 바울은 이렇게 세 가지를 하나
님께 요청했다.[4]

하지만 에베소서의 독자는 크리스천들이다. 성경 곳곳에서 바울은
성령님을 중심에 모시고 있지 않거나 삶 가운데 예수님이 머물러 계시지
않는다면 어느 모로 보든 크리스천이 아니라고 누누이 강조한다. 에베소
서 2장에서는 어떻게 그리스도와 연합하며 주안에서 다른 형제자매들과
하나가 되는지 상세하게 설명한다. 바울은 에베소서 1장에서는 그리스
도와 연합함으로써 이미 하나님의 충만하심을 그 안에 지니게 되었다고

가르친다(22-23절). 새로운 질문이 떠오른다. 그렇다면 그리스도가 이미 크리스천들 가운데 살아 역사하고 계시는 게 아니라는 말인가? 예수를 믿는 이들이라면 엄청난 희생을 치르신 주님의 사랑을 진작에 알고 있지 않은가? 달리 어떻게 해야 크리스천이 될 수 있다는 얘긴가? 어째서 바울은 크리스천들이 일찌감치 받은 것들을 하나님께 구했던 것일까?

답은 하나다. 받아 가진 것은 사실이지만 체험적으로 누리지 못하고 있었기 때문이다.[5] 그리스도의 사랑을 깨닫고 "주님이 행하신 일들을 다 안다"고 말하는 것과 그 사랑이 얼마나 넓고, 크고, 높고, 깊은지 절감하는 건 별개의 문제다. 바울은 이론적으로 무언가를 진리로 받아들이는 것과 전폭적으로 수용하고, 활용하며, '속사람'(엡 3:16), 또는 '마음속'(17절)으로 살아내는 것 사이의 차이를 짚고 있다.

명색이 크리스천이라 할지라도 얼마든지 가식적이고, 공허하며, 진정성이 없는 삶을 살 수 있다. 진리를 마음에 끌어들이는 데 실패하여 원래 모습과 생활방식을 조금도 바꾸지 못하는 까닭이다.

인류사의 위대한 지성으로 꼽히는 블레이즈 파스칼은 크리스천이자 철학자였다. 세상을 떠난 직후, 입고 다니던 코트 안쪽에 바느질해 붙인 천 조각이 나왔다. 거기엔 어느 날 밤에 겪었던 일이 기록되어 있었다. "1654년, 11월 23일, 월요일. 밤 열시 반부터 열두시 반까지 … 철학자나 좀 배웠다는 자들의 주님이 아니라 아브라함의 하나님, 이삭의 하나님, 야곱의 하나님. 확신. 확신. 느낌. 기쁨. 평안." 파스칼은 물리적인 불보다는 하나님의 임재 앞에 섰던 경험을 이야기하고 있다(성경에서 불은 거룩한 분의 실재를 대표하는 경우가 많다). 이전에도 하나님을 믿었음에 틀림없

235

지만 철학자들의 하나님이 아니라 아브라함과 이삭과 야곱의 하나님을 만났다는 말에는 추상적으로 알던 사실들을 마음으로 알게 됐다는 뜻이 담겨 있다.[6]

19세기 후반, 시카고의 소문난 목회자 드와이트 무디(Dwight L. Moody) 의 경우도 마찬가지다. 그는 이렇게 적었다. "뉴욕에 머물고 있던 어느 날이었다. 얼마나 멋지고 놀라운 날인지! 뭐라고 해야 할까, 도무지 형언할 수가 없다. 너무도 거룩한 사건이어서 똑 부러지게 옮길 도리가 없다. … 기껏해야 하나님이 스스로 모습을 드러내셨다고 고백할 수 있을 따름이다. 주님의 사랑을 얼마나 절절하게 경험했던지 그분의 수중에 머물게 해 주시길 간청할 수밖에 없었다."[7] 그전까지는 크리스천이 아니었다든지 그리스도의 사랑과 임재를 전혀 몰랐다는 얘기를 하는 게 아니다. 아마도 그리스도 안에서 스스로의 됨됨이를 파악하는 객관적 현실과 내면의 주관적 체험이 한데 어우러진 결과가 아닌가 싶다. 그는 잠시나마 속사람 본연의 삶을 살았던 것이다.

이처럼 하나님을 뜨겁게 만나는 유명한 사례들이 더러 있다. 이를 예외적인 사건으로만 치부해선 안 된다. 바울은 에베소 교인들에게 도저히 도달할 수 없을 만큼 높고 희귀한 일을 두고 기도하라고 말하는 게 아니다. 에베소서 3장에서 그는 성령님이 역사하시면 크리스천이 붙잡고 있는 믿음의 진리가 마음과 성품을 사로잡고 또 빚어 갈 것이라고 말한다. 그런 일이 일어나고 있다는 느낌은 온건하고 부드러운 경고에서부터 폭발적인 임재까지 천차만별이다. 놀라운 선물을 주시면 두 팔 벌려 감사히 받지만, 그 체험의 전말을 소상하게 적어 두고 평생 곱씹을 일은 아니다. 성령님이 이렇게 역사하시는 순간들에는 공통점이 있다. 그리스도를 통해 무언가를 받아 누리게 되었음을 알게 된 뒤부터 마음가짐과 감정, 행동이 달라진다는 점이다. 누군가 당신에게 유산을 남겼는데 이것저것 떼고 나면 몇 푼 안 될 것 같아 오래도록 확인조차 하지 않았다. 그런데 어느 날, 기대와 달리 그 액수가 어마어마하다는 사실을 알게 된다면 기가 막혀 어쩔 줄 모를 게 뻔하다. 실제로는 갑부였는데 쪼들리며 살았다니! 바울은 크리스천들에게 그것만은 피하라고 당부한다. 기도하면서 하나님과 만나야만 그렇게 어리석은 짓을 하지 않을 수 있다.

이것이 많은 크리스천들의 현실일지도 모른다. 분명히 그리스도 안에 있다. 하늘 아버지의 양자로 입양되었다. 거룩한 생명, 곧 성령님을 중심에 품고 산다. 예수님으로 말미암아 용납과 사랑을 받고 있다. 모르는 바가 아니다. 그저 단단히 부여잡지 못하고 죄다 까먹고 만다. 여전히 나쁜 습관에 시달리고, 걱정, 따분함, 낙담, 분노 등에 휩쓸리기 일쑤다. 온갖 수단과 방법을 동원해서 맞서고 처리해야 할 크고 작은 문제와 이슈들이 산더미 같다. 하지만 그 바닥에 깔린 근원적인 문제는 그리스도 안에서 부요해졌으면서도 가난하게 살고 있다는 사실 단 하나뿐이다.

아는 것을 넘어 진리를 맛보라

속사람의 영적인 경험이란 무얼 가리키는가? 무엇보다 '속사람'이란 무얼 말하는가? 속사람이란 흔히 말하는 마음과 비슷한 개념으로 인간의 의식과 신앙의 기초라고 할 만한 헌신의 중심을 이룬다.[8] 예수님에 관해

머리로 아는 진리가 제대로 표출되지 못하는 지점이기도 하다. 그리스도가 우리를 사랑하셨다는 관념을 지성적으로 동의하고 받아들이지만, 마음으로는 세상적인 방식으로 사랑을 찾으려 안간힘을 쓰기 일쑤다. 머리가 믿는 바에 속사람이 영향을 받은 셈이다. 성령님은 그때마다 진리로 속사람을 다시 빚어 만들 준비를 하신다. 어떻게 그럴 수 있을까?

성령님은 인간의 내면에 복음의 진리에 반응하는 영적인 감성을 불러일으키신다. 바울은 말한다. "그의 영광의 풍성함을 따라 그의 성령으로 말미암아 너희 속사람을 능력으로 강건하게 하시오며 믿음으로 말미암아 그리스도께서 너희 마음에 계시게 하시옵고 … (그리하여) 그리스도의 사랑을 알고 그 너비와 길이와 높이와 깊이가 어떠함을 깨달아 하나님의 모든 충만하신 것으로 너희에게 충만하게 하시기를 구하노라." 여기에 쓰인 '깨닫다'라는 동사는 대단히 중요한 의미를 갖는다. 그저 '믿는' 것과는 차원이 다르며, 무언가를 '단단히 붙든다'는 뜻이다.

사진을 찍으려면 화공약품을 발라서 빛에 민감하게 반응하도록 만든 필름이 필요하다. 카메라 셔터가 열리고 빛이 들어오면 피사체의 상이(예를 들어, 나무와 같은) 그 위에 고스란히 남는다. 화학적인 처리를 거친 필름이 나무의 이미지를 '포착해서' 그대로 보존한다. 필름은 나무의 영향을 받아 영구적으로 변한 폭이다. 그런데 화학물질이 제대로 발려지지 않아서 하자가 생겼다면 어떻게 될까? 필름의 감도가 떨어져서 셔터가 열리고 빛이 들어온다 해도 피사체를 또렷이 포착하지 못할 것이다. 무엇을 찍든 결과는 마찬가지다. 빛은 필름에 아무런 변화를 일으키지 못한다.

바울의 기도는 크리스천들에게 성령님의 '화학처리', 다시 말해서 '영적인 감도'를 확보하는 작업이 필요하며, 그렇지 않으면 머리로 진리에 동의하고 입으로 고백한다 할지라도 생활방식에는 이렇다 할 실질적 변화가 일어날 수 없다는 점을 생생하게 보여 준다. 성령님이 마음을 민감하게 하신 상태에서 하나님은 거룩하신 분이라는 진리의 빛에 노출되면, 정서적인 반응이 일어날 뿐만 아니라(눈물을 흘리고, 두려움과 감격에 떨고, 기쁨에 겨워하는 식의) 세상에서 생활하고 행동하는 방식도 완전히 달라지게 마련이다. 감정과 행동이 영향을 받았다면, 적어도 어느 정도까지는 하나님에 관한 몇몇 특정한 진리에 사로잡혔다고 봐도 좋다. 빛이 들어와서 확실한 흔적을 남겼다는 뜻이다.

조나단 에드워즈는 "거룩하고도 초자연적인 빛(Divine and Supernatural Light)"이란 설교에서 이러한 사실을 더없이 명료하게 설명했다. 이 메시지의 핵심에는 유명한 꿀의 비유가 있다. 그는 벌꿀이 달콤하다는 사실을 아는 데는 두 가지 방법이 있다고 말한다. 이성적 사고를 통해 파악하는 법이 있고, 혀의 감각을 동원해 아는 길이 있다. 남들의 말을 듣고 믿는 방식으로도 꿀이 달다는 걸 알 수 있지만, 직접 꿀맛을 보고 나면 지성적으로만이 아니라 체험적으로까지 맛의 실체를 온전히 알게 된다.

벌꿀이 달콤하다는 걸 이성적으로 아는 데서 벗어나 직접 맛보기에 이를 즈음엔 이렇게 말하게 될 것이다. "달다기에 달다고 믿기는 했지만, 그게 무슨 소린지 이제야 확실히 알겠네." 같은 논리로 에드워즈는 "하나님이 거룩하시며 은혜로우시다고 생각하는 것과 그 거룩함과 은혜로움이 얼마나 근사하고 멋진지 마음으로 경험하는 것 사이에는 명백한 차이가 존재한다"고 결론짓는다.

누군가 "진심으로 하나님을 믿고 예수님이 십자가에 돌아가셨음도 한 점 의심치 않습니다"라고 얘기하는 걸 에드워즈가 듣는다면, 꿀이 달다는 사실도 분명히 알고 있지 않느냐고 되물을지 모른다. 벌꿀이 감미롭다고 말하는 이들은 사방에 차고 넘친다. 달디 달아서 입에 맞고 미각을 돋운다는 걸 과학적으로 증명한 연구보고서를 읽을 수도 있다. 그래도 직접 맛을 보지 않고는 정말 그렇다는 확신을 가지지 못한다.

하지만 하나님은 꿀과는 다른 문제다. 하나님을 알아 가는 일은 선택사항이 아니다. 바울이 그것을 주께 구하고 있다. 신령한 표현을 쓰자면, 성령님이 거룩한 자녀들의 마음을 민감하게 하셔서 에베소서 1장 18절에서 보듯, "너희 마음의 눈을 밝히사" 확실히 깨닫게 하시길 기도하는 것이다. 성령님이 역사하시면, 말씀과 복음의 진리가 우리를 끌어올리고, 달라지게 만들고, 자극하고, 더러는 녹여서 새로 빚기까지 한다. 우리가 '나는 알아'라고 하는 것과는 다른 차원의 경험인 것이다. 옛 찬송가는 감각적인 언어를 동원해 이를 노래한다.

> "주님이 맘에 오시면,
> 진리의 빛 들고
> 세상의 헛것 스러져
> 주 사랑 빛나네."[9]

'자녀 됨'을 체감하라

영적인 체험의 본질을 이해하도록 도와주는 바울의 기도에는 유심히 살펴보아야 할 부분이 더 있다. 그는 "아버지 앞에 무릎을 꿇고 비노니"(엡 3:15)라는 말로 기도를 시작한다. 무릎을 꿇는 건 당시 크리스천과 유대인들의 통상적인 기도 자세가 아니었다. 따라서 "엎드려 절하는" 행위는 특별한 경배를 상징했다.[10] 어쩌면 바울은 이제 하나님이 우리 아버지시라는 점에 특별히 주목하고 있는지도 모른다. 로마서 8장에서 바울은 성령님을 가리켜 우리로 하여금 "하나님을 '아빠 아버지'라 부르며 기도하게 하는 "양자의 영"(롬 8:15)이라고 소개한다. 16절에서는 한 걸음 더 나아가 성령님이 행하시는 사역의 핵심이 "우리의 영과 더불어 우리가 하나님의 자녀인 것을 증언(내면에 확신을 주신다는 의미)" 하는 데 있다고 단언한다. 그러므로 하늘 아버지와의 가족 관계를 더 깊이 이해하고 거기에 맞춰 입장을 정리하는 태도는 하나님과 교통하는 데 있어 관심을 두어야 할 또 다른 일면일 수밖에 없다.

예수님이 세례를 받으실 때 성령이 그 위에 임하시고 "이는 내가 사랑하는 아들이다. 내가 그를 좋아한다"는 음성이 들렸다. 로마서 8장 16절은 당시와 마찬가지로 "성령이 … 우리가 하나님의 자녀인 것을" 증언하신다고 말한다. 성령님의 사명에는 크리스천에게 하나님의 자녀가 되었음을 확인시키고 주님이 얼마나 사랑하며 기뻐하시는지 들려주는 일도 포함되어 있다. 물론 진작부터 귀에 못이 박이도록 들어서 잘 알고 있을 테지만, 성령님은 삶 가운데서 그게 사실임을 더없이 생생하게 일깨워 주신다.

17세기에 활동했던 청교도 목회자 토머스 굿윈(Thomas Goodwin)은 어느 날, 아버지처럼 보이는 이가 아들을 데리고 거리를 걷는 모습을 우연히 지켜보게 되었다. 얼마쯤 길을 따라 내려가던 아버지는 아들을 와락 품에 안더니 뽀뽀를 하며 사랑한다고 말했다. 한참을 안고 있다가 다시 아이를 내려 주었다. 품에 안겼었다고 이전보다 더 그의 아들인가? 객관적이고 법적으로는 사건 전후로 달라진 게 전혀 없지만, 주관적이고 체험적으로는 완전히 달랐을 것이다. 아버지의 품속에서 소년은 '아들 됨'을 절절히 체감했기 때문이다.

성령님이 임하셔서 내 마음이 충만해지면 아버지의 품에 안겨 있음을 감지할 수 있다. 그분의 영에 힘입어 고백할 것이다. "가늠할 수 없을 만큼 큰 권능을 가진 분이 이처럼 나를 사랑하고, 기뻐해 주고, 목숨 바쳐 구원해 주실 만큼 한없이 아끼시고, 절대로 곁을 떠나지 않으실 뿐만 아니라, 적절한 때가 되면 반드시 영화롭고 온전하게 하시겠다고 약속하시고, 내 삶에서 온갖 악을 제해 버리시겠다고 말씀하신다면, 그리고 그 모두가 사실이라면 세상에 걱정할 게 뭐 있겠는가?" 적어도 근심과 불안을 떨쳐 버리고 뛸 듯이 즐거워해야 마땅하지 않겠는가?

바울은 에베소서 5장 18절에서 "술 취하지 말라. 이는 방탕한 것이니 오직 성령으로 충만함을 받으라"고 권면한다. 오순절 성령강림을 경험한 제자들의 모습을 돌아보라. 한 줌의 두려움이나 불안감도 없이 대중들 앞에 당당히 나서서 복음을 소리쳐 전했다. 오죽했으면 술을 너무 많이 마신 탓이라고 여기는(행 2:13) 이들이 다 있었겠는가? 하지만 제자들의 담대한 처신은 취객의 행태와 결정적 차이가 있다. 알코올은 일종의 진정제, 또는 억제제다. 이성적 사고를 하는 두뇌의 기능을 일시적으로 마비시킨다. 술을 마셨을 때 행복감을 느끼게 되는 건 그만큼 현실인식이 떨어지기 때문이다. 하지만 성령님은 현실을 더 정확하게 파악하고 기쁨에 겨워 두려움을 잊고 과감하게 행동하게 하신다. 온 천지를 통틀어 으뜸가는 지각과 권능을 가지신 분의 자녀라는 확신을 심어 주시는 것이다. 하늘 아버지는 아들딸들을 무한정 사랑하시며 절대로 홀로 버려두지 않으신다.

사랑을 깨달아 알라

바울은 '깨닫게' 하시길 성령님께 구했다. 여기에 등장하는 '깨닫다'라는 동사는 본시 "씨름하다"라는 뜻이며 더러 싸움을 벌여 성읍을 점령한다는 개념으로 '차지하다'의 의미로 쓰이기도 한다. 결국, 누군가에게 덤벼들어 힘으로 누르고 땅바닥에 쓰러트려 제압하는 걸 가리킨다. 언뜻 하나님의 사랑을 설명하는 데 동원하기엔 대단히 부적절한 용어처럼 보이지만, 바울은 그 실체를 완전히 꿰뚫어 볼 수 있을 때까지 그래서 그 사랑에 압도됐노라고 고백할 수 있을 때까지 깊이 묵상하고 곱씹으라고 주문하고 있는 것이다. 그런 통찰을 얻기 위해선 성령님이 권능으로 힘을 북돋고 도와주셔야 한다는 건 두말할 필요가 없다.

어떻게 그럴 수 있을까? 예수님의 구원 사역을 묵상할 때 성령님이 부어 주시는 은총에 힘입어야 한다. 에베소서 3장을 통해 구체적으로 살펴보자. 어째서 바울은 '너비와 길이와 높이와 깊이'를 열거해 가며 그리스도의 사랑이 어떠한지 골똘히 생각해 보라고 했을까? 우리에게 묵상하는 방법을 제시하고 실제로 적용하라는 의도였을 것이다.

하나님의 사랑은 얼마나 넓을까? 이사야 1장 18절을 보자. "너희의 죄가 주홍 같을지라도 눈과 같이 희어질 것이요." 주홍은 핏빛이다. 하나님은 이사야를 통해 이렇게 말씀하신다. "네가 누굴 죽였다손 치더라도, 피값을 치러야 할 죄를 짓고 두 손이 피범벅일지라도, 내 사랑은 널 감싸 안고도 남는다. 네 됨됨이가 어떠하고 무슨 짓을 하고 다녔느냐 따위는 걸림돌이 되지 않는다. 사람들을 해쳤어도 상관없다. 오로지 은혜로 구원하기 위해 예수 그리스도가 십자가에 달려 숨진 것 같이 내 사랑은 무한정 펼쳐진다. 네 죄를 덮고도 남는다."

하나님이 베푸신 사랑의 길이는 얼마나 될까? 예수님은 요한복음 10장에서 "나는 내 양을 알고 … 나는 양을 위하여 목숨을 버리노라"(요 10:14-15)고 말씀하셨다. 빌립보서 1장 6절에서 바울은 빌립보교회의 모든 크리스천들에게 편지하면서 "너희 안에서 착한 일을 시작하신 이가 그리스도 예수의 날까지 이루실 줄을 우리는 확신하노라"고 했다. '그럴지도'가 아니다. '반드시 그럴 것'이다. 하나님의 사랑은 끝이 없다.

그렇다면 그 길고 긴 사랑은 언제 시작되는가? 요한계시록에 따르면 하나님의 어린양은 세상의 토대가 놓이기 전에 죽임을 당하셨다고 가르친다. 주님은 이루 헤아릴 수 없이 긴 세월에 걸쳐 사랑을 베푸셨으며 무슨 일이 있어도 거둬가지 않으신다. 어째서 그러한가? 구원은 은혜에서 비롯되기 때문이다. 행위와 공로에 의해서가 아니다. 뭘 잘해서 주신 상이 아니라는 뜻이다. 시간의 눈금으로 헤아릴 수 없이 먼 옛날에 시작돼서 영원토록 이어진다. 하나님의 사랑은 그렇게 길고, 길고, 또 길다. 그리스도를 통해 보여 주신 하나님의 사랑이 그처럼 끝없이 광대하고 무한정 긴 까닭은 한없이 깊기 때문이다.

그분의 사랑은 얼마나 깊을까? 예수 그리스도를 빼놓고 '하나님이 베푸신 사랑의 깊이'를 논한다면 한 면만 보는 것에 지나지 않는다. 하나님이 두꺼운 책 예순 권에다 "내가 너를 깊이 사랑한다. 정말 너를 깊이 사랑한다"고 적어 보내 주신다 해도, 거기에 예수 그리스도가 없으면 삶을 변화시키는 실재가 아니라 여전히 추상적인 개념을 벗어나지 못할 것이다. 하나님 사랑의 깊이를 진정으로 이해하려면 그리스도가 한 사람 한 사람을 사랑하기 위해 얼마나 깊고 깊은 구덩이 속으로 걸어 들어가셨는지 알아야 한다. 예수님은 얼마나 깊은 심연까지 들어가신 걸까? 그분은 하늘 아버지께 부르짖으셨다. "나의 하나님, 나의 하나님, 어찌하여 나를 버리셨습니까?" 주님이 내려간 곳은 지옥이었다. 예수님은 아무도가 보지 못한 바닥을 알 수 없는 구덩이에 던져지셨다. 그것도 누가 시켜서가 아니라 스스로 택한 길이었다. 깊고 깊은 수렁으로 내려가고, 내려가고, 또 내려가셨다. 복음 덕에, 오늘날의 크리스천들은 하나님의 사랑이 무한정 깊은 까닭에 또한 한없이 넓고 길다는 걸 알 수 있게 되었다.

뿐만 아니라, 하나님의 사랑은 끝없이 높다. 주님이 베푸신 사랑의 높이는 얼마쯤 될까? 요한복음 17장에서 예수님은 "아버지여 … 창세 전부터 나를 사랑하시므로 내게 주신 나의 영광을 그들로 보게 하시기를 원하옵나이다"(요 17:24)라고 기도하셨다. 요한일서 3장 2절은 말한다. "장래에 어떻게 될지는 아직 나타나지 아니하였으나 그가 나타나시면 우리가 그와 같을 줄을 아는 것은 그의 참모습 그대로 볼 것이기 때문이니." 하나님이 주신 사랑의 높이가 이렇게 높다. 주님은 영원 전부터 어김없이 그분의 마음을 채워 온 그 기쁨을 우리에게 주고 싶어 하신다. 자신의 영광을 드러내시고 바로 그 영광을 주시려 한다.

이보다 더 높은 사랑을 생각할 수 있겠는가? 주님의 사랑은 거기까지 거룩한 자녀들을 데려가신다.

그렇다면 크리스천은 그에 맞춰 무얼 해 왔는가? 그저 간단한 묵상을 했다. 그리스도가 선사하시는 사랑의 다양한 면모들을 묵상한다. 그렇게 하면, 성령님은 그 실체를 정확하게 파악할 힘을 주신다. 마침내 하나님을 만나게 될 것이다. 인생 전반을 바라보는 시각과 세상을 살아가는 방식이 달라질 것이다. 영적인 체험은 더없이 환하게 빛나는 진리와 하나님이 주시는 깊고 깊은 확신으로 이뤄진다. 하지만 그걸 설명하는 또 다른 길이 있다.

당신도 그리스도의 영광을 맛볼 수 있다

다윗은 "내가 주의 얼굴을 찾으리이다"(시 27:8)고 노래한다. 물론, 하나님은 어디에나 계신다(시 139:7-12). 그처럼 계시지 않는 곳이 없다면 주님의 얼굴을 구한다거나 가까이 다가간다는 건 도대체 무슨 소린가? 누군가와 대화할 때, 상대의 무릎이나 다리, 등, 배를 보고 이야기하는 경우는 없다. 당연히 얼굴을 바라보는 법이다. 얼굴은 한 인간의 정신과 마음으로 들어가는 '관계의 문'이다. 하나님의 얼굴을 구한다는 건 그분이 계시는 우주의 한 지점을 찾는다는 뜻이 아니다. 오히려 성령님의 도우심에 기대어 하나님의 실재와 임재를 감지할 수 있는 마음을 갖는 걸 가리킨다. "여호와께서 산 위 불 가운데에서 너희와 대면하여 말씀하시매"(신 5:4, 비교: 창 32:30, 민 6:25-26). 하나님은 거룩한 백성들에게 "기도하여 내 얼굴을 찾으라"(대하 7:14)고 명령하신다. 하나님의 임재를 감지하는 힘을 잃어버리는 건 곧 하나님의 얼굴을 잊는 사태나 다름없다(시 13:1). 주님의 얼굴을 구한다는 말은 생각과 사랑을 나누면서 주님과 연합하고 진실하게 교통한다는 뜻이다.

하지만 구약성경은 하나님의 얼굴을 보고 살아남을 인간이 없다고 가르친다(출 33:20). 반면에 요한복음 첫머리에는 하나님의 말씀 그 자체이신 예수님이 육신을 입고 오셔서 우리 가운데 사셨으며 "우리는 그의 영광을 보았다"(요 1:14, 새번역)고 말한다. 그리스도가 피를 흘리고 죄를 사해 주신 덕분에 하나님께 다가갈 수 있게 되었다(예전 같으면 어림도 없을 일이다). 예수님의 성품과 사역은 하늘 아버지께 다가가고 그 거룩한 얼굴을 찾길 원하는 이들을 위한 통로가 된다.

존 오웬은 "우리가 다 수건을 벗은 얼굴로 거울을 보는 것 같이 주의 영광을 보매 그와 같은 형상으로 변화하여 영광에서 영광에 이르니 곧 주의 영으로 말미암음이니라"라고 한 고린도후서 3장 18절 말씀을 "그리스도의 얼굴에 나타난 하나님의 영광을 아는 지식의 빛"을 우리에게 주셨다는 고린도후서 4장 6절의 설명과 연계해 집중 조명했다. 오웬이 쓴 글들은 끊임없이 이른바 '하나님을 직접 뵙는 환상'이란 주제로 돌아간다. 이는 하나님의 영광을 똑바로 바라보는 걸 가리키는 말이다. 죄를 용서받고 구원을 얻은 이들은 하늘나라에 들어가 이를 두 눈으로 보고 온전히 맛보게 된다. 하지만 지상에서는 육신의 눈으로는 확인하지 못하고 믿음을 가지고 부분적으로 감지할 수 있을 뿐이다. 가톨릭 신학자 토머스 아퀴나스는 이를 신앙의 구심점으로 여겼던 반면, 프로테스탄트 신학자들 가운데는 여기에 눈길을 주는 이들이 많지 않았다.

그러나 오웬은 "하나님을 직접 뵙는 환상을 품고 묵상하는 습관이야말로 크리스천이라면 반드시 길러야 할 중요한 소양"이라고 끈질기고도 단호하게 주장했다. "크리스천의 삶과 생각은 하늘의 복을 바라보며 소망을 품는 쪽으로 흘러가야 하며, 지금 여기서 맛보기들을 경험하며 빚어져 가야 하기 때문"[11]이라는 것이다.

오웬은 "너울을 벗어 버리고, 주님의 영광"을 바라본다는 말을 극소수만 이해하는 비밀스러운 진리나 영적으로 높은 수준에 이른 특정한 부류의 인사들에게만 해당되는 걸로 파악하지 않았다. 그는 강력한 어조로 말한다. "이 세상을 사는 동안 믿음의 눈으로 어느 정도나마 그리스도의 영광을 본 적이 없는 이들이라면 장차 그 나라에서 두 눈으로 똑똑히 확인할 수 없을 것이다."[12] 오웬은 기도와 묵상의 가치를 한껏 끌어올린다. 그리스도의 영광을 보는 법을 배우지 못하는 한, 사실상 이 땅에서 진실로 크리스천의 삶을 살아 내지 못한다는 의미이다.

그렇다면 그리스도의 영광을 '바라본다'고 할 때, 오웬이 뜻하는 바는 무엇인가? "그리스도의 영광과 관련된 진리를 개념적으로 받아들이는데 … 그러니까 그 교리에 간신히 동의하는 것에 안주하지 않는 게" 중요하다. 바울이 그리스도의 영광을 바라본다는 얘길 꺼낼 때 전달하고 싶었던 메시지는 "예수님은 참 영광스러운 분" 정도가 아니었으리라는 게 오웬의 지적이다. 오히려 "그리스도의 영광을 바라보는 게 마음에 미치는 영향력이야말로 우리가 목표로 삼아야 할 것이다. … 거기엔 즐거움과 안식, 기쁨 … 그리고 형언할 수 없는 만족이 가득해 한껏 누릴 수 있지 않겠는가? … 만일 심령을 변화시키는 능력을 경험할 때까지 주목하고 또 주목한다면 그것이 바로 지금 여기서 그리스도의 영광을 바라보는 바른 시각일 것이다."[13]

예수님의 영광을 바라본다는 말은 그리스도의 아름다움을 알아 가기 시작한다는 말이다. 그저 용서를 구하거나, 아쉬운 점을 토로하고 도움을 청하거나, 사랑과 축복을 구하는 것과는 다른 차원의 기도를 뜻한다. 주님의 성품과 말씀, 우리를 위해 행하신 일들이 중심으로부터 만족스럽고, 즐겁고, 위로와 힘이 되는 걸 가리킨다.[14] 오웬은 예수님의 영광을 바라보지 않고는 그런 일이 일어날 수가 없다고 강조한다. 그리고 그리스도의 아름다움과 영광이 저마다의 상상을 사로잡고, 명료한 생각들을 지배하며, 갈망과 염원으로 마음을 채우지 않는다면 엉뚱한 것들이 그 자리를 차지할 것이라고 설명한다. 소망과 기쁨을 줄 만한 중요한 일이나 그런 물질 따위를 '끊임없이 반추하기' 십상이라는 얘기다. 그것은 "심령의 틀을 잡아 원하는 모습으로 바꿔 놓을" 것이 틀림없다. 그리스도의 얼굴에서 하나님의 영광을 바라보지 않는다면 다른 것들이 삶을 지배하게 되고 그때부터 종살이가 시작된다.[15]

몇 년 전 평생 교회를 들락거렸음에도 불구하고 두렵고 초조한 마음을 떨쳐 버릴 수가 없다는 남성과 이야기를 나눈 적이 있다. 어느 날 유례없이 분명하고 또렷하게 선포하는 복음의 메시지를 듣고 나서야 비로소 자신이 평생 본질적으로 도덕주의자 노릇을 하며 살아왔음을 깨달았노라고 했다. 고상하고 윤리적이며 안팎이 다르지 않은 생활을 하면 하나님이 자신의 기도를 들으시고 구원을 베풀어 주실 줄 알았다는 것이다. 그런 세계관을 가졌으니 주님을 자신이 원하는 삶을 추구하기 위한 협상가와 같은 존재로 치부할 수밖에 없었다. 그런데 복음 속에서 자신의 자기중심적인 태도와 영적인 완고함, 죄가 얼마나 넓고 깊은지 실감했다. 얼룩덜룩 오점이 많은 선행 기록부를 가지고 하나님의 눈앞에서 그 허다한 죄와 허물을 다 덮는 게 불가능함을 알았다. 아울러 하늘 아버지가 베풀어 주신 사랑이 얼마나 크며 예수님이 십자가에서 치르신 대가가 얼마나 엄청난지도 뼈저리게 느꼈다. 난생처음으로 그는 그런 하나님께로 나아갔고, 차츰 그분 안에 머물며 희열을 맛보았다. 기도 시간도 달라졌다. 요구사항을 줄줄이 알리는 데 그치지 않고 찬양하고, 고백하며 주님을 마냥 즐거워할 줄도 알게 되었다.

하나님이 갈수록 기쁨의 원천으로 점점 더 크게 마음에 자리를 잡으면서 불안하고 초조한 마음이 가라앉고 용기가 솟았다. "예전에는 '하나님은 저의 보화입니다'라고 고백할 때마다 사탕발림인 것 같고 현실감이 들지 않았어요. 그런데 지금은 정말 그렇단 생각이 듭니다. 전처럼 돈 걱정에 시달리며 전전긍긍하지 않을 수 있게 됐어요."

선택은 저마다의 몫이다. 장차 이런 환상이 실현되는 것을 두 눈으로 확인하고 싶다면 지금부터 믿음으로 알고 배워야 한다. 두려움과 야심, 탐욕과 욕정, 중독과 내면의 공허감에서 벗어나길 원한다면 그리스도

를 묵상해서 그분의 영광이 심령을 속속들이 파고들게 하는 법을 익혀야
한다.

진리와 체험을 한데 아우르라

존 오웬의 균형 감각은 놀라우리만치 탁월하다.[16] 뻔뻔스러우리만
치 경험적이다. '성령에 속한 생각'이란 표현을 써 가며 이렇게 말한다.
"착각하지 말자. 성령에 속한 생각을 한다는 것은 마음에 영적인 일에 대
한 관념이나 의식을 갖는다는 뜻이 아니다. 천만의 말씀이다. 신앙적인
의무들을 꾸준히, 또는 아주 많이 행하는 것도 아니다. 그런 일은 마음에
은혜가 전혀 없어도 얼마든지 할 수 있다." 다시 말해서, 온갖 중요한 교
리들을 다 익혀 섭렵하고 성경이 제시하는 원칙에 따라 갖가지 윤리적이
고 종교적인 의무들을 다하지만 "마음에 은혜가 조금도 없을 수 있다" 는
것이다.

그렇다면 참다운 기독교 신앙의 정수는 무엇인가? 오웬은 지체 없
이 덧붙인다. "성령에 속한 생각을 한다는 건 하늘의 것들, 특히 하나님
우편에 계신 그리스도를 진정으로 기뻐한다는 말이다."[17] 오웬은 '철두철
미하게 성경적인 신비주의'라고 부른다. 성경과 신학적인 진리, 복음에
대한 묵상으로 영의 생각을 받아들였다면 진실로 하나님을 경험하는 단
계까지 밀고 나가야 한다.

오웬은 영적인 체험을 성경 말씀과 연계하는 데 깊은 관심을 가졌던
까닭에 중세교회에서 비롯된 신비주의적 전통들을 우려 섞인 눈으로 바

라보았다. 그가 남긴 유일한 기도 관련 저술에는 한 장을 통째로 할애해서 가톨릭교회의 관상적인 전통을 분석하고 평가했다. 글쓴이는 하나님과 만나는 일의 중요성에 관해 놀랄 만한 얘기부터 시작한다.

> 흠모하고 겨워하는 감정에 완전히 사로잡힐 때까지 그리스도 안에서 하나님을 깊이 묵상하여 영적으로 진한 애착을 가지며 절로 찬양하고 사랑할 수밖에 없을 만큼 무한정 탁월한 주님의 면모 앞에 바짝 엎드리는 것이야말로 기도하는 이들이 추구해야 할 목표며, 스스로 낮아지신 하나님의 풍성한 은혜를 기억할 때 흔히 누릴 수 있다.[18]

이만큼 영적인 체험을 두려워하지 않은 작가를 만나기도 쉽지 않다. 이미 살펴본 바와 마찬가지로, 오웬은 시시때때로 하나님 안에서 희열을 맛보며 다정하고 사랑스러운 주님의 손길을 체감하는 경험만이 세상의 가짜 하나님이 주는 질 낮고 부분적인 위안에 넋을 빼앗기며 격정과 욕망의 노예가 되는 비극을 피할 유일한 길이라고 말한다. 반면에 묵상과 관상의 주재료로 성경 말씀을 충분히 강조하지 않는다는 점을 들어 가톨릭교회의 전통에 대해서는 비판적인 입장을 보였다.

오웬은 진리와 체험의 관계에 관한 원칙을 세우고 이렇게 정리한다. "빛이 사랑을 외면하면 형식주의와 무신론이 되기 쉽고, 반대로 사랑이 빛을 앞지르면 형상이나 그림 등에 맹목적으로 집착하는 미신의 늪에 빠지기 십상이다."[19]

오웬이 말하는 '빛'은 올바른 가르침이나 교리를 통해 얻는 지식이다. 교리와 성경적인 지식은 '사랑'을 외면하지 말아야 한다. 하나님이 거룩하심을 전심으로 신뢰한다면, 주님의 거룩함을 즐겁고 흡족한 마음으로 찬양하게 마련이다. 온 우주를 다스리시는 크신 하나님이 우리를 사랑하신다는 사실을 믿어 의심치 않는다면, 다른 이들의 손가락질이나 고난, 심지어 죽음 앞에서도 감정적인 혼들림이 없을 것이다. 간단히 말해서, 우리가 살아가면서 교리적인 신념에 다가설 줄 알아야 한다. 건전한 교리에 마음의 체험이 따르지 않는다면 이름뿐인 허울만 남은 기독교로 전락하고 마침내 불신앙에 이르게 될 것이다. 아이러니컬하게도 참되고 건전한 교리를 지키는 걸 무엇보다 중요하게 여기는 보수적인 크리스천들 가운데 상당수는 기도의 중요성을 가벼이 여기고 하나님을 경험하려는 노력을 기울이지 않는다. 이는 결국 건전한 교리를 잃어버리는 요인이 된다. 오웬은 참다운 하나님 체험이 없는 기독교는 결국 기독교 아닌 기독교가 되고 말 것이라고 경고한다.

역방향도 위험하긴 마찬가지다. "사랑이 빛을 앞지르면" 믿음을 갖지 못하는 게 아니라 "형상이나 그림 등에 맹목적으로 집착하는 미신의 늪"에 빠지게 된다. 특별히 중세교회의 여러 가지 신비적인 요소들을 염두에 둔 발언이다. 묵상과 상상 기법을 동원해서 하나님의 성품이나 실상과 동떨어진 의식 변화를 일으키는 게 얼마든지 가능하다. 예를 들어, 예수님이 방에 들어오셔서 힘과 확신을 주는 말씀을 들려주시는 장면을 최대한 생생하게 상상하면 정말 짜릿한 경험을 할 수 있다. 또는 지나간 삶의 어느 한 시점에 개입하셔서 역성을 들며 방패막이가 돼 주시고 품에 안아 주시는 모습을 그릴 수도 있다. 문제는 그 와중에 성경의 가르침과 정면으로 배치되는 말을 예수님의 입에 심기 쉽다는 점이다. 또 앞서 얘기한 것처럼 특정한 단어나 구절을 반복적으로 음송하다 보면 의식이 달라져서 일종의 최면상태에 빠지기도 한다.

오웬은 적잖은 분량을 할애해 로만가톨릭교회의 관상기도를 다루면서 비판적 의견을 내놓는다. 분노나 갈망 등의 감정에 한 점 흔들림이 없는 완벽한 평정심을 갖는다는 개념은 플로티누스(Plotinus) 같은 신플라톤주의 철학자들로부터 비롯되었다고 꼬집는다. 예수님도 큰 부르짖음과 많은 눈물로써 기도와 탄원을 올리셨다(히 5:7). 하나님의 사랑은 소망을 비우는 게 아니라 충족시킨다. 오웬은 침묵기도가 가끔은 괜찮지만 그런 방식으로 간구하도록 주문하거나 이상적인 형태로 보아서는 절대 안 된다고 주장한다. 누가복음 11장에서 예수님은 말로 기도하라고 제자들에게 말씀하셨다. 바울 역시 고린도전서 14장에서 크리스천들에게 "깨달은 마음으로" 입을 열어 기도하라고 당부한다.

오웬은 금욕적인 기도 방식을 낮은 기도 형태(간구나 고백처럼)에서 더 높은 형태로 올라가는 사다리의 가로 막대쯤으로 여기고 이를 강조하는 태도는 하나님의 은혜에 관한 진리를 가릴 수 있으므로 문제가 있다고 보았다. 그렇다면 기도는 저마다 그 환상에 부합하는 존재가 되기 위해 스스로 마련한 일종의 섭생법이 되고 만다. 뿐만 아니라, 엘리트주의에 기울 위험도 크다. 날마다 적잖은 시간을 투자해야 하고 기술적으로 복잡한 과정을 밟아야 하므로 수도사나 그 비슷한 부류가 아니고서는 좀처럼 따라가기 어렵다. 마지막으로 오웬은 신비적인 기도를 살펴보면 그리스도를 우리와 하늘 아버지 사이의 구심점으로 삼고 묵상하는 지향성이

결여된 경우가 허다하다고 주장한다. 중세 전통을 따르는 기도문 가운데는 하나님을 본질적으로 직접 경험하고자 하는 의지를 드러내는 사례가 적지 않다. 복음과 하나님의 구원 사역은 한편으로 제쳐두기 일쑤다. 오웬은 이를 치명적인 사태로 판단했다. 그들이 하는 체험은 심리적인 현상에 지나지 않는다. 참 하나님과 만나는 게 아니다. 하늘 아버지는 오로지 그리스도를 통해서만 자신을 드러내고 계시하시기 때문이다.[20]

하지만 이처럼 깊은 우려에도 불구하고, 오웬은 글의 말미에서 결론짓는다. "빛이 감정을 변질시키고 사랑보다 앞서는 쪽보다 사랑이 지성을 누르고 빛을 앞지르는 편이 낫다."[21] 청교도로서는 대단히 파격적인 발언이다. 어차피 균형이 깨지게 되어 있다면, 교리에는 다소 취약해질지라도 하나님을 온 마음으로 느껴 가며 생동감 넘치는 기도 생활을 하는 쪽이 교리적으로는 한 점 흐트러짐이 없지만 냉랭하고 완고한 신앙생활을 하는 것보다 훨씬 윗길이라는 뜻이다. 〈성령에 속한 생각(Spiritual-Minded)〉이란 논문에 그 개념을 소상히 설명하는 부분이 있는데, 한 대목 소개하고 싶다.

그리스도를 숙고할 때, 심중에 상상하는 바에 미혹되어 허상에 몰입하지 않도록 그 생각이 말씀의 원리에 따라 생성되고 또 발전되어 가도록 세심한 주의를 기울이라. … (그러나) 남들이 오류를 범하거나 미신에 휘둘린다 해서 의무(그리스도를 묵상하는 일)를 저버린다든지 실질적이고 기본적인 신앙 원리를 포기해서는 안 된다. … 도리어 나로서는 스스로 크리스천이라 고백하면서도 그리스도의 인성에 대한 생각이나 사랑을 부정하다시피 하는 이들 틈에 끼기보다는, 다소 들쭉날쭉하거나 표현 방식에 있어서 지나치다 싶은 면이 있다 하더라도 사랑과 애정을 그리스도께 쏟는 이들과 함께하는 편을 택하겠노라고 말할 수밖에 없다. [22]

현대 로마가톨릭교회의 대표적인 저술가 가운데 하나인 한스 우르스 폰 발타자르는 성경이라는 '드러난 말씀'과 성령이라는 '안에 내주하는 말씀'을 결합시키는 게 얼마나 힘든 일인지 정확하게 파악했다. [23] 그러니만치 가톨릭교회의 신비적인 전통은 지나치게 내향적이어서 서둘러 평온을 찾기에 나서는 반면, 프로테스탄트교회는 하나님의 음성을 듣기 위해 성경을 연구하고 씨름을 하며 주께 반응하는 면에서 한층 뛰어난 면모를 보인다는 점을 망설임 없이 인정한다. 하지만 개신교회 역시 크리스천의 중심에 내주하시며 깊고 오묘한 경험의 세계로 이끌어 가시는 성령님의 역사에 대한 이해가 부족하다고 지적한다. 교리적인 지식을 넘어서지 못한다는 것이다. [24] 앞에서 이미 훑어본 바와 마찬가지로, 아직도 영적인 체험을 경원시하는 프로테스탄트들이 얼마나 많은지 모른다. 그럼에도 불구하고 오웬의 방대한 논문과 탄탄한 성령론에서 보듯, 프로테스탄트의 성령신학은 그 문제를 해결하기에 조금도 모자람이 없다.

내가 하나님을 사랑할 때

존 오웬은 비성경적이라고 판단되는 신비주의를 향해서는 강력한 비판을 쏟아 냈지만, 중세교회의 신비주의자들처럼 하나님의 영광에 깊이 빠져들기를 간절히 소망하는 이들에게는 깊은 공감을 보인다. "흠모하고 겨워하는 감정에 완전히 사로잡힐 때까지 그리스도 안에서 하나님의 영광"을 깊이 곱씹으며 새기기를 간절히 '염원'하라고 거침없이 주문하는 반면, 말씀과 은혜의 복음에 토대를 두지 않은 명상은 날카롭게 비판했다.

내 생각에 오웬은 영적인 체험에 얽힌 자신의 설명과 수많은 신비주의자들의 주장 사이에서 비슷한 점들을 조금 더 너그럽게 인정했으면 하는 생각이 든다. 하지만 전반적으로 정확한 잣대를 들이대고 어렵고 정밀한 균형을 잡았다. 아주 조금 건전한 교리보다 사랑 쪽에 무게를 실으면서 말이다.

그런 점을 염두에 둔다면, 존 오웬이나 조나단 에드워즈가 내세우는 성경적인 신비주의에 매력을 느끼는 크리스천들은 비판과 공감의 시각을 동시에 가지고 중세 신비주의자들의 작품들을 대해야 한다.[25] 교회사가인 칼 트루먼(Carl Trueman)은 "지각 있는 복음주의자들도 기독교 신비주의와 관련된 글들을 읽을 필요가 있는가?"라는 글에서 중세 가톨릭교회의 영성은 미사를 드릴 때마다 예수님이 다시 제물로 드려지시며, 죄 사함은 단번에 완전히 '끝난' 게 아니고 십자가에서 돌아가신 그리스도를 통해 미래의 영광이 보장되지도 않았다는 식의 엄청난 오류들까지 끌어안았다고 지적한다(나도 이에 동의한다). 그러기에 중세 신비주의는 오웬이 꼬집는 왜곡 현상, 즉 스스로 마음을 깨끗이 하면 더 고상한 체험이라든지 하나님과 직접 교통하는 강렬한 감동을 받을 자격을 갖추게 되는 줄 안다든지, 기도에 복음 자체를 끌어들이는 사례가 드물다든지 하는 뒤틀림을 일으키기에 이르렀다는 것이다.

그럼에도 불구하고 트루먼은 중세 신비주의자들을 언급하면서 "그이들의 작품에는 주님의 거룩하심과 초월성에 예민하게 반응하는 모습을 볼 수 있는데, 요즘 유행하는 글이나 하나님 의식에서는 쉬 찾아볼 수 없는 면모다. … 지극히 불가해한 하나님, 그러나 인간의 말과 몸이라는 연약한 형태로 스스로를 드러내시기로 작정하신 분의 광대함 앞에서 자신이 얼마나 작고 보잘것없는 존재인지 감지하는 예민한 의식이야말로 신비주의자들을 낳은 핵심 요인이었다. 그들의 신학에 아쉬운 점이 많다면 그 뜻을 꺾는 게 아니라 올바른 신학과 조화를 이루게 하는 데서 답을 찾아야 할 것이다."[26]

에덴동산에서 인류는 죄를 범하고 하나님 앞에서 쫓겨났다. 인간은 하나님의 얼굴에서 비롯된 독특하고도 완전하며 경이로운 빛 가운데 살도록 지음 받았으므로 그 가운데 머물지 못한다는 건 더없이 큰 재앙이었다. 다들 궁벽하고 공허한 처지로 세상을 떠돌 수밖에 없었다. 모세는 하나님을 직접 대하는 지극히 복스러운 사건을 경험하기만 하면 그 모든 갈망이 채워지리라는 사실을 깨달았다. 그래서 주님의 얼굴을 뵙기를 청했지만 죄라는 장벽과 마주할 수밖에 없었다. 하지만 그리스도가 그 높다란 벽을 무너뜨리신 까닭에 그분의 얼굴을 통해 하나님으로부터 나오는 영광의 빛을 부분적으로나마 믿음의 눈으로 볼 수 있게 되었다. 성령님의 권능에 힘입어 복음과 거기에 따른 진리들을 묵상하며 마음에 품고 기도하면 인간 내면의 갈망은 서서히 충족되게 마련이다. 살아가면서 마주하는 온갖 것들은 그저 선물로 여길 뿐 신으로 삼지 않게 된다. 성품과 관계 역시 서서히, 그러나 확실하고 철저하게 달라진다. 《고백록》은 그러한 사실을 완벽에 가까우리만치 정확하게 서술한다. 어거스틴은 하나님 말고는 더 바랄 게 없으며 그분야말로 소망의 물결이 시작되는 발원지라고 소개한다.

> 당신을 사랑하지 않으면 내가 무얼 사랑한다는 말인가요? 몸의 아름다움이나 또박또박 움직이는 시간의 리듬은 아닙니다. 눈을 즐겁게 해 주는 빛줄기도, 변화무쌍한 소리의 세계에서 흘러나오는 달콤한 멜로디도, 꽃과 약초와 향료가 풍기는 향기로운 냄새도, 만나와 벌꿀도, 누군가를 끌어안고 기쁨을 누리게 하는 팔다리도 아닙니다. 하나님을 사랑한다고 할 때, 이것들은 내 마음에 두지 않습니다.
> 하나님을 사랑한다고 할 때, 정말 사랑하는 빛과 소리, 향기와 음식, 끌어안음은 따로 있습니다. 내면 깊은 곳의 빛과 소리, 향기와 음식, 끌어안음입니다. 어떤 공간에도 담을 수 없는 빛이 내 심령에 가득 일렁입니다. 어떤 시간도 품을 수 없는 노랫소리가 그득합니다. 어떤 바람도 실어다 주지 못할 향기를 거기서 맡습니다. 먹어도, 먹어도 질리지 않는 진미를 맛봅니다. 아무리 끌어안아도 끝이 없는 포만감이 있습니다. 내가 하나님을 사랑할 때 말입니다(10.6.8).

PRAYER

Part 5

이렇게
기도하라

감사와 찬양이
먼저다

기도하려면 먼저 하나님을 충분히 생각하라

하나님께 드리는 기도는 기본적으로 세 가지 부류가 있다. 우선 '위를 향한 기도'다. 주님께 초점을 맞춘 찬양과 감사가 여기에 속한다. 이를 '경외하는 기도'라고 불러도 좋겠다. 다음은 자기 성찰과 고백으로 죄를 더 깊이 인식하고 이어서 한층 절절하게 은혜를 체험하며 사랑을 확신하는 '안을 향한 기도'다. '친밀한 기도'라고도 할 수 있다. 마지막으로 자신과 세상에 사는 다른 이들의 필요에 집중하며 간구하고 중보하는 '밖을 향한 기도'가 있다. 여기에는 끈기가 필요하며 씨름과 갈등이 뒤따르기도 한다. 지금부터 3장에 걸쳐 이 세 가지 기본적인 기도 형태들을 하나씩 살펴보자.

기도의 첫 단추

주님이 가르쳐 주신 기도, 다시 말해 주기도문에는 찬양이 가장 먼저 등장한다. 그 까닭은 무엇인가? 찬양은 다른 종류의 기도를 자극한다. 하나님의 완벽하게 거룩하고 정의로운 성품에 관심을 쏟으면 쏟을수록 더 자연스럽게 스스로의 흠을 깨닫고 고백하게 된다. 또 주님의 크고 위대하심은 간구로 이어지게 마련이다. 하나님의 위엄을 더 깊이 실감하고 주님을 떠나 살 수 없음을 뼈저리게 느낄수록 더 서슴없이 그분께 나가 온갖 필요를 다 아뢰게 된다. 경외감이 넘치는 마음으로 하나님께 올리는 찬양은 다른 형태의 기도를 바로잡는다.

　몇 년 전 주기도문을 설교하면서, 찬양이 '일용할 양식'을 구하는 기도보다 앞서 나오므로 간구할 목록을 들고 주께 달려가기 전에 먼저 하나님의 성품을 골똘히 생각하는 시간을 넉넉히 가져야 한다고 했다. 사실, 즉흥적이다시피 나온 얘기였다. 그런데 메시지를 들은 교인들 가운데 한 여성이 그 말을 마음에 품고 실천하고는 두어 주 후에 어떤 변화가 있었는지 들려주었다.

　"예전에는 쪼르르 달려가서 다짜고짜 기도 제목들부터 꺼내 놓았어요. 그런데 골칫거리며 도움이 필요한 일들을 아뢸수록 마음은 더 불안해지고 무거워지는 것 같더라고요. 지금은 먼저 하나님이 얼마나 선하고 지혜로운 분이신지, 여태 살아오는 동안 얼마나 여러 번 기도에 응답하셨는지 깊이 생각하며 시간을 보내요. 어려운 일이 있으면 주님의 손에 맡기고요. 그랬더니 짐을 짊어지는 게 아니라 벗어 버리는 느낌이 들었어요." 그의 간증을 잊을 수가 없다. 별다른 의식 없이 소개한 원리를 고스란히 삶에 적용하다니 놀랍기만 하다.

　찬양과 경배는 하나님과 올바르게 교통하는 데 꼭 필요한 전제 조건이며 다른 종류의 기도를 이끌어 내는 자극제다. 곧장 간구나 고백에 들어가면 절대 안 된다는 뜻이 아니다. 기도 생활 전반에 걸쳐 찬양과 경배가 으뜸가는 자리를 차지해야 한다는 얘기일 따름이다.

찬양의 건강학

찬양을 으뜸으로 삼아야 하는 또 다른 이유는 해로운 부분들을 바로잡고 영적으로 건강한 내면을 갖게 하기 때문이다.

C. S. 루이스의 책 《시편 사색(The Reflections on the Psalms)》은 하나님께 드리는 찬양을 다룬 근현대 논문들 가운데 가장 영향력 있다고 꼽힌다.[1] 루이스는 여러 시편들을 볼 때마다 좀처럼 떨쳐 버릴 수 없었던 고민을 토로하며 이야기를 시작한다. 하나님이 그분의 백성들에게 그토록 자주 찬양을 요구하시는 까닭은 무엇인가? 루이스는 석연치 않아 한다. "스스로 고결하고, 똑똑하고, 사랑스럽다고 주장하며 끊임없이 그걸 확인받고 싶어 하는 사람은 손가락질을 받기 십상이다." 그런데 마치 하나님이 "선하고 위대하다는 얘기를 듣는 게 난 제일 좋더라!"[2]고 말씀하시는 분위기가 아닌가!

그는 오랜 시간을 두고 인간이 무언가를 찬양하는 까닭이 어디에 있는지 곰곰이 살폈다. 예를 들어 그림을 보거나, 노래를 듣거나, 책을 읽고 "멋지다!"고 할 때, 거기엔 무슨 뜻이 들어 있는 걸까? 그러한 대상들을 존중하고 칭송하는 행위는 지극히 당연하며 그렇지 않으면 멋지고 근사한 무언가를 잃어버리거나 놓치게 된다고 여기는 게 아닐까?

그제야 하나님을 찬양하라는 명령에 담긴 의미가 차츰 확연해졌다. 하나님이 세상의 그 어떤 아름답고 훌륭한 것들보다 훨씬 더 감탄과 칭찬을 받아 마땅한 분이라면, 주님을 향한 찬양과 경배는 "그저 깨어 있다는, 현실 세계를 제대로 인식하고 있다는" 사실을 반증할 따름이다. 그럴 줄 모른다면 보고 들을 능력도 없이 누워 옴짝달싹 못하는 병자보다 한

층 심각한 기능 상실에 빠진 셈이다.[3]

루이스의 깨달음은 거기에 그치지 않는다. "하나님을 대상으로 하든 그렇지 않든, 찬양과 관련해 가장 두드러진 사실은 '나'로부터 훌쩍 벗어나게 한다는 점"이라고 말한다. 그리고 "부끄러워하고 남들이 지겨워하지 않을까 걱정하는 마음에 애써 속으로 집어삼킨다면", 기쁨이라는 감정은 자연스럽게 찬양으로 이어진다는 걸 깨닫지 못할 것이라고 덧붙인다.

대단하다 싶고 마음에 쏙 드는 걸 보면, 거의 본능적으로 누군가에게 알리고 칭찬해서 인정받고 싶은 법이라는 말이다. 누가 쫓아오기라도 하는 것처럼 호들갑을 떨며 말한다. "내 말 좀 들어봐! 난 네가 이걸 빨리 읽었으면 좋겠어. 아마 푹 빠지고 말걸? 굉장하지 않아? 정말 멋지지?" 어째서 무언가에 마음을 빼앗기면 어김없이 누군가에게 자랑하고 칭송하고 싶어 안달하는 걸까? 루이스는 이렇게 답한다.

본래 인간은 즐거워하는 대상에 찬사를 보내는 걸 좋아한다. 찬송은 기쁨을 표현할 뿐만 아니라 완성하기 때문이다. 애초부터 그렇게 되어 있다. 연인들이 서로에게 예쁘고 멋지다는 얘길 끝도 없이 계속하는 건 의례적인 인사치레가 아니다. 기쁨은 표현으로 완성된다. … 표현이 어설프다 해도(오히려 그편이 더 일반적이지만) 마찬가지다. 그런데 누군가가 완벽에 가깝도록 생생하고 온전하게 칭송할 수 있다면, 그러니까 가슴에서 솟구치다시피 쏟아져 나오는 감정을 시나 노래, 음악이나 미술로 순전하게 담아 낸다면 어떻게 될까? 찬송의 대상이 가

진 진가가 더없이 잘 드러나는 한편, 이편의 기쁨 또한 끝없이 커져 갈 것이다.[4]

이런 깨달음은 루이스에게만이 아니라 나를 포함해 그의 글을 읽는 수많은 독자들에게 돌파구가 되어 주었다. 크리스천이라면 누구나 하나님을 찬양해야 하며 그렇지 않으면 비현실적이고 빈한한 삶을 살 수밖에 없음을 여실히 보여 주는 까닭이다. 주님은 넘치도록 우리를 사랑하신다거나, 무궁무진하게 지혜로우시다거나, 한없이 위대하시다는 사실을 머리로 믿는 데 그쳐서는 안 된다. 추상적인 지식을 넘어서 삶을 변화시키는 역사를 이어 가려면 그런 사실을 찬양하고 또 다른 이들에게도 칭송할 필요가 있다.

찬양하기를 배우면 삶이 달라진다. 루이스는 그런 사실을 저절로 알게 되었노라고 말한다.

비할 바 없이 겸손하며 균형이 잘 잡히고 도량이 큰 이들은 누구보다 열심히 찬양하는 반면, 매사에 짜증을 내고 순응할 줄 모르며 불평불만을 일삼는 이들은 좀처럼 찬양할 줄 모른다.
훌륭한 비평가들은 숱한 결함을 가진 작품에서도 칭찬거리를 찾지만, 쩨쩨한 비평가들은 추천도서 목록을 끝없이 줄여 간다. 건강하고 때 묻지 않은 이들은 호화로운 집안에서 세상의 산해진미를 다 맛보며 자랐다 할지라도 소박한 밥상을 높이 평가할 줄 알지만, 소화불량에 걸렸거나 고상한 척하기 좋아하는 속물들은 무얼 내놓든 흠부터 잡으려 든다.

견딜 수 없을 만큼 악조건 아래서가 아니라면, 대체로 찬양은 내면의 건강을 한눈에 볼 수 있게 드러내는 지표가 되는 듯하다.[5]

사랑을 쏟을 대상을 재설정하라

찬양과 경배가 그토록 큰 영향을 끼치는 연유는 무엇일까? 세 종류의 기도(찬양, 고백, 간구) 가운데서도 유난히 하나님을 향한 직접적인 사랑을 키워 주기 때문이 아닌가 한다. 어거스틴의 말마따나, 무얼 사랑하느냐가 한 인간의 됨됨이를 말해 준다는 뜻이다.

《하나님 나라를 바라보는 소망(Desiring the Kingdom)》에서 제임스 스미스(James K. A. Smith)는 인간의 성품과 본성을 몇 가지 모델로 나누어 제시한다. 그리고 하나하나를 비교하고 평가한 뒤에 "내가 사랑하는 게 바로 나"[6]라는 어거스틴의 모델을 첫손에 꼽는다. 요한일서 주석에서 설명한 것처럼 "한 사람 한 사람의 됨됨이는 그가 사랑하는 것과 크게 다르지 않다"[7]는 것이다. 저마다 사랑하는 대상은 인간 본성과 행동의 토대를 이룬다.

어거스틴은 인간이란 너나없이 행복을 추구하며 행복을 가져다준다고 믿는 무언가에 집착하는 법이라고 가르친다. 그리고 바로 그 집착을 사랑으로 인식하고 경험한다. 하지만 인간이 떠안은 가장 큰 문제는 죄의 영향을 받아서 행복하게 만들어 주는 요인과 자신을 동일시한다는 점이다. 앞에서도 얘기한 바 있지만, 그 결과 사랑은 갈피를 잡지 못하고 엉뚱한 곳을 향하게 되었다. 사랑이 질서를 잃고 '탈'이 난 셈이다. 사랑하지 말아야 할 걸 사랑하거나 사랑해야 할 걸 사랑하지 못하거나 덜 사랑해야 할 걸 더 사랑하든지, 더 사랑해야 할 걸 덜 사랑하든지 둘 중 하나다.[8] 정의를 세우기보다 돈 버는 일을 더 좋아하는 경영자는 노동자나 직장인들을 착취하게 마련이다. 자녀보다 출세를 더 사랑하면 가족 관계는 무너져 내릴 수밖에 없다.

그러나 인간이 마주한 이 비참한 현실은 하나님을 가장 높은 자리에 두고 사랑하지 않기 때문이다. 그러기에 어거스틴은 《고백록》에 유명한 기도를 남겼다.

"하나님은 스스로를 위해 우리를 지으셨으므로, 주님 안에 쉬기까지는 마음에 안식이 깃들 수 없습니다"(1.1.1).

여기에 담긴 뜻은 단순하다. 세상에서 무엇이든 하나님보다 더 사랑한다면, 기대의 무게가 상대를 으스러뜨리고 마침내는 자신의 마음까지 상하게 한다는 것이다.

가령 하나님의 사랑을 받는 것보다 자녀와 배우자의 사랑을 더 중요하게 생각한다면, 배우자가 기대만큼 지지와 애정을 보여 주지 않을 때마다 폭발적으로 분통을 터트리거나 깊은 좌절에 빠지기 십상이다. 상대방 역시 이편의 분노와 불만을 사지 않으려고 눈치를 보며 사실을 얘기하지 않을 수 있다. 반면에 하나님의 사랑을 으뜸으로 소중하게 여기면 배우자를 제대로 사랑할 여유가 생긴다.

어거스틴은 《고백록》에서 이런 생각을 자세히 설명한다.

인간의 심령이 어디를 바라보든 그게 하나님을 향하지 않는다면 슬픔으로 흘러갈 수밖에 없다. 하나님 밖에 있는 것들과 그게 닿게 될 바깥 그 자체가 아름다운 것처럼 보일지라도 반드시 그리 되게 마련이다"(4.10.15).[9]

어거스틴과 같은 맥락에서 스미스는 궁극적으로 사랑하는 바로 그것이 한 인간의 정체성을 구성하는 인자라고 주장한다. 그리고 그런 구성 요인들이 모여서 "근본적으로 지향하는 바, 행복한 삶을 정의하는 시각을 최종적으로 지배하는 요소, 세계 속에서 자신의 존재를 형성하는 성분 … 그리고 부차적인 욕구와 행동을 이해할 수 있게 만드는 동인"[10] 등을 결정짓는다는 것이다. 이처럼 저마다 사랑하는 무언가가 개인의 성품을 규정한다면, 한 사회가 집단적으로 사랑하는 바는 문화를 빚어낸다. 《하나님의 도성(City of God)》이라는 걸출한 작품이 담고자 했던 핵심 메시지가 바로 여기에 있다. 어거스틴은 사회란 그 구성원들이 공통적으로 사랑하는 요소들을 중심으로 한데 뭉친 개인들의 상호 연합체라고 믿었다.

이는 무슨 뜻일까? 스미스는 책 한 권을 통째로 바쳐서 인간이 더없이 철저하게 변화되기 위해서는 섬기는 대상이 달라져야 한다는 명제를 설명하고 증명한다. 생각과 주장, 신념은 마음을 움직이는 결정적인 도구들이다. 하지만 인간은 궁극적으로 그가 찬양하는 바와 다르지 않다. 무엇에 온통 마음을 빼앗기며 기꺼이 찬양하고 또 남들에게도 찬송하길 요구하는지가 그 사람을 말해 준다. 지나친 분노와 걱정, 낙심은 대상을 잘못 잡은 사랑의 결과이며 사회문화적 문제이기도 하다.

　속사람의 고갱이, 그러니까 인간 됨됨이의 뼈대를 다시 짤 수 있을까? 어떻게 건강한 공동체를 형성할 수 있을까? 하나님을 섬기고 높여야 한다. 하나님을 가장 사랑해야 한다. 찬양과 경배 말고는 그런 마음을 키울 방도가 없다.

감사의 중요성

　'찬양'과 '감사'가 서로 다른 부류의 기도며 둘 사이의 차이점들을 염두에 두고 면밀히 살펴 기도하는 게 좋다고 이야기하는 이들이 많다. 하지만 결론적으로 말하자면 감사는 찬양의 한 갈래로 봐야 한다. '엄밀한 의미의 찬양'이 하나님의 성품을 경배하는 일이라면, '감사'는 주님이 행하신 일을 찬송하는 걸 가리킨다. 시편 135편은 주님을 찬송하라고 명령하고 136편은 그분께 감사하라고 외치지만, 찬찬히 들여다보면 두 노래의 메시지가 거의 겹치다시피 하는 걸 알 수 있다. 시편 135편은 이집트에서 종살이하던 이스라엘 백성들을 구원하신 하나님을 찬송한다. 136편은 사랑이 넘치시는 좋으신 하나님께 감사를 드린다. 허락하신 은총에 감사하는 마음은 자동적으로 그 은혜를 베푸신 주님의 속성과 속속들이 사랑이 배인 목적 쪽으로 흘러간다. 하나님의 사랑과 선하심을 찬양하다 보면 따로 애쓰지 않아도 그분이 우리 삶 가운데서 보여 주신 사례 하나하나에 감사하는 마음으로 변해 가게 마련이다.

　찬양과 감사에 들어가려면 먼저 자신이 어떤 문제와 마주했는지 알아야 한다. 환경이 고백과 회개를 이끌어 내는 경우가 적지 않다. 넘어지거나 쓰러지고 죄와 부끄러움의 짐을 짊어질 때 기도는 간절해진다. 눈앞의 여건이 간구와 중보로 몰아가기도 한다. 친구나 가족이 새로 암 진단을 받거나 지병이 악화될 조짐을 보일 때 역시 기도의 열기는 뜨거워진다. 외적인 조건이나 막다른 골목에 몰렸다는 절박감이 기도를 자극하는 경우다.

불행한 사건들이 간구와 간청을 불러일으킨다면 행복한 일이 생기면 감사하고 찬양하고자 하는 마음이 솟는 게 당연해 보인다. 하지만 꼭 그런 건 아니다. 로마서 1장 18-21절에서 바울은 인간의 죄가 지닌 특성을 지적하면서 "사람들은 하나님을 알면서도 하나님을 하나님으로 영화롭게 해 드리거나 감사를 드리기는커녕"(새번역)이라고 꼬집는다. 본문은 점강적으로 들린다. 그렇다면 '감사를 드리지 않는' 것이 죄의 본질이란 얘기인가? 그게 그처럼 큰 문제인가? 맞다. 사실이다.

표절 문제를 잠시 짚어 보자. 어째서 표절을 그토록 심각한 범죄로 취급하는가? 남의 생각을 마치 제 것인 양 내세우기 때문이다. 누군가의 아이디어에 기댄 게 문제가 아니다. 표절은 본래의 주인에게 감사하며 공을 돌리지 않으므로 일종의 절도 행위다. 원저자를 욕되게 하는 짓일 뿐만 아니라 스스로 허약해지는 길이기도 하다. 앞으로도 그만한 아이디어를 끄집어낼 능력을 잃어버리는 까닭이다.

이제 하나님이 왜 감사를 그토록 중요하게 여기시는지 짐작이 가는가? 영적으로 아쉬울 게 없으며 제힘으로 뭐든지 해나갈 수 있다는 환상에 빠져 사는 생활태도야말로 우주적인 배은망덕이다. 어떻게 살아야 할지 가장 잘 알고, 평생 바른 길을 가며 위험을 피하거나 이겨 낼 힘을 가졌다는 믿음의 표현이다. 그것은 아주 위험한 망상이다. 인간은 창조주가 아니다. 붙들어 주는 힘에 기대지 않고는 단 한 순간도 삶을 유지해 나갈 수 없다. 그러나 바울의 말마따나 인간은 그런 사실을 받아들이길 싫어한다. 전폭적으로 하나님께 의지할 수밖에 없는 존재임을 부정한다. 그랬다가는 주님께 매여서 뜻대로 살 수 없을 거라 생각한다. 모든 걸 베풀어 주시는 분이 시키는 대로 허수아비처럼 움직이게 된다는 부담감을 느낀다.

마음에 도사린 죄가 이처럼 스스로 삶의 주도권을 쥐고 원하는 대로 살아가는 데 집착하게 만드는 탓에 하나님을 경외하는 일의 깊이와 폭을 제대로 인식하지 못하기 십상이다. 마땅히 감사해야 할 대목에서도 좀처럼 그럴 줄 모른다. 좋은 일이 생기면 모두 제 수완으로 이룬 일이거나 적어도 그만한 자격이 있어서 누리는 복인 듯 떠벌이는 데 온 힘을 기울인다. 공을 차지하고 싶어 하는 것이다. 인생이 별 굴곡 없이 그야말로 순탄하게 흘러가도 그걸 의식하며 말없이 감복하고 고마워할 줄 모른다. 결국 당연히 하나님의 몫으로 돌아가야 할 영광을 강탈하는 건 물론이고, 제 삶에서 전능하신 주께 끊임없이 감사할 기쁨과 위안을 박탈해 버린다.

감사하고 찬송하는 데 서툴지라도 찬양이 기도의 첫 단추라는 점에는 변함이 없다. 자신에게는 물론이고 남들에게도 적절히 동기를 부여하고, 격려하며, 요구해야 할 기도 형태라는 뜻이다. 자, 이제 찬양의 어려움을 어떻게 해결할 것인가?

찬양하는 습관을 가지라

다른 부류의 기도에 비해 감사와 찬양이 마음의 욕구와 충돌한다면 어떻게 하면 더 좋은 심령의 습관을 들일 수 있을까? 영국 크리스천 저술가들의 글을 빌자면 대략 세 가지 정도의 방법이 있다.

우선, 기도를 다룬 C. S. 루이스의 책, 《개인기도(Letters to Malcolm)》에서 가르침을 얻을 수 있다. 그는 의도적으로 모든 기쁨을 "인간의 감성을 자극하는 영광의 단초로 보고 … 찬양의 통로로 삼으려" 노력한다. 루이스는 '기쁨'이란 말을 아름다운 산과 계곡, 맛있는 음식, 뛰어난 글, 또는 노래 한 자락처럼 다양한 의미로 사용한다.

그렇다면 모든 기쁨을 경배와 연결한다는 건 무슨 뜻인가? 루이스는 온갖 기쁨을 두고 하나님께 감사해야 마땅하지만, 거기서 그치면 안 된다고 강조한다. "감사는 목청껏 외치지. … '이런 걸 베풀어 주시다니, 하나님은 얼마나 선한 분이신가!' 찬양은 말한다네. '도대체 어떤 속성을 지닌 존재기에 그토록 멀리 떨어져 있으면서 이렇게 순간적으로 밝은 빛을 내는 걸까?' 햇살에서 태양으로 마음의 시선이 돌아가는 거지."[11]

루이스는 거의 반사적으로 "어떤 하나님이 이를 지으시고 내게 주셨을까?"를 생각하는 법을 배웠다면서, 항상 그럴 수는 없을지라도 그런 훈련은 일상생활 가운데 더 풍성한 기쁨을 찾고 밀도 높은 기도 시간을 갖는 데 큰 도움이 된다고 단언한다. 아울러 "가장 낮아졌을 때 경배하는 습관을 들이지 못하면 지극히 높아진 상황에서 하나님을 경배하기는 몹시 어렵다"[12]고 조언한다.

하나님을 찬양하는 습관을 들이는 두 번째 방법은 16세기 영국의 위대한 종교 개혁가로 처음으로 공동기도서를 펴냈던 토머스 크랜머 (Thomas Cranmer)에게서 찾을 수 있다. 책에 실릴 공동기도를 쓰면서 그는 다음과 같은 일반 원칙을 따랐다.

> 1. 찬양 - 하나님의 이름
> 2. 신조 - 기도의 토대가 되는 하나님의 성품에 대한 진리
> 3. 간구 - 구하고자 하는 일들
> 4. 염원 - 요청을 들어주셨을 때 찾아올 선한 결과
> 5. 예수님의 이름으로 - 예수님의 중보자로서의 역할을 기억

크랜머가 쓴 유명한 성만찬 개회 기도에서도 이와 같은 구조를 볼 수 있다.

> 1. 전능하신 하나님,
> 2. 주께서는 모든 사람의 마음과 소원을 다 아시며, 은밀한 것이라도 모르시는 바 없사오니,
> 3. 성령의 감화하심으로 우리 마음의 온갖 생각을 정결케 하시어,
> 4. 주님을 진심으로 사랑하고 주님의 거룩하신 이름을 공경하여 찬송케 하소서.
> 5. 우리 주 예수 그리스도의 이름으로 기도하나이다.

하나님의 성품(구할 수 있는 근거)에서 시작해서 간구(원하는 바)를 거쳐 염원(응답해 주시면 하고자 하는 일)으로 넘어가는 기도의 흐름에 주목하라. 찬양을 간구와 결합시키고 건전한 신학을 마음의 깊은 염원은 물론 일상

생활 가운데 기대하는 구체적인 목표들과 연결시키는 방식이 얼마나 근사한지 모른다.[13]

　습관이 붙을 때까지 이런 기본 구조를 좇아 하나님께 드리는 간구를 일기장에 적는 훈련도 성숙한 기도를 연습하는 좋은 방법이 된다. 차츰 소리를 내든 사사로이 은밀하게 기도하든, 간구할 때마다 본능적으로 하나님이 어떤 분이신지 돌아보고 그 사실에 기대어 아뢰는 데서 출발할 것이다. 주님의 이름, 그분의 성품을 구한다는 말의 속뜻이 거기에 있다.

　마지막 지침을 제공하는 인물은 17세기 말에 활동했던 웨일즈장로교회 목회자, 매튜 헨리(Matthew Henry)다. 성경 전권 주석으로 잘 알려진 그는 《성경적인 기도(A Method for Prayer)》라는 책을 썼다. 짧든 길든 성경에 수록된 기도를 찬양, 고백, 간구, 감사, 중보의 주제를 중심으로 분류하고 백과사전식으로 정리한 안내서다. 장마다 다시 여러 표제를 붙이고 거기에 설명을 붙였는데 그 하나하나가 대단히 유용하다. 주제들 가운데 하나를 선택하고, 그 배경이 되는 성경 본문을 잠시 묵상한 뒤에, 자신의 말로 간구하라. 그렇게 하면 루터가 주기도문으로 기도했던 방식을 성경 전체로 확대 적용하고 기도와 연결할 수 있다.

　매튜 헨리의 설명(성경 본문을 제외하고)을 토대로 삼아 개인적으로 정리한 본보기를 여기에 소개한다. 시간을 할애해서 찬양과 감사를 드리는 방법을 살피는 데 도움이 될 것이다. 이렇게 기도할 때는 직접 마주한 듯 하나님을 가장 친근한 이름으로 부르며[14] 이 고백을 드리라. 이 모두가 찬양이 될 것이다.

1. 찬양

• 하나님은 비할 데 없고 끝없이 지혜로우시며 은혜로우시고 아름다운 분이십니다. 주님은 무엇에도 기대지 않고 스스로 존재하십니다. 반면에 세상 만물은 그분을 의지해 존재합니다. 무한하고 영원한 영이시며, 유일무이하게 흠이 없으신 분이며, 더없이 영광스럽고 소중한 하나님이십니다.

• 하나님의 완전하심은 독보적이어서 비할 데가 없습니다. 한결같고 변함없는 성품, 어디에나 계시는 거룩한 임재, 모르는 게 없으신 온전한 지식, 끝을 헤아릴 수 없는 완벽한 지혜, 절대적이며 거역할 수 없는 권능, 모든 일을 지배하시는 주권, 한 점 티가 없으신 도덕적인 순결함과 아름다움과 거룩하심, 거침없는 심판으로 궁극적으로 세상 만물과 만사를 바로잡으시는 공의가 주님의 완전하심을 드러냅니다.

• 하나님은 피조물들을 지으시고, 지키시며, 계속 살아가게 하시고, 다스리시는 창조주이십니다. 하나님은 친히 말씀하시며 인격적인 관계를 맺으시는 진리의 주님이십니다. 하나님은 신실하게 약속을 지키시는 언약의 주님이시므로 우리가 그분께 매인 그 매임으로 우리에게 매이십니다. 하나님은 한 분이신 동시에 성부와 성자와 성령 세 분이신 삼위일체의 주님이십니다. 우리의 유일한 임금님이시며 친구요 배우자십니다. 우리 마음은 하나님을 유일한 기쁨으로 삼도록 지어졌습니다.

2. 감사

• 여러 가지 방법으로 생명을 주시고 육신의 삶을 이어 가게 하심에 감사합니다. 거룩한 형상대로 우리를 빚으셔서 주님과 다른 관계들을 알고, 사랑하고, 섬기고, 누리게 하셔서 감사합니다. 지금껏 수많은 부상과 질병들을 이겨 내고 오늘까지 살아 숨 쉬도록 삶을 지켜 주셔서 감사합니다. 뒤에서 떠받쳐 주시고 위로해 주셔서 즐겁고, 유쾌하며, 견딜 만한 인생을 꾸려 가게 하셔서 고맙습니다. 이런저런 이들을 성취하고 목표에 도달하게 하셔서 감사합니다. 지혜와 능력이 부족함에도 불구하고 온갖 선물을 값없이 보내 주셔서 감사합니다.

• 영적인 삶을 시작하고 꾸려 가게 하신 손길에 감사합니다. 성부와 성자, 성령님이 시간이 존재하기 전부터 세워 두신 구원 계획, 그 자체에 감사합니다. 우리를 위해 기꺼이 영광을 버리신 그리스도께 감사합니다. 가르침과 성품으로 거룩함의 미덕을 드러내신 주께 감사드립니다. 우리를 위해 돌아가시고, 죗값을 치르셨으며, 조건을 빠짐없이 충족시키시고, 은혜로 하나님과 새로운 언약 관계를 맺게 하신 구세주의 역사에 감사합니다. 성령님께 감사합니다. 삶 속에 임하시고 능력을 주셔서 하나님의 진리를 깨닫게 하시고, 그 사랑과 영광을 알게 하시며, 그리스도의 성품을 따라가게 하시고, 허락하신 은사로 다른 이들을 섬기게 하셔서 감사합니다. 하나님 말씀인 성경을 주셔서 감사합니다. 거기에 담긴 지혜와 진리, 능력에 감사합니다. 교회와 회중, 그리고 지도자들을 주셔서 우리를 빚고 만들며 믿음과 소망과 사랑 가운데 성장하도록 뒷받침해 주셔서 감사합니다. 허다한 크

리스천 친구들을 주셔서 감사합니다. 구원의 확신을 주셔서 장차 부활한 몸으로 주님과 더불어 영원히 살리라는 소망 가운데 안식할 수 있게 하심에 감사드립니다. 무슨 일을 만나든지 걱정할 필요가 없음을 알게 하셔서 감사합니다.

• 물 붓듯 쏟아 주신 특별한 사랑에 감사드립니다. 오래 참아 주시고, 나쁜 습관과 사고방식과 마음가짐과 관습을 버리고 바꾸게 도우시며, 무지와 어리석음이 빚어내는 심각한 결과들로부터 우리를 보호하시고, 스스로 우리에게 모습을 보이시며, 연합하게 하시고, 기도에 응답하시며, 고통스럽고 고단한 길을 함께 걸어 주셔서 감사합니다.

기도의 마지막 단추 역시 찬양

시편 기자가 쓴 마지막 노래(시편 150편)는 처음부터 끝까지 찬송 일색이며 더 원색적인 어휘들을 동원해 찬양을 풀이한다.

할렐루야 그의 성소에서 하나님을 찬양하며 그의 권능의 궁창에서 그를 찬양할지어다. 그의 능하신 행동을 찬양하며 그의 지극히 위대하심을 따라 찬양할지어다. 나팔 소리로 찬양하며 비파와 수금으로 찬양할지어다. 소고 치며 춤추어 찬양하며 현악과 퉁소로 찬양할지어다. 큰 소리 나는 제금으로 찬양하며 높은 소리 나는 제금으로 찬양할지어다. 호흡이 있는 자마다 여호와를 찬양할지어다. 할렐루야.

어째서 기자는 이처럼 끝도 없이 찬양으로 시편을 마무리하는가? 유진 피터슨은 어떤 기도든 찬양의 틀 속에서 드려지게 마련이라면 찬양으로 시작해서 찬양으로 마무리 짓는 게 당연하다는 입장이다.

진실한 기도라면 어쩔 수 없이 찬양에 가까워지는 법이다. 시작이 얼마나 절박하든, 얼마나 노엽고 두려운 감정이 교차하든 기도는 결국 찬양으로 마무리하게 되어 있다. 빠르고 쉬운 길이기만 한 건 아니지만(평생에 걸친 여정이 될 수도 있다), 어쨌든 마무리는 어김없이 찬양이다. … 시편 곳곳에 이런 암시들이 박혀 있다. 처절한 탄식이나 반항적인 어투로 항변하는 노래에도 심심찮게 등장하며 중간 단계 없이 돌발적으로 찬양이 튀어나온다.

시편 150편만이 아니다. 앞쪽에 할렐루야 시편 네 개가 더 있다. 그러니까 시편을 매듭짓는 다섯 개의 노래 가운데 마지막 곡인 셈이다. 다섯 개의 할렐루야 시편들은 이루 말할 수 없이 폭발적이다. … 처지가 얼마나 고단하든, 의심이 얼마나 깊든, 얼마나 화가 났든, 얼마나 오랫동안 '도대체 언제?'라는 질문을 던져 왔든, 기도는 결국 찬양으로 귀결된다는 뜻이다. 기도의 물줄기는 찬양의 강으로 모이기 마련이다. 다른 형태의 기도들이 찬양보다 열등하다는 소리가 아니다. 기도는 어쩔 수 없이 찬양에 가까워지는 법이란 얘기다. … 서두르지 말라. 어떤 기도는 시편 146-150편에 기록된 할렐루야에 이르기까지 몇 년, 심지어 수십 년이 걸리기도 한다. 하나하나가 죄다 찬양으로 마무리되지도 않는다. 진실한 안내자로 여기는 시편만 해도 사실상

대다수가 그렇지 않다. 늘 찬양 쪽으로 뻗어 가고 마침내 거기에 이르게 될 따름이다.

그러므로 … 삶은 갈수록 영글어 의로움의 열매를 맺는다. 하늘과 땅이 만나 기이하게 결합된다. 심벌즈를 요란하게 마주치며 그 영광을 선포하라. 찬양하라. 아멘. 할렐루야.[15]

C. S. 루이스는 하나님을 향한 찬양의 결핍은 곧 현실감각의 상실을 의미하며 찬송이야말로 현실 세계에 뛰어들어 더 온전히 주님을 누리게 한다고 말한다. 장래를 바라보는 감격스럽고 구체적인 비전을 주는 얘기다. 루이스는 더 온전하게 찬양할수록 즐거움도 더 커지며, "대상을 더 소중히 여길수록 기쁨 또한 한층 강렬해질 것"이라고 지적한다. 그렇다면 삼위일체 하나님, 만물 위에 가장 뛰어나신 주님을 사랑하고 기뻐하며 "그 행복감을 실시간으로 옹글게 표현할 때" 하늘에선 어떤 일이 벌어질까? 그걸 어떻게 설명할 수 있을까? "심령이 더없이 큰 복을 누린다"고 답할 수 있을 것이다. 하늘나라와 장차 크리스천들이 마주할 미래를 가늠해 보자면 어떻게 해야 할까?

하나님과 완전한 사랑을 주고받아야 한다. 취하고, 빠지고, 녹아들어야 한다. 안에 갇힌 채 전달되지 못했던 그래서 견딜 수 없었던 그 기쁨, 그 지극한 행복이 따로 애쓰지 않아도 끊임없이 되풀이하며 완벽하게 표출되어야 한다. 마치 거울이 받아들여 되비치는 빛을 그걸 내보내는 광원(光源)과 분리할 수 없는 것처럼 이제 우리가 맛보는 즐거움과 그것이 온전히 자유롭게 표출되는 찬양을 떼어 놓는 건 불가능하다. 스코틀랜드 대요리문답은 "인간의 가장 큰 존재 이유는 하나님을 영화롭게 하며 영원토록 주님을 즐거워하는 것"이라고 말한다. 하지만 그 둘은 하나다. 온전히 즐거워하는 게 곧 영광을 돌리는 일이란 뜻이다. 영화롭게 하라고 명령하시면서 하나님은 그분을 즐거워하도록 부르고 계신다."[16]

장래를 내다보는 숨 막히도록 멋진 환상이자 지극한 행복을 경험하는 것이 비전이다. 고결하게 들리지만 가장 현실적이고도 실제적인 진리이다.

크리스천은 사랑이 넘치는 하나님을 믿는다. 비난이나 거절(관계를 깨트리는), 또는 어떤 영역에서든 평판에 흠집이 날 만한 실패를 겪으면 누구나 풀이 죽고 기가 꺾이게 마련이다. 하지만 낙담과 붕괴, 의기소침과 기능 정지 사이에는 분명한 차이가 있다. 사랑이 그저 추상적인 개념에 지나지 않는다면, 어려운 일을 만났을 때 아무런 위안을 주지 못한다. 하지만 기도를 매개로 피부에 닿게 실감할 수 있는 현실이 된다면 기쁨과 자신감을 잔뜩 불어넣을 것이다.

무언가를 하고 있는데 오디오에서 음악이나 다른 소리가 들린다면 무시하고 하던 일을 계속할 수 있다. 일을 하는 동시에 비디오를 놓치지 않고 보려 한다면 어떻게 되겠는가? 비디오의 영상을 떨쳐 버리기란 거의 불가능하다.

기도도 비슷하다. 금방 잊힐 수 있거나 삶을 살아가고 더 생생하게 만드는 요소들과는 다소 동떨어져 보이는 하나님에 대한 지식에서 출발한다. 그런데 그를 통해 하나님을 만나면서 그분의 사랑과 위대하심, 권능과 지혜에 힘입어 오로지 오디오로만 알던 것을 비디오로 체험한다. 기도는 하나님의 성품에 뛰어들어 온몸을 담그게 만든다. 주님의 사랑은 그동안 경험했던 거절과 실망을 덮고도 남을 만큼 생생해진다. 문제에 대처할 힘이 생기고 다시 고개를 쳐들 수 있게 된다.

이보다 더 실제적이고 현실적인 일이 어디 있겠는가?

13

고백과 회개는
필수다
용서받은 마음에서 바른 기도가 세워진다

값없는 용서, 그리고 값을 헤아릴 수 없는 대가

하나님은 용서하신다. '하나님은 사랑의 영'이라는 일차원적인 시각을 가진 현대인들에게 이런 말은 별 감흥을 주지 못한다. 그러나 히브리의 선지자들과 성경 기자들에게 '하나님의 용서'란 외경스러운, 그래서 좀처럼 믿어지지 않는 놀라운 개념이었다.[1] 주님은 "용서하시는 하나님"(느 9:17)이다. "긍휼과 용서하심이"(단 9:9) 있는 하나님이시지만 그 자비를 가벼이 여겨서는 안 된다. 출애굽기 34장 6-7절은 말한다.

> 자비롭고 은혜롭고 노하기를 더디하고 인자와 진실이 많은 하나님이라. 인자를 천대까지 베풀며 악과 과실과 죄를 용서하리라. 그러나 벌을 면제하지는 아니하고 아버지의 악행을 자손 삼사 대까지 보응하리라.

현대인들에게 이 두 갈래의 주장은 기이하기만 하다. 하나님은 용서를 베푸시지만 그와 동시에 너무도 거룩하셔서 죄와 악을 반드시 벌하신다니! 대단히 강렬하고 선명한 선언들이지만 본문에는 그 둘이 어떻게 양립할 수 있는지 뾰족한 설명이 없다. 출애굽기 34장 6-7절은 그저 하나님의 용서가 단순하거나 자동적이지 않다는 사실만 또렷이 드러낼 뿐이다. 그러기에 다윗은 시편 130편 3-4절에서 "주님, 주님께서 죄를 지켜

보고 계시면, 주님 앞에 누가 감히 맞설 수 있겠습니까? 용서는 주님만이 하실 수 있는 것이므로, 우리가 주님만을 경외합니다"(새번역)라고 부르짖었다. 시편 기자는 "물론 하나님은 죄를 용서하십니다. 용서는 주님이 당연히 하셔야 할 일이기 때문입니다"라고 노래하지 않는다. 다윗은 우주의 하나님, 인생의 주인이신 하나님이 불순종과 죄를 용서하신다는 사실에 깜짝 놀라며 몸을 떨었다. 선지자 미가는 이를 더욱 장엄하게 표현한다.

> 주와 같은 신이 어디 있으리이까. 주께서는 죄악과 그 기업에 남은 자의 허물을 사유하시며 인애를 기뻐하시므로 진노를 오래 품지 아니하시나이다. 다시 우리를 불쌍히 여기셔서 우리의 죄악을 발로 밟으시고 우리의 모든 죄를 깊은 바다에 던지시리이다(미 7:18-19).

출애굽기 34장 6-7절의 수수께끼는 구약의 줄거리 전반에 걸쳐 볼 수 있는 긴장과 갈등이다. 하나님은 친히 선택하신 백성들과 언약 관계를 맺으셨다. 엄숙하면서도 구속력을 갖지만 지극히 개인적이고 친밀한 관계다. 계약의 양쪽 당사자는 서로에게 신실하게 맹세한다. "너희를 내 백성으로 삼고 나는 너희의 하나님이 되리니"(출 6:7). 수없이 의식을 치러서 맹세를 확인했음에도 불구하고, 성경에 기록된 역사는 개인적으로든 공동체적으로든 거룩한 백성들이 지속적으로 하나님과 맺은 약속과 의무를 짓밟고 깨트리는 사건의 연속이라 해도 지나치지 않다. 하나님의 언약이 하찮고 의미 없는 다짐으로 보일 정도다. 그처럼 불성실한 자세라면, 주님의 축복을 누릴 자격을 박탈당하는 건 조금도 이상한 일이 아니며 도리어 당연한 결말이다. 그럼에도 불구하고 구약성경에는 하나님이 여전히 신실하시며 뭇 백성들의 죄를 사하시고 회복시키시겠다는 말씀을 수없이 되풀이한다(렘 31:31-34, 겔 36:24-29). 히브리 성경을 대하는 이들로서는 의문스러울 수밖에 없다. 하나님과의 언약 관계는 순종을 전제로 하는 조건적인 관계인가? 아니면 사랑에 토대를 둔 무조건적인 관계인가? 다시 말해 거룩함과 의로움이 사랑과 자비에 앞서는가, 아니면 그 반대인가? 주님은 벌하시는가, 용서하시는가? 상호모순처럼 보이는 출애굽기 34장 6-7절은 이처럼 팽팽하게 맞서는 긴장 상태를 여실히 보여 준다. 이 충돌을 어떻게 해소할 것인가?

신약성경의 저자들은 구약의 수수께끼를 단번에 풀 해답을 제시한다. "이 예수를 하나님이 그의 피로써 믿음으로 말미암는 화목제물로 세우셨으니 이는 하나님께서 … 자기의 의로우심을 나타내사 자기도 의로우시며 또한 예수 믿는 자를 의롭다 하려 하심이라"(롬 3:25-26). 하나님은 의로우신 분이므로 하나님과의 언약은 조건적인가, 아니면 의롭게 하시는 분이라는 점에서 무조건적이라고 봐야 하는가? 그리스도의 위대한 구원 사역 덕분에 정답은 '둘 다'가 되었다. 예수님이 십자가에서 돌아가시는 순간 인간의 불순종에서 비롯된 저주가 벗겨졌다. 주님이 온전히 순종하신 덕에 하나님이 주시는 은총을 받을 수 있는 길이 열렸다(갈 3:10-14). 예수님이 언약의 조건을 백퍼센트 충족시켜 주신 까닭에 하나님의 무조건적인 사랑을 받는 수혜자가 되었다. 십자가 때문에 하나님은 죄에 대해서는 의로움을 보이시는 동시에 죄인들에게는 자비를 베푸셔서 의롭게 여겨 주실 수 있게 된 것이다.

신약성경 곳곳에서 하나님의 용서라는 도저히 믿어지지 않는 선물의 근원이 예수님임을 강조하는 건 놀랄 일이 아니다. 주님은 인류의 죄를 용서해 주기 위해 피를 뿌리셨으며(마 26:28) 하늘로 올라가신 뒤에는 하나님 오른편에서 죄를 사해 주신다(행 5:31). 제자들을 시켜 세상에 선포하게 하신 메시지 역시 "죄 사함을 받게 하는 회개"(눅 24:47)였다. 바울은 결론짓는다. "우리는 그리스도 안에서 그의 은혜의 풍성함을 따라 그의 피로 말미암아 속량 곧 죄 사함을 받았느니라"(엡 1:7).

구약성경, 그리고 인류와 맺은 언약을 성실하게 지키신 하나님의 위대한 신비를 바닥에 깔고 돌아보아야 비로소 값없이 허락하신 용서에 어떤 의미가 담겨 있는지, 그러기 위해 얼마나 어마어마한 대가를 치러야 했는지 제대로 파악할 수 있다. 그리스도가 대속의 제물이 되신 덕에 이제는 그 어떤 죄도 우리를 저주의 그늘 아래로 끌어갈 수 없다는 의미다. 동시에 하나님께 죄는 아들이라도 희생시킬 만큼 대단히 심각하며 끔찍한 일이란 뜻이기도 하다. 따라서 거룩한 은혜의 이런 측면들을 고루 인식해야 한다. 그렇지 않으며 이편이나 저편으로 치우쳐 돌이킬 수 없는 실수를 저지를 수 있다. 하나님께는 용서가 아주 쉬운 일이라고 생각하든지, 죄 사함이 과연 실제적이고 철저한지에 대해 의구심을 품는 잘못을 범하기 쉽다.

어느 쪽이든 영적으로는 아주 치명적인 해악을 끼친다. 값으로 환산할 수 없이 소중한 용서를 받았다는 사실을 통감하지 못하면 마음의 변화가 뒤따르지 않는 피상적이고 형식적인 고백에 그친다. 삶 또한 달라지지 않을 것이다. 반면에 값없이 용서를 베푸셨다는 측면을 놓치면 죄책감과 수치심, 자기 혐오에서 헤어나기 어렵다. 어디서도 위안과 안식을 찾지 못한다. 지극히 소중한 용서를 값없이 베풀어 주셨음을 정확하게 인식해야만 삶을 지배하는 죄의 권세에서 벗어날 뿐 아니라 죄책감으로부터도 해방될 것이다.

회개해도 삶이 변하지 않는다면

죄의 대가는 예수 그리스도가 치르셨다. 죄를 뉘우치고 주님을 믿는 이들에게는 더 이상 죄의 저주가 미치지 못한다(롬 8:1). 이를 잊으면 고백이 복음적인 회개가 아니라 스스로를 가혹하게 자책하는 식의 참회에 가까워진다.

마르틴 루터는 1517년, 독일 비텐베르크 성교회 문짝에 95개조를 내걸고 토론을 요구하며 교회의 권위에 도전했다. 첫 번째 조항은 "주 예수 그리스도는 … 믿는 이들의 삶 전체가 온전히 회개하는 삶이 되어야 함을 염두에 두셨다"[2]는 것이다. 언뜻 보면 크리스천들은 단 한 걸음도 앞으로 내딛지 못한 채, 실수를 되풀이하면서 늘 용서를 구하는 것 같다. 하지만 사실상 루터는 정반대, 그러니까 회개는 크리스천의 삶을 발전시키는 방법이라고 이야기한다. 예수님의 성품을 향해 더 깊이, 지속적으로 성장해 가는 열쇠라는 것이다.

선행이나 공로와 상관없이 오직 예수님을 통해 구원과 용납을 받고 의롭게 된다는 루터의 입장은 회개의 본질을 바꿔 놓았다. 거저 주시는 은혜를 놓치면 회개의 목표가 하나님의 불편한 심기를 달래려는 노력으로 변질된다. 하늘 아버지께서 아들 안에 있는 이들을 사랑하신다는 사실을 확신하지 못하면 고백과 회개는 고뇌의 표현이 되고 만다. 하나님의 공의로운 성품에만 집착해서 어떻게든 이편의 진정성을 내보이고 주님의 마음을 움직여 긍휼하심을 입고자 하는 안간힘인 셈이다. 그런 의미를 담은 회개는 자기 의에 지나지 않으며 결국 끝 모를 참담함만 남는다. 의지적으로 규율을 준수할 뿐, 시각이나 동기나 심령이 달라지지는 않는다.

루터는 이런 율법적인 회개를 '자기 의'라고 지적하며 본질적으로 제힘으로 죄를 씻겠다는 의지의 표현일 뿐이라고 맹렬하게 비난했다. 너무도 서글퍼하고 후회막급이므로 그만하면 용서받을 자격을 갖췄음을 하나님과 자신에게 확인시키려는 또 다른 형태의 자학, 더 나아가 스스로 십자가에 못 박히는 행위라는 말이다. 예수님의 이름에 기대서가 아니라 자신의 이름으로 쏟아 내는 고백이다. 의식 세계에서 겪는 내면의 고통을 발판으로 하나님의 자비를 끌어내려는 시도다. 하지만 복음에 근거해 보자면 예수님이 이미 우리의 죄를 지고 고통을 받으셨다. 하나님께 용서받는 데 유리한 면모를 갖추기 위해 스스로를 괴롭힐 이유가 없다. 그리스도를 통해 얻은 용서를 받아들이기만 하면 그만이다.

사도 요한은 "만일 우리가 우리 죄를 자백하면 그는 미쁘시고 의로우사 우리 죄를 사하시며"(요일 1:9)라고 단언한다. 우리가 우리 죄를 자백하면 하나님은 자비로운 분이셔서 우리 죄를 용서하신다고 말하지 않는다(그게 사실이긴 하지만). 도리어 죄를 자백하고 용서를 받는 건 주님이 의로우신 분이기 때문이라고 못 박아 말한다. 다시 말해서 예수님이 이미 용납받을 수 있게 해 두셨으므로 하나님이 용서를 거부하시는 건 '불의'에 해당될 수 있다는 말이다. 사도 요한은 곧바로 말을 보탠다. "누가 죄를 범하여도 아버지 앞에서 우리에게 대언자가 있으니 곧 의로우신 예수 그리스도시라 그는 우리 죄를 위한 화목 제물이니"(요일 2:1-2).

그리스도 안에 있는 이들은 누구나 어김없이 용서를 받는다. 어째서 그런가? 주님이 징벌을 대신 받으시고 온 인류의 죗값을 치르셨기 때문이다. 다 갚은 빚을 다시 갚으라고 독촉하는 건 부당한 일이며 계약 위반이다. 그러므로 하나님이 용서치 않으신다면 그 역시 의롭지 못한 처사일 수밖에 없다. 이처럼 용서를 깊이 확신하고 안전감을 가지면 회개의 의미가 확연히 달라진다. 죄를 용서받는 수단이 아니라 하나님을 높이고 주님을 기준으로 삶의 방향과 태도를 조정하는 도구가 된다. 율법적인 회개는 파괴적이다. 바울은 "세상 근심은 사망에 이르는 것"인 반면 복음적인 회개(근심)는 "후회할 것이 없는 구원에 이르게 하는 회개를 이루는 것"(고후 7:10)이라고 했다. 윤리적인 종교가 내세우는 유일한 희망은 하나님이 복을 주시기에 부족함이 없을 만큼 착하게 사는 데 있다. 이런 세계관을 고집하면 어떤 경우에도 회개가 고통스럽고 부자연스러울 수밖에 없다. 하나님의 사랑을 획득하기 위한 선결 조건으로 인간을 비참한 처지로 몰아넣는 까닭이다. 값없이 의로워지는 진리를 단단히 붙들지 않으면 범죄를 최후의 수단 삼아 하나님의 사랑을 확보하려 들게 될 공산이 크다. 오로지 행위 자체에 초점을 맞추기에 급급해서 그 뒤에 감춰진 태도와 자기중심적인 성향을 보지 못한다. 뿐만 아니라, 자신과 남들을 향해 온갖 정상참작 사유를 제시하면서 책임을 최대한 모면하려 들기 일쑤다. 그처럼 율법적인 틀에 따라 죄를 고백하는 경우, 예수님이 베풀어 주시는 용서 가운데 쉼과 자유와 위안을 경험할 방도가 없다. 얼마나 절망적인 상태가 되어야 하나님의 사랑을 확보하기에 충분한지 전혀 가늠할 수 없기 때문이다.

어느 모임에 갔다가 몇 년 전에 잠시 바람을 피웠던 일로 몹시 괴로워하는 남성을 만났다. 심하게 아프거나 직장 일이 제대로 풀리지 않아 힘들어할 때도 늘 곁을 지켜 주었던 아내에게는 철저하게 비밀에 붙였다. 그리고 얼마 후, 아내는 세상을 떠났다. 그는 하나님의 용서를 받을 수 있을 것 같지 않다고 했다. 이유를 물었다. 죄책감에 짓눌려 살지만 아직 용서를 받을 수 있을 만큼 철저하게 낮아졌다는 생각이 들지 않는다는 답이 돌아왔다. 부정을 저질렀던 일과 더불어 온전히 뉘우치는 마음이 부족한 점도 용서해 주시길 구하라고 권했다. 남자는 화들짝 놀라며 하나님이 그런 것까지 용서하실 수 있느냐는 반응을 보였다. 어째서 예수님이 불륜만을 위해 돌아가셨을 뿐, 완악한 마음을 사하시기 위해 십자가를 지신 건 아닌 듯 여기느냐고 되물었다. 거기서 돌파구가 뚫렸다. 그리스도가 '완고하고 무정한 마음'이란 죄의 대가도 짊어지셨음을 깨닫는 순간, 사내의 굳었던 심령이 녹아내리기 시작했다. 주님은 완벽하게 참회하는 것을 조건으로 은혜를 베푸시는 분이 아니다. 그러한 주님의 은혜로 누리게 된 자유의 실체를 더 깊이 인식한 뒤로 남자는 말로 다 설명할 수 없는 해방감과 안도감을 찾았다. 역설적이게도 하나님 앞에서 한층 감사하고 겸비하는 마음가짐을 갖게 되었다.

마르틴 루터가 내건 95개조 가운데 첫 번째 조항의 전모가 여기에 있다. 죄를 범했음에도 불구하고 사랑과 용납을 받고 있음을 정말로 알고 있다면 스스로의 흠과 허물을 인정하기가 훨씬 쉬울 것이다. 이는 영적이고 심리적인 안정감을 주어서 잘못을 저지른다 해도 금방 인정할 수 있게 한다. 생니를 뽑듯 오만상을 찌푸리고 안간힘을 쓰지 않고도 얼른 잘못을 시인하므로 갈등이 대부분 쉽게 가라앉는다. 그릇된 쪽으로 일을 풀어 가다가도 한결 쉽게 확인하고 돌이키므로 온갖 문제들이 단순하고 간단해진다. 무엇보다도 더 빨리 죄와 허물을 들고 하나님 앞에 나아가 고백하며, 예수님이 속제의 제물로 돌아가셨음을 기억하고, 구원의 기쁨을 다시 경험한다. 회개에는 어느 정도 쓰라린 아픔과 슬픔이 따르게 마련이지만, 죄를 더 절실하게 자각할수록 은혜에 대한 확신 또한 그만큼 커진다. 용서받았음을 실감할수록 더 열심히 회개하고, 더 빨리 성장하고 변화하며, 겸손과 기쁨이 더 깊어진다.

사랑하기에 돌이키는 자발적 참회

고백을 힘겨운 자기 정화 과정으로 여기는 건 명백한 잘못이다. 그리스도를 통하여 값없이 용서를 받았다는 사실은 그런 오류를 바로잡아 준다. 하지만 용서를 가벼이 여기고 그 길이 열리기까지 얼마나 값비싼 대가를 치러졌는지 잊어버리는 것 역시 그릇된 처사이다. 언젠가 로이드 존스가 '거룩하신 공의의 하나님께는 죄를 용서하는 게 더없이 어려운 문제'였다고 설교하는 것을 들은 적이 있다. 그는 곧바로 몇 가지 경고를 덧붙였다. 하나님은 전지전능하신 주권자시고 죄는 빚과도 같아서 반드시 갚아야 한다. 빚을 탕감한다는 말은 곧 비용을 대신 부담하고 값을 치른다는 뜻이다. 하나님께 진 어마어마한 죄의 빚을 갚자면 한없이 큰 대가를 치러야 한다. 그러므로 하나님이 인간을 용서하실 수 있는 유일한 길은 스스로 그 빚을 떠안는 방법뿐이다. 그래서 성부 하나님은 성자를 보내서 인류가 받아야 할 징벌을 대신 감수하게 하셨으며, 성령님을 크리스천의 심령에 머물게 하셔서 가늠할 수 없이 비싼 용서를 보여 주시고 또 받아 누리게 하셨다.

이것이 왜 그토록 중요한가? 죄가 값을 헤아리기 어려울 만큼 크다는 점을 잊어버리면 고백하고 회개하는 기도는 얄팍하고 천박해질 수밖에 없다. 하나님을 높이지도, 삶을 변화시키지도 못할 게 뻔하다. 영국 신학자 존 R. W. 스토트는《너의 죄를 고백하라(Confess Your Sins)》라는 책에서 수많은 크리스천들이 일상적으로 죄를 고백하고 있음을 인정한다. 하지만 대다수는 그 고백이 삶을 변화시키지 못한다. 예전과 조금도 다름없이 그릇된 마음가짐과 행동으로 거듭 되돌아갈 따름이다.

스토트는 죄를 고백한다는 말은 곧 죄를 등지고 결별하는 것이라고 주장한다. 고백과 결별은 결코 분리되면 안 될 요소들이지만, 크리스천 중 열에 아홉은 고백과 동시에 죄와 절연하고 마음을 돌이켜 같은 잘못을 되풀이할 가능성을 차단하거나 약화시키는 결단 없이 죄와 허물을 털어놓는 데 그친다.[3] 그리스도 안에서 용서와 용납을 받았다는 사실을 토대로 전반적인 고백의 틀을 잡는다 할지라도, 내면으로는 더 이상 악이 삶을 휘두르지 못할 만큼 죄 때문에 슬퍼하고 못 견뎌하는 마음을 가져

야 한다.[4]

　1970년대 미국 남부의 조그만 마을에서 목회를 하고 있을 때다. 우리 교회에서 결혼한 어느 부부와 상담을 했다. 남편은 분노조절장애가 있어서 아내에게 험하고 독한 말을 퍼붓기 일쑤였다. 그러나 남편은 지극히 대수롭지 않은 일로 여기고 있었다. 친구들이나 이런저런 모임에 가 보면 자신보다 더 심하게 가족을 학대하는 남성들이 수두룩했다. 그나마 분을 참지 못하고 아내를 때리거나 물건을 집어던진 적은 한 번도 없다는 말로 자신을 합리화했다. 우리가 차근차근 상황의 심각성을 알려 주었지만 좀처럼 받아들이지 못하는 눈치였다. 결국 아내는 집을 나갔다. 공황상태에 빠진 남편은 그제야 마음가짐과 행동을 바꾸고 아내와 화해할 방법을 애타게 찾았다. 회개하고 돌이킬 준비가 되어 있노라고 장담했다. 그는 우리의 조언을 그대로 따랐고 마침내 집을 나갔던 아내도 집으로 돌아왔다. 하지만 몇 달 지나지 않아 폭언하는 습관이 되살아났고 아내는 영영 떠나버렸다. 남편은 그릇된 행동의 결과를 불행하게 받아들였을 뿐, 그 행위 자체를 잘못으로 받아들이지 않았음에 틀림없다. 그런 판국이니 아내에게 저지른 죄를 진정으로 회개했을 리가 없다.

　스토트가 제시한 원리를 고스란히 보여 주는 사례다. 이전과 다른 관점에서 죄를 바라보며 마음으로부터 미워하는 새로운 감각을 갖추고 변화할 권세와 자유를 얻지 못한 채, 그 잘못을 저질렀다는 사실에 그저 동의하는 것에서 그칠 가능성은 누구에게나 있다. 자기 연민은 또 다른 차원의 그릇된 회개 방식이다. 죄를 시인하긴 하지만 진심으로 유감스러워하지 않는 형태다. 자신에게 닥친 고통스러운 결과만 힘들어할 따름이다. 고통을 멈출 요량으로 그릇된 행동을 포기하는 셈이다. 하지만 그럴 경우 죄의 동기가 되는 잘못된 믿음과 소망, 과도한 욕구, 엇나간 자아의식 등을 바로잡는 내면의 변화가 일어나지 않는다. 가령 앞에서 이야기한 남편은 자신에게 부적절한 오만과 불안, 그리고 여성들로부터 터무니없는 보호와 존중을 받고자 하는 욕망이 있음을 제대로 파악하지 못했다. 그의 '회개'는 처음부터 끝까지 이기적이었다. 괴로움을 떨쳐 내는 데만 신경을 쓸 뿐, 아내와 하나님께 떠안긴 슬픔과 고민에는 아무 관심이 없었다. 죄 자체가 아니라, 오로지 자신의 처지를 유감스럽게 여겼던 것이다.

그러므로 스토트는 참다운 회개는 인정과 거부라는 두 가지 요소를 갖춰야 한다고 말한다. 일단 죄를 있는 그대로 인정한 뒤에는 "곧바로 끊고, 거부하고, 단호하게 물리쳐야 한다. … 그래야 하나님과 죄 자체에 대해 올바른 태도를 가질 수 있다"[5]는 것이다. 그리고 성경에서 찾아볼 수 있는 실례로 으뜸가는 참회시를 한 편 꼽는다. 여기서 다윗은 죄를 인정하는 데서 한 걸음 더 나아가 "내가 주께만 범죄하여 주의 목전에 악을 행하였사오니 주께서 말씀하실 때에 의로우시다 하고 주께서 심판하실 때에 순전하시다 하리이다"(시 51:4)라고 고백한다. 수많은 이들에게 부당한 짓을 저질렀음을 부정하지 않는다. 실제로 그랬으니 당연한 노릇이다. 남다른 구석이 있다면 인간을 짓밟는 순간 그들을 지으신 창조주 하나님을 향한 반역을 저지르게 됨을 깨달았다는 점이다. 레위기 6장 2절은 그런 진리를 명시적으로 보여 준다. "누구든지 여호와께 신실하지 못하여 범죄하되 곧 이웃이 맡긴 물건이나 전당물을 속이거나 도둑질하거나 착취하고도 사실을 부인하거나." 다윗은 "죄는 그 무엇보다 하나님의 거룩한 법에 저항하는 행위"라는 사실을 꿰뚫어 보았던 것이다.[6]

회개의 두 부분을 한눈에 보여 주는 또 다른 사례는 시편 32편이다. 본문은 우선, 순전한 '정직'을 보여 준다. "내 허물을 여호와께 자복하리라 하고 주께 내 죄를 아뢰고 내 죄악을 숨기지 아니하였더니"(시 32:5). 죄를 덮고 가리는 방법은 한두 가지가 아니다. 환경이나 남의 탓을 하면서 합리화할 수도 있고 축소할 수도 있다. 하지만 참다운 회개는 죄를 죄로 인정하고 전적으로 책임지는 것을 가리킨다. 진정한 고백과 참회는 책임 전가를 포기하는 순간부터 시작된다.

하지만 다윗은 여기서 멈추지 않고 "너희는 무지한 말이나 노새 같이 되지 말지어다. 그것들은 재갈과 굴레로 단속하지 아니하면 너희에게 가까이 가지 아니하리로다"(시 32:9)고 조언한다. 주인을 깊이 사랑해서 부르기가 무섭게 냉큼 달려오는 노새는 어디에도 없다. 그러기에 노새를 부리자면 상과 벌을 주며 고분고분 따르는 법을 가르쳐야 한다. 그러는 편이 좋다는 사실을 기억시켜야만 시키는 대로 움직이는 법이다. 주인을 위해서가 아니라 오로지 자신을 위해 명령에 순종한다.

다윗은 노새처럼 회개하고 싶어 하지 않는다. 어쩔 수 없는 상황에 몰려서 뉘우치는 방식을 거부한다. 대신에 하나님 보시기에 무엇이 죄인지 깨닫고 주님을 기쁘시게 하고자 하는 사랑에 기대어 참회한다. 책임 전가가 끝나는 자리에서 진정한 회개가 시작되듯, 진실한 뉘우침은 자기 연민이 끝나는 지점에서 비롯된다. 사리사욕 때문이 아니라 하나님을 사랑하기에 죄에서 돌이키는 것이다.

다윗은 폭군 앞에서도 비굴하게 굽실거리지 않는다. "여호와를 신뢰하는 자에게는 인자하심이 두르리로다"(시 32:10)라는 사실을 알고 있는 까닭이다. 본문에서 말하는 사랑은 하나님의 보편적인 사랑이 아니라 '헤세드(chesedh)', 곧 친히 약속하신 언약에 토대를 둔 변함없는 사랑이다. 물론, 오늘날 크리스천은 시편 기자와는 비교할 수 없을 만큼 커다란 기쁨의 원천을 소유하고 있다. 다윗은 선택하신 백성들에게 성실하시겠다는 하나님의 일반적인 약속(창 15장)을 마음에 품었을 따름이다. 하지만 우리는 십자가에 달려 돌아가신 예수 그리스도를 보았으므로, 하나님의 신실하심이 얼마나 깊고 또 값진지 그보다 훨씬 선명하게 알 수 있다.

그런데 다윗은 스스로의 행동이 죄에 기울었음을 인식하고 받아들였을 뿐만 아니라, 하나님의 위대하심과 한결같은 사랑을 묵상하면서 의도적이고 이기적인 동기가 점점 줄어들고 마침내 삭아 스러질 때까지 죄를 품고 실행하게 만든 마음가짐의 실상을 탐색해 들어갔다. 의지적으로 죄를 인정하고 마음으로 죄에서 돌아섰다.

죄를 죽이는 길, 존 오웬의 가르침을 좇아

이쯤 되면 자연스럽게 궁금증이 생긴다. "하지만 그 돌아선다는 건 결국 죄책감을 붙들고 나뒹구는 진흙탕 싸움을 가리키는 게 아닌가?" 크리스천은 값없이 의롭게 여김을 받고 하나님이 세우신 가정의 사랑받는 자녀가 되지 않았는가? 그렇지만 하나님의 아들딸이 된다는 말에는 거룩한 사랑 안에 안전하게 쉰다는 뜻만 있는 게 아니다. 거기엔 하늘 아버지를 기쁘시게 하고 닮아 가야 한다는 의미도 내포되어 있다. 죄를 지으면 하나님을 서글프게 한 일과 관련해 용서를 구할 기회를 갖는 반면, 앞으로 다시는 주님을 슬프게 하지 않겠다는 마음가짐을 갖기 위해 수고를 마다하지 않고 노력해야 한다는 얘기다. 스토트는 죄를 단순하게 인정하되 단호하게 돌아서라고 주문한다. 하지만 실제로 무얼 어떻게 하라는 말인가?

존 오웬은 이 주제를 다룬 짧지만 수준 높은 논문에 《죄의 멸살(The Mortification of Sin)》이라는 무시무시한 제목을 달았다. '멸살(滅殺)'이란 무언가를 죽여 없애는 걸 가리키는 옛말이다. 하나님의 거룩하심과 그리스도를 통해 보여 주신 사랑, 그리고 성경의 여러 가르침을 묵상하며 그 시각에서 실질적인 죄를 살펴서 동기의 차원에서부터 그 기세를 꺾는 걸 가리킨다. 이러한 과정을 밟노라면 죄를 짓는 일 자체가 대단히 불쾌해 보인다. 참다운 빛에 비쳐 볼 때 얼마나 어리석고 사악한 노릇인지 깨닫고 훗날 같은 상황에 부닥쳤을 때 더 굳세게 저항할 힘을 갖는다.

그러자면 죄의 위험성(결과)을 정확하게 인식하는 단계를 넘어 통탄스러워하는 마음을 확고하게 지켜야 한다는 게 오웬의 주장이다. 다시 말해, 죄가 우리 삶의 주인 되시는 분을 얼마나 욕되게 하고 슬픔을 안겨 드리는 짓인지 절감해야 한다는 것이다. 위험만을 염두에 둔 채 죄를 고백하는 회개는 결국 자기지향적일 수밖에 없으며, 똑같은 성격적 결함과 그릇된 행동 유형을 무한정 되풀이해 노출시킬 것이다.[7] 오웬은 다른 대안을 제시한다. 습관적으로 저지르는 죄의 유형을 분별하는 한편, 영적으로 죄스러운 습관에 치명적인 타격을 입히는 하나님과 구원에 대한 생각들을 활성화시켜야 한다는 것이다.[8] 그렇다면 구체적으로 어떤 생각을 말하는가?

오웬은 하늘 아버지나 성령님과 나누는 친밀감, 율법의 정의, 그리스도의 값진 희생, 모든 영광 위에 뛰어나신 하나님의 위엄, 거룩한 자녀들에게 보여 주시는 주님의 한없는 인내 등 이루 말할 수 없을 만큼 방대한 교리들을 들이대면서 죄의 장악력을 약화시키는 데 활용하기를 권한다.[9] 그리고 어떻게 하면 이런 성경의 진리들을 하나하나 묵상해서 따뜻한 햇볕을 쐬서 곰팡이와 세균을 죽이듯, 내면의 두려움과 이기심, 교만과 아집을 몰아낼 수 있는지 설명한다. 그렇다고 어디에나 쓸 수 있는 마스터키를 내놓는 건 아니다. 오히려 제 마음에 어울리는 방식을 알아내고 저만의 영적인 독백을 고안하라고 요구한다. 독백이란 성경의 진리를 동원해서 잘못된 신앙과 그릇된 태도를 억제하기 위해 스스로에게 하는 말이나 설교를 말한다.

오웬은 꾸준히 기도 생활을 하면서 차곡차곡 쌓아 왔음에 틀림없는 몇 편의 기가 막힌 메시지를 통해 실제로 마음속에서 어떻게 '멸살' 과정이 진행되는지 생생하게 펼쳐 보인다.[10] 오웬이 본보기로 제시한 독백에는 "반드시 이런 짓을 그만두겠습니다"라든지 "천벌을 받아 마땅한 인간입니다"처럼 회개를 한다면서 결국 자기중심적인 속성만 살찌우는 표현이 없다. 대신에 이런 식의 고백이 자주 등장한다. "죄의 형벌을 영원히 면제해 주신 예수님을 어쩌면 이렇게 홀대하는 걸까요? 나를 무조건적으로 사랑하시는 분께 어떻게 이런 대접을 한 걸까요? 주님은 내 죄를 용서하기 위해 목숨까지 버리셨는데, 어째서 나는 남을 용서하지 못할까요? 주님은 자신을 내주며 진정한 안전과 참다운 재물로 삼게 하셨는데, 내가 어찌 돈 몇 푼 잃어버리는 게 두려워 노심초사할 수 있단 말입니까? 나를 구원하시려고 하늘의 영광을 버리고 오신 주님 앞에서 어떻게 교만한 마음을 품을 수 있는지 모르겠습니다."

오웬은 성경의 다채로운 진리들을 묵상함으로써 죄를 무력화시킬 수 있음을 설명하면서 특히 복음의 핵심 진리들을 강조한다. '율법의 정죄'에 뿌리를 둔 죄를 멈추려는 노력은 그저 일시적으로 '몇몇 특정한' 범죄를 중단하는 데 그치지만, '복음의 영'으로 죄를 무력화시키려 애쓰는 이들은 지정의를 아우르는 전인격을 바꿔 가게 마련이다.[11] 오웬은 오로지 율법의 정죄, 곧 스스로 공덕을 쌓아 자신을 구원할 수 있다는 관념에서 출발한 멸살은 죄에 물든 심령을 진정으로 변화시킬 수 없다고 주장한다. 외부 압력을 견디지 못하고 잠시 죄를 억누르는 데 머물 뿐이다. 죄 자체를 미워하게 만드는 건 복음의 진리들, 곧 사랑으로 죽음을 택하신 예수님의 사역, 우리들을 향한 무조건적인 헌신, 고귀한 희생, 하나님의 가족으로 입양된 우리의 신분 등이다.[12]

하나님 중심으로 죄를 고백하고 돌이키는 이런 방식은 변화를 일으키는 강력한 수단이 된다. 죄의 결과를 두려워하는 마음은 외적인 압력으로 행동을 변화시키지만 내면의 충동은 여전히 사라지지 않는다. 하지만 구원을 베푸시고 찬양 받기에 합당한 분을 높이고자 하는 소망은 인간을 안팎으로 속속들이 바꿔 놓는다. 청교도 저술가였던 리처드 시브스(Richard Sibbes)는 《상한 갈대(The Bruised Reed)》라는 탁월한 저서에서 회개는 "고개를 조금 떨구는 정도가 아니라 … 죄를 짓고 나서 느끼는 괴로움이 징벌보다 더 혐오스러워지도록 마음을 움직여 가는 것을 말한다"[13]고 했다.

자기 점검과 회개

고백은 이미 깨닫고 죄의식을 느끼는 잘못들에 관해서만 이뤄지는 게 아니다. 기도 생활은 삶을 점검하고 너무 둔감하거나 분주해서 깨닫지 못하는 죄가 없는지 검증하는 마당이 되어야 한다. 정상적인 크리스천의 면모를 규정하는 성경의 가르침에 비추어 스스로 돌아보는 시간을 정기적으로 가져야 한다. 이미 살펴본 것처럼 마르틴 루터는 규칙적으로, 심지어 날마다 십계명을 묵상하라고 권유했다. 여기에는 행동이나 마음가짐으로 계명 하나하나를 어떻게 범하고 어기는지 깊이 생각하며 살피는 과정도 포함된다. 이런 식으로 자신을 점검하려면 먼저 각 계명이 무얼 금하거나 요구하는지 정확하게 파악할 필요가 있다. 하이델베르크 요리문답이나 웨스트민스터 대소요리문답을 비롯해 종교개혁자들이 만든 여러 요리문답을 보면 죄를 고백하는 데 도움이 될 만한 길고도 구체적인 목록을 볼 수 있다. 갈라디아서 5장 22-24절에 소개된 성령의 열매를 지침으로 삼아도 좋겠다. 이를 위해서는 우선 사랑, 기쁨, 인내, 겸손, 절제 같은 열매 하나하나를 공부해서 제대로 이해해야 한다. 열매들이 삶에서 어떤 형태로 나타나는지, 그 열매가 부족하면 어떤 모습이 되는지 깊이 묵상해야 한다. 공부하고 연구해서 윤곽을 잡은 뒤에는 루터의 묵상 방법을 각 열매에 적용해서 영적인 점검과 성찰을 이어 가야 한다.

예를 들어, 18세기 영국의 복음 전도자였던 조지 휫필드는 이렇게 적었다. "하나님, 철저한 겸손과 방향을 정확히 잡은 열정, 식지 않는 사랑과 흔들림 없이 '한결같은' 시선을 허락하시고 인간과 마귀가 제멋대로 군다 해도 개의치 않고 버려두게 하소서!"[14] 여기에 등장하는 네 가지 요소는 살아 숨 쉬는 그리스도인의 삶을 잘 요약해 준다. 이를 일상적인 자기 점검에 활용하면 어떨까?

1. 철저한 겸손

• 점검: 남을 얕잡아 본 적은 없는가? 비판을 받았을 때 지나치게 불쾌해하지 않는가? 모욕이나 무시를 당하고 있다는 느낌이 드는가?

• 묵상: 나 역시 죄인이므로 남을 무시하는 마음이 줄어들 때까지, 남의 비판을 받고 쓰라린 감정이 가라앉을 때까지 묵상하자. 인간의 인정과 칭찬을 하나님의 사랑보다 더 소중히 여겨선 안 된다. 주님의 은혜에 잠기면 다른 이의 눈에 괜찮은 모습만 보이고 싶은 욕구를 떨쳐 버릴 수 있다. 그건 아무짝에도 쓸모없는 데다 무겁기까지 한 짐이다. 감사가 넘치고 불안감이 걷힌 순전한 기쁨을 맛보기까지 값없이 주신 은혜를 돌아보고 또 돌아보자.

2. 방향을 정확히 잡은 열정

• 점검: 마땅히 받아들여야 할 사람이나 일거리를 회피한 적이 있는가? 초조해하며 염려가 많은가? 신중하지 못한가? 지나치게 경솔하거나 충동적인가?

- 묵상: 예수님은 나를 위해 악과 맞서셨으므로 어려운 일을 비겁하게 회피하지 않을 때까지, 불안해하거나 경박하게 행동하지 않을 때까지 묵상하자. 예수님이 대신 돌아가신 덕분에 하나님의 보살핌을 받게 되었으며 주님은 결코 내게서 눈을 떼지 않으신다. 불안해하는 건 교만한 탓이다. 삶을 어떻게 꾸려 가야 할지 잘 알고 판단할 만한 지혜가 내게는 없다. 냉정한 분별력과 전략적인 담대함을 갖출 때까지 값없이 베풀어 주신 은혜를 돌아보고 또 돌아보자.

3. 식지 않는 사랑

- 점검: 남에게 무정한 말을 하거나 고약한 생각을 한 적이 있는가? 속으로 누군가를 희화화함으로써 자신을 합리화하지는 않았는가? 남들에게 쉬 짜증을 내고 분통을 터트리는가?
- 묵상: 내게 쏟아 주신 그리스도의 희생적인 사랑을 생각하며 냉정하고 불친절한 모습이 사라질 때까지, 나를 참아 주신 주님의 인내를 기억하며 짜증을 내지 않을 때까지, 냉담함이 없어질 때까지, 하나님이 어떻게 무한한 관심을 내게 보이셨는지 돌아보며 온정과 애정이 느껴질 때까지 값없이 베풀어 주신 은혜를 돌아보고 또 돌아보자.

4. 흔들림 없이 '한결같은' 시선

- 점검: 하나님의 영광과 다른 이들의 유익을 위해 일하는가? 아니면 두려움이나 인정받고 싶어 하는 욕구, 안락하고 쉬운 삶을 좋아하는 마음, 통제하고 지배하려는 의지, 인기와 권력을 향한 갈증, 남들

의 시선을 두려워하는 감정 등에 이끌려 움직이는가(눅 12:4-5)? 시샘하는 눈길로 누군가를 바라보고 있지는 않은가? 아직 초기 단계일지라도 성적인 욕망이나 식탐에 휘둘리고 있지 않은가? 욕심이 지나친 탓에 중요한 일보다 급한 일부터 먼저 하지는 않는가?

• 묵상: 전혀 다른 쪽을 바라보게 하시고 내 마음의 소원을 채워 주심을 묵상하자.

회개의 여러 면모 가운데 생명을 주는 가장 중요한 부분은 복음의 환희와 유익을 바탕으로 유죄 판결과 사면을 한꺼번에 받는 데 있다. 교만, 사랑이 부족하고 냉담한 마음, 불안해하며 신뢰하지 못하는 태도를 고백하는 회개 기도의 예를 들어보자.

• 오, 주님. 제가 교만한 죄를 지었습니다. 하지만 예수님은 십자가에 달려 돌아가시면서 인간의 평판에 연연해하지 않으시고 온갖 권능과 영광을 다 포기하셨습니다. 주님이 친히 행하신 일들에 더 감사하며 기뻐할수록 스스로 특권과 체면을 중요하게 여기고 사람들의 칭찬과 비난에 흔들리는 마음이 더 적어집니다.

• 오, 주님. 차가운 마음으로 화를 내는 죄를 지었습니다. 하지만 예수님은 돌아가시기 전, 겟세마네 동산에서 더없이 자상하고 사랑스럽게 우리를 대해 주셨습니다. 깨어 있지 못하고 잠에 빠져 있었음에도 불구하고 한결같으셨습니다. 주님을 버리고 떠나가거나 조롱하는 이들을 위해 십자가에서 자신을 내주셨습니다. 주님이 저를 위해 친히 행하신 이런 일들에 더 감사하며 기뻐할수록 굳고 찬 마음이 더 빨

리 녹아내리고 주위 사람들을 더 참아 주며 관심을 쏟게 됩니다.

• 오, 주님. 초조해하며 두려움에 잠기는 죄를 지었습니다. 하지만 예수님은 나를 위해 더없이 큰 위험을 감수하셨습니다. 그처럼 온몸이 찢기는 고통을 용감하게 감내해 주신 덕분에 한없는 사랑과 끝없는 안전을 누립니다. 온 우주를 짓누르는 악과 그처럼 담대하게 싸우신 주님이 지금 저와 함께하심을 압니다. 그러므로 무슨 문제에 부닥치든지 요동치 않을 수 있습니다.

예수님은 얼룩을 지우실 수 있다

가나에서 물로 포도주를 만드실 때, 예수님은 커다란 돌 항아리를 기적의 그릇으로 삼으셨다. 율법에 정해진 대로 정결하게 씻는 의식을 치르는 데 쓰는 항아리들이었다(요 2:6-8). 유대인의 의식에서 물로 닦거나 물을 뿌리는 절차들에는 몹시 중요한 진리가 담겨 있다. 마땅히 살아야 할 바를 좇아 사는 이는 세상에 아무도 없으며 다들 부끄러움과 죄책감을 안고 있으므로 하나님의 임재 앞에 나가기 전에 죄의 먼지와 때를 깨끗이 씻어 내는 과정을 밟아야 한다는 점이다. 손수 만드신 포도주를 그 항아리에 담으심으로써 예수님은 스스로 죄를 말끔히 정화시키고 최종적인 대속을 이루는 의식의 정점으로 세상에 오셨음을 상징적으로 보여 주신다.

맥베스 부인의 비통한 대사만큼 죄의 고뇌와 고통을 생생하게 묘사한 글도 없을 것이다. 남편을 도와 던컨과 뱅코를 살해한 여인은 스스로

306

저지른 짓이 부끄럽고 죄스러워 마음이 갈기갈기 찢어지는 느낌에 시달린다. 맥베스 부인은 손에 묻은 핏방울을 들여다보며 혼잣말을 뱉어 낸다. "지워지지 못할까, 이 빌어먹을 핏자국들 같으니라고! … 노인네가 몸뚱이에 그토록 많은 피를 담고 있으리라고 아무도 생각 못할걸?" 피 냄새를 맡고 손에 남은 흔적을 들여다보며 어떻게든 지워 보려 안간힘을 쓰지만 자국은 좀처럼 사라지지 않는다. 두말할 것도 없이 인류의 실상을 보여 주는 장면이다. 인간은 스스로 때가 묻은 것을 알고 느끼지만 심하게 자책하고 열심히 착한 일을 해도 뿌리를 뽑지 못한다. 자국은 도무지 지워질 줄 모른다. "아라비아 향유를 다 쏟아 부어도 이 조그만 손 하나를 향기롭게 만들 수 없구나. 오, 오, 오!" 얼룩을 지우기 위해 맥베스 부인이 할 수 있는 일은 아무것도 없다.

그러나 예수님은 친히 그리하시겠다고 확언하셨다. 십자가에 달려 돌아가심으로써 인간으로서는 지워 버릴 수 없는 얼룩과 때를 말끔히 닦아 내셨다. 자책하면서 스스로 깨끗해지려 들거나 죄를 부정하고 살면서 정결하다고 믿는 헛수고를 집어치워야 할 이유가 여기에 있다. 기도로 하나님 앞에 나가서 십자가에서 이루신 그리스도의 역사를 바라보며 스스로의 죄를 인정하고 또 돌아서야 한다.

하나님 뜻대로
간구하다

어려움에 처할 때 지체하지 말고 기도하라

단순한 요청이 아닌 고된 간구

세 번째 기도 형식은 자신과 다른 이들, 그리고 세상을 위해 무언가를 구하는 '간구'로, 도움을 청하는 지극히 기초적이고 근본적인 형태의 기도다. "하나님이여 나의 부르짖음을 들으시며 내 기도에 유의하소서. 내 마음이 약해질 때에 땅끝에서부터 주께 부르짖으오리니 나보다 높은 바위에 나를 인도하소서"(시 61:1-2). 대단히 단순하고 솔직한 형태로 특별한 교육을 받지 않고도 누구나 잘할 수 있는 것처럼 보인다. 하지만 곁에서 보이는 모습이 전부는 아니다.

신약성경 야고보서는 말한다. "너희가 얻지 못함은 구하지 아니하기 때문이요, 구하여도 받지 못함은 정욕으로 쓰려고 잘못 구하기 때문이라"(약 4:2-3). '간구'를 일방적으로 "내 뜻이 무조건 이뤄지이다"라고 요구하는 도구쯤으로 여긴다면 도리어 해가 될 수 있다. 자칫하면 창조주가 우주를 움직이시는 방식을 제대로 인식하지 못한 채 제 욕구를 채우기에 급급하게 된다. 그런 기도는 하나님을 기쁘시게 하지도 못하고 은혜 가운데 성장하는데 도움이 되지도 않는다.

노골적으로 교만한 태도를 보이진 않지만 하나님을 조작하려는 의도를 깔기 쉽다. 주께 드리는 요청 가운데 상당수는 프리드리히 하일러가 말하는 '제의적 기도'와 별 차이가 없다. 정교한 형식과 관습에 따름으로써 신의 은총을 얻는 형식의 기도다. 간구하는 이를 채권자, 하나님을 채무자 정도로 설정할 수 있다. 하나님의 얼굴, 은혜와 영광, 심지어 절대자로부터 무언가를 얻을 힘도 구하지 않는다. 기도를 하면서 그릇된 요청을 하기 일쑤여서 아예 자연스러워 보이기까지 한다.

이처럼 뒤틀린 기도를 경계하는 이야기가 난무하다 보면, 역으로 하나님께 드리는 간구가 지나치게 소심해질 위험이 있다. 기도는 그저 내면의 평안을 추구하는 방법이 아니며, 외부로 눈길을 돌려 하나님이 세상에서 벌이시는 역사에 동참하는 길이기도 하다. 도널드 블뢰쉬는 말한다. "기도는 단순한 요청이 아니라 고된 간구다. … 하나님께 열심히 간청하는 몸짓이다. 하나님의 약속을 찬찬히 돌아보는 데 그치지 않고 그 약속을 붙잡고 매달리는 일이다"(사 64:7 참고). 바울은 로마의 크리스천들에게 "너희 기도에 나와 힘을 같이하여 나를 위하여 하나님께 빌어 달라"고 당부했다(롬 15:30). 예로부터 기도는 "악이 지배하는 세상의 현실을 거역하는 행위"로 여겨졌다. 성경은 기도를 어둠의 세력에 맞서 영적인 싸움을 벌이는 데 필수적인 무기로 꼽는다(엡 6:12).

그릇되게 구하거나 완전히 입을 닫아 버리는 실수가 자연스러우리만치 흔하다면 어떻게 구해야 할지, 어떻게 구하는 게 올바른지 알아볼 필요가 있다.

하나님은 기도를 들으시기로 작정하셨다

성경에 기록된 역사적인 사건들을 살펴보면 기도의 힘에 관한 약속들이 가득하다. 신약성경 야고보서만 해도 그렇다. 저자는 엘리야도 '우

310

리와 같은 본성을 가진 사람이었지만', 부패한 통치자에 맞서는 방편으로 비가 그치게 해 달라고 기도했다가 나중에는 다시 비가 내리게 해 주시길 구했다고 지적한다. 야고보는 "의인의 간구는 역사하는 힘이 큼이니라"(약 5:16)고 결론짓는다. 예정과 하나님의 주권을 강조하는 신학 사상으로 유명한 장 칼뱅 역시 야고보의 가르침을 근거로 주목할 만한 이야기를 한다.

> 하나님이 하늘 '일정 부분'을 엘리야가 드린 기도의 통제 아래 두셨다는, 다시 말해서 그의 요청에 따라 움직이게 하셨다는 건 어떤 면에서 대단히 주목할 만한 사건이다. 엘리야는 기도를 통해 두 해 반 동안 하늘을 닫았다가 다시 열었고, 엄청난 비가 쏟아지게 했다. 기도의 초자연적인 힘을 엿볼 수 있는 대목이다.[1]

칼뱅은 과감하면서도 세심하게 어법을 구사한다. 기도는 '일정 부분' 이스라엘의 기상 상황에 영향을 주었다고 말한다. 궁극적으로 보자면, 무슨 일이든 하나님이 좌우하신다. 여기에는 토를 달 여지가 없다. 하나님을 떠나서는 기도로 우주의 한 부분을 이리저리 뒤틀 방도가 전혀 없다. 그러나 하나님은 거룩한 자녀들의 기도에 세상이 예민하게 반응하게 하셨다. 여기서 하나님의 의로우심과 위임의 일면을 볼 수 있다. 어떻게 그럴 수가 있는가? 어떻게 하나님은 친히 역사를 주관하시는 동시에 인간의 기도와 행동이 일정 부분 역사를 책임지게 하시는가? 이는 성경의 더없이 현실적인 신비가 아닐 수 없다.

느헤미야 4장에 예루살렘 성벽을 다시 쌓고 있던 유대인들은 적들의 공격이 임박했음을 알게 된다. 이스라엘 백성들은 어떻게 대처했을까? "그래서 우리는 한편으로는 우리의 하나님께 기도를 드리고, 다른 한편으로는 경비병을 세워, 밤낮으로 지키게 하였다"(느 4:9, 새번역). 이사야서 38장에서 히스기야 왕은 시름시름 죽어 갔고, 이사야 선지자도 그렇게 되리라고 예언했다. 그런데 왕이 하나님께 간절히 기도하자 주님이 응답하셨다. "내가 네 기도를 들었고 … 내가 네 수한에 십오 년을 더하고"(사 38:5). 이사야는 하나님의 메시지를 히스기야에게 전하면서 무화과 빵을 가져다가 종기에 붙이시면 나을 것이라고 일러 주었다(사 38:21).

어째서 이를 '현실적인 신비'라고 부르는가? 여기서 배워야 할 가르침이 있다. 크리스천의 기도는 대단히 중요하다는 점과("얻지 못하는 것은 구하지 않기 때문") 하나님의 지혜로운 계획은 주권적이며 어긋나는 법도 없다는 사실이다. 이 두 가지 요소는 어김없는 진리고 서로 충돌하지도 않으며 그럴 수 있다는 사실 자체가 신비다.[2]

하나님이 만사를 처음부터 끝까지 철저하게 통제하고 움직이신다면 인간의 행위는 별 의미가 없다(역 또한 진실이다). 하지만 어떻게 이게 현실적일 수 있는지 생각해 보라. 하나님이 만사를 좌우하시고 인간의 행동은 오로지 무의미하다고 본다면, 기가 꺾이고 수동적이 될 수밖에 없다. 반면에 우리의 움직임이 하나님의 계획을 바꿀 수 있다고 진정으로 믿는다면, 그 믿음이 두려움을 몰아낼 것이다. 하지만 둘 다 사실이라면, 열심히 노력하고자 하는 의욕이 솟는 동시에 하나님이 변치 않는 두 팔로 떠받쳐 주심을 늘 감지할 수 있다. 결국 주님이 자녀들을 위해 세워 두신 의롭고 선한 계획을 무산시키지 않을 것이다(렘 29:11).

이 얼마나 기가 막힌 진리인가! 하나님은 기도를 들으시기로 작정하셨다. 기도의 힘이 통제하는 대로 '일정 부분' 세상이 움직이게 하신 것이다. 기도가 강력하며 영향력이 있는 까닭이 여기에 있다.

오스틴 펠프스는 기도에 관한 책을 쓰면서 한 장을 할애해 이러한 사실을 지적하고 강조한다. 그는 우선 색슨 족의 땅, 노섬브리아(Northumbria)를 다스린 이교도 임금으로 웨일즈를 침공해서 전투를 목전에 두었던 에설프리스(Ethelfrith)의 이야기를 꺼낸다. 웨일즈는 크리스천들의 땅이었다. 눈앞에 펼쳐진 적진을 살피던 왕의 눈에 무장을 하지 않은 남자들의 무리가 들어왔다. 정체를 묻자 뱅거(Bangor)의 수도사들로 승리를 기원하는 일을 한다는 대답이 돌아왔다. 상황의 심각성을 즉각 감지한 에설프리스는 명령을 내렸다. "저 사람들을 먼저 공격하라!"

펠프스는 크리스천들보다 그리스도를 모르는 이들이 '기도의 확고한 실체'를 더 높이 평가하는 사례가 적지 않다고 꼬집는다. 기도의 능력은 "흔히 착각하는 것처럼 허구가 아니라"[3]는 것이다. 그렇다면 그처럼 강력한 기도를 어떻게 활용할 것인가?

기도 제목은 쇼핑 목록이 아니다

기도의 이런 강력한 면모를 어떻게 활용해야 하는가? 그릇되게, 또는 애매모호하게 구하는 경우가 허다하다는 점은 이미 살펴보았다. 그럼 어떻게 할 것인가? 웨스트민스터 소요리문답은 탁월하고도 섬세한 지침을 준다. 크리스천은 하나님의 지혜를 바라는 마음으로 저마다의 소망을 주께 아뢰어야 한다. 소요리문답은 그러한 사실을 이렇게 표현한다.

> 문 98 : 기도란 무엇인가?
> 답 : 기도는 죄를 고백하고 주님의 자비로우심을 감사하는 마음으로 인식하며 거룩한 뜻에 합당한 것들을 구하는 소망을 그리스도의 이름으로 하나님께 올려 드리는 걸 가리킨다.

참으로 소망을 채워 주시길 주님께 간구하는가? 그럼 망설이지도 물러서지도 말자. 시편에는 무언가를 소망하고 기대하는 마음을 하나님께 쏟아 내며 예배하는 이들의 사례가 차고 넘친다.

하지만 소요리문답은 본시 인간의 소망이란 죄에 물들어 뒤틀리기 십상일 뿐 아니라 아주 선한 의도를 품고도 실수할 공산이 크다는 점을 넌지시 부각시킨다. 자신과 남에게 두루 도움이 되는 요청이라고 생각해서 간구하지만, 뒤늦게 그릇된 요청을 드렸음을 자각할 수도 있다. 하나님이 그대로 들어주셨더라면 어떻게 됐을까 하는 마음에 참담하고 두려워진다. 그러므로 무지와 이기적인 동기라는 두 가지 함정에 빠지지 않도록 "거룩한 뜻에 합당한 것들"을 요청할 필요가 있다. 우리의 소망, 그리고 주님의 뜻과 지혜가 동시에 성취되길 구하는 것이다(요 14:3-14, 요일 5:14). 자연스레 궁금해진다. "도대체 그게 어떤 건지 어떻게 아는가?" 두말할 것도 없이 늘 "모른다"가 대답이다. 최상의 결과를 기대하되 하나님께서 다른 일들을 행하신다 해도 기꺼이 받아들이고자 하는 열린 마음을 가지고 기도할 따름이다. J. I. 패커는 여기에 적어도 세 가지 방법이 있다고 말한다.

먼저 하나님께 간구할 때, "우리가 구하는 제목이 최선이라고 생각하는 까닭을 기도에 반드시 포함시켜 주님 앞에 내려놓아야 한다."[4] 이는 대단히 명철하고 현실적인 생각이다. 패커는 수많은 크리스천 작가들이 쓴 옛 문헌들을 거론하면서 하나님과 '변론하기'에 관해 이야기한다. 인간의 지혜나 뜻이 하나님보다 나을 수도 있음을 전제로 한 얘기가 아니다. 여기서 '변론'이란 "스스로 거룩한 목적에 부합하리라고 믿는 것들에 근거해서 최선으로 보이는 무언가를 구하는 까닭을 하나님께 말씀드리는"[5] 것을 가리킨다. 한마디로 기도에 신학적인 설명을 포함시키는 셈이다. 그저 원하는 바를 줄줄이 늘어놓는 대신, 스스로의 소원을 하나님이 무얼 기뻐하고 슬퍼하시며, 주님의 구원 사역이 어떻게 진행되며 세상을 향해 기대하시는 바가 무엇인지 성경에 기록된 말씀에 비추어 성찰해야 한다는 뜻이기도 하다.

이런 마음가짐을 연습하면 소망과 목표를 수정하여 때로는 깊이를 더하고 때로는 폭을 줄이는 데 큰 도움이 된다. 뿐만 아니라 기도에 능력을 더해서 그야말로 하나님 앞에서 모든 짐을 내려놓고 온갖 부담에서 벗어난 삶을 살도록 이끌어 준다(시 55:22, 벧전 5:7).

패커에 따르면, 소요리문답에 담긴 또 다른 가르침은 필요를 고할 때마다 "하나님이 (우리의 간구와) 다른 뜻을 가지고 계시다면, 그편이 더 선하며 (우리가 최선이라고 여기는 대로가 아니라) 주님이 계획하신 대로 이뤄지길 진심으로 바란다는 사실"[6]을 명확하게 밝혀야 한다는 것이다. 진심으로 그렇게 고백하기 위해서는 마음을 새롭게 해야 한다. 절박한 심정으로 간절히 구하는 제목의 경우는 더욱 그러하다. 도저히 입이 떨어지지 않는다면, 중심 가장 깊숙한 곳에 어거스틴이 말한 '그릇된 사랑', 곧 마음의 우상을 품고 기도한다는 신호일 가능성이 높다. 이때는 집중적인 자기 점검이 필요하다. 그러지 않으면 무기력하게 감정의 노예가 되든지 막무가내 식으로 행동하기 쉽다.

가슴 깊은 데서 우러나서 그런 고백을 드린다면 마음이 진정되고 평안해진다. 기도를 들으시고 가장 좋은 길로 인도하실 줄 알기에 온갖 염려와 관심사를 흔쾌히 하나님께 맡길 수 있다. 세상 무엇으로도 맛볼 수 없는 평안과 확신이 찾아든다. 이 대목에 이르면 당연히 해묵은 질문이 되살아난다. 어차피 하나님의 뜻대로 되길 바란다면 굳이 기도할 이유가 없지 않은가? "하나님은 자녀들이 드리는 기도에 반드시 응답하신다"[7]는 게 으뜸가는 답일 것이다. 어째서 그런가?

크리스천은 하늘 아버지께서 거룩한 자녀들에게 항상 최선을 주시길 원하신다는 사실을 굳게 믿는다. 그러므로 장 칼뱅의 말처럼 하나님은 "요청한 방식 그대로 응답하시지는 않을지라도 어김없이 기도에 반응하신다. … 소원대로 행하시지 않을 때도 여전히 기도를 주의 깊게, 그리고 따뜻하게 들으시므로 그분 말씀에 기대어 품은 소망은 우리를 실망시키는 법이 없다." 간단히 말하자면 하나님은 자녀들이 구하는 바, 또는 주님의 뜻을 온전히 알았더라면 반드시 간구했을 법한 일 가운데 어느 하나는 어김없이 베풀어 주신다.

하지만 그보다 앞서, 무언가 좋은 것들을 구할 때는 그와는 비교할 수 없는 가장 좋은 것을 이미 소유하고 있다는 사실을 명심할 필요가 있다. 하나님 안에 거하는 크리스천은 모든 소망의 원천이자 원류를 지닌 셈이다. 기쁨을 주는 수많은 지류들 가운데 하나가 말라 버린들 낙담할 일이 아니라는 얘기다. "만사가 뜻대로 풀리지 않는다 할지라도, 하나님은 우리를 저버리지 않으신다. 절대로 실망시키지 않으신다. … 주님 안에는 온갖 선한 것들이 빠짐없이 갖춰져 있으며 그분의 나라가 명명백백하게 나타나는 날 … 우리에게 드러내실 것이기 때문이다."[8]

이는 기도를 틀림없이 들으시고 응답하신다는 보증수표나 매한가지다. 그런 확약이 없다면 똑똑한 사람들은 다시는 기도하지 않을 것이다. 여기서 분명히 알 수 있는 사실은 가장 합당한 것을 구하지 않으면 하나님은 그대로 들어주시지 않으신다는 점이다. 기본적으로는 소망에 응답하시지만 해롭지 않은 제3의 형태나 방식을 찾으신다. 아브라함은 아직 주시지 않은 아들(이삭)이 아니라 이미 슬하에 둔 자식(이스마엘)에게 하나님의 특별한 은총을 베풀어 주시길 청했다. "이스마엘이나 하나님 앞에 살기를 원하나이다"(창 17:18). 주님은 거절하는 답과 허락하시는 답을 동시에 주셨다. 이스마엘이 아니라 이삭을 친히 택하셔서 거룩한 언약을 그분의 백성에게, 구원을 온 세상에 전달할 인물로 삼으셨다. 하지만 이스마엘에 대해서도 배려를 아끼지 않으셨다. "이스마엘에 대하여는 … 내가 그에게 복을 주어 … 그를 큰 나라가 되게 하려니와 내 언약은 … 이삭과 세우리라"(창 17:20-21).

신학 공부를 하던 시절, 말씀 선포와 목회 양면에 능한 인물이 되려고 노력했다. 신학교에 들어갈 때 여자친구가 있었는데 얼마 지나지 않아 그쪽에서 관계를 정리하고 싶어 했다. 그래서 열심히 기도했다. "오, 주님! 그 친구 없이는 살 수가 없습니다. 정말 그가 필요합니다. 제발 우리 사이가 깨지지 않게 해 주세요." 나중에는 그릇된 기도임을 깨달았다. 훗날 캐시를 만나 결혼한 것을 생각하면 도리어 좋은 일이었다. 하지만 당시엔 기분이 완전히 달랐다. 하나님이 내 기도를 외면하시나? 그런 듯 보이지만 실은 아니다. 배우자를 찾기 위한 기도의 핵심에 함께 사역할 동역자를 얻고자 하는 소망이 자리 잡고 있었기 때문이다. 그건 물릴 수 없는 기본적인 요청이었다. 그런데 그 아가씨를 두고 드렸던 간구에는 오류가 있었다. "바로 이 친구가 내 돕는 배필일 것"이라고 단정했던 것이다.

마땅히 구할 바를 알지 못할 때라도, 성령님은 기도의 핵심을 짚으시고 우리가 보좌 앞에 나가 기도할 때 함께 간구하신다(롬 8:26). 기도로 씨름하는 상황에서는 만사를 두루 꿸 힘이 있다면 반드시 구했을 때 바로 그것을 주시리라는 자신감을 가지고 하나님 앞에 나아가도 좋다. 주님은 반드시 돌아보고 보살피신다. 그분의 사랑은 끝이 없다.

하나님의 지혜를 바라보는 시선을 놓치지 않은 상태에서 주께 소망하는 바들을 아뢰는 자세는 입 밖에 내 언급하지 않은 간구에 더 큰 영향을 미친다. 기도하는 이들은 스스로 물어야 한다. "기도에 응답받기 위해 나는 무얼 해야 하는가?"[9] 크리스천이 드리는 간구 가운데 상당수는 내면의 변화가 일어나면 어느 정도 해결되는 문제들이지만 흔히들 그런 점을 깊이 생각하지 않고 일단 아뢰기부터 한다. 기도 제목 하나하나를 '하나님을 아는 지식'과 연결 짓는 훈련을 해야 하지만 아울러 스스로에게 간구의 동기가 무엇이며, 무얼 사랑하고 있고, 심지어 어떤 죄와 연약한 부분이 얽혀 있는지 질문하는 노력도 필요하다.

이 모든 이유들을 들어 패커는 '기다란 기도 제목 목록'을 들고 기도하는 수많은 크리스천들을 걱정스러운 눈으로 바라본다. 간구하는 데 시간을 들이는 만큼 신학적인 사고와 자기성찰에도 공을 들여야 한다고 주장한다. 목록을 들고 구하는 식의 기도 방법은 이모저모 생각하고 따져 보는 자세로 간구를 뒷받침하는 연습을 생략하게 만들기 쉽다. 도움이 필요한 이들의 명단과 구하고자 하는 소망들을 재빠르게 읽어 나가면서 '주님의 뜻이라면'이란 피상적인 문구만 붙이는 데 그칠 공산이 크다는 뜻이다. 패커는 하나님께 "아뢰고자 하는 상황과 개인적인 삶 가운데로 깊이 들어갈 방도를 모색하는 데 시간을 들이고자 한다면" 그렇게 여러 제목과 문제를 들고 기도할 수는 없을 것이라고 적었다. "소상하게 아뢰고 변론하는 간구 방식은 기도를 쇼핑 목록이나 마니차 수준을 넘어, 바울이 '애쓴다'고 표현했던(골 2:1-3) 사도적인 범주로 끌어올려 줄 것이다."[10]

간구의 두 가지 목적

세상을 바로 세우고(나라가 임하시오며) 마음이 하나님을 향하게 하는(뜻이 이루어지이다) 간구의 두 가지 목적 사이에 균형이 필요하다는 점을 살펴보려고 한다. 둘 중 어느 하나를 우위에 두어선 안 된다. 간구가 지나치게 시끄럽고 광적인 분위기로 흐르거나, 수동적이고 패배주의적인 쪽에 치우쳐서는 안 된다. 소망을 아뢰는 동시에 주님의 지혜 가운데 쉼을 누려야 한다. 주기도문을 보면 이러한 요소들이 긴밀하게 연결되어 있다. 겟세마네 동산에서 드리셨던 위대한 기도도 마찬가지다. "아버지여 만일 할 만하시거든 이 잔을 내게서 지나가게 하옵소서. 그러나 나의 원대로 마시옵고 아버지의 원대로 하옵소서"(마 26:39).

첫 번째로, 밖을 향한 기도가 있다. 하나님은 자녀들의 기도를 들으시고 역사적인 정황에 영향력을 행사하시며(약 5:16-18) 세상에 정의를 세우신다(눅 18:7-8). 거룩한 백성들이 간구하기 전에는 베풀지도 허락하지도 않겠다고 말씀하신 일이 한두 가지가 아니다(약 4:2). 그러나 간절히 구하면 주님은 부탁드린 수준을 훨씬 뛰어넘어 응답해 주신다(엡 3:20). 아낌없이 주시고 나무라지 않으신다(약 1:5). 이런 점들을 모두 감안할 때, 크리스천은 확신을 품고 적극적으로 기도할 필요가 있다. 아시리아 임금이 보낸 협박 편지를 받자마자 "그 글을 여호와 앞에 펴 놓고"(사 37:14) 보호해 주시길 요청하는 강력한 기도를 드렸던 히스기야 왕을 본받아야 한다.

우주를 움직이시는 하나님이 아버지가 되어 주신다. 그러기에 예수님은 뻔뻔스럽게 "졸라 대는"(눅 11:8, 새번역) 자세로 기도하라고 말씀하셨다. 여기에 쓰인 단어는 그리스어로 보통 '무례하거나 건방짐'을 뜻한다. 히브리서 기자가 가르치듯, 크리스천은 "경건함과 두려움으로 하나님을 기쁘시게"(히 12:28) 섬겨야 마땅하지만, 다른 한편으로는 걱정거리와 관심사를 주님 앞에 과감히 펼쳐 놓아야 한다.

간구의 두 번째 목표는 안을 향한다. 기도를 통해 평안과 안식을 얻

320

고자 하는 것이다. 육신의 잠이 "단단히 그러쥐고 있던 것들을 풀어놓는 행위"이듯, 기도 또한 스스로 통제하려는 의지를 버리고 온갖 필요를 하나님의 보살핌에 맡기며 안식하는 걸 의미한다. 뻔뻔스럽게 졸라 댈 줄 알아야 하지만, 그와 동시에 하나님이 비할 데 없이 지혜로우시며 자녀들에게 가장 좋은 선물을 주고 싶어 하신다는 사실을 확실히 믿고 기꺼이 순종하는 기도도 드릴 수 있어야 한다.

시편을 읽는 독자들은 거의 책장을 넘기기가 무섭게 이런 간구의 두 가지 목적을 볼 수 있다. 시편 4편은 하루 동안 벌어진 일들을 품고 하나님의 관점으로 되짚어 보는 저녁기도다. 반면에 시편 5편은 세상 형편을 바꿔 주시길 하나님께 요청하는 아침기도다. 해를 입히려 달려드는 살인자와 거짓말쟁이들에게서 지켜 주시길 솔직담백하게 간구한다(시 5:4-6). 하지만 여기서 적극적이고 공세적인 시편 5편의 간구보다 순종하며 마음의 평안을 구하는 시편 4편 4-8절의 기도가 먼저 나온다는 점에 주목할 필요가 있다.

> 너희는 떨며 범죄하지 말지어다. 자리에 누워 심중에 말하고 잠잠할지어다. (셀라) 의의 제사를 드리고 여호와를 의지할지어다. 여러 사람의 말이 우리에게 선을 보일 자 누구뇨 하오니 여호와여 주의 얼굴을 들어 우리에게 비추소서. 주께서 내 마음에 두신 기쁨은 그들의 곡식과 새 포도주가 풍성할 때보다 더하니이다. 내가 평안히 눕고 자기도 하리니 나를 안전히 살게 하시는 이는 오직 여호와이시니이다.

기자인 다윗이 저녁기도의 목표를 어떻게 구현하는지 살펴보라. "내가 평안히 눕고 자기도 하리니 나를 안전히 살게 하시는 이는 오직 여호와이시니이다." '평안히'라는 말에서 잠자리에서 드리는 간구의 목적이 드러난다. 저녁기도는 한밤의 단잠이 육신에 가져다주는 것과 똑같은 차원의 영적 평안을 심령에 공급하는 것을 목표로 삼는다. 영과 육이 한데 어우러져야 더 깊이 쉴 수 있다. 시끄럽게 요동치는 영혼은 잠을 망치고, 육신은 필요한 쉼을 온전히 얻지 못한다. "뜻이 이루어지이다"라는 간구(마음을 내려놓는)는 찬양이나 회개와 기본적인 속성이 다르다. 무겁게 짓누르는 필요와 염려의 짐을 하나님 손에 맡기고 부담에서 벗어난 심령으로 깊은 밤잠을 이루게 되길 구하는 기도다.

어떻게 다윗은 마음을 내려놓았을까? 시편 4편을 보면 일종의 '자기와의 대화', 또는 '묵상'이 눈에 띈다. 다윗은 내면에 공을 들였다. "주께서 내 마음에 두신 기쁨은 그들의 곡식과 새 포도주가 풍성할 때보다 더하니이다"(시 4:7). 말하자면 이런 얘기다. "하나님의 사랑과 은혜를 만끽하며 다가가 교제할 수 있게 하는 복음의 특권을 가졌으니, 제아무리 귀한 보물과 성공이라도 거기에 견줄 수 없습니다." 지금으로부터 여러 해 전, 청년 조나단 에드워즈는 다음과 같은 요지의 설교를 했다.[11]

1. 나쁜 일도 선한 열매를 맺을 것이다(롬 8:28).
2. 선한 것들은 절대로 사라지지 않는다(시 4:6-7).
3. 가장 좋은 일은 아직 일어나지 않았다(고전 2:9).

하나님 앞에 소원을 아뢰면서도 낙담과 분노, 자기 연민 속으로 깊이 빠져든다면 진정으로 이런 마음가짐을 갖지 못한 까닭일 공산이 크다.

요청하고, 불평하고, 조르라

성경에 나타난 여러 사례들을 볼 때, 간구에는 요청하고, 불평하고, 조르는 등 대략 세 가지 형태가 있다. 범주가 또렷이 나눠지지는 않으며 얼마든지 겹칠 수 있다. 그럼에도 불구하고 이렇게 하나하나를 나눠 살펴보는 건 대단히 유익하다.

첫째로, 자신과 남들의 필요를 아뢰는 통상적인 기도가 있다. '일용할 양식을 요청하는 기도'는 영적이고 정서적인 영역에서부터 물질적인 부분에 이르기까지 그 폭이 상당히 넓다. 악착같이 눌러 붙어 좀처럼 떨어지지 않으려는 죄와 유혹에서 벗어나기를, 하루하루 해야 할 일들을 말끔히 처리할 명쾌한 정신과 에너지를 얻기를, 다치고 병들지 않도록 지켜 주시길, 자신과 식구들을 부양할 재정을 채워 주시길 기도하는 게 여기에 다 포함된다.

자신이 아닌 '다른 이와 세상을 향한 기도'를 보통 중보라고 부른다. 식구들이라든지 친구는 물론이고 경쟁자나 심지어 적을 위한 간구도 이 범주에 속한다. 하루하루 일상생활 중에 고통을 겪거나 어려운 상황에 처해 있는 이들을 만나면 잘 기억해 두었다가 개인적으로 기도해 주는 게 좋다. 성경은 곳곳에서 몸이 아픈 이들을 위해 기도하기를 권면한다

(약 5:15). 그리스도를 모르고 사는 이들, 특히 영적인 갈구와 탐색을 계속하는 주변 사람들이 믿음을 갖게 되길 구하는 기도 역시 중보다. 교회와 세상을 위해 드리는 기도 또한 중보다. 교회를 위해서는 주님이 친히 지키셔서 생명력과 신실함을 잃지 않도록 요청해야 한다. 세상을 위해서는 전쟁과 갈등이 물러가고 평화가 지배하도록, 가난과 주림이 멈추고 풍요로워지도록, 폭압과 종속이 사라지고 자유가 넘치도록, 지도자들의 덕성과 사회의 건전성이 크게 높아지도록 기도할 필요가 있다.

간구의 두 번째 범주는 성경 전반에 걸쳐 대단히 중요한 자리를 차지하고 있는데, 특히 시편에 나타난 이런 형식의 기도를 전통적으로 '애가'라고 부른다. 고통과 환난을 겪으며 하나님의 뜻을 붙잡고 힘겨운 씨름을 벌이면서 주님이 역사하는 방식에 끊임없이 의문을 품는 한편, 거룩한 속내를 깨달아 알고 현실을 견뎌 나갈 수 있도록 도와 달라고 부르짖는 이들의 기도다.[12] J. I. 패커는 한 줌 망설임 없이 그런 부류의 기도를 '불평'이라고 부른다. 아무도 칭얼칭얼 투덜거리는 이를 좋아하지 않는다는 걸 인정하면서도 "성경에서는 착한 이들에게 나쁜 일들이 일어날 때, 그들은 마음껏, 그리고 시시콜콜 하나님께 불평한다. 그리고 성경은 그처럼 불평하는 기도를 지혜로 간주한다"[13]고 지적한다. 패커는 한 걸음 더 나아가 하나님께 드리는 애처로운 질문에 주목한다. "시편의 기도에는 '얼마나 더?'란 물음이 스무 번 가까이 등장한다. 불평하는 식의 기도를 상징하는 기술적인 지표처럼 보일 정도다."[14]

이처럼 탄식하며 불평하는 기도는 다양한 환경에서 터져 나온다. 개인이나 특정 세력으로부터 배신이나 핍박을 당했을 때, 그 대적의 면전에서 이런 기도를 드린다(시 13, 55). 무언가 잃거나 부족할 때, 특히 건강이나 물질을 잃었을 때도 마찬가지다(시 6, 38). 집을 나와 멀리 떨어져 있거나 가족, 또는 친구들 잃고 홀로 남은 상황에서 고립감과 고독감에 젖어 드리는 기도도 있다(시 29, 79).[15]

시편에는 애통하고 탄식하는 또 다른 범주의 기도가 있다. 시편 39편과 88편은 칠흑같이 어두운 고백이라고 해도 지나치지 않다. 때로는 하나님의 존재를 인식할 수 없고 한 톨의 소망조차 감지되지 않는 순간이 있는 법이다. 시편 42-43편을 비롯해 대다수 '낙담의 노래'들에서 기자들은 자신을 달래며 뼛속까지 스며드는 좌절의 아픔에서 벗어나려 절박하게 몸부림친다. 하지만 시편 88편은 암흑으로 시작해 흑암으로 끝난다. 이처럼 크리스천들이 오래도록 영적인 어둠에서 벗어나지 못한다는 생각이 들 때가 있다.

요즘 나오는 기도 관련 서적에 애통하고 불평하는 유형의 간구가 빠지기 일쑤인 까닭은 무엇일까? 이유를 꼽자면 한두 가지가 아니다. 역사가 로널드 리트거스(Ronald K. Rittgers)가 쓴 《고통의 개혁(The Reformation of Suffering)》에서 중세 가톨릭교회와 루터파 종교개혁자들은 탄식하고 애통하는 행위의 적법성을 최대한 축소하려고 애썼다. 꿋꿋하게, 그리고 기쁨으로 하나님의 뜻을 받아들이는 게 대단히 중요하다고 여겼기 때문이다.[16] 불평이 아니라 착하고 순종하는 모습을 보여서 하나님의 은혜를 얻고자 하는 율법주의의 냄새를 풍긴다.

현대 크리스천의 사상과 관습 가운데 애통과 탄식을 찾아보기 어려운 또 다른 이유는 현대종교들에 만연한 소비자 중심주의적 면모 탓이다. 오늘날 서구 사회의 신앙인들 가운데 대다수는 하나님을 스스로 세운 기준에 필요한 걸 마땅히 조달해 주어야 하는 존재쯤으로 생각한다. 바로 크리스천 스미스(Christian Smith)가 규정해 널리 알려진 '도덕적이고 치유적인 이신론'[17]이다. 우리 시대의 말랑말랑한 도덕주의가 예전부터 존재해 온 딱딱한 율법주의와 결합해서 불평을 기도의 백해무익한 요소로 보고 말끔히 지워 버린 것이다.

J. I. 패커는 이런 오류에 정면으로 맞선다. 영국인인 그는 이렇게 지적한다. "역사적으로 북유럽의 영향을 받은 문화는 불굴의 투지를 인간행동의 이상으로 받아들이는 한편, 사사로운 불만을 공개적으로 드러내는 이들을 습관적으로 낮춰 보며 속이 여물지 못해서 윤리적인 허약함을 드러내는 걸로 치부한다." 이는 성경적인 인간 이해보다는 플라톤주의의 유산과 더 잘 들어맞는다는 게 패커의 주장이다. 플라톤주의자들은 정신과 몸을 분리해서 이성적인 정신은 지극히 고상하지만 감정은 저열한 육신의 일부라는 이원론을 믿었다. 인간 이성이 원활하게 작용하려면 감정을 통제하고 억눌러야 한다고 생각했다. 그와 달리 성경은 마음과 거기서 비롯되는 사랑과 소망, 믿음을 이성과 감정의 바탕으로 여긴다. 따라서 하나님께 기도하면서 그분께 생각과 느낌을 모두 토로할 수 있다. 패커는 결론짓는다. "불평은 … 이처럼 새 생명을 얻은 이들이 교제하고 기도하는 삶을 사는 데 없어서는 안 될 성분이다. … 그러므로 거듭난 크리스천들이 드리는 기도에 끊임없이 등장하게 마련이며, 꼭 그렇게 되어야 한다."[18]

간구의 세 번째, 그리고 가장 광범위한 범주는 이른바 '하나님께 조르는 기도'다. 예수님은 기도를 가르치는 유명한 예화에서 남편도 없이 억울한 일을 당한 여인이 "재판관에게 줄곧 찾아가서 '내 적대자에게서 내 권리를 찾아 주십시오' 하고" 졸라대는 이야기를 들려주시며 "하나님께서 그 밤낮 부르짖는 택하신 자들의 원한을 풀어 주지 아니하시겠느냐 그들에게 오래 참으시겠느냐"(눅 18:1-8)라고 물으신다. 주님은 비유를 통해 두 가지 사실을 가르치신다. 하나님이 기도를 들으신다는 확신을 품어야 하며 다른 한편으로는 그분의 때를 끈덕지게 기다려야 한다는 점이다. 하나님이 응답하실 때까지 한 달이고 일 년이고 무모하리만치 끈질기게 기도할 필요가 있다는 얘기다. 베드로는 말한다. "주의 약속은 어떤 이들이 더디다고 생각하는 것 같이 더딘 것이 아니라 오직 주께서는 너희를 대하여 오래 참으사 아무도 멸망하지 아니하고 다 회개하기에 이르기를 원하시느니라"(벧후 3:9).

한마디로 인간의 시간표와 하나님의 궁극적인 실재 사이에는 별 상관관계가 없다는 뜻이다. 하나님의 타이밍을 인간의 시간 관념에 빗대는 건 어른과 두 살배기의 의식을 일대일로 비교하는 것이나 다름없다. 하나님이 오래도록 기도에 응답하지 않으시고 기다리게 하신다면 그럴 만한 이유가 있기 때문이다.

하지만 주님의 타이밍을 파악하고 그 까닭을 가늠할 줄 아는 시각을 확보하자면, 일반적으로 오랜 시간에 걸쳐 간절히 기도하며 매달리는 경험이 있어야 한다. 더러 아무런 해도 입지 않고 하나님께 요청한 바에 제대로 응답을 받기 위해 먼저 변화가 필요할 때가 있다. 그런 경우가 아니라면, 끈질기게 기다리며 기도하면 뜻을 이루게 될 뿐만 아니라 예전보다 훨씬 참을성 있고, 평온하며, 강인한 성품까지 덤으로 얻을 수 있다. 하나님의 지혜로운 일정에는 인간으로서는 알아차리기 어려운 그분만의 특별한 뜻과 미덕이 담겨 있다.

응답받지 못한 예수님의 기도

이미 설명했듯, 결과적으로 '응답받지 못하는 기도'는 존재하지 않는다. 하지만 사랑하는 이의 생명을 지켜 달라고 간절히 매달렸음에도 불구하고 끝내 이별할 수밖에 없었던 이들에는 지극히 안이한 결론처럼 보일지 모른다. 파국을 막아 달라고 절박하게 간구했던 이들도 있을 것이다. 그런데도 피하고 싶던 일들이 일어났다면, 어떻게 다시 확신을 가지고 꾸준히 기도할 수 있겠는가? 그처럼 절박하고 가슴에 사무치는 요청을 물리치신다면, 어떻게 하나님이 기도를 들으시고 응답하신다는 사실을 진심으로 믿을 수 있겠는가?

다윗의 시편을 보면 살아가면서 사랑하는 자식이 죽는 절망적인 일들을 수없이 겪고 기도로 요청한 제목들이 무수히 거절되는 일을 겪으면서도 확신을 품고 꾸준히 기도하는 모습을 자주 대하게 된다(삼하 12장, 시 51편). 그처럼 참담한 사건을 거치면서도 어떻게 다윗은 기도하고자 하는 마음을 잃지 않았을까? 다윗에겐 믿는 구석이 있었다. 오래도록 주님과 동행하면서 죽을 고비에서 거푸 건져 주셨던 경험이 있었으며 성령님의 계시를 마음에 품고 있었다. 하지만 그리스도를 좇아 살며 복음을 믿는 크리스천들은 하나님이 간구를 들으신다는 점을 믿어 의심치 않을 더 큰 근거와 자원을 가지고 있다. 피땀을 흘려 가며 부르짖어도 응답받지 못하는 순간을 예수님이 친히 살아 내신 덕에, 크리스천은 소리쳐 찾을 때마다 하나님이 반응하신다는 사실을 확신할 수 있다.

겟세마네 동산에서 예수님은 십자가에 달려 받아야 할 '고난의 잔'을 옮겨 주시길 기도했지만 간곡한 요청은 기각되었다. 십자가에 못 박힌 채, 주님은 "나의 하나님!"을 찾았지만 끝내 버림을 받으셨다(마 27:46). 어떻게 그럴 수가 있는가? 예수님은 완벽한 인간이었다. 마음과 목숨과 뜻과 힘을 다해 하나님을 사랑하고, 이웃을 제 몸처럼 사랑하셨으며(막 12:28-31) 하나님의 법을 온전하게 완성하셨다.

시편 기자는 "내가 나의 마음에 죄악을 품었더라면 주께서 듣지 아니하시리라"(시 66:18)고 말한다. 죄인이라면 기도에 응답받지 못해도 할 말이 없다. 얼마든지 이해할 수 있다. 그런데 주님은 달랐다. 역사를 통틀어 모든 기도에 응답받을 자격을 가진 이를 하나만 꼽으라면 단연 예수님이시다. 그만큼 완전한 삶을 사셨기 때문이다. 그런데도 마치 마음에 부당한 뜻을 가지셨던 것처럼 외면 당하셨다. 어째서 그랬을까?

물론 답은 복음에 있다. 하나님은 우리에게나 합당한 처분을 예수님께 내리셨다. 인류가 받아야 할 형벌을 주님께 대신 내리셨다. 덕분에 하나님은 그리스도를 믿기만 하면 성자에게나 합당한 대우를 우리에게 해 주신다(고후 5:21). 더 구체적으로 살펴보자면, 예수님의 기도가 죄인들의 기도마냥 거절당하심으로써 주님의 기도에나 어울릴 법한 응답을 우리가 받게 되었다. 크리스천들이 기도하면서 하나님이 들으시고 가장 지혜로운 방법으로 답해 주시리라는 확신을 가질 수 있는 까닭이 여기에 있다. 제자들에게 기도를 가르치시면서 주님은 이런 비유를 드셨다.

> 너희 중에 아버지 된 자로서 누가 아들이 생선을 달라 하는데 생선 대
> 신에 뱀을 주며 알을 달라 하는데 전갈을 주겠느냐. 너희가 악할지라
> 도 좋은 것을 자식에게 줄 줄 알거든 하물며 너희 하늘 아버지께서 구
> 하는 자에게 성령을 주시지 않겠느냐(눅 11:11-13).

예수님은 놀랍고도 강렬한 이야기를 하고 계신다. 죄에 물든 세상의
아버지도 당연히 자식이 행복하길 바라는데, 한 점 흠이 없으신 하늘 아
버지는 거룩한 자녀들이 건강하고 행복하길 '얼마나 더' 간절히 바라시겠
느냐는 것이다. 다시 말해서, 하늘에 계신 하나님 아버지만큼 자녀들에
게 기쁨을 주시고자 하는 마음이 깊은 분은 어디에도 없다는 얘기다. 그
분의 마음은 자녀들을 즐겁게 해 주려는 세상 아버지의 마음과는 비교가
되지 않는다. 육신의 아버지도 보통은 자식들의 간청을 들어주고 싶기
마련이지만 하나님이 거룩한 자녀들의 간구에 응답하시고자 하는 뜻에
는 견줄 바가 못 된다. 그러나 하나님은 사랑이 넘치실 뿐만 아니라 거룩
하고 정의로운 분이다. 그렇다면 어떻게 하나님은 죄에 깊이 물들어 벌
을 받아 마땅한 우리에게 축복을 넘치도록 주실 수 있을까? 답은 분명하
다. 예수님이 전갈과 뱀을 받으셨던 까닭에 우리는 아버지의 상에 앉아
만찬을 즐길 수 있게 되었다. 주님은 우리 대신 침에 쏘이고 죽음의 독을
드셨다(고전 15:55, 히 2:14-15, 창 3:15).

십자가에서 "나의 하나님!"이라고 외치시는 예수님의 부르짖음을

외면하셨기에, 하늘 아버지는 우리가 "나의 하나님!"이라고 부를 때 응답하신다. 예수님께 "하늘은 놋이 되어서" 한마디 말이 없었지만, 그 공로에 힘입어 하나님이 우리 기도를 들으시고 응답하심을 분명히 믿을 수 있게 되었다.

그러므로 이제 크리스천은 하나님께 담대하고 구체적이며 열심히, 정직하게, 그리고 부지런히 소원을 아뢰어야 한다. 하지만 그와 아울러 하나님의 뜻과 지혜로운 사랑을 인정하고 끈질기게 순종해야 한다. 처음부터 끝까지 예수님 덕분이며, 그러기에 무엇이든 그분의 이름으로 구해야 한다.

매일
기도하라
날마다 기도하는 것은 성경적 전통이다

매일기도의 역사에서 배우라

사도 바울은 "쉬지 말고 기도하라"(살전 5:17)고 권면한다. 하루 종일, 무슨 일을 하든지 하나님을 의식하라는 뜻이다(고전 10:31). 내내 우리에게만 들리는 감사와 기쁨의 노래가 흘러야 한다(골 3:16-17). 이렇게 눈을 떠서부터 잠들 때까지 줄곧 이어지는 지속적인 기도로 마음의 습관을 삼아야 한다. 하지만 하루하루 규칙적인 훈련을 거듭하지 않고는 이런 경지에 이를 수 없다.

매일기도, 또는 일일기도는 오랜 옛날부터 있어 왔던 성경적인 관습이다. "다니엘이 … 전에 하던 대로 하루 세 번씩 무릎을 꿇고 기도하며 그의 하나님께 감사하였더라"(단 6:10). 중세 크리스천들은 깊이 잠든 제자들에게 예수님이 "너희가 나와 함께 한 시간도 이렇게 깨어 있을 수 없더냐?"(마 26:40)라고 하셨던 도전에 토대를 두고 날마다 시간을 정해 놓고 기도했다. 이른바 '법정 시간들(horae canonicae)', 또는 성무일도(Daily Office)라는 것을 지켰다. 수도원에서는 하루에도 여러 차례 성무일도에 따른 예배를 드린다. 그러나 앨런 제이콥스(Alan Jacobs)는 조과(Matins, 자정), 찬과(Lauds, 오전 3시), 일시과(Prime, 오전 6시), 삼시과(Terce, 오전 9시), 육시과(Sext, 정오), 구시과(None, 오후 3시), 만과(Vespers, 오후 6시), 종과(Compline, 오후 9시) 등 하루에 일곱 차례, 정해진 시간에 기도하는 수도원의 기도 방법은 결국 몸에 무리를 줄 수밖에 없다고 주장한다. 이에 따라 여러 수도

원들은 예배 횟수를 줄이거나 여러 형제자매가 일과를 나누어 지키게 하는 쪽으로 내규를 개정했다.[1]

영국에 종교개혁이 한창이던 시절, 개혁자 토머스 크랜머는 어떻게 하면 하루 종일 일터에서 노동해야 하는 평범한 백성들이 성무일도를 잘 따르게 도울 수 있을까 고민했다. 축일이 빼곡하게 들어 찬 전례력을 엄격하게 따르는 중세의 기도 관습은 거기에 맞춰 기도하는 이들에게 축일에 어울리는 짧은 성경 구절을 제공할 따름이라는 점을 걱정스럽게 생각했다. 성경 전반에 익숙해지지 못하게 가로막는 폐해가 있다고 본 것이다. 1594년에 펴낸 첫 번째 《공동기도서》 서문에서, 크랜머는 초대교회 교부들의 말을 인용해 가며 교회의 정규 예배와 기도 시간을 통해 "성경을 한 해에 한 번은 처음부터 끝까지 읽도록 해야 한다"[2]고 주장했다.

크랜머는 우선 아침기도(Matins)와 저녁기도(Evensong)를 제외하고 나머지 기도 시간을 폐지하는 해법을 제안했다. 그리고 《공동기도서》 첫머리에 '성경 읽기 달력'을 첨부했다. 하루에 성경을 넉 장씩(두 장은 아침기도 시간, 나머지 두 장은 저녁기도 시간) 읽도록 나눠 놓은 달력이다. 소개 글에서 밝힌 것처럼, 달력을 따라가노라면 족보들이 가득한 장과 레위기 및 계시록 일부를 빼고 구약은 한 번, 신약은 두 번을 읽게 되어 있었다.[3] 여기에 더하여 크랜머는 시편을 깊이 묵상하도록 배려했다. 이 역시 사제들의 관행을 평신도들에게 맞게 조절한 것이다. 하루에 일곱 번 예배를 드리는 수도사들은 매주 한 번씩 시편을 완독했던 반면, 크랜머는 150편에 이르는 시편 전체를 아침과 저녁으로 나누어 한 달에 다 읽도록 정렬했다.[4]

그런 노력의 결과로 해묵은 형식을 새로 뜯어고친 근사한 작품이 만들어졌다. 성경을 체계적으로 읽게 하는 데 초점을 맞춘 '프로테스탄트 성무일도'가 탄생한 것이다. 새로운 시스템은 공동체로든 개인으로든, 하루에 두 차례 기도 시간을 갖도록 규정했다. 성경을 통독하도록 짠 독서 계획(lectio continua)뿐 아니라, 찬양과 고백, 감사가 담긴 기도문을 제시하고 제각기 간구하는 기도를 드릴 수 있도록 여백을 남겼다.

영국국교회 외에 다른 교단들도 이처럼 프로테스탄트에 걸맞게 손질한 성무일도를 내놓았다. 장로교회와 회중교회를 비롯한 다른 교단들은 크랜머만큼 기도문을 강조하지 않았다. 하지만 장 칼뱅은 크리스천들에게 "아침에 일어나서, 하루 일과를 시작하기 전, 밥을 먹으러 식탁에 앉을 때, 하나님이 베풀어 주신 은총으로 식사를 마치고 나서, 일을 마치고 잠자리에 들 준비를 할 때" 등 하루에 다섯 번 기도하기를 권유하면서[5] 그때 사용할 만한 다섯 개의 간단하고 단순한 본보기 기도문을 만들어 내놓았다.[6] 하지만 대다수 프로테스탄트 교회들은 아침에 개인적으로 기도하고 저녁 때 온 가족이 기도하는 방식을 채택했다. 19세기 초 스코틀랜드에서 활동한 장로교 목회자인 로버트 머리 맥체인(Robert Murray M'Cheyne)이 만들어서 널리 보급한 연간 성경 읽기 달력은 아침에 성경 두 장을 읽으며 개인적으로 기도하고 저녁에는 가족들과 함께 두 장을 보도록 편성되어 있다.[7] 아울러 자유 개혁교회들은 크리스천들의 마음과 생각에 시편 말씀이 두루 스며들도록 돕는다는 차원에서 아침저녁으로 읽는 쪽보다 회중이 함께 노래하는 방식을 선호한다.[8]

현대 사회에 들어서면서 2-3세대에 걸쳐 크리스천 대학생들을 중심으로 날마다 한 차례, '경건의 시간'을 갖는 걸 표준으로 여기는 분위기가 형성되고 정착되었다. 1930년대와 40년대 복음주의 성향을 가진 영국과 오스트레일리아의 목회자들은 《경건의 시간(*Quiet Time: a Practical Guide for Daily Devotions*)》이라는 얇팍한 소책자를 내놓았다. 미국에서는 1945년 기독학생회출판부(IVP)가 처음으로 내기 시작했다.[9] 30쪽 남짓한 이 책자는 차츰 밀리언셀러가 되었으며 적어도 50년 이상 복음주의적인 성향을 가진 동종 서적들에 토대가 되고 영향을 주는 일종의 지침 구실을 했다.[10]

《경건의 시간》은 한정된 지면의 상당 부분을 투자해서 날마다 예배를 드리는 데는 마음을 정하고 행동하는 의지적인 훈련이 필수적이라는 사실을 강조한다. 조용한 자리를 찾고, 하나님이 친히 만나 주고 싶어 하신다는 점에 집중하며 심령을 가다듬으라고 주문한다. 성경 말씀을 공부하고 그 결과를 일지에 적은 뒤에 그와 비슷한 정도의 기도 시간을 가지라고 가르친다. 적어도 20분 이상 예배하는 걸 추천한다. 《경건의 시간》의 핵심부에는 일생의 대부분을 영국에서 보내며 수많은 고아원을 세웠던 독일의 유명한 침례교회 목회자, 조지 뮬러(1805-98)의 기도 방법이 압축되어 들어 있다. 그의 기도 생활은 자전적인 글에 잘 드러나 있는데, 주목해 살펴볼 가치가 있다. 특히 성경 묵상에 깊은 관심을 가졌으며 마음을 녹여 기도로 이끄는 통로로 평가했다. 뮬러는 마르틴 루터의 지침을 따랐으며 루터의 묵상 방식 또한 고전에 속한다. 뮬러는 이 종교개혁가의 전례를 따라 본문을 대할 때마다 몇 가지 질문을 던졌다. 《경건의 시간》의 물음들을 소개한다.

- 따를 만한 본보기가 있는가?

- 순종해야 할 명령이 있는가?

- 피해야 할 잘못이 있는가?

- 용서받아야 할 죄가 있는가?

- 당당히 내세워야 할 약속이 있는가?

- 하나님 자신에 관해 새로이 알려 주는 점이 있는가?[11]

성경 연구와 묵상을 마치면, 먼저 하나님께 나아가 죄를 고백한 다음 십자가에서 베풀어 주신 구원에 감사하고 찬양하는 흐름으로 기도를 이끌어 간다. 찬양이 끝나면 다른 이들을 위해 중보하고 마지막으로 스스로의 필요를 아뢰는 간구로 마무리한다.[12]

으뜸가는 매일기도를 드리라

19세기 후반 복음주의 진영에서 비롯된 경건의 시간은 기도의 경험적인 측면을 깎아 내리는 경향이 있다. 본문의 뼈대를 추리고, 자신의 말로 풀이하며, 문장 구조를 살피는 해석적인 성경 연구를 강조한다. 하루하루 묵상할 때마다 본문을 앞에 두고 묻기를 요구한다. "같은 단어를 반복 사용한다든지 해서 거듭 도드라지게 노출시키는 사상이 있는가? … 주제와 관련해 본문이 주는 가르침은(연역적으로, 또는 귀납적으로) 무엇인가?"[13] 여기는 상당한 훈련이 필요하며 아침마다 몇 분씩을 투자해서 해결할 수 있는 일이 아니다. 자연히 하나님을 묵상하고 경험하기보다 본문을 해석하는 데 집중하는 귀납적인 성경 연구법이 부각될 수밖에 없다. 말씀을 공부하고 나서 기도에 들어가지만, 지성적인 연구가 자연스러운 찬양으로 이어지기는 쉽지 않다. 결국 필요를 구하는 간구와 죄를 토설하는 고백이 기도의 주류를 이룬다.

마침내 해석적인 성경 연구와 간구를 주축으로 하는 복음주의 진영의 전통적인 경건의 시간은 이성주의에 지나치게 치우쳤다는 비판이 일었다. 그에 대한 반작용으로 하나님을 더 광범위하게 경험하고자 하는 갈망이 깊어졌으며 적지 않은 교회들이 렉시오 디비나와 관상기도와 같이 정해진 시간의 전례에 따라 드리는 가톨릭교회나 동방정교회의 전통으로 눈길을 돌리게 되었다.

필리스 티클(Phyllis Tickle)이 쓴 《신성한 시간들(The Divine Hours)》은 시간을 정해 두고 기도하는 옛 전통을 오늘에 맞게 성공적으로 되살려 낸 시리즈다. 티클은 짤막한 시편과 성경 말씀, 찬송, 기도를 한 면에 담아 고전적인 성무일과 지침보다 훨씬 쉽게 다가설 수 있게 했다. 하지만 몇 가지 면에서는 크랜머가 프로테스탄트 정신에 근거해 내놓은 쇄신책과 충돌한다. 우선 티클은 하루에 두 번이 아니라 서너 번 기도하기를 권한다. 크랜머와 칼뱅, 그리고 다른 개혁교회들이 제안하는 체계적이고 지속적인 성경 읽기 방식도 받아들이지 않는다.[14]

반면에 기도문을 따라 간구하는 방식을 장려하는 면에서는 종교개혁의 전통을 따른다. 존 번연을 비롯해 영국국교회에 속하지 않은 목회자들 가운데는 글로 적은 기도라면 형태를 가리지 않고 격렬하게 반대하는 이가 적지 않았다.[15] 그러나 번연과 같은 시대에 살았던 존 오웬 같은

338

이들은 경건한 "크리스천들이 스스로의 경험과 성경의 조명에 힘입어" 작성한 기도문이라면 글로 기록된 기도라도 유용할 수 있다고 보았다.[16] 마음을 움직여서 스스로 기도하도록 자극하고 올바른 방향으로 이끌어 가는 구실을 한다는 것이다.[17]

이제 날마다 어떤 식으로 기도하며 예배할지 판단하고 결정하는 일은 저마다의 몫이 되었다. 개인적으로는 중세의 기도 형태를 현대적으로 되살리려는 움직임뿐만 아니라 20세기 복음주의의 전통적인 예배 방식마저도 뛰어넘을 필요가 있다고 믿는다. 독자들로서는 놀랄 만한 얘기일 수도 있겠지만 16-17세기 또는 18세기에 활동한 프로테스탄트 신학자들의 기도 방법에서 더 많은 가르침을 얻을 수 있다. 지금까지 이 책에서 살펴본 바와 마찬가지로 그 시대의 작가와 작품들을 되짚어 보면 몇 가지 중요한 변화가 필요하다는 생각이 든다.

통상적으로 하루에 한 번 갖는 경건의 시간에 만족할 게 아니라 더 자주 기도할 필요가 있다. 루터는 하루에 두 번 기도하길 권했고 칼뱅은 간단하게 자주 드려야 한다는 쪽이다. 하루의 틀을 잡을 때, 24시간을 보내는 동안 한 번 이상 시간을 정해서 온 마음과 생각을 하나님께 돌려야 한다는 데 대해서는 교단과 교파를 초월해 모든 크리스천들이 공감하는 것처럼 보인다. 특정한 시간표를 너무 고집해선 안 되겠지만, 나로서는 하루에 두 번 기도하길 권장하는 프로테스탄트 교회의 입장에 전반적으로 동의하는 편이다. 아침과 저녁에 기도하는 게 익숙하고 좋지만 가끔은 아침에 간구하며 얻은 깨달음을 계속 이어 가기 위해 한낮에도 잠깐 짬을 내서 간단한 기도를 드린다.

아울러 매일기도는 더 성경적이 되어야 한다. 체계적인 성경 읽기와 연구, 절제된 본문 묵상 등에 더 깊이 뿌리를 내려야 한다는 뜻이다. 그렇게 믿는 까닭에 관해서는 이미 길게 이야기한 바 있다. 요즘 세계 곳곳에서 두루 쓰이는 최신판《공동기도서》에는 크랜머의 성경 읽기 달력이 실려 있지 않지만 1549년과 1552년 복각판에서는 아직도 볼 수 있다. 인터넷을 비롯해 여러 매체에 다양한 형태로 소개되어 있는 맥체인의 성경 읽기 달력은 저마다의 시간 형편에 맞춰 적절한 속도로 성경을 통독하도록 이끌어 준다. 어쨌든 체계적이고 지속적인 성경 읽기가 기도에 앞서거나 동반되어야 한다는 점만큼은 분명하다.

개인적으로 매일기도는 교회가 연합해 드리는 기도와 더 잘 어우러져야 한다. 칼뱅은 온 성도가 함께하는 예배의 공기도와 시편 찬송이 개인 기도로 이어지길 기대했다.[18] 루터의 하루 두 번 기도는 부리나케 골방으로 들어가거나 "날짜와 시간이 맞으면 회중들이 한자리에 모이는 교회로 달려간다"[19]고 적었다. 교회를 이끈 위대한 스승들에게 기도가 완전히 개인적인 차원으로 흐르지 않게 막는 게 얼마나 중요했는지 단박에 알아볼 수 있는 대목이다. 시편이나 다른 성경 말씀을 정독하는 데서만이 아니라 교회가 공동으로 드리는 기도를 읽거나 듣는 데서 깨달음을 얻는 건 지극히 타당하고 또 필요한 일이다. 오늘날 적잖은 교회들, 특히 이른바 현대 예배(contemporary worship)를 드리는 교회들은 이런 식으로 기도하도록 교인들을 이끌어 가는 데 별다른 관심을 보이지 않는다. 회중이 들을 수 있는 기도라고는 예배 인도자가 '즉흥적으로' 표출하는 고백이나 설교자가 메시지를 마무리 지을 때 드리는 마지막 기도뿐이다. 예전처럼 오랜 세월에 걸쳐 검증되고 깊이 숙성된 기도를 올리는 일은 좀처럼 찾아볼 수 없다. 크랜머의 탁월한 자료들은 물론, 필리스 티클이 쓴 《신성한 시간들》이나 아서 베넷(Arthur Bennett)의 《영혼을 일깨우는 기도(The valley of Vision)》같은 문서들은 아주 유익한 도움을 줄 것이다.[20]

마지막으로, 매일기도에는 성경 연구뿐만 아니라 묵상도 들어 있어야 하며, 광범위하고 온전한 경험을 기대하는 마음이 전반적으로 한층 더 깊어져야 한다. 하나님의 신령한 실재를 경험하고 더 깊은 경외감과 친밀감을 느낄 뿐만 아니라 '어둡고 캄캄한 심령'으로 씨름하고 불평하는 과정도 더 깊이 체험해야 한다. 존 오웬은 마음에 담은 애정이 기도로 표출되지 않으면 성품이 변해서 그리스도처럼 자라 가는 역사는 절대로 일어날 수 없다고 단언한다. 버금에 안주하지 말고 으뜸을 추구해야 한다.

매일기도의 양식

"실제로 기도하는 시간을 어떻게 꾸려 갈 것인가?"는 대단히 현실적인 질문이다. 수많은 크리스천 지도자들의 토막글들을 묶은 《내 기도의 길(My Path of Prayer)》과 같은 책자를 읽어 보는 것도 적잖이 보탬이 된다. 여기에는 저마다 매일 어떤 틀을 좇아 기도하는지 설명한 글도 여러 편 실려 있다.[21] 필자 가운데 하나인 셀윈 휴즈(Selwyn Hughes)도 기도 생활을 공개했다. 그는 아침에 자리에서 일어나자마자 기도한다. 성경 본문을 읽고 묵상한다. 여유가 있으면 따로 시편을 읽는다. 이어서 '마음을 가라앉히는' 시간을 갖는다. 그리고 하나님의 임재와 기도의 특권과 능력을 곰곰이 되짚는다. 그러고 나서 기도하기 시작한다. 하나님을 경배하고 찬양하며 감사를 드리는 것으로 시작해서 "개인적이고 영적인 상황들"로 넘어간다. 자신을 검증하고, 고백하며, 회개한다. 다음에는 주변인들과 교회와 세상을 위해 간구한다. 마지막으로 다시 한 번 마음과 생각을 가라앉히는 시간을 가지면서 묵상과 기도하는 시간을 통해 하나님이 가르쳐 주고 싶어 하시는 게 무엇인지 거룩한 음성에 귀를 기울인다.[22]

이러한 그의 패턴은 어디서 많이 들어 본 것 같지 않은가? 마르틴 루터를 비롯해 여러 위대한 스승들이 설명하는 매일기도와 놀라우리만치 흡사하다. 그러므로 뭇 크리스천들이 가져다 쓸 만한 도구가 되리라는 확신을 가지고 매일기도의 양식을 잡아 볼 수 있으리라 믿는다. 세세한 내용이나 순서, 돌판이나 성경에 기록된 불변의 진리가 아니며 특정한 신앙 전통을 따르지도 않았음을 기억하면 좋겠다. 개인적으로는 마음잡기, 묵상, 말씀기도, 자유기도, 관상으로 이어지는 틀을 제안하고 싶다.

마음잡기(Evocation)

마음잡기는 말 그대로 '정신을 차리고 마음을 모은다'는 뜻이다. 하나님의 임재를 구하는 기도도 여기에 포함될 수 있다. "어떤 분과 말씀을 나누려 하는지, 가까이 다가갈 특권을 허락하시기 위해 무슨 일을 하셨는지, 그분과 어떤 관계인지, 그리고 말씀과 성령님을 통해 주 예수님이 친구가 되어 주신다는 게 얼마나 숨 막히도록 놀라운 사실인지 깊이 새기는 데서부터"[23] 기도가 시작되어야 한다는 것은 이미 보편적인 합의가 된 것처럼 보인다. 기도와 관련해 삼위일체 신학을 되짚어 보는 것도 좋은 방법일 수 있다. 하나님은 우리의 아버지시며 아들딸의 안위를 위해 서라면 무엇이든 하시는 분이다. 예수님은 인간의 중보자요, 변호사요, 대제사장이 되셔서 우주의 보좌 앞에 나아갈 수 있게 이끌어 주신다. 성령님은 기도하게 하시고 그 간구를 도우시는 하나님 자신이시다. 그러므로 기도하면 하나님이 들으신다는 사실을 확신할 수 있다.

이러한 진리를 담고 있는 말씀들을 잠시 곱씹어 보라. 앞에서 이미 다루었던 말씀들도 적지 않을 것이다. 시편 95편처럼 하나님의 임재 안에 들어가는 예배에 사용되던 전통적인 노래들을 찾아 읽을 수도 있다. 기도에 들어가기 전에 마음을 모으는 장치로 토머스 크랜머의 기도문처럼 교회의 검증을 거친 자료들을 활용하는 것도 하나의 방법이다.[24] 어떤 방식을 택하든, 2분 정도면 충분하다.

묵상(Meditation)

기도하며 하나님께 반응하기 위해서는 먼저 주님의 말씀을 귀 기울여 들어야 한다. 성경의 한 부분을 묵상하는 시간을 가지며 그것을 기도로 들어가는 다리로 삼아야 한다는 뜻이다. 밤사이 어디선가 기도 생활을 풍요롭게 할 말씀이 뚝 떨어진다는 얘기가 아니다. 오랜 시간에 걸쳐 읽으며 뜻을 헤아렸던 말씀을 읽은 뒤에 묵상하는 편이 훨씬 낫다. 진지하게 성경을 연구하는 일은 크리스천으로 성장해 가는 데 반드시 필요한 일이지만, 하나님과 함께 마주하는 시간의 대부분을 심도 있는 성경 공부에 쏟아 붓는 건 바람직한 자세가 아니다. 묵상과 기도에 쓸 시간이 모자랄 것이다. 어쩌면 아예 신경도 쓰지 못할 수도 있다.

따라서 이제 막 크리스천으로 살기 시작한 이들에게는 매일기도 시간 외에 규칙적으로 성경을 공부하는 자리를 마련하는 게 좋다. 그렇게 하면 차츰 낯선 느낌과 혼란스러운 개념들이 줄어들고 하루하루 말씀을 읽고 묵상하기가 쉬워진다. 성경을 처음부터 천천히 읽어 내려가는 통독은 성경을 공부하는 좋은 방법 가운데 하나다. 하루에 한 장씩 읽어도 3년 남짓이면 성경을 통독할 수 있다. 짧고 간단한 풀이를 붙인 한 권짜리 주석을 곁들이고 배운 바를 일지로 정리하는 것도 도움이 된다.[25] 그렇게 성경을 공부해 나가다가 어떤 부분은 따로 떼어 더 꼼꼼히 곱씹을 수도 있다. 매일기도 시간에 그 부분을 되새김질하듯 차근차근 읽으면서 앞에 이야기한 방식대로 묵상해 보는 것이다. 날마다 개인적으로 드리는 예배 시간의 순서를 정해 보면 마음잡기가 처음이고, 성경 읽기와 묵상이 그 다음이며, 기도가 뒤를 따른다.

말씀기도(Word Prayer)

마르틴 루터의 기도 생활을 들여다보면 매일기도와 관련해서 자칫 흘려 넘기기 쉬운 중요한 대목을 배울 수 있다. 루터는 마음 가는 대로 자유로이 기도하기 전에 '본문을 붙잡고' 기도하는 시간을 가졌다. 앞에서 이야기했지만 묵상 그 자체가 기도는 아니다. 일종의 성찰이고 자신과 나누는 대화다. "내 영혼아, 하나님께로 돌아가라!"고 부르짖으며 마음을 쏟는 시편 기자의 행동이 바로 묵상이다. 하지만 성경 본문에서 찬양과 회개, 갈망의 소재를 찾는 마르틴 루터의 방식에 따르면 묵상이 기도로 연결될 수 있다. 시편 역시 즉시 변환되어 하나님께 올려 드리는 기도가 된다. '시편으로 드리는 기도'는 오랜 세월을 거치면서 검증된 대단히 중요한 말씀기도 방식이다. 여기에 관해서는 조만간 몇 가지 이야기를 더 하기로 하자.

루터가 선호했던 방식, 곧 성경 본문에 토대를 둔 기도는 앞에서 이미 다룬 바 있다. 루터는 주기도문을 가져다가 한 구절 한 구절 주님의 간구를 자신의 말로 바꿔서 그날의 관심사를 담아 기도하라고 권한다. 개인적으로는 말씀과 기도를 연결하는 단연 탁월한 기법이라고 믿는다. 주기도문은 예수님이 주신 포괄적인 기도 모델이기 때문이다. 적어도 일주일에 한 번은 매일기도의 일환으로 루터의 방식을 활용하면 좋겠다.

자유기도(Free Prayer)

자유기도란 그저 '기도로 마음을 주님 앞에 쏟아 놓는 것을' 가리킨다. 그럼에도 불구하고 건전한 지침들을 살펴보면 십중팔구 찬양과 감사, 고백과 회개, 간구와 중보라는 세 가지 기도 형식 사이에 균형을 지키라고 당부한다. 스스로 일정한 순서를 정해서 습관적으로 세 가지 형식을 다 섭렵하는 건 대단히 유익한 훈련이지만 지나치게 경직돼서는 안 된다. J. I. 패커는 서둘러 '요구사항'을 들이미는 게 아니라 신학적인 근거와 자기 검증으로 마음에 품은 동기를 하나님 앞에 드러내는 경우에만 간구가 삶을 변화시키는 강력한 힘을 갖는다고 경고한다. 그런 점을 감안하면 갖가지 동기와 관심사들을 촘촘히 정리한 '기도 제목표'도 주님과 대화하는 데 도움이 될 수 있다.

특히 신앙생활을 시작한 지 얼마 안 된 이들이라면, 매튜 헨리의 《기도의 방법(*A Method for Prayer, with Scripture Expressions, Proper to Be Used Under Each Head*)》처럼 예전에 출간된 책자들에서 오히려 큰 도움을 받을 수도 있다.[26] 앞에서도 이야기한 적이 있지만, 헨리는 수백 편에 이르는 성경의 기도문을 찾아내서 고백, 간구, 감사, 중보와 같은 큰 표제와 세분화된 부제에 맞춰 분류하고 정리한 뒤에 요약하고 마무리하는 말을 덧붙였다. 개인적으로 자유롭게 드리는 기도에 진보가 없고 활력이 떨어진 느낌이 들면 헨리의 책을 읽어 보길 권한다. 무궁무진한 기도 제목을 공급받을 수 있을 것이다.

관상(Contemplation)

관상이 무슨 뜻이냐를 두고 오래도록 말이 많았다. 에드워즈는 '하나님이 거룩하심을 알 뿐만 아니라 그 사실을 마음으로 감지하는(목격하고 맛보는) 시간'을 가리킨다고 설명한다. 반면에 루터는 '하나님의 진리나 성품 가운데 어떤 면을 잃어버리고 있음'을 자각하는 시간으로 풀이한다. 루터는 정통 독일어로 문학적인 해설을 붙인다. 여느 때처럼 기도를 하다 보면 간혹 "생각이 산책하러 나가는" 경우가 있다는 것이다. 하나님에 대한 생각이 '커지고' 감동적으로 다가온다. 그러면 거기서 멈추고 성령님의 인도하심을 받는 시간을 갖는다. 루터는 이렇게 적었다.

주기도문의 어느 한 대목을 좇아 간구하다 보면 … 왕왕 넋을 잃을 때가 있다. 그러면 남아 있는 여섯 가지 제목을 놓아 버린다. 그처럼 선한 생각들이 풍성하게 밀려올 때면 … 절대로 억누르지 말고 조용히 경청해야 한다. 성령님이 친히 말씀하시는 순간인 까닭이다. 주님이 가르치시는 한마디가 우리가 드리는 수천 마디의 기도보다 월등히 낫다. … (그러므로) 성령님이 임하셔서 마음에 말씀을 선포하기 시작하고 풍요롭고 밝은 깨달음을 주시면 … 입을 다물고 귀를 기울이라.[27]

그러나 묵상에 관한 존 오웬이 지적한 것처럼, 이런 과정을 다 밟고 나면 어김없이 심령 가득 사랑이 넘쳐나고 성령님이 루터에게 하신 것처럼 새롭고 신기한 방식으로 생각의 지평을 열어 주시리라고 가정하면 안 된다. 루터의 경험은 언제나, 누구에게든 일어나는 보편적 현상이 아니다. 영적으로 메마르다 못해 마치 하나님이 계시지 않는 것 같은 느낌 속에서 기도를 시작하고 마칠 수도 있다. 그런 경우 기도의 마지막 단계인 관상은 그저 '하나님과 관련해 가장 좋은 생각들을 떠올리고, 그러한 사실과 하나님의 성품을 아울러 찬양하며 감사하는 한편, 가까이 임하시고 주님이 정하신 때에 그 얼굴을 보여 주시길 간절히 요청하는 것'을 의미한다.

다음은 두 가지 매일기도 양식들이다. 하나는 상대적으로 더 상세하고 도전적인 반면, 다른 하나는 처음 시작하는 이들을 위해 다소 단순하게 만들었다. 괜히 기죽을 필요 없다. 마음 편히 먹고, 마음잡기, 묵상, 말씀기도, 자유기도, 관상으로 이어지는 단계를 밟아 가라. 세부적인 지침들을 하나도 빼놓지 않고 지키거나 군데군데 등장하는 질문에 모두 답해야 할 것만 같은 부담감을 떨쳐 버리라. 기도는 갈수록 깊어지고 누구나 그 안으로 빨려 들어가게 마련이다.

매일기도 계획

1. 아침기도(25분)

하나님께 나가기

말씀을 읽고 기도할 때 하나님이 임하셔서 도와주시길 요청하라. 다음 본문 가운데 하나를 선택해 읽으면서 마음을 잡고 영적인 준비를 갖추라. 시편 16편 8절, 시편 27편 4절, 시편 27편 9-10절, 시편 40편 16-17절, 시편 63편 1-3절, 시편 84편 5-7절, 시편 103편 1-2절, 시편 139편 7-10절, 이사야서 57장 15절, 마태복음 11장 28-30절, 요한복음 4장 23절, 에베소서 1장 17-19절, 에베소서 3장 16-20절.

성경 읽기와 묵상

다음에 제시된 수많은 지침과 질문들을 한 차례 묵상하고 기도하는 시간에 빠짐없이 소화할 수 있는 사람은 아무도 없음을 잊지 말라.

말씀연구: 본문을 3-4번 읽으라. 하나님(성부, 성자, 성령)에 관해 무슨 이야기를 하고 있는지 모두 적으라. 자신에 관해 어떤 가르침을 주는지 기록하라. 마지막으로 따라야 할 본보기와 지켜야 할 명령(또는 피해야 할 잘못), 당당히 주장해야 할 약속을 찾아 정리하라. 여기까지 마쳤으면 가장 감동적이었거나 유익한 구절이나 진리를 골라서 그 말씀이나 핵심 사상을 자신의 말로 옮겨 적으라.

묵상: 다음 질문에 대한 답을 적어 보라.

• 본문은 하나님의 어떤 면모를 보여 주는가? 찬양하고 감사해야 할 점은 무엇인가?

• 본문은 죄에 대해 무엇을 알려 주는가? 고백하고 회개해야 할 점은 무엇인가? 진리를 잊어버릴 때마다 어떤 그릇된 태도와 행동, 감정, 또는 우상이 내 안에 살아 움직이는가?

• 본문은 내게 부족하거나 필요한 게 무엇이라고 지적하는가? 거기에 비추어 볼 때 무얼 해야, 또는 어떻게 되어야 하는가? 이를 위해 하나님께 어떻게 간구할 것인가?

• 예수 그리스도나 그분 안에서 받아 누리는 은혜는 주께 고백한 죄를 극복하고 부족이나 필요에 대처하는 데 어떻게 결정적인 도움을 주는가?

• 마지막으로 그러한 사실을 진지하게 받아들인다면, 즉 이 진리가 온전히 살아서 속사람에 영향을 미친다면 삶이 어떻게 달라지겠는가? 하나님이 이러한 사실을 지금 내게 알려 주신 까닭은 무엇인가? 오늘 이 말씀에 주목하게 하심으로써 주님은 내 삶에서 어떤 일을 하시려 하는가?

기도

묵상한 내용 하나하나를 두고 기도하라. 고백, 간구, 예수님이 베풀어 주신 구원에 대한 감사 등의 요소들을 기억하라.

개인적인 필요와 마음을 짓누르는 염려를 두고 기도하라.

마지막 단계에서는 그저 하나님과 그분의 임재를 즐거워하며 기뻐하라.

2. 저녁기도(15분)

하나님께 다가서기

말씀을 읽고 기도할 때 하나님이 임하셔서 도와주시길 요청하라.

성경 읽기와 묵상

시편을 읽으라. 한 해에 두 차례 정도 읽도록 진도를 설정하라.

기도

시편의 내용을 기도로 바꿔 하나님께 올려 드리라.

- 하루를 돌아보며 어느 대목에서 죄를 지었는지, 어느 지점에서 마땅히 보여야 할 반응을 보이지 못했는지 고백하라.
- 하루를 돌아보며 어려움을 겪는 이를 만났거나 또는 그런 이야기를 들은 적이 있는지 되짚어 보고 그들을 위해 기도하라.
- 마음에 떠오르는 급하고 중요한 일들을 위해 기도하라.

3. 기도를 처음 시작하는 이들을 위한 매일기도(15분)

하나님께 나가기

기도라는 특권에 관해 생각하라. 하나님이 임하여 계신다는 사실을 마음에 새기라. 기도를 도와주시길 그분께 구하라.

묵상

성경 본문을 읽으라. 가르침을 주는 한두 가지 진리를 분별하라. 가장 크게 마음에 와 닿는 구절이나 진리를 골라 적으라. 스스로 묻고 답해 보라. 이 진리는 어떤 면에서 하나님을 찬양하게 하는가? 어떤 죄를 보여 주며 고백하기를 요구하는가? 어떤 점을 하나님께 간구하게 하는가?

말씀기도

이제 그 세 가지 질문에 대한 답을 기도(찬양, 탄원, 간구)로 바꾸라.

자유기도

무엇이든 마음에 떠오르는 대로 필요를 주께 구하라. 아울러 주님이 삶 가운데 역사하시고 하나하나 보살펴 주심에 감사하는 시간을 가지라.

관상

오늘 알려 주신 진리를 기억하며 잠시 하나님을 경배하라. 짧은 찬양으로 마치라.

시편으로 기도하기

아주 이른 시기부터 교회는 구약성경의 시편을 기도서로 사용했다. 14세기에 활동했던 아프리카의 신학자 아타나시우스(Athanasius)가 마르셀리누스(Marcellinus)에게 보낸 유명한 서신에도 그러한 사실이 명확히 드러난다. 아타나시우스는 적었다. "무슨 필요나 어려움이 됐든지 간에, 같은 책(시편)에서 거기에 맞춤한 말씀을 끄집어낼 수 있습니다. … 병을 고칠 방도를 알게 되는 겁니다." 이어서 시편은 그때그때 '합당한' 말씀을 제시해서 하나님을 찬양하고, 죄를 회개하며, 감사하게 한다고 주장한다. 그리고 마지막으로 이렇게 결론지었다. "인생의 형편이 어떠하든지 이 거룩한 노래들은 우리 자신과 잘 들어맞으며 굽이굽이마다 영혼의 필요를 채워 준다는 사실을 깨닫습니다."[28]

인간이 경험하는 상황이나 감정을 시편은 하나도 놓치지 않고 어느 대목에서든 반드시 반영하고 있다. 시편에 깊이 침잠하며 그 노래들을 간구로 바꾸는 훈련은 마음을 일깨워 기도의 '문법'을 익히게 하는 한편, 하나님의 성품과 뜻에 맞춰 구하는 법을 가르쳐 성장에 필수적인 영양을 공급한다.

그렇다면 시편으로 기도한다거나 시편을 기도로 바꾼다는 건 구체적으로 무슨 뜻인가? 이루 헤아릴 수 없는 방식들이 있지만 여기서는 수많은 이들에게 유익을 끼친 몇 가지 방법만 소개하려고 한다.[29]

첫 번째는 원문 그대로 기도하는 방법(verbatim praying)이 있다. 시편 가운데 상당수는 애초부터 기자가 하나님께 직접 호소하는 기도로 지어졌으므로 "적힌 그대로 한 자 한 자 또박또박 읽으며" 기도하면 된다. 시편 90편은 그런 식으로 기도하기에 안성맞춤이다. "주여 주는 대대에 우리의 거처가 되셨나이다. 산이 생기기 전, 땅과 세계도 주께서 조성하시기 전 곧 영원부터 영원까지 주는 하나님이시니이다."[30]

두 번째는 주위에서 가장 흔히 볼 수 있는 방식으로 시편을 자신의 말로 바꾸어 개인화 하는 기도 방법(paraphrase prayer)이다. 주기도문을 한

마디 한마디 제 입말로 바꿔 가며 공들여 간구했던 루터의 사례는 좋은 본보기다. "나의 하나님, 내 원수들에게서 나를 구원해 주시고"로 시작되는 시편 59편을 가지고 기도할 때 목숨을 빼앗거나 인생을 망쳐 놓으려고 덤벼드는 원수를 찾을 수 없어서 난감할 수도 있다. 하지만 신약성경은 "세상, 육신, 마귀"(요일 2:16, 계 12:9)를 크리스천의 원수로 꼽는다. 그러므로 당장 마주하고 있는 유혹이나 쉽게 빠지는 영적인 함정을 염두에 두고 시편 말씀을 스스로의 말로 바꾸어 기도할 수 있다.[31]

시편으로 드리는 기도의 세 번째 기본적인 형태는 '반응하며 기도하기(responsive praying)'[32]라고도 불린다. 대다수 시편들은 너무 길거나 기도라기보다 가르침에 가까운 경우가 많다. 아예 기도 형식을 취하지 않는 경우도 허다하다. 그러므로 전문이 아니라 주제나 주장만 가져다가 찬양과 고백, 간구의 실마리로 삼는 방식이다. 본질적으로 루터의 성경 묵상 방법을 시편에 적용하는 형식이라고 보면 된다.

이처럼 여러 길이 있지만 어느 하나에 묶일 필요는 없다. 이 방식에 어울리는 시편이 있고 저 방식에 맞는 시편이 있겠지만, 시간이 흐를수록 그 말씀을 붙들고 기도하는 이들은 스스로 어떤 길을 좇고 있는지조차 의식하지 못하게 마련이다. 여러 방법을 이리저리 오가거나 아예 섞어 쓸 수도 있다. 시편 116편에서 1-2절, 7절, 17-18절을 뽑아서 예로 삼아 보자.

• 여호와께서 내 음성과 내 간구를 들으시므로 내가 그를 사랑하는 도다. 그의 귀를 내게 기울이셨으므로 내가 평생에 기도하리로다.

• 내 영혼아 네 평안함으로 돌아갈지어다. 여호와께서 너를 후대하심이로다.

• 내가 주께 감사제를 드리고 여호와의 이름을 부르리이다. 내가 여호와께 서원한 것을 그의 모든 백성이 보는 앞에서 내가 지키리로다.

본문을 가지고 이렇게 기도할 수 있다.

• 1-2절(자신의 말로 바꾸어 드리는 기도)

오, 주님! 자비를 구할 때마다 어김없이 베풀어 주시니, 주님을 사랑합니다. 주님은 거듭거듭 은혜를 주셨습니다. 그러기에 주님을 의지하기를 절대로 멈추지 않겠습니다. 단연코 그리하겠습니다. 주님에게가 아니면 달리 갈 데가 없으며 가야 할 곳도 없습니다.

• 7절(반응하는 기도)

오, 주님! 내 마음이 주님의 선하심 가운데 안식하지 못하고 있습니다. 주님의 은혜로 마땅히 누려야 할 위안을 깊이 맛보지 못하고 있습니다. 너무도 불안하고 초조합니다. 주님을 알게 해 주십시오. 주님의 선하심을 마음으로 실감하게 하시고 거기서 완전한 쉼을 얻게 해 주세요.

• 17-18절(원문 그대로 드리는 기도, 가볍게 자신의 말로 바꿈)

내가 주님께 감사 제사를 드리고, 주님의 이름을 부르겠습니다. 세례 받은 크리스천으로, 교회의 식구로 거기에 걸맞는 삶을 한결같이 살아가겠습니다. 혼자서가 아니라 공동체 가운데서 그리하겠습니다.

시편은 장차 오실 메시아, 곧 예수 그리스도를 바라보고 있기에 한 층 더 감미롭고 아름답다. 따라서 주님을 염두에 두고 시편으로 기도하면 기도 생활의 능력이 한껏 발현된다. 어떻게 그럴 수 있는가?

먼저, 이 땅에 머무시는 내내 예수님도 실제로 시편으로 찬양하고 기도하셨음을 기억하는 데서 출발해야 한다. 시편을 골라 깊이 살필 때마다, 예수님의 성품과 행하신 일들을 의식하면서 그 노래를 어떻게 여기셨을지 상상해 보라. '애가'에 해당하는 시편으로 기도할 때는 열에 아홉, 자신이 맞닥뜨린 고통이나 쓰라린 감정을 생각하기 쉽다. 하지만 예수님이 당하신 고난을 먼저 되새기라. 피난처를 구하는 시편으로 기도할 때는 예수님의 품 안에 '숨을' 수 있었음을 기억하라. 주님은 인류가 당면한 가장 큰 위험 인자인 죄를 사하시고 깨끗하게 하신다.[33]

마지막으로, 시편에는 그리스도를 대단히 선명하게 드러내는 시편이 많아서 그리스도를 바라보는 풍부한 관점을 제공한다. 2편과 110편은 보좌에 앉으신 메시아를, 118편은 거절당한 메시아를, 69편과 109편은 배반당한 메시아를, 22편과 16편은 죽고 부활하신 메시아를, 45편은 그분의 백성들에게 하늘의 신랑이 되시는 메시아를, 68편과 72편은 승리하신 메시아를 보여 준다.[34] 이런 시편들은 예수님의 뛰어나심과 아름다움을 묵상하고 찬양하며 그 안에서 쉼을 누릴 기회를 준다.

지금 어떤 상태인가?

크리스천들에게 비유를 들려주며 기도 생활이 어떤 형편에 와 있는지 가늠해 보라고 권할 때가 있다. 영혼을 노와 돛을 갖춘 배라고 가정하고 네 가지 질문을 던져 보자.

'돛을 올리고' 항해 중인가? 돛 가득히 바람을 받으며 크리스천의 삶이 순항하는 중인가? 그렇다면 마음으로 하나님을 생생하게 감지하는 법이다. 그분의 사랑을 자주, 진하게 느낀다. 기도에 응답하시는 것을 직감한다. 성경을 공부할 때마다 놀라운 사실을 깨닫고 주님이 직접 하시는 말씀을 알아챈다. 자신을 통해 성령님이 주위의 사람들을 변화시켜 가는 것을 목격한다.

'노를 젓고' 있는가? 그렇다면 기도와 성경 읽기가 기쁨이라기보다 의무에 가깝다는 뜻이다. 늘은 아니더라도 종종 하나님이 멀리 계신 것처럼 느껴진다. 주님의 임재를 실감하기가 하늘의 별따기만큼 어렵다. 기도를 드려도 응답하시지 않는 것 같다. 하나님과 자신에 대한 회의와 씨름한다. 그럼에도 불구하고 자기 연민이나 어떤 삶을 살아야 할지 자신이 하나님보다 더 잘 안다는 식의 독선적인 교만에 빠지지는 않는다. 지속적으로 성경을 읽고 정기적으로 기도한다. 내면에서는 영혼이 말라 비틀어져 가지만 꼬박꼬박 예배에도 참석하고 남들을 돕기도 한다.

'표류하고' 있는가? 표류란 노 젓기와 똑같은 상태(영적으로 메마르고 고단한 삶)를 경험하지만 그런 흐름에 자신을 내맡기는 경우를 말한다. 하나님께 다가가고 그 뜻에 순종할 기분이 들지 않는다. 그래서 기도도 하지 않고 성경도 보지 않는다. 자기중심적인 생활을 이어 나간다. 자연히 스스로 불만스러운 순간이 오게 마련인데, 그때마다 위안을 찾기 위해 내키는 대로 행동한다. 폭식이든, 잠이든, 성적인 일탈이든 무슨 짓이든 다

할 수 있다.

'침몰하고' 있는가? 이제 배는 항로를 벗어나 한없이 표류한다. 크리스천으로 살아 갈 추진력을 완전히 잃은 영혼이 되고 만다는 뜻이다. 무감각한 마음은 냉담한 심령으로 상태가 악화된다. 자기 연민과 원한에 사로잡히는 까닭이다. 굵직한 곤경이나 문제가 삶에 끼어들면 크리스천으로서의 믿음과 정체성을 한꺼번에 내던질 가능성이 높다.

비유를 가만히 들여다보면 성경, 기도, 예배 참석 같은 은혜의 도구를 훈련받은 대로 사용하는 것처럼 이편에서 책임져야 할 부분이 있다는 걸 알 수 있다. 그러나 다른 한편에는 감정을 넘어 현실적인 삶의 조건이 얼마나 만족스러우냐 하는 것처럼 스스로 어찌해 볼 여지가 크지 않는 일들도 수두룩하다. 부정적인 환경과 느낌을 무릅쓰고 기도하고, 예배하며, 순종하면 동력을 잃고 표류하는 처지에 빠지지 않으며, 다시 순풍이 일면 빠르게 전진할 수 있다. 반면에 은혜의 도구들을 적용하지 않으면 표류는 기본이고 삶에 폭풍이 불어 닥치면 침몰 위기에 몰리고 만다.

어느 경우든 기도가 최선이다. 기도는 노를 젓는 일이나 마찬가지기 때문이다. 때로는 어둠 속에서도 노를 저어야 한다. 앞으로 나가고 있는 지조차 분간할 수 없는 순간에도 말이다. 하지만 멈추지 않는다면 다시 바람이 일고 돛을 펼치고 순항할 것이다. 바람은 반드시 다시 불어온다.

커다란 잔치

배 타는 걸 좋아하는 독자라면 이런 이미지가 도움이 된다. 하지만 성경을 통틀어 하나님과 나누는 교제를 설명하는 데 더 자주 쓰인 비유의 소재는 잔치다. 이사야는 언젠가 하나님이 죽음을 끝내고, 세상을 치유하시며, 거룩한 백성들을 깊은 사랑 가운데로 데려가시는 날이 오길 고대했다. 그는 그날을 잔치에 비유했다.

> 만군의 여호와께서 이 산에서 만민을 위하여 기름진 것과 오래 저장하였던 포도주로 연회를 베푸시리니 곧 골수가 가득한 기름진 것과 오래 저장하였던 맑은 포도주로 하실 것이며 또 이 산에서 모든 민족의 얼굴을 가린 가리개와 열방 위에 덮인 덮개를 제하시며 사망을 영원히 멸하실 것이라. 주 여호와께서 모든 얼굴에서 눈물을 씻기시며 자기 백성의 수치를 온 천하에서 제하시리라. 여호와께서 이같이 말씀하셨느니라(사 25:6-8).

본문에 등장하는 '가리개'는 장례를 치를 때 망자의 몸을 감싸는 수의를 가리킨다. 시간의 역사가 끝나는 날, 크리스천은 하나님의 용서를 받을 뿐만 아니라(자기 백성의 수치를 온 천하에서 제하시리라) '가리개'(모든 고통과 죽음, 눈물)도 벗어 버리게 된다. 성경에서 함께 먹는 것은 가장 흔하게 쓰이는 우정과 교제의 상징이다. 따라서 이 환상은 살아 계신 하나님과 상상조차 할 수 없을 만큼 가깝고 친밀하게 교제하게 된다는 강력한 예언인 셈이다. 사랑스러운 친구들과 함께 진수성찬이 그득한 상을 받는다는 상상만 해도 기쁨이 마음에 일렁인다. 하나님은 물론이고 사랑하는 이들과 함께하는 교제의 '포도주'는 끝도, 한도 없는 환희를 상징한다.

가나의 혼인잔치에 참석하신 예수님은 선지자의 예언에 등장하는 어마어마한 잔칫날을 염두에 두셨을 공산이 크다. 시간이 종말을 고하는 날에 벌어질 잔치는 거룩한 백성들을 당신의 신부로 맞는 결혼 축하연이 되리라는 것을(계 16:6-9) 주님은 잘 알고 계셨다(요 2:1-11). 최후의 만찬 자리에서 그리스도는 그분의 피를 포도주에 빗대셨다. 따라서 십자가에 달려서 맞으신 예수님의 죽음은 언젠가 주님과 더불어 영원히 함께할 영구적인 기쁨의 토대가 됨을 알 수 있다.

하지만 영적인 포도주, 다시 말해서 주님과 나누는 교제는 미래의 어느 시점이 되어야만 맛볼 수 있는 건 아니다. 앞에서도 살펴보았지만, 하나님은 지금도 주님의 "선하심을 맛보아 알라"(시 34:8)고 부르고 계신다. 크리스천은 당장이라도 부분적으로나마 하나님의 사랑을 두 눈으로 확인하고 맛볼 수 있다. 18세기를 풍미한 위대한 찬송가 작가 윌리엄 쿠퍼는 심한 우울증으로 고생하고 있음에도 불구하고 이렇게 노래했다.

주 믿는 이 찬양할 때, 한 줄기 놀라운 빛 비치네.
부활하신 주님, 치유의 날개를 펴고 오시네.
위로의 샘 말라 갈 때, 심령에 생기를 불어넣으시네.
비 개고 화창한 햇살 쏟아지는 계절을 주시네.

거룩한 묵상 가운데 즐거이 주님을 따라가네.
하나님이 베푸신 구원, 날로 새로워지는 그 주제를 좇아가네.
오늘의 괴로움을 벗어버리고 기뻐하며 말하리라.

가늠 못할 내일도 그와 함께 가 보리라.

드문드문, 잠깐씩이기는 하지만 하나님과의 교제는 지금도 가능하다. 잊지 말라. 조지 허버트는 기도를 '교회들의 잔치'라고 불렀다. 드와이트 무디 또한 어느 날 기도를 마치고 나서 "하나님이 내게 오셨다. 얼마나 강렬한 사랑을 경험했는지 제발 주님의 손 안에 머물게 해 달라고 간청할 수밖에 없다"[35]고 했다.

얼마든지 포도주를 마실 수 있는데 왜 물을 들이키는 데 만족하는가?

❖ 부록

매일기도의 몇 가지 다른 양식들

하루 세 차례 기도 일과

아침기도 (35분)

시편 95편을 읽고 기도하라.

맥체인 성경 읽기 프로그램에 맞추어 날마다 두 장씩 말씀을 보라.[1]

가장 마음에 와 닿는 구절을 골라 묵상하라 (마르틴 루터 방식).

묵상한 내용을 가지고 하나님께 기도하라.

자유기도 : 찬양, 고백, 간구.

한낮기도 (5분)

시편 103편을 읽고 기도하라.

주기도문을 자신의 말로 옮기며 기도하라 (루터 방식).

자기점검: 쉽게 성을 내고 교만했는가, 아니면 너그럽고 겸손했는가? 차갑고 냉랭했는가, 아니면 따뜻하고 친절했는가? 초조해하고 스트레스를 받는 편이었는가, 아니면 하나님께 의지했는가? 비겁했는가, 아니면 정직했는가?

오늘, 또는 당장 해결해야 할 문제들을 위해 자유로이 기도하라.

저녁기도(20분)

시편 두 편을 읽고 기도하라. 주석을 활용해서 내용을 면밀히 살피라.

오늘 저지른 죄를 고백하고 회개하라.

오늘 만난 사람들 가운데 도움이 필요한 이들을 위해 기도하라.

가족, 친구, 사사건건 충돌하는 상대, 이웃들, 보살펴야 하거나 부담을 지고 있거나 애정을 주고 있는 지인들, 일반적인 교회와 지금 출석하는 교회, 살고 있는 도시와 지역공동체, 온 세상의 가난한 이들을 위해 중보하라.

장 칼뱅의 기도를 토대로 한 매일기도[2]

잠자리에서 일어나 드리는 기도

하나님 아버지, 그리고 구세주여, 흔쾌히 은혜를 베푸셔서 밤을 지내고 새날을 맞았습니다. 오늘 하루도 온전히 주님을 섬기며 보내게 하셔서 제가 하는 일마다 주님의 이름을 영화롭게 하며 이웃들에게 본이되게 해 주세요. 온 세상에 햇볕을 내리 쬐셔서 육신의 눈으로 밝히 보게 하신 것처럼, 성령의 광선을 비추셔서 정신과 마음을 밝혀 주소서. 시작이 아무리 근사해도 끝까지 견디며 완주하지 않으면 아무 의미가없습니다. 그러므로 밤낮으로 빛을 비추시길, 끝도 없이 영원토록 계속하시는 하나님의 아들 주 예수 그리스도와 온전히 연합할 때까지 갈수록 은혜를 더하시길 간구합니다. 자비로우신 아버지, 제 기도를 들어주시니 감사합니다. 예수님의 이름으로 기도합니다. 아멘.

하루 일을 시작하기 전에 드리는 기도

선하신 하나님 아버지, 그리고 구세주여, 오늘도 일터로 나갑니다. 스스로의 이익과 영광을 얻는 게 아니라 하나님과 이웃을 섬기게 하시려고 주님이 주신 소명을 다하며 보람을 얻도록 성령님의 능력을 더해 주세요. 지혜와 판단력, 분별력을 허락하시며 끈질기게 따라다니는 죄에서 벗어나게 해 주세요. 주님이 오늘 맡기신 일을 감당하는 가운데 어떤 열매와 어려움을 주시든 한결같은 마음으로 인내하며 받아들이게 해 주세요. 무슨 일을 하든지 날 구원하시고 생명을 주신 주 예수

364

그리스도와 그 은혜 안에 늘 안식하도록 도와주세요. 자비로우신 아버지, 제 기도를 들어주시니 감사합니다. 예수님의 이름으로 기도합니다. 아멘.

점심식사 후에 드리는 기도

오, 주 하나님! 온갖 유익과 선물들을 물 붓듯 쉴 새 없이 부어 주셔서 감사합니다. 음식과 쉴 곳을 주셔서 육신의 생명을 지켜 주시고, 복음을 통해 새 생명을 주시며, 언젠가는 더할 나위 없이 완전한 삶을 살게 하실 것을 믿고 감사합니다. 이처럼 넘치는 축복을 주셨음을 기억하며 간구합니다. 세상에 속한 것들을 지나치게 탐하느라 주님을 향한 사랑이 흐트러지지 않게 하시며, 언제나 생명 되신 그리스도가 하나님 우편에 앉아 계신 하늘나라의 것들을 사모하게 해 주세요. 자비로우신 아버지, 제 기도를 들어주시니 감사합니다. 예수님의 이름으로 기도합니다. 아멘.

잠들기 전에 드리는 기도

오, 주 하나님! 은혜를 베푸셔서 오늘 밤, 몸이 편히 쉴 뿐만 아니라 영혼 또한 쉼을 누리게 해 주세요. 거룩한 은총과 사랑에 힘입어 심령과 의식 속에서 세상의 염려를 모두 내려놓고 무엇 하나 거칠 것 없이 안온하며 느긋하게 안식하도록 이끌어 주세요. 오늘도 어김없이 온갖 죄를 지었습니다. 하나님의 자비로 허물을 덮어 주시고 주의 임재를 놓치지 않게 도와주세요. 자비로우신 아버지 하나님, 그리스도를 보시고 저를 용서해 주십시오. 오로지 주님의 은혜에 기대어 안전하게 잠들고 또 그렇게 일어나게 해 주세요. 예수 그리스도가 저를 위해 죽음 가운데 누우셨다가 저를 의롭게 하시려 다시 일어나셨으므로 언젠가는 저 역시 마지막으로 부활하게 되리라는 사실을 기쁨으로 생생하게 기억하게 도와주세요. 예수님의 이름으로 기도합니다. 아멘.

참고 문헌

글을 쓰며 생각을 정리하는 것뿐 아니라 개인적인 기도 생활에도 크게 보탬이 된 책들을 선별해서 목록을 만들었다.

기도의 신학

Calvin, John. John Calvin의 *Institutes of the Christian Religion*. Edited by John T. MacNeill. Vol. 2. Lousiville, KY : Westminster John Knox Press, 1960, Book3, Chapter 20.

칼뱅의 글만큼 기도를 제대로 다룬 문서도 찾기 힘들 것이다. 칼뱅의 뒤를 이어 기도에 관한 내용을 중요하게 취급한 조직신학자는 지극히 소수에 불과하다. 칼뱅은 신학적인 동시에 실천적이며, 보통은 대단히 포괄적이다. 이처럼 영적으로 고상한 톤과 맛을 유지하면서도 신학적인 깊이를 더해서 읽는 이들로 하여금 기도하고 싶게 만드는 글은 대단히 희귀한 편이다.

Carson, D. A. A *Call to Spiritual Reformation* : *Priorities from Paul and His Prayers*. Grand Rapids, MI : Baker Academic, 1992.

신학 논문도 아니고 구체적인 방법을 가르치는 책도 아니다. 하지만 실제로 바울이 드렸던 기도와 그의 기도생활을 연구해 정리한 이 책은 신학적이면서도 실천적인 통찰이 가득하다.

Carson, D. A., ed. *Teach Us to Pray* : *Prayer in th Bible and the World*. Eugene, OR : Wipf and Stock, 2002.

단권으로는 이 목록을 통틀어 가장 포괄적인 내용을 담고 있는 책이다. 성경적, 신학적, 인류학적, 역사적, 심리학적, 그리고 실천적으로 기도를 탐색한다. 거의 모든 각도에서 접근한다고 보면 된다. 내용 역시 다양한 문화적 관점을 반영한다.

Clowney, Edmund P. *CM* : *Christian Meditation*(Nutley, NJ : Craig Press, 1979).

절판된 지 오래됐지만 참으로 유익한 책이다. 클라우니는 1970년대, 대중적인 인기가 정점에 달했던 초월명상에 예리한 비판의 칼날을 들이댔다. 그러나 동양 신비주의의 기본적인 사상은 오늘날 그 어느 때보다 깊이 스며들어 있으므로 여전히 큰 의미를 지닌 자료라고 하겠다. 클라우니는 크리스천의 기도뿐만 아니라 크리스천의 묵상에 대해서도 성경 신학의 틀을 적용한다.

_____. "A Biblical Theology of Prayer," in *Teach Us to Pray : Prayer in the Bible and the World*, ed. D. A. Carson. Eugene, OR : Wipf and Stock, 2002.

골즈워디(Goldsworthy)의 책, *Prayer*는 읽기 쉽지도 않고 실제적이지도 않지만, 기도에 관한 자료 가운데서는 가장 완성도가 높은 논의가 아닌가 싶다.

John Jefferson Davis, *Meditation and Communion with God : Contemplating Scripture in an Age of Distraction*. Downers Grove, IL : InterVarsity Press, 2012.

데이비스는 성경신학적으로 말씀 묵상에 접근한다. 성경신학의 몇 가지 핵심 주제와 교리들의 의미를 깊이 파고든다. 성령 체험의 긍정적인 면을 부각시키는 한편, 동방정교회와 가톨릭교회는 물론 동양종교들의 묵상 방식에 대해 주의를 주는 균형감이 돋보인다. 데이비스의 관점에서 보자면, 말씀의 권위와 값없이 베풀어 주신 은혜 가운데 어느 한쪽에 치우치기 십상이다.

Goldsworthy, Grame. *Prayer and the Knowledge of God*. Downers Grove, IL : InterVarsity Press, 2003.

골즈워디는 기도에 관한 성경의 자료들을 처음에는 주제별로, 다음에는 제목에 따라 상세하게 열거한다. 그리고는 창조부터 시작해서 타락, 이스라엘, 그리스도가 세상에 오시는 데 이르기까지 연속적인 구속사의 무대 위에서 기도를 되짚어 가며 성경의 데이터를 다시 훑는다. 이 책은 카슨(Carson)의 *Teach Us to Pray*, 그리고 특히 클라우니의 책 가운데 "A Biblical Theology" chapter와 함께 읽어야 한다.

Edwards, Jonathan. "Personal Narrative" and "A Divine and Supernatural Light." In *A Jonathan Edwards Reader*, edited by John E. Smith, Harry S. Stout, and Kenneth P. Minkema. New Haven, CT : Yale University Press, 2003.

에드워즈가 쓴 주석이다. 하나는 영적인 체험에 대한 개인적인 설명이고 다른 하나는 어떻게 영적인 체험이 이뤄지는지를 다룬 성경철학적인 해석이다. 둘을 함께 읽으면 적어도 기도생활이 달라지는 역사를 경험할 수 있을 것이다.

Ole Hallesby, *Prayer*, Minneapolis : Augsburg Fortress, 1975.

이 얄팍한 고전은 기도란 주제와 관련해 고장수리공 노릇을 한다. 신학적으로 기도의 틀을 잡거나 기도에 들어가기 위한 구체적인 단계를 설명하는 대신 목회자의 관점에서 크리스천들이 흔히 토로하는 일련의 불평과 어려움에 답을 주는 작업에 매달린다. 그런 까닭에, 더러 신학적인 토대가 약하거나 추측에 근거하고 있다는 인상을 주기도 한다. 그럼에도 불구하고 이 책의 내용은 전반적으로 기도와 씨름하는 이들에게는 예수님이 함께하시며 인내하고 견뎌 낼 힘을 주신다는 사실을 다시 확신하게 해 주는 효과가 있다.

Henry, Matthew. *A Method for Prayer* : *Freedom in the Face of God*, edited by J. Ligon Duncan. Tain, Scotland : Christian Focus, 1994.

헨리는 성경을 파고들어 수백 편의 기도를 발굴하고 찬양, 고백, 간구, 감사, 중보라는 큰 제목 아래 부제를 붙여 가며 분류하고 정리한 뒤에 우리가 드리는 기도에 관한 얘기로 마무리한다. 편집자 리곤 던컨(J. Ligon Duncan)은 부록에서 책의 전반적인 개요를 서술한다. 이 책은 하나님을 경배하고, 고백하며, 감사하고, 간구하는 방법과 관련하여 수십 가지 구체적인 아이디어를 제공한다. 독자들로서는 표제에 맞추어 스스로의 문제와 형편을 개인화해 아뢰기만 하면 된다. 여기에 소개된 지침의 도움을 받으면 하루 종일이라도 어렵지 않게 기도에 몰입할 수 있을 것이다.

"A Simple Way to Pray" and "Personal Prayer Book." In *Luther's Works* : *Devotional Writings* II, edited by Gustav K. Wiencke, Vol. 43. Minneapolis :

Fortress Press, 1968.

루터의 "A Simple Way to Pray"는 지극히 실제적인 면모와 심오함을 동시에 달성하고 있다. 개인적으로는 이번 책을 쓰면서 루터의 이 논의를 비중 있게 다루었다. 해마다 다시 읽어 볼 만한 자료다.

Owen, John. "A Discourse on the Work of the Holy Spirit in Prayer." *In The Works of John Owen*, edited by William H. Goold. Carlisle, PA : Banner of Truth, 1965, 4:235-350.

_____. "On the Grace and Duty of Being Spiritually Minded." *In The Works of John Owen*, edited by William H. Goold. Carlisle, PA : Banner of Truth, 1965, 7:262-497.

_____. "Meditations and Discourses on the Glory of Christ." *In The Works of John Owen*, edited by William H. Goold. Carlisle, PA : Banner of Truth, 1965, 1:274-461.

오웬의 글들은 당대에도 읽기가 쉽지 않았다. 지금은 소화하기가 더 어렵다. 하지만 영적인 체험에 대한 그의 작품들은 타의 추종을 불허한다. 철두철미한 신학적 성찰과 교리적으로 글을 읽는 차원을 넘어 전심으로 하나님을 알아 가라는 강력한 요구를 결합시킨다.

기도와 예배

Barbee, C. Frederick and Paul F. M. Zahl, *The Collects of Thomas Cranmer*(Grand Rapids, Mi : Eerdmans, 1999.

토머스 크랜머의 짧은 기도문들을 공적이고 사적인 기도의 본보기로 제시하면서 한 편 한 편에 관한 간략한 설명과 그 글이 나오게 된 역사적 배경에 대한 해설을 곁들인다. 이루 말할 수 없이 값진 기도의 모델들이어서 성경을 제외하곤 견줄 데가 없다고 생각하는 이들이 적지 않다.

Bennett, Arthur G., ed. *The Valley of Vision : A collection of Puritan Prayers and Devotions*, Carlisle, PA : Banner of Truth, 1975.

청교도들이 만든 기도 입문서를 현대적인 용어로 바꿔 편집한 책이다. 기도문들은 오랜 세월이 흘렀음에도 불구하고 아직 건재한 느낌이다. 요즘 유행하는 대다수 예배 문학과는 상당한 차이가 있다는 점이 한몫하는 듯하다. 죄를 더 진지하게 다루며 영광과 은혜는 한층 빛을 발한다.

널리 읽히는 우리 시대의 글들

J. I. Packer and Carolyn Nystrom, *Praying : Finding Our Way through Duty to Delight*. Downers Grove, IL : InterVarsity Press, 2009.

일련의 강의를 정리한 책이며 더러 장황하고 같은 얘기를 되풀이하는 대목이 있지만, 전반적으로 기도를 다룬 대중적인 글로는 첫손에 꼽을 만하다. 기본적인 요소들을 두루 훑은 뒤에 직접 기도생활로 초대하고, 촉구하며, 압박한다.

Peterson, Eugene H. *Answering God : The Psalms as Tools for Prayer*. San Francisco : Harper & Row, 1989.

시편을 활용해 기도하는 방법을 다룬 멋진 책이다. 아울러 대단히 강력한 기도신학을 포함하고 있다. 유진 피터슨은 신학적으로든 실천적으로든 기도를 성경과 연결시키는 독보적인 능력을 가졌다.

Ward, Timothy. *Words of Life : Scripture as the Living and Active Word of God*. Downers Grove, IL : InterVarsity Press, 2009.

성경 교리를 다룬 책으로 기도에 관해서는 따로 언급하지 않음에도 불구하고, 성경의 권위와 무오성에 얽힌 고상한 견해들을 상세하게 설명하는 방식을 통해 성경이야말로 "우리가 하나님과 만날 수 있도록 친히 선사하신 가장 중요한 수단"이라는 중요한 사실을 입증한다. 이런 정의에 담긴 풍성한 의미는 기도에 시사하는 바가 크다. 이런 성경관에 따르자면, 기도와 말씀 묵상을 잇는 결합은 하나님과 나누는 이야기요 진정한 대화가 될 수 있다.

주기도문

Packer, J. I. "Learning to Pray : The Lord's Prayer." In Growing in Christ. Wheaton, IL : Crossway, 2007, 153-220.

팩커의 주기도문 주해는 아마 가장 이해하기 쉽고 함축적인 주석일 것이다. 더 긴 글을 보고 싶다면 다음을 참조하라.

- Coekin, Richard. Our Father : Enjoying God in Prayer. Nottingham, UK : InterVarsity Press, 2012.

- Lloyd-Jones, D. Martyn. Studies in the Sermon on the Mount. Grand Rapids, MI : Eerdmans, 1984.

- Stott, John R. W. The Message of the Sermon on the Mount. Downers Grove, IL : InterVarsity Press, 1985.

- Wright, N. T. The Lord and His Prayer. Grand Rapids, MI : Eerdmans, 1997.

관상의 영성

신비적이고 관상적인 크리스천의 전통에 관해서는 이미 충분히 비판한 바 있다. 그럼에도 불구하고 두드러진 작품 몇 편을 알려 주려고 한다.

Bloom, Anthony. Beginning to Pray. Mahwah, NJ : Paulist Press, 1970.

동방정교회의 전통을 다룬 유명한 책으로 고전에 가깝다.

Hall, Thelma. Too Deep for Words : Rediscovering Lectio Divina. Mahwah, NJ : Paulist Press, 1988.

홀의 책은 이러한 전통과 관련하여 가장 쉽게 다가설 수 있는 입문서가 아닐까 싶다.

Von Balthasar, Hans Urs. Prayer. Ignatius Press, 1986.

로만가톨릭의 영성을 다룬 가장 견실한 책으로 보인다. 관상기도에 관해 진지하고 통찰력 넘치는 신학적 성찰을 제공한다.

프롤로그

1. 조나단 에드워즈의 경우만 해도 그렇다. 영적인 체험의 본질에 대한 에드워즈의 입장은 일정하지 않았다. 가령 *Religious Affection*이란 저서와 "A Divine and Supernatural Light"라는 설교에서는 영적으로 하나님과 맞닥뜨리는 경험의 본질인 '마음의 감각'을 상세하게 설명했다. 하지만 어떻게 묵상하고 기도할 것인가 하는 방법론에 관해서는 특별한 언급이 없다.

2. Austin Phelps, *The Still Hour : Or Communion with God*(Carlisle, PA : Banner of Truth, 1974), 9.

3. Donald Bloesch, *The Struggle of Prayer*(Colorado Springs : Helmers and Howard, 1988). 블로쉬는 '신비적인' 기도와 '선지자적인' 기도를 대조하는 글을 썼던 프리드리히 하일러(Friedrich Heiler)의 분류법과 주장을 고스란히 받아들여 따르고 있다. 하일러의 기술과 정의에 관해서는 3장에서 자세히 살펴보기로 하자.

4. Bloesch, *The Struggle of Prayer*, 131.

5. Ibid., 154.

6. Ibid., 97-117. 신앙적인 확신을 가진 프로테스탄트인 나로서는 Donald Bloesch의 견해에 십분 동의한다. 프로테스탄트는 성경의 '충족성(sufficiency)', 즉 하나님의 영이 그분의 말씀을 통해 이야기하신다는 사실을 믿는다. Timothy Ward는 이렇게 썼다. "성경은 … 하나님이 거룩한 손길을 펼치며 스스로 세상에 오셔서 우리들에게 가릴 것 없이 행하시기 위한 도구로서…." Timothy Ward, *Words of Life : Scripture as the Living and Active Word of God*(Downers Grove, IL : InterVarsity Press, 2009), 113. Ward는 성경의 충족성에 대한 입장을 로만가톨릭의 관점과 대조한다. 마르틴 루터와 장 칼뱅을 비롯한 종교개혁자들은 성령님은 '나날이 권위적이 되어 가는 로마의 기독교 구심체'를 통해서가 아니라 '성경을 통해' 직접 말씀하신다고 가르쳤다(109). 성경의 충족성에 관한 종교개혁자들의 강고한 시각은 기도의 틀을 형성하는 데도 큰 영향을 미쳤다. 개혁자들은 거룩하신 하나님의 영이 성경을 뛰어넘어 개개인에게 새로운 계시를 주신다는 재세례파의 주장뿐만 아니라 성령님은 성경이 아니라 교회(성경을 해석하는)를 거쳐 말씀하신다는 가톨릭의 가르침도 모두 부정했다. 이런 시각을 간추려 살펴보려면 웨스트민스터 신앙고백 (1646) 1.6을 보라. 대조적인 이 두 관점은 '말씀을 통해 하나님과 나누는 대화의 일부'라는 기도의 개념을 훼손한다. 가톨릭의 입장은 하나님이 말씀을 통해 직접 소통하신다는 사상의 근간을 흔든다. 재세례파(anabaptist)의 주장도 마찬가지다. 훗날 퀘이커 신앙으로 이어지는 이들의 교리에 따르자면 크리스천은 하나님의 말씀을 주로 심중에 들려주시는 이야기를 통해 듣게 된다.

7. John Piper가 *Desiring God : Meditations of a christian Hedonist*(Colorado Springs : Multnomah, 1987)에서 이 주제를 다룬 부분을 찾아보라.

8. *The Struggle of Prayer*, 118에서 Bloesch는 기도에 관한 마르틴 루터의 가르침에 '끊임없이 반복되는 신비적 요소'가 나타나는 점에 주목했다.

9. Bloesch, *The Struggle of Prayer*, 118-19. Hans Urs von Balthasar, *Prayer*(Ignatius Press, 1986), 28에서 인용. Balthasar의 주장에 대해서는 이 책 후반부에서 다시 짚어 보기로 하자.

PART 1

Chapter 1

1. Flannery O'Connor, *A Prayer Journal*(New York : Farrar, Str ㄱ면, 2013), 3.

2. Ibid., 4.

3. Ibid., 20.

4. Ibid., 8.

5. Ibid., 20.

6. Ibid., 4.

7. Ibid., 23.

8. Mary Billard, "*Robert Hammond : Leaving the High Life*," *The New York Times*, November 27, 2013.

9. http://goindia.about.com/od/spiritualplaces/tp/Top-10-Rishikesh-Ashrams.htm.

10. David Hochman, "*Mindfulness: Getting Its Share of Attention*," *The New York Times*, November 1, 2013.

11. 2008년 2월 *Christianity Today* 표제기사로 실린 Chris Armstrong의 "The Future Lies in the Past : Why Evangelicals Are Connecting with the Early Church as They Move into the 21st Century,"와 2008년 8월호에 게재된 같은 필자의 "Monastic Evangelicals"를 보라. http://www.christianitytoday.com/ct/2008/february/22.22.html에서도 볼 수 있다.

12. 가톨릭교회 안에서는 관상기도를 두고 신성에 대한 기독교적인 이해보다 동양 종교 사상 쪽에 더 기울어 있다는 비판이 끊임없이 제기되어 왔다. http://www.vatican.va/roman_curia/congregations/cfatith/documents/rc_con_cfaith_doc_19891015_meditazione-cristiana_en.html 과 http://www.vatican.va/roman_curia/pontifical_council/interelg/documents/rc_pc_interelg_doc_20030203_new-age_en.html를 찾아 1989년에 나온 자료 "Aspects of Christian Meditation" 과 아울러 "Christian Reflection on the New Age"를 보라. 고대 및 중세 영성에 대해 깊은 관심을 보이는 프로테스탄트 진영의 최근 동향을 복음주의적인 입장에서 비판한 글이 필요하다면 A. Carson, "Spiritual Disciplines," in *Themelios 36*, no. 3(November 2011)를 보라. 같은 필자가 그전에 쓴 글, "When Is Spirituality Spiritual?" *Journal of the Evangelical Theological Society 37*, no. 3(September 1994)도 참조하라.

13. D. Martyn Lloyd-Jones, *The Sons of God : An Exposition of Chapter 8:5-17*(Roman series)(Peabody, MA : Zondervan, 1974), 275-399을 보라. Lloyd-Jones는 로마서 8장 15-16절에 나타난 "성령의 증언(witness of the Sprit)", 에베소서 1장 13절의 " 성령의 날인(sealing of the Spirit)"(비교 : Lloyd-Jones, *God's Ultimate Purpose : An Exposition of Ephesians 1:1-23*[Grand Rapids, MI : Baker, 1978], 243-48), 사도행전에 나타난 "성령의 세례(baptism of the Spirit)"(비교 : Lloyd-Jones, Joy Unspeakable : Power and Renewal in the Holy Spirit[Marietta, GA : Shaw, 2000])은 모두 같은 경험을 설명한다는 견해(솔직히 말해서 기이하기까지 한)를 보인다. Lloyd-Jones는 성령 세례를 회심에 이어지는 사건이자 능력을 더하기 위해 오로지 특정한 크리스천에게만 선물로 주어지는 것으로 파악한다. 같은 근거에서 '부흥' 역시 비상하게 많은 이들에게 성령의 세례가 물 붓듯 쏟아지는 시기를 가리키는 것으로 이해한다. Lloyd-

Jones를 존경하는 이들 가운데 대다수는 성경에 나타난 이런 용어들이 한결같은 의미를 갖는다는 주장에 동의하지 않는다. 나도 그렇다. 모든 면에서 단일한 체험이라고 받아들이지 않는다는 뜻이다. Lloyd-Jones가 이런 시각을 갖게 된 건 탈진상태에서 영적인 어둠과 씨름하던 1949년, 웨일즈에서 휴가를 보내다가 강렬한 체험을 하게 되면서부터다(여기에 관해서는 Iain H. Murray, *David Martyn Lloyd-Jones : The fight of Faith 1939-1981*[Carlisle, PA : Banner of Truth, 1990], 201-21 가운데 "Wales and the Summer of 1949"를 참조하라). 하지만 로마서 8장 16절에 등장하는 '성령의 증언'을 기도를 통해 경험할 수 있는 높은 차원의 확신으로 설명하면서 Lloyd-Jones는 한결 공고한 성서 해석의 기반을 확보한다. 그 점에 대해서는 나도 이견이 없다. Lloyd-Jones의 풀이는 충분히 납득할 만하고 힘을 준다. 에베소서 3장 12-21절에 등장하는 바울의 기도를 해석하면서 하나님의 사랑을 체험하는 사건과 연계해 정리한 것 역시 풍요로움과 소상함에 있어서 탁월한 경지를 보여 준다.

14. Thomas R. Schreiner, *Romans : Baker Exegetical Commentary on the New Testament*(Marietta, GA : Baker, 1998), 427. '성령의 증언'은 일부 크리스천들에게만 적용되는 특수한 경험이라는 입장을 보이며 Lloyd-Jones의 주장을 정중하게 반박한 Schreiner의 반론에 주목하라(427n18).

15. William H. Goold, ed., *The Works of John Owen*, vol. 9(Carlisle, PA : Banner of Truth, 1967), 237.

16. John Murray, *Redemption : Accomplished and Applied*(Grand Rapids, MI : Eerdmans, 1955), 169-70.

17. Karen H. Jobes, *1 Peter : Baker Exegetical Commentary on the New Testament*(Marietta, GA : Baker Academic, 2005), 91. 이 구절은 Lloyd-Jones가 가장 좋아하는 말씀 가운데 하나다. Lloyd-Jones는 성령 세례를 다룬 자신의 저서에 이 제목을 붙였다.

18. '시편 기도', 또는 '시편으로 기도하는 법'에 관해 더 자세히 알고 싶다면 이 책의 마지막 장을 보라.

19. D. Martyn Lloyd-Jones, *Preaching and Preachers*(Peabody, MA : Zondervan, 1971), 169-170.

20. P. T. Forsyth, *The Soul of Prayer*(reprint of the 1916 edition ; Grand Rapids, MI: Eerdmans, 2012), 9.

Chapter 2

1. 앞에서 이미 여러 차례 살펴본 바와 같이, 여기서 말하는 '하나님과 동행하는 내면생활'이란 사사롭고 개인적인 기도생활만을 가리키지 않는다. 하나님과 동행하는 삶은 공적이고 사적인 예배와 기도 양면을 통해 깊어진다. 장 칼뱅을 비롯한 종교개혁자들은 여러 크리스천들이 한데 모인 자리에서 드리는 공적인 기도와 예배가 개인적으로 하나님을 향해 기도하고 행동하는 법을 가르쳐 주는 중요한 기반이라는 점을 분명히 했다. Michael Horton은 크리스천의 삶에 관한 칼뱅의 시각을 설명하면서 "공적인 사역이 사적인 예배를 형성할 뿐, 그 역은 성립되지 않는다"고 썼다. Michael S. Horton, *Calvin on the Christian Life : Glorifying and Enjoying God Forever*(Wheaton, IL : Crossway, 2014), 154를 보라.

2. Isak Dinesen, *Out of Africa*(New York : Modern Library, 1992), 270.

3. John Owen, I. D. E. Thomas, *A Puritan Golden Treasury*(Banner of Truth, 1977), 192에서 인용.

4. Phelps, *The Still Hour*, 9.

5. 족장들의 기도생활에 관해서는 창세기 20장 17절과 25장 31절, 32장 9절, 15장 2절을 보라. 이삭은 아브라함의 종이 드린 기도를 통해 신붓감을 구했다(창 24:12, 15, 45). 바로에 맞서는 모세

의 기도는 출애굽기 8장 8-9절과 28-30절, 9장 28-29절, 10장 17-18절에 나타난다.

6. 사무엘은 기도와 기도생활 양면에 걸쳐 명성이 자자했다. 사무엘상 1장 10-16절, 2장 1절을 보라.

7. 열왕기상 8장 22-53절, 역대하 6장 14-42절.

8. 열왕기상 8장 30절, 33절, 35절, 38절, 42절, 44절, 45절, 49절.

9. 요나서는 겁에 질린 선원들의 간구(1장), 커다란 물고기 뱃속에서 드린 요나의 고백(2장), 책임을 묻지 않고 무차별적으로 용서를 베푸시는(또는 그렇게 보이는) 하나님의 자비에 대한 거침없는 불평(욘 4:2)을 담는 등, 전반적으로 기도의 기록이라고 볼 수 있다. 엘리야는 백성들 앞에서 기도하여 하늘로부터 불이 쏟아지는 더없이 장엄한 장면을 연출했으며(왕상 18:36), 곧바로 침체와 고갈 상태에 빠진 뒤에는 기도를 통해 하나님의 따뜻한 사랑과 도움을 받았다(왕상 19:4). 엘리야의 뒤를 이은 엘리사는 소년의 생명을 살리고 포위 공격을 받고 있는 성읍을 건져 냈다. 둘 다 기도를 통해서였다(왕하 4:33, 6:18). 예루살렘을 멸절시키겠다는 앗시리아 왕의 강압적인 서신을 받은 히스기야는 "주님 앞에 편지를 펴 놓은 뒤에, 주님께 기도하였다." 하나님은 예루살렘을 구해 주셨다(왕하 19:14-20). 뒷날, 히스기야는 기도로 병 고침을 받았다. 하박국서는 선지자와 하나님이 기도를 도구로 이야기를 나눈 대화록과도 같다(합 3:1). 하박국 선지자는 하나님께 호소한 데 대한 응답을 기도하며 기다렸다(합 2:1-3).

10. 이는 *The New Bible Dictionary*, ed. J. D. Douglas(Grand Rapids, MI : Eerdmans, 1973), 1020의 '기도' 항목에서 밝힌 J. Thompson의 입장이다. 이사야서 6장 5절, 37장 1-4절, 예레미야서 11장 20-23절, 12장 1-6절을 보라.

11. 하루에 세 번 기도하는 다니엘의 기도 습관은 다니엘서 6장 7-12절에서 찾아볼 수 있다. 포로 생활에서 해방되게 해 주시길 구하는 다니엘의 회개기도는 다니엘서 9장 1-18절에, 거기에 대한 응답은 21-23절에 수록되어 있다.

12. 느헤미야는 기도하면서 황제가 예루살렘 성벽을 재건하도록 허락해 주길 간구했다(느 1:1-11, 2:4). 아울러 공사가 끝날 때까지 보호해 주시길 요청했다(느 4:9, 6:9). 에스라는 바빌로니아 포로생활에서 풀려나 유대로 돌아오는 백성들을 지켜 달라고 간절히 기도했다(스 8:23). 에스라(스 9:1)와 느헤미야는 백성들의 죄를 뉘우치고 용서를 구했다.

13. 마태복음 6장 5-15, 21장 22절, 마가복음 11장 24-25절, 누가복음 11장 1-13절, 18장 1-8절에 따르면 그리스도는 제자들에게 기도를 가르치셨다. 어린아이에게 손을 얹고 기도해 주셨다(마 19:13). 기도로 죽은 나사로를 살리셨고 아버지께 부르짖었다(요 11:42-42). 주님은 영적으로 둔감해지지 않도록 베드로를 위해 기도해 주셨다(눅 22:32). 또 성전은 '기도하는 집'이 되어야 한다고 말씀하셨다(마 21:13, 막 11:17, 눅 19:46). 어떤 마귀들은 오로지 기도를 통해서만 쫓아낼 수 있다고도 하셨다(막 9:29). 예수님은 규칙적으로, 그리고 자주 기도하셨으며(마 14:23, 막 1:35, 6:46, 눅 5:16, 9:18) 때로는 밤을 꼬박 새우셨다(눅 6:12). 겟세마네 동산의 기도는 마태복음 26장 36-45절, 마가복음 14장 32-40절, 누가복음 22장 39-46절에 기록되어 있다. 십자가의 고난을 면하게 해 달라는 기도는 거절당했다. 주님은 깊은 고통 속에 큰 소리로 부르짖어 기도하면서 돌아가셨으며(막 15:35) 마지막 순간까지 적대 세력들(눅 23:34)을 위해 간구하고 자신을 하나님께 드렸다(눅 23:46).

14. 사도행전 4장 24절과 31절에서 기도는 성령님의 역사를 일으킨다. 사도행전 6장 6절과 13장 3절, 14장 23절에서는 기도로 지도자들을 선출해서 임명하는 장면을 볼 수 있다. 초대교회의 교사이자 리더였던 사도들은 말씀을 가르치는 일뿐 아니라 기도하는 데도 큰 관심을 가져야 한다고 생각했다(행 6:4). 크리스천이라면 마땅히 방법을 가리지 않고 무엇이든 주께 간구하며

(엡 6:18) 성실하게 기도생활을 꾸려가야 한다(롬 12:2, 15:30. 골 4:2). 당시에는 부부라 할지라도 기도에 전념하기 위해 얼마동안 서로 떨어져 있기를 권면하기도 했다(고전 7:5). 성령님은 아버지 하나님께 기도하고자 하는 소망과 담대함을 주시고(갈 4:6, 롬 8:14-16) 어떻게 기도해야 할지 모르는 순간에도 기도하게 하신다(롬 8:26). 아무 것도 염려하지 말고 모든 소원을 기도로 하나님께 아뢰어야 한다(빌 4:6). 주위에 있는 모든 이들을 위해 기도하고(딤전 2:1) 특히 병든 이들을 위해 간구해야 한다(약 5:13-16). 하나님은 기도를 들으시고 응답하신다(야고보서 5:17-18). 위로부터 받은 선물은 무엇이든지 기도로 거룩하게 해야 한다. 주님이 주신 것들에 감사하고 제힘으로 어찌할 수 있다는 착각에 사로잡혀 마음이 완고해지지 않도록 주의할 필요가 있다(딤전 4:5). 기도가 삶의 구석구석에 배어들게 해야 한다. "끊임없이 기도"해야 하며, 무슨 일을 하든 의식적으로 하나님의 영광을 구해야 한다(고전 10:31). 입술의 기도와 찬양이야말로 인간이 바치는 것 가운데 주님이 가장 기뻐 받으시는 제물이다(히 13:15, 비교 : 계 5:8).

15. Charles Summers, Helen Wilcox, ed., *The English Poems of George Herbert*(New York : Cambridge University Press, 2007), 177에서 인용.

PART 2

Chapter 3

1. Philip and Carol Zaleski, *Prayer : A History*(Boston : Houghton Mifflin, 2005), 4-5. 2013년 12월, 수백 명의 인파가 기도로 세계 평화를 구하기 위해 불교의 발원지로 알려진 인디아 보드가야에 모였다. "Karmapa Begins Prayer for World Peace at Hodh Gaya," *The Times of India*, December 14, 2013.

2. 달라이 라마의 공식 웹사이트 가운데 "Reincarnation"은 기도의 공덕을 쌓음으로써 부모뿐만 아니라 출생 장소와 시간까지 선택할 수 있다고 주장한다. http://www.dalailama.com/biography/reincarnation.

3. Zaleski, *Prayer : A History*, 6-8, 23. 노래와 음악을 동원해서 영적인 영역에서 물리적인 세계로 에너지를 보내는 것을 샤머니즘이라고 부른다. 이런 신앙은 오랜 옛날부터 존재했으며 세상 구석구석까지 골고루 배어들어 있는 듯하다. 고대 핀란드의 서사시집 칼레발라(*Kalevala*)는 샤머니즘적인 행위의 전모를 한눈에 보여 준다. 강력한 주술 효과를 가진 노래들을 통해 창조와 치유, 싸움이 벌어진다.

4. Bernard Spilka and Kevin L. Ladd, *The Psychology of Prayer : A Scientific Approach*(New york : Guilford, 2012), 3에서 인용.

5. http://www.bbc.co.uk/pressoffice/pressreleases/stories/2004/02_february/26/world_god.shtml. 여기에 소개한 '무신론자와 불가지론자 가운데 기도를 드린다고 고백한 이들의 비율'은 General Social Survey에도 보고되었다. Spilka and Ladd, *The Psychology of Prayer*, 37에 인용.

6. "'Nones' on the Rise : One-in-Five Adults Have No Religious Affiliation," *Pew Forum on Religion & Public Life*, October 9, 2012.

7. "Religion among the Millenials," *Pew Research Religion & Public Life Project*, February 17, 2010을 보라. 다음 주소로 접속하면 웹사이트를 통해서도 이 자료를 볼 수 있다. http://www.

pewforum. org/2010/02/17/religion-among-the-millennials

8. Giuseppe Giordan, "Toward a Sociology of Prayer," in *Religion, Spirituality and Everyday Practice*, ed. Giuseppe Giordan and William H. Swatos Jr. (New Yor : springer, 2011), 77. Giordan은 이어서 기도는 '범세계적인 일'이라고 주장한다. 한계가 분명하고 연약한 인간이 더 강력한 존재와 관계를 맺기 위해 벌이는 노력이라는 것이다(78). 지금까지 종교에 대해 심리학적으로 가장 광범위하고 체계적인 연구를 진행하고 보고서를 낸 심리학자 Bernard Spilka 와 Kevin Ladd 역시 "기도는 대다수 현대인들이 인생사를 풀어 나가는 대단히 중요한 방식"이라고 말한다. Spilka and Ladd, *Psychology of Prayer*, 4를 보라. 하버드대학, 스미스 칼리지(Smith College), 투프츠 대학(Tufts University)에서 학생들을 가르치는 학자들로 기도에 대한 현대적인 연구로 첫손에 꼽히는 Philip and Carol Zaleski도 "어디서나 만날 수 있는 인간이 있다면 그건 기도하는 인간일 것"이라면서 설령, 기도를 불법으로 규정하고 금지한다손 치더라도 "지하로 스며들어 영혼 더 깊은 데로 끊임없이 스며들어갈 것"이라고 결론지었다. Zaleski and Zaleski, *Prayer : A History*, 4. 독일 학자 Friedrich Heiler가 그보다 훨씬 전에 내놓은 고전적인 연구보고도 같은 결론을 내리며 세계적으로 기도에는 "질릴 만큼 다양한 형태"가 있다는 점을 강조했다. Friedrich Heiler, *Prayer : A Study in the History and Psychology of Religion*(Oxford : Oxford University Press, 1932), 353.

9. 어떤 신앙도 갖지 않은 오지 종족이 있을 것이란 얘기가 심심찮게 나온다. *Don't Sleep, There Are Snakes*를 쓴 Daniel L. Everett는 Piraha족(브라질 아마존 강 유역 열대우림에 사는 종족으로 통틀어 5백 명에도 못 미치는 소수부족이다)을 다루면서 "세상은 예전부터 한결같은 모습으로 존재해 왔으며 지극히 높은 신 따위는 없다"고 믿으며 "하나님, 신앙, 또는 정치적 권위와 상관없이" 사는 인생에 지극히 만족한다고 기술했다. 하지만 이런 주장과 달리, Piraha족은 귀신들을 철석같이 신봉하며 악령을 쫓기 위해 부적을 찬다. http://freethinker.co.uk/2008/11/8/how-an-amazonian-tribe-truned-a-missionary-into-an-atheist를 보라.

10. Heiler, *Prayer : A Study*, 5.

11. Bloesh, *Struggle of Prayer*, vii에서 인용.

12. Zaleski, Prayer : A History는 기도의 이런 유형들을 길든 짧든 대부분 언급하거나 설명하고 있다. *Journal for the Scientific Study of Religion*에 실린 실증적 연구보고는 크리스천으로 범위를 한정한 상태에서 최소한 21개 기도 유형을 상정한다. Kevin L. Ladd and Bernard Spilka, "Inward, Outward, and Upward : Cognitive Aspects of Prayer," *Journal for the Scientific Study of Religion* 41, 475-84 ; "Inward, Outward, and Upward : Scale Reliability and Validation,," *Journal for the Scientific Study of Religion* 45, 233-51. Ladd 와 Spilka는 Richard J. Foster가 *Prayer : Finding the Heart's True Home*(San Francisco : Harper, 1992)에서 제시한 범위를 확인하기 위해 객관적인 척도 및 요인 분석을 시도했다.

13. Zaleski and Zaleski, *Prayer : A History*, 27. 기도를 연구한 초기 사상가들을 다루는 대목은 pp. 24-28에서 볼 수 있다.

14. Ibid., 27.

15. 같은 시대에 활동했던 Sigmund Freud와 달리 Carl Jung은 신앙을 억압된 성욕이나 심리적인 미성숙의 결과물로 보지 않았다. 오히려 신앙적인 경험은 온전한 인간으로 성장하고 심리적으로 건강해지는 데 도움이 될 수 있다고 믿었다. Jung은 인간이라면 저마다 경험을 통해 형성되는 개인무의식을 가지고 있을 뿐만 아니라, 경험의 결과와 상관없이 누구나 가지고 태어나는 상징과 주제에 대한 인식, 즉 '집단무의식'도 공유하는 법이라고 가르쳤다. Robert H. Hopcke, *A Guided Tour of the Collected Works of C. G. Jung*, 10th anniversary edition(Boston : Shambhala,

1999), 13-20, 68을 보라.

16. Jung은 동양 사상가들과 마찬가지로 "세상은 본시 동일한 두 본질이 두 갈래 다른 형태로 발현되는 합일의 현장"이라고 믿었으므로 그에게 집단무의식은 얼마든지 가능한 개념이었다 (Hopcke, C. G. Jung, 72). 이에 따르면, 성숙한 인간으로 성장하는 과정은 저마다 가진 의식을 집단무의식의 상징들과 만나게 해서 일종의 균형을 이루게 하는 과정이기도 하다. 인간은 제각기 지닌 자아상을 기반으로 '개별화'되어야 하지만, 자신을 서로 의지해 온전해지는 실재의 일부로 파악하고 거기에 기대어 자기본위의 사고와 저만큼은 옹근 본체의 한 부분이 아니라고 믿는 환상에서 벗어나야 한다(Hopcke, C. G. Jung, 14-15).

17. Hopcke, C. G. Jung, 68을 보라. Jung에게 종교란 꿈, 환상, 신비 체험 등을 통해 신성한 존재와 직접 만나는 경험을 의미했다. Jung은 Rudolf Otto가 만든 용어를 차용해서 이를 'numinosum'이라고 불렀다. 둘째로, 종교는 제의와 율례만 아니라 신앙적인 관습과 교리, 도그마로 구성되는데, Jung은 이런 요소들이 그처럼 초자연적인 존재를 직접 체험하는 가공할 만한 힘으로부터 사람들을 보호하는 데 반드시 필요하다고 보았다. 그러므로 Jung에게 종교적인 경험과 종교적인 관습은 둘 다 내향적으로든 외향적으로든 집단무의식에 근원을 둔 심리현상일 따름이다. '자기(Self)'를 중심으로 한 집단무의식의 틀 안에서 Jung학파가 말하는 '원형(archetype)'을 다루고 있는 Hopcke의 글 97쪽도 참조하라. "Jung은 이처럼 온전하게 체계화된 원형은 신앙적인 형상화를 통해 잘 포착되고 발전된다고 보았다. 따라서 심리적인 자기 표출은 사실상 하나님 경험, 도는 '인간 정신에 자리 잡은 하나님이미지'임을 파악하기에 이르렀다." Hopcke는 "전능하고 초월적인 신의 존재를 심리적 체험으로 격하시키려는 게" 아니라 "하나님의 이미지가 인간의 정신에" 어떤 형식으로 머물러 있는지 보여 주려는 게 Jung의 의도라고 말한다(97). 하지만 하나님이 선지자들에게 친히 주신 계시에 귀를 기울이기보다 자아와 무의식의 밑바닥으로 내려감으로써 그분을 체험할 수 있다는 Jung의 생각은 성경에 기록된 계시를 통해 말씀하시는 초월적인 하나님보다 동양사상에서 말하는 내면의 비인격적인 신성과 훨씬 더 유사하다. M. Esther Harding in "What Makes the Symbol Effective as a Healing Agent?" in *Current Trends in Analytical Psychology*, ed. Gerhard Adler(Abingdon, UK : Routledge reprint, 2001), 3도 살펴보라. 신앙인들이 하나님으로부터 비롯되었다고 믿는 것들을 Jung학파에 속한 이들은 집단무의식 탓이라고 믿는다고 Harding은 말한다.

18. Jung은 D. T. Suzuki의 고전적인 글 *An Introduction to Zen Buddhism*(New York : Grove Press, 1964)에 서문(9-29)을 붙였다. 논문에 가까운 이 글에서 Jung은 집단무의식에 관한 자신의 주장은 "우주적인 생명과 우주적인 영과 함께 개인적인 생명과 개인적인 영이 상존하는"(13) 불교의 세계관과 잘 들어맞는다고 인정한다. 아울러 불교의 satori 체험과 중세 기독교 신비주의자 Meister Eckhart의 영적 체험이 상당히 유사하다고 지적한다. Jung은 Eckhart의 말을 인용한다. "돌파하는 순간 … 모든 피조물을 뛰어넘게 된다. 하나님도 아니고 피조물도 아니기 때문이다. 현재의 내가 나이며, 나는 지금부터 영원까지 사라지지 않을 것이다. 잡아채듯 당겨져 뭇 천사들 위로 올라간다. 이렇게 끌어올려지고 나면 너무도 풍요로워져서 하나님마저도 신으로서의 모든 존재에도 불구하고, 그분이 행하는 신성한 모든 일에도 불구하고 나를 만족시키지 못한다. 돌파의 순간에 하나님과 내가 같아짐을 인지하는 까닭이다. 나는 늘어나지도 줄어들지도 않는 과거의 나이다. 나는 모든 걸 움직이는 부동의 존재이기 때문이다."(14)

19. Harding, "Symbol Effective," 14를 보라. 글쓴이는 종교적인 경험을 논하면서 에고를 눌러 더 크고 고상한 무언가에 순복하고 미숙한 자기중심주의를 물리치게 하는 데 도움이 되기는 하지만 특정한 종교 교리는 불필요하다고 주장한다. 예를 들어, 크리스천은 "그리스도가 보여 주신 희생의 효능을 믿는 믿음"을 통해서만 자기본위의 사고방식에 맞설 수 있다고 믿겠지만, 심

리학자들은 "믿음이 아니라 해석과 의식적인(심리적인) 작업을 거쳐야 가능한 일"임을 알고 있다.(15)

20. Ira Progoff, trans., *The Cloud of Unknowing*(New York : Julian Press, 1957), 24를 보라. Zaleski and Zaleski, *Prayer : A History*, 208에 인용. Jung학파의 무의식과 관련된 통찰과 가정을 중요하게 받아들이고 활용한 크리스천 사상가들은 대부분 가톨릭 쪽이었다. T. E. Clarke, "Jungian Types and Forms of Prayer, *Review for Religious* 42, 661-76을 보라. Chester Michael and Marie Norrisey, *Prayer and Temperament : Different Prayer Forms for Different Personality Types*(Charlottesville, VA : Open Door, 1985)도 보라. Basil Pennington과 Thomas Keating이 이끄는 향심기도 운동은 Jung의 사상과 가톨릭신앙을 조화시키고 있다. Spilka and Ladd, *Psychology of Prayer*, 49를 보라.

21. 신앙을 신비주의적인 형태와 예언적인 형태로 나누는 Heiler의 분류는 스웨덴 루터교 신학자 Nathan Söderblom의 주장을 따르고 있다. Heiler는 가장 순수한 신비주의적 기도는 동양종교들, 그 가운데서도 특히 우파니샤드 철학과 불교에서 찾을 수 있지만, Pseudo-Dionysius의 글들에서 시작된 뒤에(5세기 후반) Meister Eckhart, John Tauler, *The Cloud of Unknowing*으로(13세기), 다시 John of the Cross, Teresa of Avila 등으로 이어진 크리스천 신비주의의 전통에서도 비슷한 다이내믹을 볼 수 있다고 했다(Heiler, *Prayer : A Study*, 129, 136). Heiler는 "하나님 중심의 크리스천 신비주의"는 동양종교들에서 볼 수 있는 "냉철하고 냉정하며 단조로운 순수 신비주의"보다 한층 "인격적인 온기와 열정"을 담고 있다는 점을 마지못해 수긍했다(Heiler, 136).

22. Heiler는 신비주의를 "세계와 자기가 완전히 부정되며, 인성이 녹아 사라지고, 신성과의 합일을 이루며 흡수되는 신과의 교제형식"으로 정의한다(Heiler, 136).

23. Ibid., 284.

24. Heiler가 어느 대목에서 말한 것처럼, 기도의 다양한 유형들은 겉모습뿐만 아니라 속살까지 현저하게 다르다. "동기, 형태, 내용, 하나님 개념, 신과의 관계설정, 기도의 표준 등 거의 모든 점에서" 명백한 차이를 보인다(Ibid., 283).

25. Anthony Bloom, *Beginning to Pray*(Mahwah, NJ : Paulist Press, 1970), 45-56. 여기서 Bloom은 누가복음 17장 21절을 인용한다. 하지만 예수님은 제자들에게 이 말씀을 하시면서 두 번째 주어를 복수인칭대명사를 사용하셨다. "하나님의 나라는 너희 가운데에 있다." 예수님은 하나님 나라가 제자 하나하나의 개개인의 마음속에 있다기보다 제자들 공동체 가운데 있다고 가르치셨다는 게 대다수 학자들의 공통된 견해다. 어떤 이들은 이 구절을 "하나님 나라는 너희들 중에 있다"로 번역하기도 한다. 비록 기도하면서 마음속으로 깊이 들어가기를 권하지만 그게 심리학적으로 내면을 성찰하라는 뜻은 아니라는 Bloom의 조심스러운 언급은 주목해야 할 중요한 대목이다. "정신분석이나 심리학을 기반으로 하는 이들과 같은 방식으로 내면을 파고들라는 뜻은 아니다. 기도는 자발적인 자아 성찰 과정이 아니다. 하나님이 계신 자리, 주님과 내가 만나는 지점에 가장 내밀한 진면목을 드러내기 위해 자신의 자아를 통과해 지나가는 여정이다," 46.

26. "하나님의 인성을 향한 신뢰는 필연적인 가정이다. … 하나님의 인성을 인식하는 생생한 개념이 흐려지면, 철학적인 이상론이나 범신론적인 신비주의의 경우에서처럼 '하나이자 전부'라는 쪽으로 흐르게 되면, 어김없이 진정한 기도는 사라지고 순전히 관상적인 침잠과 찬미만 남는다"(Heiler, *Prayer : A Study*, 356).

27. Ibid., 358.

28. Ibid., 285.

29. Ibid., 30.

30. Ibid., iv. 강조 표시는 원서에 따름.

31. Zaleski and Zaleski, *Prayer : A History*, 204-08. Pseudo-Dionysius에 따르면, 지력을 통해서 가 아니라 '무지의 어둠(the darkness of unknowing)'을 통해서만 나타나신다. 합리적인 판단을 포기하고 자기를 희생해야 한다. 다시 말해, "하나님의 그림자 가운데 행복을 만끽하기 위해 … 마음으로 인식할 수 있는 것들을 모두 단념해야" 한다는 것이다. The Cloud of Unknowing은 Dionysius의 통찰을 가다듬어 정리한 글로, 온갖 생각과 개념을 뛰어넘게 하는 건 완전하게 사랑하는 상태임을 역설한다. 하지만 그 경지에 이르기 위해서는 덕을 쌓고, 심령에서 죄를 몰아내며, 하나님과 연합하고자 하는 갈망과 열정이 자라나야 하고, 엄격하게 묵상이라는 방법을 사용해야 한다. 목적은 '무지의 구름(the cloud of unknowing) 속으로', 다시 말해 '하나님의 임재 안으로' 들어가서 그저 마음을 열고 거기에 머무는 것이다. 말이니 생각이니 하는 것들은 주님을 제대로 의식하지 못하게 만드는 훼방꾼으로 본다. 이른바 '거룩한' 상념이라 해도 마찬가지다. 그러므로 하나님의 임재 가운데 머문다는 건 곧 이른바 '암시니, 환상이니, 분석이니 하는 … 모든 세속적인 생각들을 거부한다'는 뜻이다. 지은이는 독자들에게 "반복적인 기도를 활용하라고 당부하면서 될 수 있는 대로 한 음절짜리 짧은 단어를 되풀이해 가며 읊조리기를 권유한다. 글쓴이가 추천하는 단어는 하나님, 또는 사랑 같은 말들이다." 이런 어휘는 이중적인 역할을 한다. "첫째로 생각을 눌러 망각의 구름 밑으로 밀어 넣는다. 합리적인 사고를 멈추게 하는 것이다." 두 번째 역할은 묵상하는 이들을 해방시키고 그 단어를 중심으로 "모든 소망을 한데 모아 하나님을 향하게" 만드는 것이다. "의지를 있는 그대로 적나라하게 드러내서 완전한 사랑의 행위를 통해 무지의 구름을 관통하게" 한다는 뜻이다(206-7).

32. Zaleski and Zaleski, *Prayer : A History*, 283-85에서 신비적인 기도와 예언적인 기도 사이의 차이를 정리한 긴 설명을 볼 수 있다.

33. Donald Bloesch는 말한다. "Heiler의 분석은 종종 심각한 비판에 직면한다. 특히 기독교 신비주의에 관한 성경적 근거를 방어하는 데 신경을 쓰는 로만가톨릭교회와 영국국교회 학자들과의 충돌이 잦다." Bloesch는 자신의 저서 Struggle of Prayer 5쪽에 그러한 비평들의 내용을 일목요연하게 정리해 놓았다. Bloesch는 Heiler의 입장을 전반적으로 지지하는 편이다. Bloesch의 저서는 사실상 성경적인 기도는 동양종교와 로만가톨릭의 일각의 신비주의에 더 잘 부합될 수 있다고 한 Heiler의 논지를 부연하거나 이해하기 쉽게 풀이한 책이라고 해도 지나치지 않다. Bloesch는 가톨릭의 기도와 다른 종교의 기도 형식을 정확하게 구분했다(Teresa of Avila의 '침묵의 기도'에 공감을 보내는 5쪽의 내용을 보라). 자신의 저서에서 Bloesch는 스스로 '인격주의'라고 이름붙인 사조와 신비주의를 대비시킨다. '인격주의'는 하나님을 비인격적인 존재의 바탕이 아니라 인격적인 친구요 하나님으로 상정하는 기도관을 가리키는 용어다. 하지만 Bloesch는 신비주의에 과민반응을 보이거나 성경적인 기도가 가진 경험적이고 신비적인 측면을 폄하하지 않도록 세심한 주의를 기울였다. "Prayer and Mysticism," 97-130을 보라.

34. Zaleski and Zaleski, *Prayer : A History*, 30.

35. Zaleski 부부조차도 인간이 드리는 온갖 종류의 기도를 포용해야 한다는 생각에 대해서는 일관된 입장을 취하지 못했다. 예를 들어, 인신제사를 '자살행위'로 규정하고 "위대한 신앙전통은 그런 만행을 단호히 거부해 왔다"며 명확하게 선을 그었다(Ibid., 65). 하지만 대다수 인류는 더 이상 인신제사를 지내지 않는다는 얘기뿐, 어째서 인신제사가 잘못인지에 관해서는 특별히 언급하지 않는다.

36. Ibid., 161-7, 179-89.

37. Agehananda Bharati, *The Light at the Center : Context and Pretext of Modern Mysticism*(Santa Barbara : Ross-Erikson, 1976), 28, 43. Edmund P. Clowney in "A Biblical Theology of Prayer," in *Teach Us to Pray : Prayer in the Bible and the World*, ed. D. A. Carson(Eugene, OR : Wipf and Stock, 2002), 336n1에 인용.

38. "하나님의 인성을 향한 신뢰는 필연적인 가정이다. … 하나님의 인성을 인식하는 생생한 개념이 흐려지면, 철학적인 이상론이나 범신론적인 신비주의의 경우에서처럼 '하나이자 전부'라는 쪽으로 흐르면, 어김없이 진정한 기도는 사라지고 순전히 관상적인 침잠과 찬미만 남는다"(Heiler, *Prayer : A Study*, 356).

39. "Personal Narrative" in *The Works of Jonathan Edwards*, vol. 16 : *Letters and Personal Writings*, ed. George S. Claghorn(New Haven, CT : Yale University Press, 1998), 801.

40. Ibid., 797.

41. Zaleski 부부와 Heiler가 완벽하게 균형을 이룬 '제3의 대안'이 정답이라는 인상을 주고 싶지는 않다. 프로테스탄트의 전통적인(동시에 앞으로 이 책에서 설명하고, 소개하고, 전제로 삼을) 기도관은 Heiler와 Bloesch의 입장에 훨씬 가깝다. 알다시피 Heiler는 개신교로 개종했으며 필자 역시 개혁신앙의 전통을 따르는 개신교 목회자라는 점을 감안하면 눈곱만큼도 이상할 게 없는 일이다. 그럼에도 불구하고, 기도 관습과 역사에 관한 Zaleski 부부의 명석하고도 해박한 고찰은 기도는 전 인류의 유산이라는 사실을 강력하게 상기시킨다. 기도는 기독교 신자들만을 위한 영적인 선물이 아니라 인간 본능에 가깝다.

42. 전반부는 John Calvin의 *Institutes of the Christian Religion*, 1.3.1에서, 후반부는 Calvin의 요한복음 1장 5절과 9절에 대한 주석에서 인용. 양쪽 인용문 모두 John T. McNeill, ed. *Calvin : Institutes of the Christian Religion*, vol. 1(Louisville, KY : Westminster, 1960), 43, 43n2에서 볼 수 있다. Calvin은 "따로 배움이 없다손 치더라도, 신들을 염두에 두지 않는 인종이나 부족을 만날 수 있는 데가 어디에 있겠는가?"라는 Cicero의 질문(Cicero's *On the Nature of the Gods*, 44n4에서)을 인용한다. Calvin도, Cicero도 진지하고 열성적으로 무신론을 주장하는 게 불가능하다는 얘기를 하고 있는 건 아니다. Cicero는 옛 신들의 존재를 부정했던 에피쿠로스 철학자 Velleius와 나눈 대화를 기록한 책에서 이점을 분명히 했다. Cicero와 Calvin은 둘 다 하나님에 대한 인식은 태생적이므로 억압하지 않는 한 자연스럽게 발현될 수밖에 없는 반응이라는 점을 지적할 뿐이다. 본능은 뿌리 뽑아 제거해 버릴 수 없는 법이다. Calvin의 *Institutes*, 1.3.2를 보라. "진정, 그들은 온갖 구실을 대 가며 주님의 임재 앞에서 자신을 감추고 마음에서 지워 버리기 위해 안간힘을 쓴다. 그럼에도 불구하고 늘 덫에 걸릴 수밖에 없다. 잠시 동안은 사라져버린 것 같을지 모르지만 금방 되돌아와서 새로이 달려든다....그러므로 경건치 못한 이들은 스스로 인간의 마음에 하나님 개념 같은 게 늘 살아 숨 쉬고 있다는 사실을 보여주는 본보기가 되는 셈이다"(McNeill, *Calvin : Institutes*, 45).

43. William H. Goold, ed., *The Works of John Owen*, vol. 4(Carlisle, PA : Banner of Truth, 1967), 251-52.

44. "Most Hight a Prayer-Healing God," in *The Works of Jonathan Edwards*, vol. 2, ed. Edward Hicks(Carlisle, PA : Banner of Truth, 1974), 117을 보라.

45. McNeill, *Calvin : Institutes*, 1.4.1., 47. "경험이 알려주다시피, 하나님은 모든 인간의 내면에 신앙의 씨앗을 뿌려놓으셨다. 그러나 그걸 마음에 받아들이고 잘 키우는 이를 만나기란 백에 하나에도 미치지 못할 만큼 어렵다....하나 같이 하나님을 아는 참 지식을 저버린 이들이다....그러므로 그이들은 하나님이 친히 보여주신 대로 그분을 이해하지 않고 제멋대로 상상해 빚어낸 모습으로 주님을 그려낸다."

46. 전통적인 프로테스탄트 신학자 가운데 이 두 가지 차원의 기도를 인식했던 또 다른 인물은 19세기 프린스턴대학을 무대로 활동했던 신학자 Charles Hodge다. 그는 이렇게 적었다. "우리가 성령님의 뜻을 전달받는 건 원칙적으로 기도의 능력을 통해서다. 기도는 단순히 세상만물을 지으신 분의 도우심을 구하는 의존적인 본성에 그치지 않으며 그저 믿음과 소망의 자연스러운 표출이라든지 영적인 아버지와 교제하는 상태만으로 보아서도 안 된다. 기도는 성령을 입을 수 있도록 허용된 수단이기도 하다." Hodge는 크리스천에게는 '의존적인 본성'뿐만 아니라 성령님이 은사를 주시는 기도라는 통로도 있음을 역설한다. "이런 이유에서 크리스천들은 지속적이고 끈질기게 기도해야 한다. 특히 하나님의 영향력이 미쳐서 하나님의 생기를 심령에 간직하고 확산시킬 수 있도록 기도해야 한다." Charles Hodge, *The Way of Life : A Guide to Christian Belief and Experience*(Carlisle, PA : Banner of Truth, 1978 ; reprint of an 1841 work), 231. J. G. Vos도 비슷한 입장을 보인다. "기도는 사실 인류 전반에 걸쳐 보편적으로 존재한다....기독교 외의 종교체제들도 예외 없이 일정한 형태의 기도관습을 가지고 있다. 그러나 비 그리스도인의 기도는....성경에 기록된 삼위일체 하나님께 드리는 게 아니며....중보자이신 예수 그리스도를 통해 하나님께 다가가지도 않는다....지극히 자비로우신 하나님은 간혹 비 그리스도인들의 기도도 귀 기울여 듣고 응답해주실지 모른다....우리는 그 가능성을 부정해선 안된다. 하지만 그런 기도들은 크리스천의 기도와 본질적으로 다르다." Johannes G. Vos, *The Westminster Larger Catechism : A Commentary*, ed. G. I. Williamson(Phillipsburg, NJ : Presbyterian and Reformed, 2002), 512-13.

47. *Answering God : The Psalms as Tools for Prayer*(San Francisco : Harper & Row, 1989)는 시편을 소재로 기도를 고찰한 Eugene H. Peterson의 책이다. 지은이는 시편을 설명하기 위해 "Answering God"이란 제목을 붙였지만, 개인적으로는 모든 기도를 탁월하고도 압축적으로 규정하는 용어라고 생각한다. 아울러 기도를 '인격적인 하나님을 향한 인격적인 고백'(Clowney, "Biblical Theology," 136)으로 정의한 Clowney 역시 큰 도움이 되었다. 제3장의 내용은 Ed Clowney가 쓴 글들에 적잖은 영향을 받았다. Clowney는 기도를 인격적인 하나님, 언약의 하나님, 삼위일체의 하나님과 나누는 대화로 여겼다.

48. Donald Bloesch는 Karl Barth의 말을 인용하고 있다. "그러나 다소 어렵게 들릴지 모르지만, 반드시 구하기보다 '듣기'가 먼저다. 그것이 기도의 토대다. 그래야 참다운 '구하기', 크리스천이 드리는 기도에 합당한 '구하기'가 가능해진다"(Bloesch, *Struggle for Prayer*, 55).

49. C. S. Lewis, *That Hideous Strength*(New York : Macmillan, 1965), 318.

50. Ibid., 319.

51. 알다시피, C. S. Lewis는 Martin Buber의 *I and Thou*를 읽었는데(C. S. Lewis, *Collected Letters*, vol. 2 [New York : HarperOne, 2004], 526, 528을 보라), 바로 거기에 *Alles wirkliche Leben ist Begegnung*(모든 참다운 삶은 만남이다)라는 구문이 들어 있다. Martin Buber, *I and Thou*, trans. Ronald Gregor Smith(Edinburgh : T. & T. Clark, 1937), 20을 보라.

52. J. I. Packer, *Knowing God*(Downers Grove, IL : InterVarsity, 1993), 39-40).

53. 여기에 관한 긴 설명은 Timothy Keller, *Walking with God through Pain and Suffering*(New York : Dutton, 2013), 270-93을 보라.

54. Bloesch는 *Struggle for Prayer*, 50에서 John Knox의 글을 인용한다. John Calvin의 인용문은 McNeill, *Calvin : Institutes*, 3.20.16, 3.20.2, 872과 851에서 가져왔다.

Chapter 4

1. 삼위일체 교리에 관해 더 알고 싶으면 제5장을 보라.

2. 성부는 성자에게, 성자는 성부에게 말한다. "아버지께서 내게 하라고 주신 일을 내가 이루어 아버지를 이 세상에서 영화롭게 하였사오니 아버지여 창세전에 내가 아버지와 함께 가졌던 영화로써 지금도 아버지와 함께 나를 영화롭게 하옵소서. 세상 중에서 내게 주신 사람들에게 내가 아버지의 이름을 나타내었나이다. 그들은 아버지의 것이었는데 내게 주셨으며 그들은 아버지의 말씀을 지키었나이다. 지금 그들은 아버지께서 내게 주신 것이 다 아버지로부터 온 것인 줄 알았나이다. 나는 아버지께서 내게 주신 말씀들을 그들에게 주었사오며 그들은 이것을 받고 내가 아버지께로부터 나온 줄을 참으로 아오며 아버지께서 나를 보내신 줄도 믿었사옵나이다"(요 17:4-8). 성부와 성자는 성령과 이야기를 나눈다. "그러나 진리의 성령이 오시면 그가 너희를 모든 진리 가운데로 인도하시리니 그가 스스로 말하지 않고 오직 들은 것을 말하며 장래 일을 너희에게 알리시리라. 그가 내 영광을 나타내리니 내 것을 가지고 너희에게 알리시겠음이라. 무릇 아버지께 있는 것은 다 내 것이라. 그러므로 내가 말하기를 그가 내 것을 가지고 너희에게 알리시리라 하였노라"(요 16:13-15).

3. Vern S. Poythress, *God-Centered Biblical Interpretation*(Phillipsburg, NJ : Presbyterian and Reformed, 1999), 16-25를 보라. 이 책 제5장에서 다룬 이야기들 가운데 상당 부분은 거기서 중요한 아이디어들을 얻었다.

4. Nicholas Wolterstorff는 이러한 관점을 뒷받침하는 사례를 Sandra M. Schneiders의 글에서 인용한다. Sandra는 이렇게 말한다. "신적 담론을 문자적으로 포착하는 건 불가능하다. … 말이란 발성기관(또는 그에 상응하는 무언가)에서 비롯되어 쉽게 알아들을 수 있는 물리적인 소리다. … 언어는 관념이라는 장황한 형태만이 아니라 몸을 근거로 하는 인간 현상이며 문자 그대로 순전한 영에서 비롯된 현상이 될 수 없다." 달리 말하자면, 말이란 오로지 육신을 가진 존재들에게만 해당되는 신체적인 소리(또는 종이에 옮겨진 물리적인 표식)이므로 순전한 영이신 하나님이 말씀하신다고 이야기하는 건 잘못이라는 것이다. Sandra M. Schneiders, *The Revelatory Text*(San Francisco : Harper, 1991), 27-29에서 발췌. Nicholas Wolterstorff, *Divine Discourse : Philosophical Reflections on the Claim That God Speaks*(Cambridge : Cambridge University Press, 1995), 11에 인용됨.

5. clowney, "Biblical Theology," 136.

6. Ward, *Words of Life*. 이는 Ward의 책 전체를 일관하는 주요 요지 가운데 하나다.

7. Ibid., 22.

8. Ibid., 25.

9. Ibid., 27.

10. Ibid., 31-32.

11. Eugene H. Peterson, *Working the Angles : the Shape of Pastoral Integrity*(Grand Rapids, MI : Eerdmans, 1987), 49.

12. Ibid., 48.

13. Peterson, *Answering God*, 14.

14. Bloesch, *Prayer : A Study*, 101.

15. Thomas Merton, *The Ascent to Truth*(New York : Harcourt, Brace, 1951), 83. 위의 책에 인용됨.

16. Bloesch, *Prayer : A Study*, 101에 인용됨.

17. John Jefferson Davis, *Meditation and Communion with God : Contemplating Scripture in an Age of Distraction*(Downers Grove, IL : InterVarsity Press, 2012), 16. Davis는 Diana Eck의 말을 인용해 동양의 명상수련이 기독교로 넘어온 사건이야말로 "이 시대의 가장 중요한 영적인 움직임 가운데 하나"이며 불교의 명상은 "무시할 수 없는 기독교 영성의 한 갈래로 자리 잡았다"고 주장한다. Diana L. Eck, *Encountering God : A Spiritual Journey from Bozeman to Banaras*(Boston : Beacon Press, 1993), 153에서 발췌. Davis는 수많은 로만 가톨릭 교사들이 불교와 힌두교의 관습들을 자신의 기도와 명상수련에 끌어들였는지 더없이 명확하게 보여 주는 Eck의 연구결과를 인용한다(Davis, *Meditation and Communion*, 16n22).

18. Thomas Keating, "The Origins of Centering Prayer," in *Intimacy with God*(New York : Crossroad, 1994), 11-24와 Open Mind, *Open Heart : The Contemplative Dimension of the Gospel*(New York : Continuum, 1992)를 보라.

19. *Prayer : A History*, 204-08에서, Zaleski 부부는 신플라톤주의 성향을 가진 이름 없는 작가의 작품 *The Cloud of Unknowing*과 6세기경, Pseudo-Dionysius the Areopagite가 쓴 글로 그 뿌리가 되는 *The Mystical Theology*의 가르침을 탁월하게 정리해 보여 준다. 하지만 그 내용은 전반적으로 Thomas Keating, William Menninger, Basil Pennington 같은 이들이 내세우는 향심기도 운동이 *The Cloud*의 저자를 비롯한 중세 작가들이 설명하는 거칠고 험한 묵상의 길을 순치시키고 대중화하는 방식에 비판적(아예 일축하는 수준)이다. 향심기도는 다음 3단계를 기본으로 한다. 원칙 1: 기도를 시작하는 단계에서 1-2분 정도는 마음을 가라앉히는 시간을 갖고 난 다음에 내면 깊은 곳에 계시는 하나님께 믿음으로 다가간다. 마무리 지을 때도 속으로 '주님의 기도', 또는 그밖에 적절한 기도를 드리면서 몇 분 정도 정리하는 시간을 갖는다. 원칙 2: 전폭적인 신뢰가 오가는 사랑 한복판에 얼마간 머문 뒤에, 거기에 대한 반응을 표현하는 짧은 단어 하나를 선택하고 그 말이 안에서 스스로 끊임없이 되풀이되기 시작하게 한다. 원칙 3: 기도하는 가운데 무엇이든 생각이 떠오르면 기도 말을 활용해서 자연스럽게 하나님의 임재로 돌아간다(M. Basil Pennington. O.C.S.O, *Centering Prayer : Renewing an Ancient Christian Prayer Form*[Garden City, NY : Image, 1982], 65). Zaleski 부부는 여기에 대한 입장을 분명히 밝히고 있다(*Prayer : A History*, 208). "이런 프로그램들을 들여다보면 *The Cloud*가 주는 가르침의 골자, 특히 수시로 떠오르는 의식을 잠재우고 짧은

기도 말을 사용하려는 노력을 금방 헤아릴 수 있다. 다만 한 가지, 여기서는 본래의 과감함을 잃어버리고 지극히 부드러운 표현들로 대신하고 있다. … *The Cloud*의 저자에게 관상기도는 끝을 알 수 없는 고된 시험이다. 향심기도 운동은 이미 결론을 내려놓고 편안하게 수행하는 훈련이 되었다." … 잘레스키 부부는 오늘날의 향심기도에서는 "*The Cloud*가 지닌 냉엄한 사실성을 거의 찾아볼 수 없으며 오히려 영적인 절충주의와 낙관론으로 대표되는 20세기 후반의 시대정신을 좇는 듯하다"는 평가로 글을 맺는다.

20. 향심기도와 예수기도를 향한 John Jefferson Davis의 비판적인 언급은 *Meditation and Communion* 134-42쪽에 실려 있다. Davis는 향심기도를 비판하면서 하나님의 말씀하시는 능력과 성품에 대한 성경의 가르침과 어울리지 않을뿐더러 창조의 선함(공허한 본질이란 견해와 대조되는)과 예수님의 항구적인 성육신을 믿는 기독교 신앙과도 맞지 않는다는 점을 정확하게 꼬집었다. *The Cloud of Unknowing*가 제시하는 동양의 신비주의와 신플라톤주의는 물질세계와 인성, 또는 이성을 허상으로 받아들이거나 하다못해 부수적이거나 한시적인 무언가로 인식한다. 하지만 그건 성경적인 관점이 아니다. Davis는 이렇게 썼다. "예수님이 성육신하셨다는 사실은 비록 영화롭게 되셨을지라도 역사적인 예수님은 지금 하늘에서, 그리고 영원토록 변함없이 확고하게 육신이란 형식을 취하고 계심을 의미한다. … 제아무리 긴 시간이 흘러간다 하더라도 영화롭게 되신 예수님은 여전히 인성을 지니시며 그 결과 하나님을 아는 지식에 있어서도 인간의 경험(물론, 우리의 지식을 훨씬 뛰어넘지만 본질적으로는 특별한 차이가 없는)을 가지신다. 말과 형상을 무시하고 도무지 알 수 없는 하나님을 그리는 형식은 동양의 명상과 기독교적인 묵상의 경계를 흐리게 만드는 경향이 있다."

21. Davis, *Meditation and Communion*, 141.

22. Zaleski and Zaleski, *Prayer : A History*, 143. Zaleski 부부는 예수기도에 대단히 호의적인 반응을 보였지만 쉬 '주술'과 같은 기능을 할 수 있음을 인정했다.

23. Ibid., 138.

24. Ibid. 여기서 의문이 생긴다. 신비주의에 관한 경고와 주의를 모두 받아들인다면, 중세 기독교 신비주의자들의 경험은 어떻게 해석해야 할까? 그이들이 교통한 상대는 참 하나님일까, 아닐까? 어느 쪽으로든 싸잡아 말할 수 없다는 게 답일 것이다. 대다수 신비주의자들은 거룩하고 사랑이 넘치는 하나님, 초월적인 동시에 내주하시는 하나님, 인격적인 삼위일체 하나님께 기도한 것으로 보인다. 기도하는 방식이라는 측면에서 프로테스탄트들이 기대하는 만큼 철저하게 성경 말씀에 토대를 두고 있지는 않지만, 그이들이 만나는 하나님이 성경의 하나님임을 확인하기에 부족함이 없을 만큼 성경으로 빚어진 마음과 생각을 가지고 있었다. 하지만 그와는 달리 명상과 유체이탈을 통해 심리적으로 온갖 의식 변화를 겪었던 게 아닌가 싶은 크리스천 신비주의 작가들도 있다. 그이들의 경험이 성경 기자들이 기술하는 사례들과 동일한 성격인지는 장담하기 어렵다. 일부 신비주의 작가들은 양쪽을 다 경험한 듯한데, 적어도 나로서는 어느 편이 진짜 하나님을 만나는 체험이었고 어느 쪽이 가짜인지 분간하기가 쉽지 않다.

25. J. I. Packer and Carolyn Nystrom, *Praying : Finding Our Way through Duty to Delight*(Downers Grove, IL : InterVarsity Press, 2009), 65.

26. Ibid.

27. Anne Lamott, *Help, Thanks, Wow : The Three Essential Prayers*(New York : Penguin, 2012), 2-3.

28. Lamott는 단 한 차례, 지나치듯 가볍게 언급할 따름이다. "그래서 난 기도했다. '멍청이 노릇을 하지 않게 도와주세요!'" 괄호를 치고 설명을 붙인다. "사실 이건 네 번째 중요한 기도로 나중에 다시 다룰 기회가 있으리라 본다." 하지만 Lamott는 마지막 페이지에 이를 때까지 다시는

그 '네 번째 중요한 기도'를 거론하거나 다루지 않는다.

29. Philip Schaff, ed., *Nicene and Post-Nicene Father*, First Series, vol. 1, 1887(Christian Classics Ethereal Library), 997-1015의 Augustine' Letter 130(AD 412) to Proba와 Martin Luther, "A Simple Way to Pray" in *Luther's Works : Devotional Writings* Ⅱ, ed. Gustav K. Wiencke, vol. 43(Philadelphia : Muhlenberg Press, 1968), 187-211을 보라.

30. 하지만 Lamott가 정말로 초지일관 스스로 세운 원칙을 따른 건 아니라는 점을 이야기해 두는 게 좋을 성 싶다. "참으로 순수하게 기도하는 이들은 대부분 의무감을 가질 필요가 없고, 내 힘으론 아무 것도 바꿀 수 없으며, 마음을 열고 무언가로부터, 힘 있는 누군가로부터, 어떤 친구들로부터, 어떤 것으로부터 도움을 받아야 함을 일깨워준다. … 나는 멍청하지만 그 무언가는 다르다(Help, 35). 하나님의 주권과 권능, 주께 의지하는 인간의 마음가짐을 강조하는 말들이다. 하나님의 성품과 관련된 몇 가지 개념들을 염두에 두지 않고는 기도가 사실상 불가능하므로 이처럼 신학적인 설명을 붙이는 건 피할 수 없는 일이다. 그러나 필자인 Lamott가 기도에 관한 책을 쓰면서 성경의 내러티브를 좇지 않기로 한 탓에 하나님이 '멍청하지' 않은 까닭이나 그 지식이 어디서 오는지에 관해서는 아무런 이야기도 들을 수 없게 된 것이다.

31. Clowney, "A Biblical Theology," 136. Arthur W. Pink의 말과 대조해 가며 살펴보라. "기도를 주제로 그동안 쓰인 책들과 선포된 설교들을 살펴보면, 인간적인 요소가 그 현장을 온전히 채우다시피 하는 게 일반적이다. 조건을 충족시키고, 약속을 주장하며, 의무를 다하면 구한 바를 얻을 수 있다는 식이다. 영광을 받으실 하나님의 정당한 권리는 무시당하기 일쑤다." Arthur W. Pink, *The Sovereignty of God*(Carlisle, PA : Banner of Truth, 1961), 109에서 발췌.

32. Christian Smith의 *Soul Searching : The Religious and Spiritual Lives of American Teenagers*(New York : Oxford University Press, 2005)는 '도덕주의적이고 치유적인 이신론', 다시 말해 존재하기는 하지만 일상사는 인간의 자유의지와 결정권에 온전히 맡긴 채 개입하지 않는 하나님을 믿는 미국 젊은이들의 신앙과 영성생활을 파고든다. 그런 관점에서 보자면, 인류에게 거는 하나님의 기대는 저마다 선한 삶을 살고 서로 친절하고 공평하게 대하는 게 전부다. 그렇게 살기만 하면 하나님은 '치유적인 유익', 즉 자존감과 행복을 제공한다(pp. 163-64). 이러한 하나님 의식은 기도에도 속속들이 영향을 미쳤다. Smith가 파악한 바에 따르면, 미국의 십대들은 개인적으로 자주 기도를 드린다. 날마다 한 번, 또는 그 이상 기도하는 경우가 40퍼센트에 이르렀고 전혀 기도하지 않는 사례는 15퍼센트 남짓에 불과했다. 그러나 동기를 짚어 보면, 심리적이고 정서적인 필요를 채우기 위해서 기도한다는 사고방식이 차고 넘쳤다. "일이 생기면 당장 기도하러 가요." "문제 해결에 도움이 돼요. 성질이 급한 편인데 기도하면 많이 가라앉거든요." "탈이 나도 참을 수 있어요. 주님이 늘 도와주시잖아요." "기도만 하면 안정이 돼요. 누군가 보살펴 주는 느낌이 들어요."(pp. 151-53). Smith는 미국 청소년들의 기도에서 적어도 두 가지 요소가 실종되었다고 지적한다. 첫째로, 회개가 완전히 사라졌다. 글쓴이는 "이건 죄를 뉘우치고 돌이키는 신앙이 아니다"라고 단언한다. 둘째로, 하나님께 드리는 기도에 경배와 찬양이 빠지다시피 했다. '멀찌감치 떨어져 아무것도 요구하지 않는 하나님'을 섬기기 때문이다. "인간들의 문제를 해결하고 기분 좋게 하는 게 그분의 주된 소임이므로 찬양의 대상이 될 수 없다. 경외감이나 경이감이 깃들 여지가 없다."(165). '새로이 등장하는 성인들'(18-29세)의 신앙에 관한 후속연구, *Souls in Transition : The Religious and Spiritual Lives of Emerging Adults*(New York : Oxford University Press, 2009)에서 Smith는 "개인적이고 인격적인 기도를 이기적인 의도에서 도구로 사용하는 성향이 점점 더 확산되고 있다"고 했다(102). 간단히 말해서, 갓 성인기에 들어선 젊은이들은 찬양하고 회개하는(주님 앞에서 스스로 작고, 한계가 여실하며, 연약하고, 의존적인 존재임을 분명히 의식하게 하는 두 가지 기도 형태) 대신, 문제가 해

결되도록 도와달라거나 기분이 좋아지고 행복해지게 해 달라고 요청하는 게 거의 전부라는 것이다. 유럽의 젊은이들을 대상으로 한 연구 결과도 크게 다르지 않아서, 기도의 쓰임새가 하나님을 찾고 구하는 데서 "'진정한 자아를 찾는 길' 쪽으로 변하는 흐름이 뚜렷했다. … 인터뷰에 응한 이들은 그 '진정한 자아'는 오로지 자신의 내면에서만 찾을 수 있다고 답했다." Giordan and Swatos, *Religion, Spirituality*, 87을 보라. 아울러 Giuseppe Giordan and Enzo Pace, eds., *Mapping Religion and Spirituality in a Postsecular World*(Leiden, Netherlands : Brill, 2012)도 참조하라. 하나님에 대한 피상적인 시각은 기도의 내용을 제한했을 뿐만 아니라 동기를 뒤바꿔놓았다. 미국 젊은이들의 기도에서 하나님은 생각하는 행복한 삶이란 목표를 이루는 수단에 지나지 않는다. 하나님께 영광을 돌린다는 따위의 관념은 아예 없다. 사실 그런 개념 자체를 모호하고 혼란스러워한다. 대신 비용 대비 수익(자신을 기준으로)이라는 의식을 가지고 기도를 이용할 따름이다.

33. Peterson, *Answering God*, 5-6.

34. John Pollock, *George Whiitefield and the Great Awakening*(Oxford : Lion Publishing, 1972), 205-08과 Arnold A. Dallimore, *George Whitefield : The Life and Times of the Great Evangelist of the Eighteenth-Century Revival*, vol. 2(Carlisle, PA : Banner of Truth, 1979), 168-69에 실린 이야기다. Harry S. Stout, *The Divine Dramatist : George Whitefield and the Rise of Modern Evangelicalism*(Grand Rapids, MI : Eerdmans, 1991), 170도 살펴보라. Pollock에 따르면, Whiitefield는 임신 중이던 아내가 아슬아슬하게 마차 사고를 모면하는 걸 보면서 하나님이 아기에게 큰일을 맡기시려고 목숨을 보존해 주셨다는 확신이 더 굳어졌다. Dallimore는 일찍이 Jonathan Edwards도 그처럼 언뜻 스치는 인상을 가지고 하나님이 직접 말씀하신 걸로 여기는 Whiitefield의 마음가짐을 지적했지만 당사자는 충고를 달가워하지 않았던 것처럼 보인다고 덧붙인다. Stout도 새로운 사실을 전한다. Whiitefield는 아들을 '우상'으로 삼았던 탓에 결국 잃어버리기에 이르렀던 게 아닐까 싶어 자신을 심하게 자책했다는 것이다. Whiitefield가 불행한 사건을 자신의 죄에 대한 징계로 그릇 해석하기는 했지만, 영향력이 큰 쓸모 있는 인물이 되고자하는 자신의 욕심을 투사해 우상처럼 아기에 집중했던 것만큼은 어김없는 사실이었다는 게 Stout의 판단이다. 아기가 탈 없이 자랐더라면 아버지의 과도한 기대와 바람을 몹시 부담스러워했을 게 틀림없다.

Chapter 5

1. Ward, *Words of Life*, 48. Ward는 이어서 성경은 언약문서임을 보여 준다. 하나님이 인류와 맺으신 관계는 인격적일 뿐만 아니라 언약적이기도 하다. 인간과 하나님은 서로 충실하게 지키기로 한 약속에 따라 상호 의무를 지고 있다는 뜻이다. 우리에겐 그분께 가까이 갈 권리가 있다. 이는 부부 사이의 언약과 비슷하다. 성경과 기도는 둘 다 그 언약을 좇아 가게 되는 특권이다. 하나님은 언약관계를 맺고 그분께 속한 거룩한 백성들에게 성경을 통해 말씀하고 기도에 귀를 기울이신다. Ward, 22-23을 보라.

2. 적잖은 이들이 성경에는 '삼위일체'라는 표현이 등장하지 않으며 주후 3-4세기에 이르러 비로소 공식화된 교리라는 점을 들어 성경 본문을 토대로 후대에 도입한 신학적인 개념이라고 주장하며 부정적인 입장을 보인다. 천부당만부당한 얘기다. 신약성경이 하나님에 관해 반복적으로 강조하는 세 가지 사실이 있다. [1] 하나님은 한 분이시다. [2] 성부, 성자, 성령은 모두 같은 하나님이시다. 한 분 한 분마다 "온갖 충만한 신성이"(골 2:9) 머물고 계신다. 3분의 1씩 나눠가 지신 게 아니다. [3] 성부, 성자, 성령은 서로 사랑하며 각기 다른 방식으로 인류를 구원하는 사역을 감당하신다. 삼위일체의 교리가 아니고서는 성경에 제시된 이 세 가지 명제를 정연하게

설명할 수 없다. J. I. Packer는 '용해'의 개념을 빌어 풀이한다. 차에 설탕을 넣으면 눈에 보이지 않게 된다. 용해된 것이다. 하지만 화학자라면 다시 결정으로 뽑아낼 수 있다. 이와 같이, 삼위일체 교리는 성경 전반에 걸쳐 용해되어 있다가 초대교회를 통해 추출되었다는 게 Packer의 주장이다. Packer and Nystrom, *Praying : Finding Our Way*, 23-24.

3. 하나님이 "이름을 두려고" 선택하셨다고 말씀하셨다는 건(신 12:5, 11. 비교 : 왕상 8:16, 29), 거기에 사시겠다는 의미다. "주의 이름이 가까움이라"(시 75:1, 개정개역)는 시편기자의 말은 하나님 자신이 가까이 계신다는 뜻이다. 성경에 등장하는 인물에게 성품이나 본성이 속속들이 변하는 사건이 일어날 때면 어김없이 이름이 달라지는 걸 볼 수 있다. 아브람은 아브라함이, 시몬은 베드로가, 사울은 바울이 되었다. 성경에서 이름은 곧 본질이었다. 그러므로 예수님이 성부, 성자, 성령이 한 하나님의 이름을 가졌다고 말씀하셨다면, 세 위격을 가지셨을지라도 한 분이며 동일한 본질을 소유하셨음을 가리킨다.

4. R. T. France, *The Gospel of Matthew : New International Commentary on the New Testament*(Grand Rapids, Mi : Eerdmans, 2007). France는 덧붙였다. "성부, 성자, 성령이 한 이름을 가지셨다는 사실은 한 분 하나님 안에 세 위격이 있다는 삼위일체 교리의 중요한 지표가 된다"(1118).

5. 웨스트민스터 대요리문답 9번과 10번 문항을 보라. "질문 9 : 신격에는 몇 위가 있는가? 답 : 신격에는 성부, 성자, 성령 3위가 있다. 이 삼위는 참되고 영원한 한 분 하나님이며 저마다의 속성은 다르지만 본질은 같으며 권능과 영광도 동일하다. / 질문 10 : 신격 안에 계시는 세 위격은 각각 어떤 속성을 가지고 있는가? 답 : 성부는 성자를 낳으셨고, 성자는 성부에게서 나셨으며, 성령은 성부와 성자에게서 나오셨다는 것이 영원 전부터 존재하는 고유한 속성이다." 이 두 문항은 삼위일체 교리를 간단히 요약정리하고 있다. (1) 세 위격을 가진 한 분 하나님이 살아 계신다. (2) 세 위격은 권능과 신성, 영광에 있어서 동등하다. 이 셋은 같은 위격의 다른 유형이 아니며 서로 교환될 수 있는 성격도 아니다. 서로를 잘 알고 사랑하며 세상의 창조와 구원을 위해 함께 일한다. 성부는 성자를, 성부와 성자는 성령을 보내신다. 여기에 관해서는 정교회, 가톨릭교회, 개신교회 등 기독교의 모든 분파가 뜻을 같이한다. 삼위일체를 믿지 않는다면, 기도를 제대로 이해하지 못하는 차원을 넘어 기독교 신앙을 완전히 왜곡해서 전혀 다른 모습으로 뒤바꿔 놓게 된다. (1)번 명제를 부정하고 한 위격을 가진 한 분 하나님이 존재할 뿐이라는 식의 주장을 앞세우면 유니테리언주의가 된다. 똑같이 (1)번 명제를 부정해도 세 분 하나님이 저마다 독특한 위격을 가지셨다고 한다면 다신론이 된다. (2)번 명제를 부정하고 성부만이 참 하나님이고 나머지 둘은 거기서 파생된 일종의 부산물로 여긴다면 성자종속설(subordinationism)에 해당한다. (3)번 명제를 부정하고 하나님은 그때그때 다른 형태로 거하신다고 하면 양태론이 된다. 이들 가운데 어느 것도 삼위일체론에 부합되지 않는다. 세상에는 동등하게 거룩한 세 위격을 가진 한 분 하나님이 존재할 따름이다. 성부와 성자, 성령은 서로 잘 알고 사랑하며 한 팀이 되어 창조와 대속 사역을 펼치신다. 기독교회는 처음부터 지금까지 일관되게 이것이 진리임을 천명해 왔다. 삼위일체가 빠진다면 다른 이슈에 관한 이해도 사사건건 뒤틀릴 수밖에 없다. 갖가지 비유를 동원해서 삼위일체의 이런저런 측면들을 설명할 수 있지만, 무엇에 빗대든지 어느 한 쪽(하나 또는 셋, 동등함이나 다양함 가운데 한 방향)으로 지나치게 치우칠 수 있다는 점을 놓쳐서는 안 된다. 정육면체의 높이와 너비, 깊이를 가지고 설명하거나 열과 빛, 그리고 근원이 되는 태양으로 풀이하는 경우는 주위에서 흔히 만난다. 하나님을 가족, 또는 공동체로 해석하는 사회학적인 비유도 있고 사랑하는 사람과 그가 사랑하는 모습, 사랑하는 사람이 그 모습을 좋아하는 사랑 자체에 빗대는 심리학적인 인유도 있다. 인간정신에서 삼위일체의 이미지를 찾으려는 Augustine의 노력은 De Trinitate 제9권에서 볼 수 있다.

6. Paul Ramsey, ed., *Ethical Writings : The Works of Jonathan Edwards*, vol. 8(New Haven, CT : Yale University Press, 1989), 403-536.

7. William G. T. Shedd, "Introductory Essay" to Augustine's *On the Trinity*, in *A Select Library of the Nicene and Post-Nicene Fathers of the Christian Church*, ed. Philip Schaff, vol. 3(Grand Rapids, MI : Eerdmans, 1979), 14. "여기에는 단일한 본질 안에 서로 어울리는, 경험세계인 우주와는 완전히 독립된 연합, 그리고 거기서 비롯된 친밀한 사귐과 축복이 있다. 하지만 하나의 본질만 존재할 뿐, 실질적인 구별이 없다면 이는 불가능하다. 이신론자들이 말하는 단수의 단위가 아니라 삼위일체론에 따른 복수의 연합으로만 설명이 가능하다. 대상이 없는 주체는 알 수가 없다. 알려질 게 없는 데 무얼 안단 말인가? 사랑할 수도 없다. 사랑받을 상대가 없는데 무얼 사랑하겠는가? 기뻐할 게 없는 데 무얼 기뻐하겠는가? 우주는 대상이 될 수 없다. 하나님의 피조물은 그분의 무한하고 영원한 지식과 사랑과 기쁨의 무한하고 영원한 대상이 되지 못한다. 피조물은 영원하지도, 무한하지도 않기 때문이다. 우주라는 게 아예 없었던 시간이 존재한다. 만일 하나님의 자기인식과 지복(至福)이 우주에 달렸다면, 하나님이 자신을 인식하지도, 지극한 행복을 누리지도 못했던 시기가 있었다는 의미가 되는 것이다."(14-15)

8. 이러한 사실(입양에 빗대는 비유가 용서나 칭의처럼 법률과 규정의 측면과 거듭남이나 성화 같은 관계적인 면을 한데 아우른다)은 오늘날 신학계에서 입양의 비유가 큰 주목을 받고 있음을 암시한다. Todd Billings, "Salvation as Adoption in Christ : An Antidote to Today's Distant yet Convenient Deity," in *Union with Christ : Reframing Theology and Ministry for the Church*(Grand Rapids, MI : Baker Academic, 2011), 15-34를 보라. Billings는 입양의 교리를 특히 미국 젊은이들 사이에 만연한 '도덕치료주의적 이신론(Moralistic, Therapeutic Deism, Christian Smith가 붙인 이름이다)'의 독성을 제거하는 해독제가 될 수 있다고 주장한다. MTD란 급할 때 나타나 도움을 주시지만 그밖에는 아무 것도 요구하지 않는 하나님을 믿는 신앙 행태를 가리킨다. Michael S. Horton, "Adoption : Forensic and Relational, Judicial and Transformative," in *Covenant and Salvation : Union with Christ*(Louisville, KY : Westminster John Knox Press, 2007), 244-47도 보라. Horton이 붙인 부제에서 보듯, '그리스도를 통한 입양'이라는 교리는 프로테스탄트에게 법적으로 완전히 용납되었다는(내면의 변화나 인격적인 강점과 상관없이 오로지 믿음으로 의롭다 하심을 받는다는) 신앙이 크리스천들로 하여금 변화된 삶, 거룩하고 의로운 삶을 살려는 노력을 외면하게 부추긴다는 혐의에 대한 일종의 답변을 제공한다. 입양은 '법률 / 규정'과 '관계 / 변화'를 통합하는 개념이다. 입양된 아이에게는 법적인 신분 전환, 그리고 생활방식과 실질적인 관계들의 급격한 변화가 동시에 찾아온다. 그 둘이 본질적으로 한데 어우러지는 것이다. 선한 행위와 상관없이 오직 그리스도를 믿는 믿음으로 참으로 의롭다 하심을 얻은 크리스천이라면 반드시 선한 일을 도모하게 마련이다. 입양 개념은 그리스도를 통한 구원의 여러 측면들이 서로 상충되지 않도록 막아 준다.

9. 인용문은 20세기 초에 방송된 J. Gresham Machen의 라디오 대담, "The Active Obedience of Christ"에서 가져왔다. 대담 내용을 조금 더 소개하자면 이렇다. "행위언약은 보호관찰이나 다름없었다. 아담은 일정 기간 동안 하나님의 법을 준수하면 영원한 생명을 얻게 되어 있었다. 반대로 불순종하면 죽음을 맞아야 했다. 아담은 불순종을 택했다. 죽음의 형벌이 아담과 그 후손들을 덮쳤다. 하지만 예수님이 십자가에서 돌아가심으로써 대신 형벌을 받으셨다. 그런데 주님이 해 주신 일이 그뿐이라면, 아담이 죄를 짓기 전의 상태로 되돌아가는 게 당연하다는 걸 알아야 한다. 그리스도가 죄 값을 모두 치르셨으므로 범죄에 대한 형벌은 면하게 되었다손 치더라도 장차 영원한 생명을 얻으려면 하나님의 법에 한 치도 어긋남 없이 순종해야 한다. 그저 보호관찰 상태로 돌아갔을 따름인 것이다. 하지만 실제로 그리스도는 아담이 처음 지은 죄(와 우리가 저마다 저지른 죄)의 형벌을 대신 받으셨을 뿐만 아니라, 영원한 생명을 얻을 자격까지 확보해 주셨다. 다시 말해서, 죗값을 치르고 보호관찰 규정을 준수하는 양면에 걸쳐 대표가 되셨

다. 마땅히 우리가 받아야 할 보호관찰 위반에 대한 벌을 받는 데 그치지 않고 우리를 위해 그 규정까지 다 따르신다. … (그리스도는) 죽음의 형벌을 대신 받으셨을 뿐만 아니라, 하나님의 법에 온전히 따르는 상급까지 보장하셨다. … 이것이 우리를 위해 주님이 해 주신 두 가지 일이다." 이 이야기는 J. Gresham Machen, *God Transcendent*(Carlisle, PA : Banner of Truth, 1982), 187-88에 실려 있다.

10. Edwards의 설교, "Justification by Faith Alone," in *The Works of Jonathan Edwards*, vol. 19, *Sermons and Discourses*, 1734-1738, ed. M. X. Lesser(New Haven : Yale University Press, 2001), 204를 보라.

11. C. E. B. Cranfield, *A Critical and Exegetical Commentary on the Epistle to the Romans*, vol. 1 (Edinburgh : T. & T. Clark, 1975), 400. James Barr는 "Abba isn't 'Daddy'," *The Journal of Theological Studies* 39(1988), 28-47라는 유명한 글에서, 'Abba'아빠'로 해석하며 지극히 친밀한 관계를 강조하는 단어로 풀이하는 Joachim Jeremias를 비롯한 여러 학자들의 견해에 이의를 제기한다. Baar는 어린이만이 아니라 다 큰 유대인 아이들도 'Abba'란 말을 쓴다고 지적한다. 그리스어에는 'papps'는 단어가 따로 있어서, '아빠'나 '파파'처럼 어렸을 때 사용하다가 나중에 자연스럽게 버리게 된다는 것이다. 그러므로 기도하면서 전능하신 하나님을 'Abba'로 언급하는 건 부적절한 처사라는 게 Baar의 논지다. 이런 주장에는 다소 지나친 면이 있다. 대다수 문화권에서 아이(특히 사내아이)들은 꼬맹이들의 표현('아빠'나 '파파' 같은)을 버리려 애쓰는 성향을 보인다. 성인이 되었음에도 부모를 '엄마' '아빠'로 부른다면, 그건 얼릴 때 가졌던 존경심과 오랜 친밀감, 반가움과 다가서고 싶은 마음이 뒤섞인 표현으로 보아야 한다.

12. Cranfield, *Critical and Exegetical Commentary*, 400.

13. Martin Luther, "Personal Prayer Book," in *Luther's Works : Devotional Writings* II, ed. Gustav K. Wiencke, vol. 43(Minneapolis : Fortress Press, 1968), 29.

14. 여기서 '탄식'은 우리가 아닌 성령님의 탄식만을 가리킨다고 주장하는 주석가들이 있다. 간구할 때 그분의 심중에 일어나는 감정일 따름이어서 인간으로서는 그걸 알아차릴 길이 없다는 것이다. 그러므로 성령님의 중보는 우리, 그리고 우리의 기도와 본질적으로 별개로 끊임없이 이어진다고 한다(Douglas J. Moo와 Joseph A. Fitzmyer 등이 이런 입장에서 로마서 8장 26-27절을 해석하는 주석가에 속한다). 다른 주석가들은 문법적으로는 성령님의 탄식이 분명하지만 우리가 연약해서 어떻게 기도해야 할지 모를 때 성령님이 탄식 속에 도우시겠다는 게 이 약속의 핵심이라고 강조한다. 무엇보다 하나님은 "사람의 마음을 꿰뚫어 보시는" 분이시며(롬 8:27) 이는 주님이 크리스천의 마음을 살피고 계신다는 의미다. 그러므로 성령님의 탄식은 성령님에서 비롯된 하나님의 뜻에 따르면서 갖는 크리스천의 탄식과 갈망이다. John Murray, Peter O'Brien, John Stott, Thomas Schreiner 같은 주석가들은 두 번째 입장을 택하고 있다. Schreiner, *Romans : Baker Exegetical*, 445-47을 보라.

15. "그래서 어려움을 당해 반드시 기도해야 할 순간에도 무얼 구해야 할지 알지 못한다." Augustine Letter 130, in Schaff, *Nicene and Post-Nicene Fathers*, 1011.

16. Clowney, "A Biblical Theology," 170.

17. Graeme Goldsworthy, *Prayer and the Knowledge of God*(Downers Grove, IL : InterVarsity, 2003), 169-70.

18. John Murray, *The Epistle to the Romans*(Grand Rapids, MI : Eerdmans, 1968), 330.

19. *Nicomachean Ethics*, Book VIII. 7, trans. W. D. Ross, Digireads, 2005를 보라.

20. *The Gospel According to John*, Pillar New Testament Commentary series(Grand Rapids, MI : Eerdmans,

1991), 496-97에 실린 D. A. Carson의 설명이다.

21. McNeill, *Calvin : Institutes*, 3.2.36., 585-84.

22. McNeill, *Calvin : Institutes*, 1.2.1., 41.

23. McNeill, *Calvin : Institutes*, 1.2.2., 43.

24. 두말할 것도 없이, 기도와 찬양을 비롯해 지금 우리가 하는 많은 일들은 '신을 달래는 제사'가 아니라 하나님께 드리는 '찬미의 제사'(히 13:15-16)다. 히브리서 13장은 크리스천의 기도를 그리스도가 이미 베풀어 주신 구원에 감사하는 제물이라고 가르친다. 신약에서 말하는 기도는 하나님의 진노를 피하고 하나님의 관심과 사랑을 구하며 확보하기 위해 드리는 속죄, 또는 위안의 제사가 아니다.

25. 원문은 NASB를 사용했음.

26. 153. McNeill, *Calvin : Institutes*, 3.20., 850

PART 3

Chapter 6

1. Calvin의 Institutes는 요즘 말하는 이른바 조직신학의 전형이라고 할 수 있다. 그런데 Calvin의 개혁적 전통을 따르는 조직신학자들의 저작물에 통상적으로 기도를 다룬 대목이 없다는 점은 놀랍고 또 한편으론 이상하기도 하다. 그런 점에서 19세기 프린스턴 신학자인 Charles Hodge는 예외적인 인물로 그가 쓴 조직신학 책에는 기도, 특히 크리스천이 드리는 기도와 관련해 하나님을 설명하는 기독교 교리를 다룬 내용이 상당한 분량을 차지한다. Charles Hodge, *Systematic Theology*, vol. 3(Grand Rapids, MI : Eerdmans, 1965), 692-700.

2. Schaff, *Nicene and Post-Nicene Fathers*, 997-1015.

3. Ibid.

4. 주기도문에 대한 Agustine의 더 상세한 설명은 제8장을 보라.

5. Mark Rogers, "'Deliver Us from the Evil One' : Martin Luther on Prayer," *Themelios* 34, no. 3(November 2009)에서 인용.

6. Luther, "A Simple Way to Pray," 193. Luther가 '하루에 두 번' 프로그램은 골방에서 개인적으로든, 교회에서 함께 모인 이들과 함께든 모두 가능하다고 했던 점에 주목할 필요가 있다. Luther는 이렇게 적었다. "기도하는 심령이 냉담하고 기쁘지 않다는 생각이 들면 … 서둘러 골방을 찾지만, 혹시라도 날짜와 시간만 맞으면 교인들이 모여 있는 교회로 달려간다"(193). 공동예배의 중요성을 강조하는 Luther의 신학을 보여 주는 간증이다. 개인적인 훈련을 거듭한다고 해도 제힘만으로는 기도가 끊어진 단단하고 차가운 마음을 어찌할 수 없다. 하나님의 백성이 공적으로 모이는 예배당은 선포되는 말씀(개인적으로 읽는 말씀만이 아니라)을 통해 하나님의 음성을 들을 수 있는 장소이며 개인적인 차원을 넘어 여럿이 한 목소리로 기도와 찬양으로 반응하는 자리기도 하다.

7. Martin Luther, *Luther' Large Catechism*, trans. F. Samuel Janzow(St. Louis Concordia, 1978), 79.

8. Calvin 역시 온 정신과 마음을 쏟아 기도하는 게 결정적이라고 믿었으며, Luther와 마찬가지로 하나님 말씀의 속뜻이 무엇이며 어떤 메시지를 주는지 묵상하는 게 중요하다고 충고한다. Calvin은 이렇게 적었다. "하나님은 예배만 드리면 마음이 풀어지실 게 틀림없다는 자기 신념에 사로잡혀 묵상을 건너 뛴 채 기도를 웅얼거리는 짓이야말로 덜 심각해 보이지만 도저히 용인할 수 없는 결함이다. 그러므로 이제 경건한 이들은 진지한 애정을 가지고 갈망하는 마음과 반드시 얻고자 하는 간절한 소망을 품지 않고는 하나님 앞에 나서길 극도로 조심해야 한다. 오로지 하나님의 영광을 돌리기를 추구하며 언뜻 자신의 필요를 채우는 것과는 상관이 없는 듯 보이는 일들이라 할지라도 그에 한 점 모자라지 않은 열심과 정성을 가지고 구하는 게 마땅하다. 가령, '이름이 거룩히 여김을 받으시오며'(마 6:9, 눅 11:2)라고 기도할 때, 그 신성함을 추구하는 일에 진정으로 주리고 목말라야 한다는 것이다"(McNeill, *Calvin : Institutes*, 3.20.6., 857).

9. Luther, "A Simple Way to Pray," 194

10. Luther가 엄밀하게 말해 성경이 아닌 무언가를 이러한 묵상의 소재로 제시하는 경우는 사도신경이 유일하다. 성경의 진리를 졸이고 졸여 얻은 결정체라고 확고하게 믿었던 까닭이었을 것이다. Luther는 "A Simple Way to Pray," 209-11에서 사도신경 묵상의 실례를 보여 준다.

11. Ibid., 200.

12. Ibid., 200-01.

13. Ibid., 196-97.

14. Ibid., 198.

15. 주기도문을 묵상하고 다른 말로 표현하며 개인화하는 방법에 대한 Luther의 지침은 성경의 어느 본문에 적용해도 무리가 없다. 시편이나 성경의 다른 본문을 가지고 기도하면서 하나님께 눈을 돌리는 건 옛날 고릿적부터 효능을 인정받아온 크리스천의 관습이다. 하지만 Luther가 여기에 소개한 것만큼 뼈대를 정확히 잡고 다가가기 쉬운 방식으로 제시한 경우는 찾아보기 어렵다. 아울러, Luther가 쓴 "A Simple Way to Pray"에서는 다른 이가 쓴 기도문을 가지고 기도하는 데 대한 긍정적인 입장도 또렷이 볼 수 있다. John Bunyan 같은 이들은 문자로 기록된 기도문을 사용하는 걸 완강히 반대했던 반면, Luther의 *Small Catechism*은 몇 편의 기도문을 내놓고 식구들끼리 아침에 직장이나 학교에 가기 전, 또는 밤에 잠자리에 들기 전에 활용하기를 권장한다. Calvin도 비슷한 기도문을 제공했다. Luther는 기록된 기도문을 사용하는 데 아무런 문제의식이 없었다. 다만 기도하면서 그 구절들을 내면에서 개인화해야 하며 그렇지 않으면 '의식 없이 지절거리는' 행태나 다름없다고 했다. "Daily Prayers" in *Luther's Small Catechism with Explanation*(St. Louis : Concordia, 1986), 30-32를 보라.

16. Luther, "A Simple Way to Pray," 198.

17. Ibid., 201-02.

Chapter 7

1. McNeill, *Calvin : Institutes*, 3.20.5., 854.

2. Kenneth Grahame, *The wind in the Willows*, chapter 7, "The Piper at the Gates of Dawn."

3. McNeill, *Calvin : Institutes*, 856. 3.20.6 앞머리에 붙은 단락이다. 별표가 붙어 있다는 건 칼뱅의 원문이 아니라 편집자가 보완했다는 뜻이다. 그럼에도 불구하고 이 문절은 칼뱅의 두 번째

기도 원칙을 잘 요약 정리하고 있다.

4. Ibid., 857.

5. Francis Spufford, *Unapologetic : Why, Despite Everything, Christianity Can Still Make Surprising Emotional Sense*(New York : HarperOne, 2013), 27.

6. McNeill, *Calvin : Institutes*, 3.20.7., 858.

7. McNeill, *Calvin : Institutes*, 3.20.8., 859.

8. McNeill, *Calvin : Institutes*, 3.20.11., 862.

9. McNeill, *Calvin : Institutes*, 3.20.13., 867.

10. McNeill, *Calvin : Institutes*, 3.20.15., 872.

11. McNeill, *Calvin : Institutes*, 3.20.16., 872.

12. McNeill, *Calvin : Institutes*, 3.20.17., 874-75.

13. McNeill, *Calvin : Institutes*, 3.20.15., 870.

14. Ibid.

15. Ibid.

16. R. A. Torrey, *The Power of Prayer and the Prayer of Power*(Grand Rapids, MI : Fleming H. Revell, 1924), 106-07.

Chapter8

1. Luther와 관련해서는 "A Simple Way to Pray"뿐만 아니라 "Personal Prayer Book" in *Luther's Works*, 그리고 *Large Catechism and Small Catechism, Luther's Works : The Sermon on the Mount and the Magnificat*, vol. 21(St. Louis : Concordia, 1968)도 보라. Calvin의 경우는 Institutes외에 David and Thomas Torrance, eds., *A Harmony of the Gospels : Matthew, Mark, and Luke*, vol. 1(Grand Rapids, MI : Eerdmans, 1994)도 함께 보라. Augustine과 관련해서는 특히, Philip Schaff, *Nicene and Post-Nicene Fathers*, vol. 6(Christian Literature, 1886)에서 뽑아낸 Paul A. Boer, ed., *St. Augustine of Hippo : Our Lord's Sermon on the Mount according to Matthew & the Harmony of the Gospels*(CreateSpace, 201)을 살펴보라.

2. McNeill, *Calvin : Institutes*, 3.20.36., 899.

3. Luther, "Personal Prayer Book," 29.

4. McNeill, *Calvin : Institutes*, 3.20.36., 901.

5. *Luther's Large Catechism*, 84.

6. Augustine, Letter 130, in Schaff, *Nicene and Post-Nicene Fathers*, chapter 12.

7. McNeill, *Calvin : Institutes*, 3.20.41., 903-4.

8. Augustine, "Our Lord's Sermon on the Mount," trans. S. D. F. Salmond, in *Nicene and Post-Nicene Fathers*, ed. Philip Schaff, vol. 6. 1886(Electronic edition, Veritatis Splendor, 2012), 156.

9. McNeill, *Calvin : Institutes*, 3.20.42., 905.

10. Luther, "Personal Prayer Book," 32.

11. Ibis., 33.

12. Augustine, "Our Lord's Sermon on the Mount," 158-59.

13. Luther, "Personal Prayer Book," 34.

14. McNeill, *Calvin : Institutes*, 3.20.43., 907.

15. George Herbert, "Discipline," in *The English Poems of George Herbert*, ed. Helen Wilcox(New York : Cambridge University Press, 2010), 620.

16. Augustine, Letter 130. in Schaff, *Nicene and Post-Nicene Fathers*, chapter 12.

17. McNeill, *Calvin : Institutes*, 3.20.44., 907-08.

18. *Luther's Large Catechism*, 92.

19. *Luther's Large Catechism*, 93.

20. McNeill, *Calvin : Institutes*, 3.20.45., 912.

21. Augustine, "Our Lord's Sermon on the Mount," 167.

22. McNeill, *Calvin : Institutes*, 3.20.46., 913.

23. Ibid.

24. *Luther's Large Catechism*, 96-97.

25. Augustine, Letter 130, in Schaff, *Nicene and Post-Nicene Fathers*, chapter 12. 같은 필자의 "Our Lord's Sermon on the Mount," 171도 보라.

26. McNeill, *Calvin : Institutes*, 3.20.47., 915-16.

27. McNeill, *Calvin : Institutes*, 3.20.49., 917.

28. McNeill, *Calvin : Institutes*, 3.20.47., 915.

29. Horton, *Calvin on the Christian Life*, 154.

30. C. S. Lewis, *The Four Loves*(New York : Harcourt, 1960), 61.

31. Ibid., 62.

Chapter 9

1. Forsyth, *The Soul of Prayer*, 9-10.

2. Ibid. 62.

3. Phelps, *The Still Hour*, 61-62.

4. Ole Hallesby, *Prayer*(Minneapolis : Augsburg, 1975), 89-90.

5. 청교도와 퀘이커교도들 사이의 갈등과 관련된 더 중요하고 폭넓은 논의를 보려면, Peter Adam, *Hearing God's Words : Exploring Biblical Spirituality*(Downers Grove, IL : InterVarsity Press, 2004), 175-201을 보라. Adam은 퀘이커교도들이 말씀과 성령을 분리한다고 비난하는 청교도의 입장에 가까웠지만, 성령님을 말씀과 지나치게 동일시하다 보면 성경을 읽지 않으면 성령님이 크리스천의 삶에 아무런 영향도 미치지 못한다는 그릇된 결론에 이르게 된다는 점을 지적했다. 정반

대쪽 오류인 셈이다. "크리스천들이 성경 말씀을 생각조차 않을 때에도 성령님이 그 안에 거하신다는 사실을 감안할 때, 성령과 말씀을 지나치게 동일시하는 입장은 태생적 결합을 갖게 된다. 반면에 성령님과 말씀 사이의 구별을 과도하게 강조하는 태도의 경우, 하나님이 친히 공급하고 사용하시는 성경과 성경 교사라는 도구의 의미를 퇴색시킨다."(199)

6. J. I. Packer, "Some Lessons in Prayer," in *Knowing Christianity*(Wheaton, IL : Harold Shaw, 1995), 129-30.

7. 이러한 결론을 뒷받침하는 증거가 필요하면, Wayne R. Spear, *The Theology of Prayer : A Systematic Study of the Biblical Teaching on Prayer*(Grand Rapids, MI : Baker, 1979), 28-30과 Graeme Goldsworthy, *Prayer and the Knowledge of God*, 82-83을 보라.

8. Packer, *Knowing Christianity*, 127.

9. Westminster Larger Catechism, Q. 189.

10. Phelps, *The Still Hour*, 55.

11. Hallesby, *Prayer*, 16.

12. Packer, *Knowing Christianity*, 128.

13. Forsyth, *The Soul of Prayer*, 10.

14. 그리스도를 믿는 순간, '그리스도 안에(in Christ 또는 united with him)' 있게 된다. Sinclair Ferguson은 그리스도와 연합하는 일의 여러 측면을 구별한다. 크리스천은 법률적으로, 믿음으로, 영적으로, 그리고 필연적으로 주님 안에 있게 된다(S. Ferguson, *The Christian Life*, [Carlisle, PA : Banner of Truth, 1981], 107-10).

15. Clowney, "A Biblical Theology of Prayer."

16. Westminster Larger Catechism, Q. 182.

17. John Newton, "Letter II to Mr. B****," in *The Works of John Newton*, vol. 1(Carlisle, PA : Banner of Truth, 198), 622.

18. Westminster Larger Catechism, Q. 174.

19. William Guthrie, *The Christian's Great Interest*(Glasgow : W. Collins, 1828), 156.

20. Forsyth, *The Soul of Prayer*, 18-19.

21. Westminster Larger Catechism, Q. 105. 대요리문답은 "너희는 내 앞에서 다른 신들을 섬기지 못한다"는 첫 번째 계명을 설명하면서 "자기사랑, 자기중심, 정신이나 의지나 애정을 지나치고 무절제하게 다른 것들에 쏟는 행위, 전반적으로든 부분적으로든 그것들을 하나님에게 쏟지 않는 행위 … 우리의 됨됨이나, 소유나, 능력 같은 선한 일에 대한 찬양을 행운이나, 우상이나, 자신이나, 그밖에 다른 어떤 피조물에게 돌리는 행위"를 뿌리 뽑아야 한다고 말한다.

22. McNeill, *Calvin : Institutes*, 1.1.1.

23. Clowney, "A Biblical Theology of Prayer," 142.

24. Hodge, *Systematic Theology*, 703.

25. Hallesby, *Prayer*, 61-118.

26. Bloesch, *Struggle of Prayer*, ix. 에서 인용.

27. Hallesby, *Prayer*, 76.

28. Packer and Nystrom, *Praying : Finding Our Way*, 40.

29. Ibid.

30. 로마서 7장 19-20, 22-23절을 풀어 씀.

31. McNeill, *Calvin : Institutes*, 3.20.1., 850.

PART 4

Chapter 10

1. Peterson, *Answering God*, 23-24.

2. Edmund P. Clowney, *CM : Christian Meditation*(Nutley, NJ : Craig Press, 1979), 11.

3. 현대인들은 '주님의 법'이란 말을 듣자마자 십계명이나 하나님이 제정하신 법조문들이 가득한 성경의 특정 부분을 떠올리기 십상이다. 하지만 성경에서 '주님의 법'이란 표현이 넓은 의미로 쓰이면 성경전체를 의미할 수 있으며 실제로 그런 사례가 자주 보인다. 실제로 법조문의 형태든, 아니면 교훈을 담은 이야기의 형식이든 하나 같이 규범적이고, 하나님의 뜻을 바탕으로 크리스천에게 구속력을 가진다는 점에서 성경은 처음부터 끝까지 '법'을 담은 책이라고 볼 수 있다.

4. Derek Kidner, *Psalms 1-72, Tyndale Old Testament Commentaries*, vol. 15(Downers Grove, IL : InterVarsity Press, 1973), 48.

5. 묵상하는 행위를 가리키는 신약성경의 용어에는 사도 바울이 "가치를 평가하다, 셈하다"라는 의미로(고전 13:5, 고후 2:6)나 "감정하다, 추산하다, 숙고하다"라는 뜻으로(롬 2:26, 9:8), 또는 "생각하다, 숙고하다, 마음에 담아두다"라는 개념으로(빌 4:8, 고후 10:11) 즐겨 사용했던 'logizdomai'도 포함된다. P. T. O'Brien, *The Epistle to the Philippians : A Commentary on the Greek Text*(Grand Rapids, MI : Eerdmans, 1991), 436을 보라. 사도 바울이 "여러분이 그리스도의 사랑의 너비와 길이와 높이와 깊이가 어떠한지를 깨달을 수 있게 되고"라고 했던 에베소서 3장 18절에서도 비슷한 용어를 볼 수 있다. 여기에 쓰인 말은 지성과 애정 양면에 걸쳐 이해하고 받아들이는 걸 가리킨다.

6. Luther, "A simple Way to Pray," 200.

7. Lindsay Gellman, "Meditation Has Limited Benefits, Study Finds," *The Wall Street Journal*, January 7, 2014. 연구 결과, 만트라 명상에는 별다른 유익이 없으며, 지극히 제한적인 이들만이 'mindfulness' 명상이나 'present focused awareness'로 효과를 보는 것으로 나타났다.

8. Clowney, CM, 7.

9. Douglas J. Moo, *The Letters to the Colossians and to Philemon, Pillar New Testament Commentary*(Grand Rapids, MI : Eerdmans, 2008), 286. Moo는 골로새서 3장 16절에 등장하는 '여러분'이란 말이 복수형이라는 점을 들어, 성경을 개인적으로 묵상하는 게 아니라 말씀을 함께 연구하고 깊이 새기는 걸 가리킨다고 콕 집어 지적한다.

10. 프로테스탄트 진영에서 17세기에 나온 묵상 관련 논문으로는 Richard Baxter, in *The Saints'*

*Everlasting Rest*와 John Owen, in *The Grace and Duty of Being Spiritually Minded*를 첫손에 꼽을 수 있다. Baxter는 묵상의 두 가지 움직임에 관해 쓰고 있다. 첫째는 장기간에 걸쳐 깊이 있게 성찰하는 이른바 '관상'이고 두 번째는 자신에게 선포하고, 대화하며, 스스로 권면하는 '독백'이다. Richard Baxter, *The Saints' Everlasting Rest*, abridged by Benjamin Fawcett(The American Tract Society, 1975)를 보라. Peter Adam은 Baxter의 묵상이론을 요약 정리해서 Adam, *Hearing God's Words*, 202-10에 소개하고 있다. 묵상과 관련된 John Owen의 대표작은 *The Grace and Duty of Being Spiritually Minded* in *The Works of John Owen*, ed. William H. Goold, vol. 7(Carlisle, PA : Banner of Truth, 1965), 262-479다. Owen이 말하는 묵상의 단계(생각의 초점을 모으고 거기에 마음을 기울이는)는 Baxter의 주장과도 맥을 같이 한다. Owen의 "Meditations and Discourses on the Glory of Christ," in *Works of John Owen*, ed. William H. Goold, vol. 1(Carlisle, PA : Banner of Truth, 1965), 274-461eh 보라. 예수 그리스도의 영광이 갖는 다양한 면모에 관한 Owen의 실질적인 묵상 사례들을 여기서 더 많이 볼 수 있다.

11. Owen, *The Grace and Duty of Being Spiritually Minded*, 384. 묵상의 세 가지 단계, 또는 영역을 설명하는 p. 270도 보라. "영적으로 염두에 두어야 할 큰 의무에는 세 가지가 있다. … [1 - 생각의 초점 잡기] 영적이고 하늘에 속한 일들에 대한 생각과 묵상, 소망을 가다듬는 실질적인 정신훈련이다. … 생각과 묵상들의 초점을 맞춰서 진리 자체에 집중하게 한다. [2 - 마음을 기울이기] 온갖.... 정서를 아우르는 경향, 성향, 또는 틀'로서 마음이 영적인 것들을 붙들고 늘어지며 … 그 안에서 … 사랑과 기쁨을 찾으며 … 거기에 온 관심을 쏟는 일이다. [3 - 주님을 즐거워하기] 영적인 요인들에서 찾을 수 있는 풍미와 향취, 또는 아취, 그리고 체질과 성향, 욕구에 부합되는 데서 오는 정신적인 만족. 남들한테는 달걀흰자와 같아서 아무 맛도 풍미도 없을지라도, 영적인 것들에는 소금 같은 요소가 들어 있어서 선도와 아취를 지켜서 마음을 새롭게 한다. 영적인 삶이 주는 감미로움과 만족은 이런 풍미와 향취에서 찾을 수 있다. 외롭고, 메마르고, 찌들고, 황량해지면 영적인 것들을 사변적으로 헤아리게 된다. 그처럼 고상한 풍미에 젖은 이들은 경험적으로 자애로우신 하나님, 포도주보다 더 단 그리스도의 사랑, 그밖에 무엇이 됐든 짜릿하게 미각을 자극하는 더없이 상쾌한 향취를 맛볼 수 있다. 이것이야말로 크리스천이 '말로 다 표현할 수 없는 즐거움과 영광을 누리면서 기뻐하는' 타당한 근거가 된다.'" 270-71.

12. Ibid.

13. Adam, *Hearing God's Words*, 209에 인용.

14. John Owen, *Meditations and discourses on the Glory of Christ*, 400-01에서 가져옴.

15. Ibid., 400.

16. Ibid., 401.

17. Owen, *Works*, vol. 270-71.

18. Ibid., 393.

19. Ibid.

20. Ibid., 394.

21. *Too Deep for Words* : *Rediscovering Lectio Divina*(Mahwah, NJ : Paulist Press, 1988)에서 Thelma Hall의 설명을 좇아 Owen이 말하는 묵상의 3단계를 정통 가톨릭과 베네딕트 수도사들이 지키는 렉시오 디비나(lectio divina), 또는 '거룩한 독서'와 비교해 보면 아주 흥미로운 결과를 얻을 수 있다. 렉시오 디비나는 읽기, 묵상, 기도, 관상이라는 네 단계를 거친다. [1] 렉시오 디비나에서 말하는 '읽기'란 성경 본문을 묵상하는 마음으로 정독하는 것을 말한다. 한 구절 한 구절 신

학적으로 분석하며 교리적인 의미를 찾는 접근은 바람직하지 않은 방식으로 본다. 관심을 끌고 눈길을 사로잡는 부분이 나타나기까지 기다렸다가 거기에 집중한다. '지금 나', 다시 말해 현재의 상황에 가장 적합해 보이는 요소들을 찾는다(p. 36-38). 됐다 싶으면 다음 단계로 넘어간다. [2] 묵상. Hall은 두 가지 형태의 묵상을 제안한다. 우선, 상상력을 동원해서 성경의 무대에 직접 뛰어들어서(내러티브를 가진 대목의 경우) 어떤 장면들이 연출되고 무슨 말들이 오갈지 곰곰이 더듬어 보는 방식이다. 말씀 가운데 예수님이 등장한다면, 그분이 눈을 맞추며 말씀을 들려주신다고 생각하라(p. 40). 두 번째는 말씀 자체를 가져다가 단어와 구절의 의미를 깊이 생각하면서 마음으로 반복하는 방식이다. Hall은 형태가 어떠하든 기본적으로 묵상은 인지적이고 지성적인 활동일 수밖에 없다고 말한다. 하지만 묵상의 목표는 방법과 상관없이 하나님의 사랑을 느끼기 시작하는 데 있다(pp. 40-41). 주님의 사랑으로 마음이 뜨거워지기 시작하면 다음 단계로 넘어간다. [3] 기도. 여기서 Hall은 아빌라의 테레사가 말한 모닥불의 비유를 꺼내 든다. 묵상 가운데 연민과 사랑이 조그만 모닥불을 이뤘다면 거기서 멈추라. 묵상을 계속하는 건 마치 장작을 얹는 것과 같아서 자칫 과하면 도리어 불을 꺼트릴 수 있기 때문이다. 그때부터는 기도를 시작해야 한다. 사랑하는 이와 대화하듯, 하나님과 이야기를 나누는 것이다. '연료'를 조금씩 보태며(드문드문 성경말씀을 살펴가며) 사랑의 모닥불을 점점 키워 가라. 연인과 하나가 되길 갈망하듯, 간절한 마음으로 기도를 시작하라. 그리고 이제 마지막 단계로 들어가라. [4] 관상. Hall은 이를 '내적인 침묵'이라고 정의한다. 사상, 분석, 추론 같은 부류의 생각들은 기본적으로 '주체적'이며 하나님께 온전히 엎드려 복종하는 마음가짐이 아니다. Hall은 예수님과 연관된 사상들을 숙고하는 게 아니라, 침묵 가운데 경배하는 심령으로 직접 주님과 그분의 임재를 인식하기에 이르는 데 도움이 된다며 '향심기도'에 관한 서적들을 추천한다(pp. 45-55). Owen, 또는 Luther의 접근 방식과 여기 소개된 렉시오 디비나 사이의 유사성과 차별성은 굳이 애쓰지 않아도 금방 눈에 들어온다. 절절한 애정을 품고 전인격적으로 하나님께 반응하며 기도하게 하는 도구로서 말씀 묵상이 반드시 필요하다는 사실에 의견을 같이 한다. 아울러, 성령님이 심중에 새겨진 말씀을 실생활에 끌어들일 힘을 주실 때까지, 성경의 진리를 애써 마음에 각인시키고 심령에 '불을 붙이기'를 기대한다. 하지만 Owen과 Luther는 본문의 신학적인 의미를 무시하고 '개인적인 말씀'을 구하라고 조언하지는 않는다. 실제로 Luther는 주기적으로 사도행전을 묵상하라고 권한다. Owen과 Luther는 말씀의 교리적이고 신학적인 의미를 깊이 생각하고 적용방법을 찾아서 성령님이 한 사람 한 사람의 성품에 진리가 드러나게 하시길 바란다. 둘째로, Luther와 Owen은 크리스천의 시선이 오로지, 또는 주로 하나님의 사랑을 아는 데 가 있기를 원하지도 요구하지도 않는다. 그리스도를 통해 베풀어주신 하나님의 사랑과 은혜를 늘 기억해야 한다는 건 두말할 필요가 없는 사실이다. 그렇지 않으면 감히 하나님께 다가갈 엄두조차 낼 수 없을 것이다. 크리스천은 "예수님의 이름으로" 기도할 따름이다. 하지만 성경 본문을 통틀어 지배적인 주제는 주님의 사랑과 그날그날 마음에 떠오르는 무언가가 아니라 그분의 권능, 거룩함, 위엄, 주권, 또는 지혜에 가깝다. 마지막으로, Owen과 Luther라면 생각이나 사고를 넘어 순수한 인식에 이르도록 노력하라고 말하지 않았을 것이다. 이들은 성경이야말로 하나님이 세상과 인생에 실질적으로 임하시는 유일한 통로라고 믿었으며(제4장, '하나님과 나누는 대화'편의 도입부를 보라) 관상기도의 전통을 가진 진영에서 판단하듯, 생각과 감정이 서로 충돌한다고 보지 않았다. 이런 비판들을 간략하게 열거하기는 했지만, 사실은 Hall이 설명하는 순서, 즉 성경읽기(생각의 초점 잡기), 묵상(마음을 기울이고 돌리기), 기도(하나님의 임재를 즐거워하기)로 이어지는 과정이 전반적으로 Owen과 Luther의 견해와 크게 다르지 않다는 점에 주목할 필요가 있다.

22. Richard F. Lovelace, *Dynamics of Spiritual Life, An Evangelical Thology of Renewal*(Eugene, OR : Wipf and Stock, 2012), 213.

Chapter 11

1. Westminster Large Catechism, Q. 182.

2. McNeill, *Calvin : Institutes*, 3.1.1., 537.

3. McNeill, *Calvin : Institutes*, 3.2.36.

4. 이 기도에 대한 설교적인 주석을 보려면 D. M. Lloyd-Jones의 글들을 참조하라. 이 책의 제 11장을 쓰면서 적잖이 그이의 통찰에 기댔던 게 사실이다. D. Martyn Lloyd-Jones, *The Unsearchable Riches of Christ : An Exposition of Ephesians 3:1 to 21*(Grand Rapids, MI : Baker, 1979), 106-315.

5. 바울의 의도에 대한 Lloyd-Jones의 입장을 여기서 볼 수 있다. P. T. O'Brian, *The Letter to the Ephesians*(Grand Rapids, MI : Eerdmans, 1999)도 참조하라. "크리스천들의 심령에 그리스도가 머무시기를 구하는 바울의 기도는 언뜻 의아해 보인다. 주님은 이미 신자들의 중심에 계시는 게 아닌가? 답을 하자면, 처음 그리스도가 마음에 들어와 사시는 사건이 아니라, 크리스천들이 사랑이라는 견고한 토대를 구축하게 하시는 … 그리스도의 지속적인 임재에 간구의 초점이 있다는 것이다"(pp. 258-59).

6. Marvin Richard O'Connell, *Blaise Pascal : Reasoning of the Heart*(Grand Rapids, MI : Eerdmans, 1997), 90의 chapter 5, "The Night of Fire"를 보라.

7. William R. Moody, *The Life of Dwight L. Moody*(Albany, OR : Book fro the Ages, Ages Software, 1997), 127.

8. O'Brian, *The Letter to the Ephesians*, 258을 보라.

9. "O Jesus, King Most Wonderful" by unknown author, twelfth century, trans, Edward Caswall, 1814-78.

10. O'Brien, *The Letter to the Ephesians*, 255.

11. Suzanne McDonald, "Beholding the Glory of GHod in the Fact of Jesus Christ : John Owen and the 'Reforming' of the Beatific Vision" in *The Ashgate Research Companion to John Owen's Theology*, ed. Kelly M. Kapic and Mark Jones(Surrey : Ashgate, 2012), 142.

12. Owen, *Works*, vol. 1, 288. McDonald, "Beholding the Glory", 143에도 인용됨.

13. Ibid., 307-8.

14. 다들 인정하다시피, Jonathan Edwards는 Owen의 황홀한 체험과 관련된 주장에서 여러 기본 개념들을 가져다가 영적인 체험을 설명했다. Edwards는 성령님의 역사에 힘입어 거듭난 크리스천과 종교적이고 윤리적인 사람의 차이는 "정신적인 시각 변화, 하나님의 본질 그 자체에서 아름다움과 영광, 그리고 극도의 선함을 맛보는 마음의 풍미"에 있다고 믿었다(*The Works of Jonathan, Edwards*, vol. 2, *Religious Affections*, ed. John E. Smith, [New Haven : Yale, 1959, 241). 그리고 또 다른 글에서 Edwards는 그 변화를 "하나님을 지고지선하신 하나님에 마음을 쏟고 그분의 거룩한 본질에 담긴 지극히 탁월한 면모를 기뻐하는 심령"이라고 설명한다(*The Works of Jonathan Edwards*, vol. 21, *Writings on the Trinity, Grace, and Faith*, ed. Sang Hyun Lee, [New Haven : Yale, 2002, 173). Edwards는 진정한 영적 체험을 분간하는 두 가지 요소로 [1]전인적인 변화(정신적인 시각과 마음의 '기쁨')와 [2]하나님이 여러 선한 것들 가운데 으뜸이 아니라 지고지선(至高至善), 그 자체가 되는 걸 꼽는다. Edwards는 이를 다른 말로 표현했다. 주님 안에 있는 이들에게는 하나님이 그저 쓸모 있었던 예전과 달리 아름답고 만족스러운 분이 되신다는 것이다. 하나님의 영광과 기쁨은 우리의 영광과 기쁨이 된다. 물론, Owen과 Edwards 모두의 배경에는 방향을 잘못 잡은 사랑을 죄로 규

정하고 마음으로 가장 기뻐하는 대상이 달라지고 하나님을 가장 기뻐할 때에야 비로소 다른 미덕들이 성장하며 성품이 새로워진다고 했던 Augustine이 있다.

15. Owen, *Works*, vol. 1, 307. McDonald, "Beholding the Glory," 143을 보라.

16. Suzzane McDonald는 어느 의미심장한 글에서, 하나님을 직접 뵙는 환상을 강조하는 Owen 의 태도가 당시의 다른 프로테스탄트들의 눈에는 대단히 수상스럽게 보였을 것이라고 지적한다. Owen의 동료들은 그런 환상을 다음 세상에서나 가능하며 가톨릭의 분위기가 짙게 배어 있다고 판단했다. 제노바를 무대로 활약하던 동시대의 프로테스탄트 가운데서는 개혁주의 신학자인 Francis Turretin만이 관심을 보였다. 그러나 Thomas Aquinas와 Turretin 은 둘 다 기본적으로 그러한 환상을 예수님으로 이어지는 일종의 통로로 보는 지성적 하나님 이해에 가깝다고 보았다(McDonald, "Beholding the Glory," 151-54를 참조하라). Owen은 하나님을 직접 뵙는 환상이라는 개념을 받아들이기는 했지만 스스로 덜 투기적이고 더 성경적이라고 판단한 맥락에 따라 '개혁'했다. 개혁주의적인 프로테스탄트 신학의 틀에 맞춰 넣은 것이다. 하나님의 무한성에 대한 포괄적인 이해로 보기보다 그리스도의 인성과 사역에 초점을 맞춘 결과로 여겼던 것이다. 그리스도는 환상을 실어 나르는 도구가 아니라 구심점이다. Owen은 심지어 그 환상은 언젠가는 끊임없이 마주하게 될 영화로워진 그리스도의 인성이라고까지 했다. 그런데 Owen은 장차 온전해질 지적인 경험이라는 점을 강조하기보다 지금은 믿음을 통해 부분적으로 드러날 뿐이지만 마음에 영향을 미쳐 전인격적인 변화를 불러온다는 데 초점을 맞춘다. Owen은 하나님을 직접 뵙는 환상이라는 분명 비밀스러울 수밖에 없는 개념을 현재적인 경험으로 보고 기도의 실질적인 토대로 삼았다. 하나님을 직접 만나는 환상을 부분적으로나마 미리 맛봄으로써 인간의 됨됨이가 빚어진다면, 세상에서 하루하루 살아가는 방식에 엄청난 영향을 끼치리라는 건 불 보듯 뻔한 이치다. Owen은 고린도후서의 본문을 살피면서 "거울로 보듯"이라는 표현에 담긴 비범한 본질에 주목했다. 요한1서 3장 2절에서는 그리스도를 바라보는 비전이 미래적이지만 고린도후서 3장 18절에서는 지금 주님의 영광을 보며 완성해 간다고 말한다. 그리스어 동사 katoptrizdomenoi는 "거울에 비친 이미지를 바라보다"라는 뜻의 합성어다. 이 단어를 보면 두 본문의 의미를 더 명확하게 파악할 수 있다. 거울을 들여다보는 이는 사물 그 자체를 보고 있는 게 아니다. 3차원의 사물을 2차원적으로 반사한 이미지를 볼 따름이다. 크리스천은 지금 예수님을 '볼' 수 있지만 그건 오로지 믿음을 통해서일 뿐이다. 믿음으로 그리스도를 본다는 건 무슨 뜻인가? "Owen은 복음이야말로 그리스도의 영광을 비치는 거울이라고 생각했다. 묵상 말고는 승천하신 그리스도의 인성에 다가갈 방도가 없다. 성경이라는 거울을 통해서 인성과 신성을 동시에 가지신 예수님의 영광을 바라볼 뿐이다"(Ibid., 149. Owen은 Works, vol. 1, p. 305에서도 같은 주제를 다룬다. "우리는 '그리스도의 얼굴에 나타난 하나님의 영광을 아는 지식의 빛'을 간직하고 있다. … 이는 복음이 가진 핵심적인 기본 진리이자 신비다." chapter 2 in Meditations and Discourses on the Glory of Christ, 293-309와 비교해보라. Owen은 *The Grace and Duty of Being Spiritually Minded*에서도 비슷한 주장을 펴고 있다). 그러므로 그리스도가 전한 구원의 복음이 선포되고 설명되는 순간마다 예수님의 인성과 사역에 내재된 영광이 표출되게 마련이다. 특히 성경에 제시된 진리를 깊이 묵상할수록 성령님이 도우셔서 그 진리가 빛을 내기 시작하며, 하나님의 사랑이 손에 잡힐 듯 또렷하게 다가오고, 그리스도의 영광이 눈부시게 드러나 우리를 움직이고, 녹이고, 변화시킨다. 현대 주석가들은 이런 식으로 고린도후서의 본문들을 읽는 걸 전폭적으로 지지한다(Paul Barnett, *The Second Epistle to the Corinthians*[Grand Rapids, MI : Eerdmans, 1997], 206을 보라). "다른 이들의 마음에 그 영광의 빛을 비추기 위해 바울은 어떤 횃불을 치켜들 것인가? '복음', 곧 하나님의 말씀이다. 바로 그 복음이 바울의 메시지를 듣는 이들의 마음을 '하나님을 아는 지식'

으로 밝혀 줄 것이다(고후 4:4, 6. 갈 1:16과 비교하라). 그러므로 역설적이게도 바울의 독자들은 복음을 들을 때 그리스도의 영광을 보게 되고 그것이 다시 하나님을 아는 지식을 더해준다"(206). Murray J. Harris, The Second Epistle to the Corinthians : ACommentary on th Greek Text(Grand Rapids, MI : Eerdmans, 2005)을 보라. "'주님의 영광'은 그리스도의 형상으로 나타난 하나님의 영광이다. 하나님의 영광이 비쳐 보이는 '거울'을 반드시 찾아야 한다면 복음전도자나 일반적인 크리스천보다 복음에 나타난 그리스도가 되어야 할 것이다. 복음은 성령 안에서 살아가는 크리스천의 삶과 떼려야 뗄 수 없는 관계이며 그 정수는 그리스도다"(315). 그러므로 Owen은 당장 그리스도를 '보는' 건 오로지 복음을 통해 믿음에 기대어 부분적으로만 가능할 뿐이지만 장래에는 얼굴과 얼굴을 맞대고 보게 된다(고전 13:12)고 결론짓는다.

17. Owen, *Works*, vol. 7, 348.

18. Owen, *Works*, vol. 4, 329-30.

19. Owen, *Works*, vol. 1, 401.

20. 여기 실린 내용은 모두 로마의 '정신기도'를 다룬 글에서 가져왔다. Ibid., 328-38.

21. Owen, *Works*, vol. 1, 401.

22. Owen, *Works*, vol. 7, 345-46.

23. Von Balthasar, *Prayer*, 28.

24. Ibid., 28-29. Von Balthasar는 프로테스탄트의 경건주의와 부흥운동은 내주하시는 성령님의 실재에 관해 놓치고 있는 요소들을 다시 붙들어 애썼지만 "다른 성례전과 더불어 객관적이고 공식적인 교회 예배 행위가 결핍된 까닭에" 성과를 거두지 못했다(29). 하지만 영적 체험을 고취하려는 노력이 실패했다고 보는 건 지나치게 포괄적인 평가임에 틀림없다.

25. 개인적으로는 요즘 일어나고 있는 향심기도 운동과 그 이전에 활동한 중세 신비주의자들의 움직임을 구별해야 한다는 데(향심기도를 지지하는 이들은 중세의 전통을 현대화했을 뿐이라고 강변하고 있음에도 불구하고). 향심기도에 관해 주목할 만한 비판 자료를 보고 싶다면 Zaleski 부부의 글들을 보라. Zaleski는 거의 모든 형태의 기도에 (지나치리만치) 광범위한 성원을 보내지만, 향심기도만큼은 The Cloud on Unknowing가 보여주는 신비적인 옛 전통을 소비자 중심적으로 '단순화'한 틀로 본다. "특별히 애써 찾지 않아도 The Cloud에서 가져다 골간으로 삼은 내용들, 특히 피조물이라는 인식을 억제하려 애쓰며 외마디 기도문을 사용하는 따위의 요소들이 금방 드러난다. 기원을 강조하는 마음가짐이 빠진 자리는 극도로 완곡한 표현들이 채우고 있다....The Cloud의 지은이에게 관상기도는 불확실한 결말을 붙들고 벌이는 고된 씨름이었던 반면, 향심기도운동은 미리 결론을 내려놓고 편안하게 수행하는 과정으로 바꿔 버렸다." 향심기도는 "The Cloud의 엄정한 현실인식을 공유하지 못한 채, 도리어 20세기 후반을 풍미했던 Zeitgeist의 절충주의와 낙관주의 쪽에 치우치고 말았다"(Zaleskis, Prayer, 208). 프로테스탄트의 입장에서 예수기도 같은 옛 전통과 관행들을 예리하고 품격 높게 비판한 자료로는 John Jefferson Davis, *Meditation and Communion*이 있다. Edmund P. Clowney, *CM : Christian Meditation*과 Peter Adam, *Hearing God's Words*도 추천할 만하다.

26. Carl Trueman, "Why Should Thoughtful Evangelicals Read the Medieval Mystics?" *Themelios* 33. no. 1(May 2008).

PART 5

Chapter 12

1. Trueman, 90-98.

2. Ibid., 90-91.

3. Ibid., 92.

4. Ibid., 95.

5. Ibid., 94.

6. James K. A. Smith, *Desiring the Kingdom : Worship, Worldview, and Cultural Formation*(Grand Rapids, MI : Bakler, 2009), 46-47.

7. David K. Naugle, *Reordered Love, Reordered Lives : Learning the Deep Meaning of Happiness*(Grand Rapids, MI : Eerdmans, 2008), xi에서 인용.

8. "이제 무엇이든 편견 없이 판단하고 애정 또한 엄격하게 통제할 줄 아는 의롭고 거룩한 사람이 되었으므로, 사랑하지 말아야 할 대상을 사랑하거나, 사랑해야 할 무언가를 사랑하지 않거나, 더 사랑하고 덜 사랑해야 할 것들을 똑같이 사랑하거나, 똑같이 사랑해야 할 상대를 더 또는 덜 사랑하지 않는다. 어떤 죄인도 죄인으로서 사랑받는 게 아니다. 누구나 하나님을 위한 존재로 사랑받을 따름이다. 하지만 하나님은 그분 자신을 위해 사랑받아야 한다. 만일 하나님이 더 큰 사랑을 받으셔야 한다면 한 사람 한 사람은 저마다 자신보다 그분을 더 사랑해야 한다"(Augustine, *On Christian Doctrine*, vol. 1, 27, 28). David K. Naugle의 1993년 논문, "St. Augustine's Concept of Disordered Love and Its Contemporary Application,"에서 인용. http://www3.dbu.edu/naugle/pdf/disordered_love.pdf에서 온라인으로 확인할 수 있다.

9. Ibid.

10. Smith, *Desiring the Kingdom*, 51.

11. C. S. Lewis, *Letters to Malcolm : Chiefly on Prayer*(New York : Harcourt, Brace, 1963), 90.

12. Ibid., 91. 자연계에서 얻는 기쁨을 활용해서 하나님을 찬양했던 도 다른 인물은 Jonathan Edwards다. "Images of Divine Things," in *Typological Writings : The Works of Jonathan Edwards*, ed. Wallace E. Anderson, vol. 11(New Haven, CT : Tale University Press, 1993)을 보라.

13. C. Frederick Barbee and Paul F. M. Zahl, *The Collects of Thomas Cranmer*(Grand Rapids, Mi : Eerdmans, 1999), ix-xii을 보라.

14. Matthew Henry, *Method for Prayer : Freedom in the Face of God*, ed. J. Ligon Duncan(Christian Heritage, 1994)과 *A Way to Pray*, ed. and rev. O. Palmer Robertson(Carlisle, PA : Banner of Truth, 2010)을 모두 보라.

15. Peterson, *Answering God*, 128.

16. Ibid., 96-97.

Chapter 13

1. 이 단락과 다음 단락의 성경과 신학적인 배경을 설정하는 데는 D. A. Carson, *Love in Hard*

Places(Wheaton, IL : Crossway, 2002), 74-77에 깊이 의지했다.

2. Disputation of Doctor Martin Luther on the Power and Efficacy of Indulgences, 1575, Thesis 1.

3. John R. W. Stott, *Confess Your Sins : The Way of Reconciliation*(Word Books, 1974), 19.

4. Stott가 죄를 '저버린다'고 표현하는, 그리고 옛 신학자들이 '죄의 멸살'이라고 불렀던 이슈에 대한 견줄 데 없을 만큼 탁월한 지침은 John Owen의 "On the Mortification of Sin" in Works, ed. William Goold, vol. 6(Carlisle, PA : Banner of Truth, 1965)에서 찾을 수 있다. Owen의 글은 고전 영어로 쓰여서 읽기가 어렵지만 개혁주의 프로테스탄트 영성을 보여 주는 독특한 작품들이다.

5. Stott, *Confess Your Sins*, 20. 여기서 Stott는 "죄를 고백함"(죄를 인정하는 것과 같은 개념으로 여겼다)과 "죄에서 돌아섬"(마음으로 더 깊이 죄를 뉘우치는 노력으로 보았다)을 구분한다. 개인적으로는 '참된 고백'이란 남 탓을 하지 않고 죄를 죄로 받아들여 책임지는 지적인 과정을 가리킨다는 견해에 동의한다. Stott가 말하는 "죄에서 돌아섬"은 John Owen을 비롯한 청교도들이 주장하는 '멸살'과 같은 마음의 작용이다. 지적인 인정과 마음의 참회를 고백과 회개의 두 부분으로 보고 싶다.

6. Stott, *Confess Your Sins*, 21.

7. Owen의 "On the Mortification of Sin"을 보라. "심판이나 재앙, 또는 견디기 힘든 고통을 겪는 시기가 닥치면, 그러한 어려움과 두려움, 위험에서 가볍게 벗어나고자 하는 생각과 장치들 쪽으로 마음이 기울게 마련이다. 정죄를 받고 죄책감에 시달리는 이들은 죄에서 벗어나 하나님이 주시는 평안을 얻으려면 달리 방도가 없다는 결론을 내린다. 정죄감에 사로잡힌 이들을 애태우게 하는 건 온갖 고통에 담긴 하나님의 진노다. 그걸 피하기 위해 그이들은 죄에 맞서기로 작정한다. 다시는 내면에 죄가 자리 잡지 못하게 할 것이다. 다시는 죄에게 자신을 내주지 않을 것이다. 그렇게 되면 죄는 숨을 죽이고, 움직이지 않으며, 죽은 듯 보인다. 하지만 사실상 죄는 아무런 상처도 입지 않으며 이는 우리 심령에 행동과 따로 노는 생각을 붙들고 애쓰는 기능이 있기 때문이다. 하지만 그것들이 약해지면 죄는 다시 돌아와 예전의 생명력과 활력을 되찾는다"(pp. 26-27). "죄를 멸살하는 참되고 바람직한 원리는 … 괴로워하고 불안해하는 데 그치지 않고 한사코 … 죄를 죄로 미워하는 것이다. 자, 자기사랑에서 비롯된 과정에 관해 이야기하고자하는 바는 분명하다. 그런 정욕이나 죄를 죽이기 위해 부지런히, 그리고 열심히 노력해야 한다. 왜 그래야 할까? 인간을 불안하게 만들기 때문이다. 평안을 앗아간다. 괴로움과 어려움, 두려움이 마음에 가득하게 만든다. 그런 탓에 도무지 안식할 수가 없다"(41).

8. "이제부터 설명할 모든 것들, 다시 말해 죄를 통탄스럽게 여기고, 죽이고 파괴하는 온갖 무기를 날마다 장착하는 작업은 이 싸움의 정점이다." Ibid., 32.

9. Ibid., 54-118을 보라.

10. Ibid., 58.

11. Owen, "A Discourse Concerning the Holy Spirit," in *Works*, vol. 3, 547.

12. 복음의 진리를 이해한 크리스천들은 하나님의 법에 기대어 죄를 무력화시킬 수 없다는 얘기가 아니다. 곳곳에서 Owen은 크리스천들에게 죄를 법과 복음 앞에 들고 나오라고 말한다("On the Mortification of Sin," in *Works*, vol. 6, 57-58). 그럼에도 불구하고, 그처럼 조언할 때마다 크리스천은 죄에 대한 율법의 정죄 아래로 되돌아갈 수 없으며, 죄의 위험과 율법을 지나치게 강조하는 건 마음을 바꾸지 않고 그저 죄스러운 행동만을 중단하는 율법주의 정신에 기울게 만들 수 있음을 기억해야 한다고 끊임없이 주의를 주었다.

13. Alexander B. Grosart, ed. *Works of Richard Sibbes*(Carlisle, PA : Banner of Truth, 1973), 47.

14. George Whitefield, quoted in Arnold Dallimore, *George Whitefield : The Life and Times*, vol. 1,

140.

Chapter 14

1. Horton, Calvin on the Christin Life, 159에서 인용.

2. 여기에 관해 더 깊이 알고 싶으면, Keller, *Walking with God Through Pain and Suffering*, 그중에서도 제6장, "The Sovereignty of God," pp. 130-46을 참조하라.

3. Phelps, *The Still Hour*, 27-28.

4. Packer and Nystrom, *Praying : Finding Our Way*, 157.

5. Ibid., 158.

6. Ibid., 157.

7. Packer and Nystrom, *Praying : Finding Our Way*, 155.

8. McNeill, *Calvin : Institutes*, 3.20.52., 919.

9. Ibid., 178.

10. Ibid., 179.

11. Edwards가 제시한 제목들을 나름대로 정리했다. 설교는 "Christian Happiness"고 Wilson H. Kimnach, ed., *The Works of Jonathan Edwards*, vol. 10, *Sermons and Discourses* 1720-1723(New Have : Yale, 1992), 296-307. Edwards의 요지는 크리스천이라면 누구나 외부 환경이 어떠하든 행복할 수 있다는 것이다.

12. *Walking with God Through Pain and Suffering*, 240-54, chapter 12, "Weeping"에서 이런 종류의 기도를 상세히 다루었다.

13. Packer and Nystrom, *Praying : Finding Our Way*, 181.

14. Ibid.

15. 본문에서 불평하는 기도의 범주를 나누는 데 사용한 용어들은 Packer and Nystrom, *Praying : Finding Our Way*, 194-199에서 가져왔음.

16. Keller, *Walking with God Through Pain and Suffering*, 240-42를 보라.

17. Smith, Soul Searching.

18. Packer and Nystrom, Praying : Finding Our Way, 192-93. 불평과 고난의 기도에 관해 더 자세히 알아보려면 *Walking with God Through Pain and Suffering*, chapter 12-16, 240-322을 보라.

Chapter 15

1. Alan Jacobs, The *"Book of Common Prayer"* : *A Biography*(Princeton : Princeton University Press, 2013), 24. Jacobs은 Eamon Duffy, *The Stripping of the Altars* : *Traditional Religion in England c. 1400- c. 1580*(New Haven, CT : Yale University Press, 1992)에 기대고 있다.

2. Edgar C. S. Gloucester, ed. *The First and Second Prayer Boos of Edward VI*(Wildside Press, reprint of

1910 edition), 3.

3. Ibid., 8.

4. Jacobs, The *"Book of Common Prayer,"* 24-27.

5. McNeill, *Calvin : Institutes*, 3.20.50., 917-18. 그러나 칼뱅은 덧붙였다. 매일기도 시간을 "마치 하나님께 진 빚을 갚듯 … 미신적으로 지켜서는 안 된다"고 덧붙였다.

6. 영어 번역은 Elsie Anne McKee, *John Calvin : Writings on Pastoral Piety*(Mahwah, NJ : Paulist Press, 2001), 210-17에서 볼 수 있다.

7. 온라인으로 수많은 형태를 만날 수 있다. http://www.mcheyne.info/calendar.pdf.을 보라.

8. Calvin이 제시하는 크리스천의 기본 훈련이 일종의 '평신도 수도원운동'이라는 주장에 관해 더 알아보길 원하면, Matthew M. Boulton, *Life in God : John Calvin, Practical Formation, and the Future of Protestant Theology*(Grand Rapids, MI : Eerdmans, 2011)를 보라. 오늘날 유행하는 신수도원주의나 재가수도원운동 관련해 살펴보면 특히 흥미롭다. 본래 수도원의 이상 기도, 성경읽기와 교육, 시편찬양과 암송, 공동예배 등 크리스천으로 성장해가는 훈련을 중심으로 일상적인 일과 생활방식의 틀을 잡아가는 데 있었다. 하지만 시간을 정해두고 개인기도와 공동예배를 드린다는 건 통상적으로 일을 하는 데 지장을 준다는 의미기도 했다. 수도사들은 자질구레한 생활규정들과 남을 섬기는 책무뿐만 아니라 다른 이들과 철저하게 삶을 나누는 의무도 준수해야 했다. 신수도원주의는 주로 현대교회의 현실과 관습에 불만을 품은 복음주의자들을 통해 성장해왔다. 구성원들에게 세속적인 일과 삶을 떠나거나 말 그대로 한 지붕 아래 살기를 요구하지는 않지만, 지리적으로 최대한 가까이 살며, 서로 책임져주는 관계를 맺으며, 소외된 이들에 대해 깊은 관심을 가지며 날마다 정해진 시간에 동일한 성례전을 행하는 등 묵상의 전통을 지키는 삶을 사는 재가수도원을 추구한다. 이런 운동의 배경에는 보편적인 기독교 세계의 붕괴가 자리 잡고 있다. 현대문화가 점점 교회와 기독교의 영향권에서 벗어남에 따라, 믿음을 가진 이들은 주위의 문화에 지나치게 동화되는 걸 피하기 위해 크리스천의 공동체적인 신앙관습에 더 몰두할 필요가 생긴 것이다. Jonathan Wilson-Hartgrove, *New Monasticism : What It Has to Say to Today's Church*(Brazos, 2008)와 Rob Moll, "The New Monasticism," *Christianity Today*, April 24, 2008을 보라. 신수동원주의와 재가수도원운동을 부르짖는 이들은 가톨릭이나 재세례파의 역사적 자료들을 부지런히 탐색한다. 여기에는 장구한 세월동안 전투적인 소수파의 기능을 해왔다는 재세례파 프로테스탄트들의 특성과 수도원의 이상이 본래 가톨릭의 유산이라는 점이 적잖이 작용한 것으로 보인다. 하지만 Calvin이 처음으로 재가수도원운동에 앞장서서 큰 노력을 기울였다는 주장은 논란의 여지가 많다. Calvin의 프로그램은 Luther의 것보다 훨씬 방대하다. Boulton이 설명하듯, Calvin은 가톨릭이 지배하는 중세 유럽에서 성경적인 기독교 신앙을 토대로 도시 하나를 다시 구성하는 일에 관심이 많았다. 따라서 Calvin은 오늘날 포스트모더니즘이 지배하는 서구 사회에서 영적으로 성장하는 크리스천 공동체를 키워가기를 추구하는 이들에게 아주 중요한 자원이 된다. Scott Manetsch, *Calvin's Company of Pastors*(New York : Oxford University Press, 2012)를 보라.

9. *Quiet Time : An InterVarsity Guidebook for Daily Devotions*(Downers Grove, IL : InterVarsity Press, 1945). 필자들은 주로 IVF 간사들이었지만, Bishop Frank Houghton, W. Graham Scroggie, Paget Wilkes, Mrs. Harry Strachan, 미국 IVF를 설립한 호주-캐나다인 C. Stacey Woods 같은 선교사들의 글도 옮겨 실었다. A. Donald MacLeod, *C. Stacey Woods and the Evangelical Rediscovery of the University*(Downers Grove, IL : InterVarsity Press, 2007), 107을 보라.

10. Cf. : Appointment with God : A Practical *Approach to Developing a Personal Relationship with*

God(The Navigators, 1973)은 단연 뛰어난 글 가운데 하나다.

11. *Quiet Time,* revised edition 1976(InterVarsity Press), 21

12. Ibid., 15-16. 나중에는 소책자를 통해 감사, 예배, 그리고 하나님의 이름을 부르는 경배, 고백, 다른 이들을 위한 중보, 새 날을 하나님께 드리는 헌신과 결단 등 기도의 또 다른 틀을 제공했다(p. 21).

13. *Appointment with God,* 16.

14. Phyllis Tickle, *The Divine Hours, Prayers for Springtime : A Mannual for Prayer*(Image, 2006) ; *The Divine Hours, Prayers for Summertime : A Mannual for Prayer*(Image, 2006) ; *The Divine Hours, Prayers for Wintertime : A Mannual for Prayer*(Image, 2006).

15. John Bunyan, *Prayer*(Carlisle, PA : Banner of Truth, 1965).

16. Owen, *Works,* vol. 4, 348.

17. "Prescribed Forms of Prayer Examined" chapter 전체를 보라. *Works,* vol. 4, 338-51.

18. Horton, *Calvin on the Christian Life,* 154.

19. Luther, "A Simple Way to Pray," 193.

20. Arthur G. Bennett, *The Valley of Vision : A collection of Puritan Prayers and Devotions*(Carlisle, PA : Banner of Truth, 1975).

21. David Hanes, ed., *My Path of Prayer*(Wales :Crossway UK Books, 1991).

22. Ibid., 57-65.

23. Packer and Nystrom, *Praying : Finding Our Way,* 286.

24. Barbee and Zahl, *Collects of Thomas Cranmer*를 보라. 이 책은 1년(52주)치 Cranmer의 기도뿐만 아니라 하나하나에 대한 간단한 설명과 묵상까지 제공한다. 이 책이 매일기도를 시작하는 '마음잡기 / 초대' 단계에 특히 유용한 까닭이 바로 여기에 있다.

25. D. A. Carson et al., eds, *New Bible Commentary,* 21st Century Edition(Downers Grove, IL : InterVarsity Press, 1994).

26. Henry, A Method for Prayer. 축약판 *A Method for Prayer*도 보라. 초판 편집자인 Ligon Duncan은 부록에서 책 전체의 흐름을 간략하게 소개한다. 부록은 찬양하고, 고백하고, 감사하고, 간구하며, 하나님과 더불어 중보하는 법과 관련해 무려 스무 가지가 넘는 구체적인 아이디어를 제공한다. 기도에 이 책을 기도에 활용하길 원한다면, 그저 표제를 자신의 말로 바꾸어 저만의 필요와 더불어 아뢰기만 하면 된다.

27. Packer and Nystrom, *Praying : Finding Our Way,* 288에 인용된 Luther의 "A Simple Way to Pray"에서 가져왔음. Packer는 고전적인 소책자, *Martin Luther's Quiet Time*에 Walter Trobisch가 번역해놓은 글을 옮겨 적음.

28. Gordon Wenham, *The Psalter Reclaimed : Praying and Praising with the Psalms*(Crossway, 2013), 39에서 인용.

29. T. M. Moore, *God's Prayer Program : Passionately Using the Psalms in Prayer*(Christian Focus, 2005)에서 가져옴.

30. Ibid., 83.

31. Ibid., 88.

407

32. Ibid., 95.

33. 시편을 가지고 기도하는 크리스천들 가운데, 기자가 하나님의 진도와 징벌이 원수들에게 내리길 종종 난폭한 표현들을 동원해 간구하는 이른바 '저주하는' 시편을 만날 때마다 당황스러워하며 건너뛰는 이들이 적지 않다. 시편 137편 말미에도 그런 부분이 등장한다. 기자는 예루살렘 성을 약탈하면서 바빌로니아 인들이 저지른 악행을 누군가 고스란히 되갚아 주기를 바란다. 용사들이 갓난아이의 발을 잡아 머리를 바위에다가 메어쳐 죽이길 소망한다(vv. 8-9). 구약성경학자 Derek Kidner는 슬기롭게도 이제는 십자가의 은혜를 감안해서 그렇게 간구해서는 안 되지만, 그런 기도를 이해할 수는 있어야 한다고 지적한다. 그는 시편 137편과 관련해 이렇게 적었다. "그런 성경 본문을 마주하는 우리의 반응은 세 갈래로 나타나야 한다고 본다. 우선, 하나님께서 욥과 예레미야의 부르짖음에 대해 그러셨던 것처럼 핵심을 추출해야 한다. 둘째로, 충격을 받아들여야 한다. 이처럼 적나라한 고통을 앞에 두고서는 누구라도 그 잔인한 실상에 부드럽게 반응할 수 없을 것이다. 성경에서 이처럼 노골적인 증언을 잘라내 버리면, 본문이 가진 계시로서의 가치가 손상될 수밖에 없다. 인간의 내면에 무엇이 도사리고 있으며 그런 인류를 구원하기 위해 십자가가 반드시 필요했던 내막이 선명하게 드러나지 못한다. 세 번째로, 십자가 사건 이래로 우리의 부르심은 심판이 아니라 화해임을 인식해야 한다. … 그러므로 성경에서 이 시편은 외면이나 완화의 차원을 뛰어넘어 절박한 저항으로서 존재의미를 갖는다. 잔학행위 자체뿐만 아니라, 그에 합당한 심판과 관련해서, 또는 그것이 남긴 유산에 관해서, 특히 다른 이들에게 원한과 쓰라림을 끼친 대가를 하나님과 인간에게 치르는 문제와 관련해서 인간의 사악함을 안이하게 바라보는 시선에 대해서도 저항한다."(Derek Kidner, *Psalms* 73-150 : *The Introduction and Commentary*[Downers Grove, IL : InterVarsity Press, 1975, 497]).

34. 이 주제를 더 깊이 살피고 싶다면, Eugene Peterson, *Answering God* ; *Tremper Longman, How to Read the Psalms*(Downers Grove, IL : InterVarsity Press, 1988) ; Derek Kidner, Psalms 73-150 : The Introduction and Commentary in 2 volumes (Downers Grove, IL : InterVarsity Press, 1973).

35. Moody, *Life of Dwight L. Moody*, 127.

부록

1. M'Cheyne Bible Reading Calendar를 따라 아침저녁으로 한 장씩, 하루에 두 장 성경을 읽으면 2년 동안 구약은 한 번, 신약은 두 번 읽을 수 있다. http://www.mcheyne.info/calendar.pdf를 보라.

2. John Calvin이 개인적으로, 그리고 가족단위로 사사로이 기도하는 데 필요한 지침을 제공한 목적으로 작성해서 1545년 Geneva Catechism에 실은 글을 자유로이 각색한 기도문들이다. 처음으로 작성된 영문번역은 Elsie A. McKee, ed. and trans., *John Calvin : Writings on Pastoral Piety*, 210-17에서 찾아볼 수 있다.